Grete Meisel-Heß

Die sexuelle Krise

e-artnow 2018

Sigmund Freud
Das Unbehagen in der Kultur

Georg Simmel
Soziologie - Untersuchungen über die Formen der Vergesellschaftung: Das Problem der Soziologie + Die quantitative Bestimmtheit der ... geheime Gesellschaft + Sozialpsychologie...

John Stuart Mill
Gesammelte philosophische Werke: System der deduktiven und induktiven Logik + Die Hörigkeit der Frau

Max Weber
Wirtschaft und Gesellschaft: Grundriß der verstehenden Soziologie

Karl Marx
Der Bürgerkrieg in Frankreich

Grete Meisel-Heß

Die sexuelle Krise

e-artnow, 2018
Kontakt: info@e-artnow.org
ISBN 978-80-268-5808-9

Inhaltsverzeichnis

Vorrede   13

I. Kapitel   15

1.   Kritik der Ehe in ihrer heutigen Gestalt   17

2.   Das Wesen der ehelichen Gemeinschaft   22

II. Kapitel   25

1.   Das legitime Moment der Ehe   27

2.   Das soziale Moment der Ehe   30

3.   Das Suggestionsmoment der Ehe   33

III. Kapitel   49

1.   Kant und die »Metaphysik der Sitten«   51

2.   Völkergeschichtliches zur Moralfrage   55

3.   Die Errichtung von Extremforderungen   60

IV. Kapitel   65

V. Kapitel   75

1.   Vom Wesen der Liebe   77

2.   Liebesspiel   80

3.   Das Dämonium der Liebe   84

4.   Der Liebeshaß   89

5.   Liebesnot   94

VI. Kapitel   101

1.   Wesen und Ursprung der Prostitution   103

2.   Die Nötigung zur Prostitution   107

3.   Die »melancholische Travestie«   111

4.   Der Geldpunkt   114

5.   Zur »Reform« der Prostitution   119

VII. Kapitel   127

1.   Ursprung und Notwendigkeit der Frauenbewegung   129

2.   Die Bekämpfung der Frauenbewegung   136

3.   Die Berechtigung zum »tätigen Leben«   147

4.   Die schädigenden Momente der Frauenbewegung   151

VIII. Kapitel   155

1.   Allgemeine Rassenprobleme   157

2.   Der Sexualkampf   164

3.   Sozialismus und Selektionstheorie   170

4.   Zeugungsreformation   174

IX. Kapitel   179

1.   Psychologie des Geschlechtskampfes   181

2.   Geschlechtspsychologie des Mannes   185

X. Kapitel   195

1.   Die Berechtigung zum Sexualleben   197

2.   Die Ursachen des Elends   200

3.   Das besondere Sexualelend der Frau   204

4.   Die psychopathischen Folgen des sexuellen Elends   214

5.   Resolutionen   219

Anmerkung   223

Fußnoten   225

Vorrede

Diese Arbeit befaßt sich mit einem Thema, über welches dermalen mehr geredet und geschrieben wird, als vielleicht über jedes andere. Wenn aber so viel geredet wird von einer Sache, so ist das immer ein Zeichen großer Not durch sie. So wie der menschliche Körper nur dann gesund ist, wenn man seine einzelnen Teile nicht spürt, so der gesellschaftliche Organismus, wenn sich seine einzelnen Probleme nicht allzusehr aus dem Gesamtgefüge herausheben. Und wenn Hunderte von Stimmen über einer einzigen Frage laut werden, so ist das keinesfalls eine Modeströmung, sondern Not, die nach Ausdruck ringt.

Wenn ich trotz der vielfachen Behandlung der »Frage« den Mut finde, sie zum Stoff einer selbständigen Untersuchung zu machen, so möge diese Kühnheit ihre Rechtfertigung darin finden, daß ich mich dem Problem in einer Art zu nähern suche, in der es bis dahin nicht angegangen zu werden pflegte. Ich fand in all den Werken zur »sexuellen Frage«, die wir heute kennen und lesen, ein Überwiegen entweder des medizinischen oder des anthropologisch-ethnisch-historischen Stoffes, oder die Behandlung der Frage von einer besonderen Seite. Mein Versuch aber soll sich weder mit der Aufzählung der verschiedenen Perversitäten, Anomalien und Krankheiten und der therapeutischen Methoden zu deren Bekämpfung, noch mit der Darstellung des Sexualverkehrs bei den verschiedenen Völkerstämmen befassen (es sei denn dort, wo es zum Vergleiche nötig ist), noch mit einem einzelnen Faktor der »Frage«, sondern mit dem Gesamtproblem und unserer Stellung dazu, mit unserer Not, unserem praktischen Erleben, unserem Dilemma, unserer Krise. Sozialpsychologisch soll diese Krise und in allen ihren Verästelungen, die, aus dem tief verwurzelten Stamm unseres sozialen Gefüges kommend, ins Leben jedes einzelnen Individuums hineinreichen, hier betrachtet werden.

In der zentralsten Region unseres Kulturlebens, dort, wo alle Wege und Ströme des ganzen Riesennetzes zusammenlaufen, sind wir krank. Und alle die vernünftigen und schönen Einrichtungen und Einteilungen, die innerhalb dieses Kulturnetzes getroffen sind, erfüllen nur unvollständig ihre Zwecke, denn alle gesellschaftliche Bewegung nimmt ihren Weg durch diese zentralste Zone, alle Lebenssäfte des ganzen Riesenkörpers strömen von da her – und ist's da nicht »geheuer«, so nützen alle »Errungenschaften« zum Wohlsein derer, für die sie ja schließlich errungen werden, wenig.

Es soll hier voraussetzungslos untersucht werden, warum alle jene Vorgänge, die ihrer Natur nach lebenerhaltend, lebenfördernd und hinaufzüchtend sind, heute nicht selten zu Mächten der Vernichtung, der Hemmung und der Rückbildung werden. Soziale Neugestaltungen, die, durchaus organisch, als Wehr gegen jene Mächte mehr und mehr in der Zeit erstehen – und die Richtung, in die sie die Strömung der »Krise« voraussichtlich lenken werden, zu erkennen, sie aus den schon vorhandenen Anzeichen und Ansätzen zu deuten, wird hier der Versuch gemacht.

Voraussetzungslos – das will heißen: ohne irgendeiner Tendenz zuliebe irgendwelche Zugeständnisse bei der Schilderung der darzustellenden Erscheinungen zu machen. Wer in diesem Buche tönende Verherrlichungen der heute geübten »Verbesserungsversuche«, die der hilflose einzelne in der sexuellen Zwangslage unternimmt, zu finden erwartet, wird enttäuscht sein. Hier soll untersucht werden, was sich begibt, so kritisch und gewissenhaft, als es mir mein Studium und mein Miterleben dieser Krise, in der wir stehen, ermöglichten. Die Erkenntnisse, die ich gewonnen habe, sind zutiefst erlitten worden, aber dieses Erleiden hat mich die Gestalt der Sachlage um so deutlicher erkennen gelehrt. Das vielfältige Material theoretischer Studien ließ mich dann den soziologischen und psychologischen Gesetzen dieser an dem Schicksal der einzelnen in Erscheinung tretenden Krise näher kommen. Alte und neue Forderungen des Sexualgewissens der Gesellschaft, die Formen, in denen diese Forderungen deutlich werden, sowie die Phänomene des Geschlechtslebens selbst sollen hier betrachtet werden. Die Stellungnahme erfolgt pro und contra, immer bemüht, dem »Dinge«, wie es sich in seiner in zahllosen Nuancen erschillernden Wesenheit präsentiert, gemäß zu bleiben. Freilich mit dem Versuch, zu einem

Urteil über diese Wesenheit selbst – soweit sie erkennbar – zu gelangen und ohne den Folgerungen, die sich aus der Betrachtung der Sachlage ergeben, auszuweichen. Daß diese verschiedenen Folgerungen sich immer wieder einem gemeinsamen Mittelpunkt zudrängten, überraschte mich selbst. Fast ungewollt erhob sich mir aus dem zerlegten Material etwas wie ein neuer Bau, eine Tatsache, die mir neu bestätigt, was ich triebhaft schon lange geahnt: daß die Dinge das Gesetz ihrer Gestalt in sich tragen und daß ihre morphologische Wesenheit unabweislich zutage tritt, sowie sie in gründlicher und restlos ehrlicher Art in ihre Elemente zerlegt werden.

Der Stoff dieser Untersuchung zerlegte sich mir in drei Hauptabschnitte, deren jeder ein Buch ergibt. Das erste dieser Bücher liegt hier vor. Die Zustände, die sich aus der gegenwärtigen Sexualordnung der Kulturwelt ergeben, sind sein Stoff. Das zweite Buch wird die Reformvorschläge, die zur Entwirrung der sexuellen Krise in unserer Zeit entstanden sind, der Untersuchung und der Kritik zu unterziehen haben. Das dritte Buch bringt den Versuch des Systems einer neuen Sexualordnung, der der Zukunft, die sich, bei Entwirrung der Krise, aus den schon vorhandenen Ansätzen ergeben dürfte.

Da das Material zu dem Gesamtwerk bereits vorhanden ist – es wurde in 2 1/2jähriger, ausschließlich auf diese Arbeit verwandter Tätigkeit zur Stelle geschafft – kann ich die Aufeinanderfolge der Bücher in verhältnismäßig kurzer Zeit in Aussicht stellen.

Daß mein Versuch, dem gewaltigen Problem sowohl seiner universal-sozialen als seiner individual-psychologischen Natur nach gerecht zu werden, ein unvollkommener bleiben muß, ist mir gewiß. Es soll mir genügen, wenn er zu besserer Einsicht, zu stärkerer Tat vorbereitet.

Berlin, Dezember 1908.
G. M.-H.

I. Kapitel

Die Sexualordnung unserer Kulturwelt

»Gib mir, wo ich stehe.«
(Archimedes)

1. Kritik der Ehe in ihrer heutigen Gestalt

Ursachen der zunehmenden Zahl der Zölibatäre – Verkehrung des Werbekampfes.

Zu jeder Zeit gab es irgend etwas, das als »Ordnung« galt. Und wären mit dieser Ordnung alle zufrieden gewesen, so hätten wir uns kaum aus dem Protoplasmaschleim der Tiefsee heraufentwickelt zu dem, was wir sind. Eine bestehende Ordnung für unfehlbar halten, sie aus dem Bereich der Kritik gerückt wissen wollen, hieße gegen jeden Entwicklungsgedanken Front machen. – Das Sexualleben der Kulturwelt basiert auf der Ehe, und die Ehe ist eine »Ordnung«, die des Sinnes durchaus nicht entbehrt. Es fragt sich nur, was diese Ordnung kostet. Solange innerhalb dieser Sexualordnung Mütter auf dem Abort verbluten, wo sie geheim entbinden, Kinder in den Kanälen und bei der Engelmacherin verenden, Frauen zu Dirnen werden, weil ihnen keine andere Existenzmöglichkeit offen bleibt, Syphilitiker, Säufer, Tuberkulöse und Geisteskranke ohne Zeugniszwang verheiratet werden, unerwünschte Kinder zur Welt kommen, für die keine Brotstellen da sind, – sieche, in Verderbnis gezeugte, zum Lebenskampf von Geburt aus unausgerüstete Kinder, die als erwachsene Menschen nur aufhaltend und beschwerend auf den gesellschaftlichen Apparat wirken und ihr eigenes Ich als ekle Last dahinschleppen – solange durch diese Sexualordnung Millionen gesunder Menschen von der Fortpflanzung ausgeschlossen sind, während gleichzeitig, jeder Rassenauslese zum Hohn, jene Elemente am reichlichsten und schnellsten zur Fortpflanzung gelangen, die die »Tüchtigsten« sind – die Ellbogenkräftigsten, Skrupellosesten, der Zeugung gegenüber Unbedenklichsten, wenigst Heroischen – solange ferner Millionen nicht nur an der Fortpflanzung, sondern an naturgemäßem geschlechtlichen Leben überhaupt verhindert sind, teils durch vollkommene Entraffung der Möglichkeiten der Geschlechtsbefriedigung, teils durch Verengung und Erschwerung dieser Möglichkeiten – weitere Millionen nur in der Prostitution dazu gelangen, geschlechtlich zu leben, – solange alle diese Erscheinungen, die sich als die unabtrennbaren Korrelate unserer auf der Ehe ruhenden Sexualordnung erweisen, vorhanden sind, müssen wir diese Ordnung zumindest für höchst reformbedürftig halten.

Nicht selten hört man Ausdrücke der Verwunderung darüber, daß gerade die Frauen es sind, welche gegen die Ehe – als alleiniges Institut des gesellschaftlich legalisierten Geschlechtslebens – Front machen. Und man sagt: die Ehe ist doch für die Frauen da, zum Schutze für sie, nicht für den Mann. Wieso stellen also gerade sie, die Frauen, das Hauptkontingent derer, welche gegen die Ehe (als einziges Monopol des anerkannten, geordneten Geschlechtslebens) auftreten? Und die Antwort, die sich diese Frager selbst geben, lautet: »Die Frauenrechtlerinnen kämpfen gegen die Ehe, weil die Trauben ihnen zu sauer sind.« Stimmt. Jawohl, allermeistens ist die richtige Ehe, wie sie ohne allzu bittere Kompromisse geschlossen werden kann, eine saure Traube. Eine Institution aber, die für Millionen tüchtiger, gesunder, liebestauglicher und zur Elternschaft fähiger Menschen eine saure Traube ist, hat nicht den Anspruch, als alleinige Form des gesellschaftlich erlaubten Geschlechtslebens anerkannt zu werden. In Deutschland allein haben wir ein Plus von einer Million Frauen. Außerdem heiraten überhaupt nur 60% der Männer. Sechs Millionen Junggesellen soll es nach der letzten Zählung in Deutschland geben. Auf diese sechs Millionen Junggesellen kommen acht Millionen »Junggesellinnen«, das sind vierzehn Millionen Ausgeschlossener. Nur durch Übertretung des monogamen Prinzips kommen diese vierzehn Millionen überhaupt zu zeitweiliger Geschlechtsbetätigung, ohne diese Übertretung wären sie, bei gesundem Leibe, zum Leben von Kastraten verurteilt. Nach der Volkszählung von 1900 waren in Deutschland unverheiratete Frauen: im Alter von 18 bis 40 Jahren 44%, im Alter von 18 bis 25 Jahren – also im blühendsten Lebensalter, in dem der Glückshunger der Frau am stärksten ist – 78%! Die Differenz zwischen den beiden Zahlen zeigt zwar, daß 34% dieser Frauen zwischen 25 und 40 Jahren schlecht und recht noch zur Ehe gelangen; meist aber mehr schlecht als recht und unter Kompromissen, die ihnen der Versorgungszwang abnötigt und die den eigentlichen Sinn der Ehe – als »Garten« der Höherpflanzung der Generation und der eigenen Vollendung des Individuums – mehr und mehr Abbruch tun, so daß die außerhalb dieses »Gartens« Stehenden die darin Eingeschlossenen immer weniger zu beneiden Ursache haben. Die Zahl der Zölibatäre wächst denn auch in erschreckendem Maß unter den Frauen sowohl als unter den Männern. Die Ursachen hierfür möchte ich in vier Gruppen teilen: 1. wirtschaftliche, 2. individual-psychologische, 3. rassenbiologische, 4. legislativ-soziale.

Die von der Kulturwelt anerkannte monogame Ehe ruht – noch immer – auf dem Erwerb des Mannes. Des Mannes als Gatten sowohl als des Mannes als Vater, der die Tochter dotiert und ihr damit zur Ehe verhilft. Der Erwerbskampf des Mannes aber wird von Tag zu Tag schwieriger, die Bewertung der Arbeit steigt zwar, gleichzeitig aber, und in höherem Grade, werden die Werte aller Gegenstände der Lebenshaltung von denen, die die Produktionsmittel in Händen haben, höher und höher getrieben. Gleichzeitig wachsen, bei verfeinerter Lebenstechnik, die Bedürfnisse, ihre Befriedigung wird dem einzelnen, auf seine Arbeit Angewiesenen schon für seine Person allein immer schwieriger, immer weniger ist er in der Lage, mehrere Personen davon zu erhalten (zumindest so zu erhalten, daß ihm seine Existenz, im Verein mit ihnen, menschenwürdig erscheinen sollte), immer unmöglicher wird es ihm, auch noch Vermögen für die Töchter wegzulegen, da er ja auch mit der Versorgung seiner selbst für seine alten Tage zumeist auf eigene Ersparnisse angewiesen ist. Frauenarbeit – Miterwerb der Frau – sollte da helfend eingreifen. Dieses Mittel muß aber ein mangelhaftes, durchaus unzuverlässiges bleiben, solange erstens: für den Ausfall am Erwerb des Weibes durch seine Geschlechts- und Fortpflanzungsfunktionen nicht ein Ersatz in vollem Wert dieses Erwerbes geschaffen ist, sei es versicherungstechnisch, sei es durch direkte Initiative der Gesellschaft, die die mit der Fortpflanzung und Aufzucht der Generation beschäftigte Frau in ihren Beamtenstatus einreiht. (Unter welchen Möglichkeiten dies geschehen kann und welche Ansätze zu dieser Gestaltung der Sachlage in der Zeit bereits vorhanden sind, soll an anderer Stelle eingehend erörtert werden.) Diese Geschlechts- und Fortpflanzungsfunktionen nicht zu berücksichtigen, von der Frau, trotz dieser, vollwertigen, regulären Außenerwerb zu erwarten, wie es die Frauenbewegung in ihren Anfängen (wohlgemerkt: nur in diesen) unternahm, hieße von der Frau nicht die gleiche Leistung wie vom Mann, sondern die doppelte, unter Umständen zehnfache verlangen, – und die Menschheit, durch Zermalmung der Mutterkraft, in eine Sackgasse hineintreiben, aus der sie nur schwer lädiert und in ihrer Vervollkommnung um Jahrtausende zurückgeworfen, herausfinden könnte. Die zweite Voraussetzung, unter welcher Frauenarbeit als Mittel erleichterter Eheschließung in Frage kommen könnte, wäre die, daß der Frau – immer solange sie nicht mit Fortpflanzungsarbeit beschäftigt ist – wirklich und mit derselben Selbstverständlichkeit wie dem Mann jede Berufsarbeit, die sie zu leisten vermag, freisteht, daß deren Bewertung die gleiche ist, wie die der vom Manne geleisteten Arbeit – nicht wie heute, wo Frauenarbeit ein Taschengeld für Haustöchter einbringt oder durch Prostitution ergänzt werden muß, um den Unterhalt der Frau zu decken und in der Hand des Unternehmers ein willkommenes Mittel zur Lohndrückerei der Männerarbeit wurde. Drittens müßte endlich, wenn Frauenerwerb die Eheschließung erleichtern sollte, diese als Mittel zur Eheschließung anerkannt werden, d.h. die Frau nicht Amt und Einkommen verlieren, gerade weil sie heiratet, wie heute die Lehrerin, die Staatsbeamtin, in vielen Fällen auch die Privatangestellte. Aus der Zwickmühle: Stelle und Einkommen und Zölibat oder Ehe und Stellenverlust kommen die, die mit dem Verdienst der Frau als Mittel zur Eheschließung rechnen, zumeist nicht heraus. Verdammt aber die Berufsarbeit die Frau zum Zölibat, so muß sie geradezu als antiselektorisches, die Rassenauslese verfälschendes Moment betrachtet werden.

Die Erhaltung der Familie ruht also nach wie vor auf dem Mann, und die Schwierigkeit dieser Erhaltung ist die erste und wichtigste in der Gruppe der Ehehemmnisse, die das Anwachsen der Zahl der Zölibatäre zur Folge haben.

Eine Folgeerscheinung dieser Konstellation, die durch die Aufsaugung der Güter durch den Kapitalismus verursacht ist, ist der enorme »Marktwert« des Mannes, des heiratsfähigen und heiratswilligen Mannes. Damit sind wir in gröbste Unnatur, tief unter den arterhaltenden Zustand, der selbst die wilden Völkerstämme vor Degeneration bewahrt, herabgesunken. Jede Möglichkeit der Auslese der Besten, der Fortentwicklung einer Rasse steht und fällt mit der Wahlfreiheit des Weibes (und des Mannes natürlich). Wenn die Frau in der Lage ist, sich erobern und schwängern zu lassen – vom Stärksten, Tüchtigsten – dann ist die »Auslese« am Werk. Wenn sie aber einerseits noch bezahlen muß (mit ihrer Mitgift) dafür, daß sich überhaupt jemand bereit findet, sie (unter den einzig erlaubten Umständen) zu schwängern, andererseits sich dem Kaufkräftigsten, das ist in unserer »Zone« gewöhnlich ein schon abgetakelter, biologisch durchaus nicht hoch in Anschlag zu bringender Herr, ergeben muß – dann ist ein Prozeß der Herabzüchtung im Gange, der nur durch das heroisch-leichtsinnige Herausspringen der Unbotmäßigen aus dieser »Ordnung« einigermaßen aufgehalten wird.

Bei den Naturvölkern bildet samt und sonders das Mehrbegehrtwerden der Frau die Basis der sexuellen Werbekampfes Auslese. Ein Maori-Sprichwort heißt: »Ein Mann kann noch so schön sein, er wird nicht begehrt; eine Frau mag noch so gewöhnlich sein, so wird der Mann doch begierig nach ihr verlangen.« So ist's bei den Maori, wohlgemerkt! Bei uns ist das strikte Gegenteil der Fall. Frauen von Schönheit und Anmut und allen möglichen Gaben des Geistes und Herzens haben es schwer, »einen Mann zu bekommen«. Der erbärmlichste Wicht aber kann Hunderte von Frauen zur Ehe haben, wie die Fälle der Heiratsschwindler am deutlichsten beweisen. Wo wäre eine Frau, und sei es die reizvollste oder die beste, mit der Hunderte von Männern bereitwillig zum Standesamt gingen, notabene unter Auslieferung ihrer gesamten Ersparnisse? »Bei den Kreuzungen zwischen ungleichen Menschenrassen gehört der Vater fast immer der höheren Rasse an,« berichtet Westermarck. Innerhalb unserer weißen Rasse ist aber, umgekehrt, bei der Paarung zwischen minder- und höherwertigen Typen die entgegengesetzte Tendenz an der Tagesordnung: der degenerierteste Mann an der Seite der schönen, gutentwickelten Frau ist keine Seltenheit, und »ein Mann braucht nicht schön zu sein« ist gerade bei uns zulande eine geläufige, höchst bezeichnende Redensart. Nein, er braucht nicht schön zu sein. Er braucht sie nur zu heiraten, dann kann er ihrer so viele haben, wie weiland Don Giovan.

Mit dieser Konstellation, einer Folge unseres Wirtschaftssystems, sind jene natürlichen Voraussetzungen, von deren Erfüllung das Entstehen immer vollkommenerer menschlicher Wesen abhängt, verrückt, verdreht, auf den Kopf gestellt. Der »Kampf um das Weib«, dieses scheinbar unumstößliche Naturgesetz, das seine tiefwurzelnden Ursachen darin hat, daß das beweglichere, freiere (weil von der Fortpflanzung unbeschwerte) Geschlecht, der Mann, das durch die Begattung gefährdete und beschwerte Geschlecht, das Weib, selbstverständlich umwerben muß, damit es sich der Begattung ausliefere – dieses Fundamentalgesetz auf den Kopf zu stellen, hat unsere kulturelle »Entwicklung« fertiggebracht, indem sie das Weib dahin gelangen ließ, daß es sich sein Begattetwerden noch erkämpfen, erlisten, erkaufen muß, um überhaupt dazu zu gelangen. Indem die Fortpflanzungsmöglichkeit auf eine Institution gestellt wurde, die mit der wirtschaftlichen Leistungsfähigkeit des Mannes steht und fällt, wurde die Fortpflanzung selbst Sache des sozialen Kalkuls bei Mann und Weib und hörte auf, eine Erscheinungsform der Zuchtwahl zu sein.

Die individual-psychologischen Ursachen der zunehmenden Ehelosigkeit ergeben sich vor allem aus der zunehmenden Differenziertheit auch der seelischen Bedürfnisse, den wachsenden Anforderungen, die in jeder Hinsicht an das zu wählende sexuelle Komplement gestellt werden. Ein Zustand, der so teuer bezahlt wird – mit der vollen Einsetzung der Arbeitskraft von seiten des Mannes, häufig auch des Weibes – dessen Auflösung immer schwieriger wird, der von hundert Faktoren abhängt, die da alle »stimmen« sollen, damit er überhaupt erreicht wird – der jede weitere sexuelle Wahlmöglichkeit so gut wie abschneidet, hat zur Voraussetzung, daß außer der Übereinstimmung der sozialen Verhältnisse der beiden Kontrahenten auch die individuell-persönlichen Neigungen, Gewohnheiten, Anschauungen der beiden Ehepartner zusammen stimmen. Die Ursache, warum diese Forderung heute stärker ist als ehemals, dürfte wohl in dem Umstand zu suchen sein, daß das Individualbewußtsein, das Klassenbewußtsein oder gar das

Nationalbewußtsein des einzelnen mehr und mehr überwächst. Früher vertrat das Individuum in stärkerem Maße als heute den Typus seines Volkes, seiner Rasse, seiner Sprachgemeinschaft, seines Berufes, seiner Zunft und Klasse. Alle diese Gegensätze lösen sich mehr und mehr im kosmopolitischen Individualismus. Innerhalb einer weiten Gemeinschaft konnte der eheliche Partner leichter gefunden werden, weil er hauptsächlich nur die Merkmale eben dieser Gemeinschaft aufzuweisen hatte. Heute aber sollen hundert individuelle Anlagen eines Menschen ihre befriedigende Komplementierung durch einen andern finden, außerdem sollen auch noch die sozialen Bedingungen der Ehemöglichkeit erfüllt sein – was Wunder, daß diese selbst immer problematischer wird. Die Parallelerscheinung dieses Vorgangs ist aber auch die, daß der Geschlechtsimpuls als solcher um so schwächer wird, je schärfer die Analyse ist. Es gibt tausend Mittel, besonders für den Mann, ihn »abzuleiten«, zu »beruhigen«, er kann ihn durch Benützung der Prostitution und des »Verhältnisses« so weit befriedigen, daß er um seinetwillen keine »Dummheiten« macht. Perversionen aller Art, die in allen Kreisen geübt werden, tun das Ihre, die Macht des Sexualtriebes, demzufolge der Mensch begehrend ein geliebtes Wesen an sich reißt und sich ihm verbindet, zu zermürben, ja die stärkere Hinneigung zu einem Wesen anderen Geschlechtes wird meistens von vornherein mißtrauisch als »Gefahr« betrachtet, unter das Seziermesser der Analyse genommen, bis sie glücklich »überwunden« ist. Mit der Brechung und Schwächung der sexuellen Impulse wird zwar so mancher »Sieg der Vernunft« errungen, dem deutlichen Willen der Natur, nach Entstehung bestimmter Kreuzungsprodukte, um dessentwillen sie sich dieses »Triebes«, den man so vernünftig zu besiegen versteht, bedient, aber ein Schnippchen geschlagen.

Die rassenbiologischen Hindernisse stellen nur eine Erweiterung der individuellen dar. Warum ist denn der oder die »Richtige« so schwer zu finden? Vor allem, weil er zur richtigen Zeit, in den richtigen passenden »Verhältnissen« gefunden werden muß. Auf der Welt ist er vielleicht, aber er spaziert vielleicht gerade auf dem Mars, während man sich selbst auf dem irdischen Planeten abmüht. Er würde aber öfter und schneller »gefunden« werden, wenn die Zahl jener Menschen, die durch ihre Persönlichkeit eine andere befriedigen, beglücken können, eine größere wäre. Wenn man dann in diesem Fall – neben den »Richtigen« griffe, wäre er eben auch »richtig«. Was die Gestalten der Einheiten »Rasse«, »Individuum«, »Menschheit« voneinander unterscheidet, ist ja nur ihre Dimension. Quantitativ, nicht qualitativ sind diese Einheiten verschieden. Daß die Rassen degenerieren, heißt, daß zahllose Individuen in ihrer körperlichen und seelischen Beschaffenheit herabgemindert werden und weniger und weniger imstande sind, ihre Glückssehnsucht aneinander zu befriedigen. Daß sich dieser Zustand der herabgeminderten persönlichen Beschaffenheit aber unentwegt vererbt, hat seinen Grund in der Entraffung der Bedingungen einer unverfälschten Auslese, unter deren Zeichen die Kulturmenschheit steht.

Hier schließt sich der circulus vitiosus – wir stehen am Ausgangspunkt unserer Betrachtung.

Gezeugt und geboren – zumindest unter den von der Gesellschaft sanktionierten Bedingungen – wird nur innerhalb einer Institution (der legitimen Ehe), deren Bestand von dem Vorhandensein hunderter sozialer Faktoren abhängt. Die sexuelle Auslese hat da an letzter Stelle Anspruch auf Beachtung. Die Kinder, die durch wirkliche Auslese entstehen könnten – durch die von keinerlei wirtschaftlich-sozialen Bedenken abhängige Verbindung zweier Menschen, die sich aneinander hingeben, weil sie einander gefallen, dürfen nicht geboren werden, werden der Gattung rundweg unterschlagen. Und wenn sie geboren werden, werden sie hineingestoßen in soziale Verhältnisse, unter denen sie verderben müssen. (Daß die »Unehelichen«, deren erschreckende Morbiditätsziffern man als »Beweise« für die schlechten biologischen Resultate der freien Verhältnisse ausspielt, in hohem Prozentsatz zugrunde gehen, ist doch nicht ein »Naturgesetz«, sondern ein Resultat sozialer Mißstände und im Gegenteil die schlimmste Anklage gegen die bestehende »Ordnung«, nicht aber ein Beweis ihrer Notwendigkeit.) Geboren werden die Kinder von Vätern, die im scharfen Lebenskampf ihre besten Energien bereits verbraucht haben, am Seuchenherd der Prostitution ihre biologischen Kräfte verwirtschaftet haben, ehe sie dazu kommen, zu heiraten – die Kinder von Müttern, die von den Gemahlen meist infiziert sind, keine Wahlfreiheit haben, sich dem, den sie lieben, hinzugeben, eventuelle Degenerationsmerkmale mit einer soliden Mitgift zudecken können und gewöhnlich einen passablen geistigen Durchschnitt repräsentieren (denn die Selbständigeren begeben sich nicht leicht der Wahlfreiheit und gelangen daher schwerer zu Ehe und Fortpflanzung). Ferner die Kinder des abgearbeiteten, durch Trunk und Unterernährung geschwächten Proletariates.

Nicht geboren werden die Kinder schöner, junger, starker Menschen, die nichts zueinander führt als ihr Begehren nach einander, ihre Freude aneinander, die deutliche Stimme ihrer ungebrochenen Sexualimpulse. Die dürfen nicht zur Welt.

An ihren Früchten sollt ihr sie erkennen. Auch der Wert der monogamen Ehe, als allein anerkannten Instituts der Fortpflanzung, als einziger Basis der Generation, kennzeichnet sich an ihren »Früchten«. Jeder Mann müßte am Anblick jedes Weibes, das im Alter zu ihm paßt, und umgekehrt, jedes Weib an jedem Mann Freude finden, und die Möglichkeit, den richtigen Partner zur dauernden Sexualgemeinschaft unter dieser Riesenzahl begehrenswerter Menschen einer Altersstufe herauszufinden, wäre unter natürlichen Bedingungen ebenso groß, als sie heute gering ist. Statt dessen erfahren wir, daß den meisten vor den meisten schaudert, besonders die Besseren stehen in grausamer Isolierung. Das ist der rassenbiologische Grund der zunehmenden Ehelosigkeit.

Die legislativ-sozialen Ursachen der zunehmenden Ehelosigkeit liegen in der mausefallenähnlichen Architektur des Eherechtes. Kaum sind die Angelockten drinnen, schwupps fällt die Klappe zu. Die Eheschließung ohne Spezialkontrakte von ungezählten Paragraphen ist nahezu eine Lebensgefahr. Sie liefert zwei Menschen, insbesondere die Frau, bis zur lebensgefährlichsten Bedrohung an Leib und Leben und Eigentum an ihren Partner aus. Vermögen, Gesundheit, Kinder, Freiheit – alles das ist einer anderen Person ausgeliefert auf Gnad und Ungnad, und die Befreiung kostet oft übermenschliche Kraftanstrengungen. Die Erschwerung der Scheidung ist mit ein Grund der verminderten Eheschließung. Denn man überlegt es sich, in diese Mausefalle hineinzuspazieren.

Die Abschließung eines Privatkontraktes müßte ebenso obligatorisch werden, als beiderseitige Gesundheitsatteste. Heute ist der eine Partner »beleidigt«, wenn der andere einen Ehekontrakt verlangt. Auch können die hunderterlei Gefährdungen von jedem einzelnen nicht selbst durch entsprechende Paragraphen vorgesehen werden, müßten vielmehr in einem für alle Fälle ausgearbeiteten Schema vorliegen und je nach Bedarf in Anwendung kommen.

2. Das Wesen der ehelichen Gemeinschaft

Das Programm der »Umstürzler«.

Von einem »Götzendienst der äußern Formen und Institutionen, denen die lebendigen Menschen wie einem nimmersatten Moloch geopfert werden«, spricht Meyer-Benfey[1]. Dennoch ist dieser Trieb nach Errichtung von Formen und Institutionen, die freifließend dahinrasende elementare Mächte auffangen, bergen und verwerten sollen, seinem Wesen nach arterhaltend. Formen, Institutionen – Ordnungen mit einem Wort – sind notwendig, sie müssen nur eben erneuert werden, wenn sie alt und schadhaft geworden sind. Daß gerade die Mächte des Geschlechtslebens einer über ihnen stehenden »Ordnung« bedürfen, die sie »bezähmt, bewacht«, scheint unzweifelhaft. Auch die doppelte Moral, die die gegenwärtige »Ordnung« für Mann und Weib errichtete, war eine Vorkehrung zum Schutze des Weibes und der Generation. Aber eine Schutzvorkehrung, die nur durch Belügung der Natur bestehen kann, verbildet die, die sie handhaben, mehr als sie ihnen nützt. Daß das Weib des Schutzes gegen den Mann im erotischen Verhältnis mit ihm bedarf, haben die Geschlechtstragödien aller Zeiten erwiesen. Nur wird eben die Zukunft verläßlichere Schutzmaßregeln für das Weib und seine kostbare Fracht, das Kind, errichten müssen, als die bisherigen es waren, die darin gipfelten, daß das Weib sich ein geschlechtliches Leben zu versagen hatte, sofern nicht der Mann, dem sie sich hingeben sollte, für alle Zeiten gebunden zur Strecke gebracht war. Diese Tendenz, den Mann zu binden, hatte ihre innerste Begründung dort, wo der Brennpunkt des Kampfes der Geschlechter zu suchen ist: in der Verschiedenheit des Geschlechtsempfindens von Mann und Weib. Ist die »Treulosigkeit« – der polygame Trieb des Mannes – im Gegensatz zum Anhänglichkeitsbedürfnis des Weibes Natur – hat diese Verschiedenheit ihren unveränderbaren Grund in dem von Natur gegebenen Geschlechtsempfinden der beiden – oder ist sie etwa soziale Konstellation, die auf Zahlenfrage, Marktkurs, Angebot und Nachfrage des einen Geschlechts nach dem andern beruht? Erst die wirtschaftliche und moralische Gleichstellung beider Geschlechter kann das erweisen. Ist das Anhänglichkeitsbedürfnis des Weibes im Gegensatz zu dem der Fessel zumeist widerstrebenden, vielfach zugreifenden Geschlechtstrieb des Mannes soziale Konstellation, so ist es jedenfalls schon beinahe zur zweiten Natur geworden dadurch, daß es dem Weib zu schlecht erging, wenn es, ausgeliefert mitsamt dem Kind und vogelfrei ohne den besonderen Schutz eines Mannes – in mehrere Hände geriet. Das Anhänglichkeitsbedürfnis des Weibes würde dann zu den im Kampf ums Dasein gezüchteten Evolutionserscheinungen gehören. Ist diese Verschiedenheit aber Natur – urbestimmtes, unveränderliches Merkmal einer Gattung – ja, dann wird es immer schlimmer stehen um das Weib als um den Mann, »das schwere Dulden ist sein hartes Los« dann unter allen Umständen. Denn der Freiere ist immer der Höhere. Erst die Zeit der gesicherten Mutter wird diesem Problem auf den Grund kommen können.

Daß das Furcht- und Wunderbare der Geschlechtsvorgänge eines Geheges bedarf, hat die Menschheit von ihren Uranfängen an triebhaft empfunden. Westermarck versucht in seiner »Geschichte der Ehe« den Nachweis zu erbringen, daß die eheliche Gemeinschaft selbst bei den niedrigsten Völkerstämmen immer bestanden habe. Er definiert die Ehe als »eine mehr oder minder dauernde Verbindung zwischen Männchen und Weibchen, über die Fortpflanzungstätigkeit hinaus bis nach der Geburt des Sprößlings anhaltend«. Es liegt aber keinerlei Begründung vor, die Annahme, daß nicht vielfach die Herde für das einzelne Elternpaar die Aufgabe der Durchfütterung der Jungen übernommen haben sollte, abzuweisen, zumal die Vaterschaft doch nur bei der (späten) Einehe festzustellen war. Es werden eben mehrere Männchen mit mehreren Weibchen dauernd zusammengeblieben sein, nicht nur um der Jungen willen, sondern zwecks Erleichterung wirtschaftlicher Funktionen und um des Kampfes gegen den Feind willen – aus welchen beiden Instinkten die Tendenz, sich in Gruppen zusammenzuschließen, sich genügend erklärt. Herodot berichtet – ganz im Gegensatz zu Westermarck – von einem nordafrikanischen Stamm: »Sie leben nach der Art des Viehes und kennen kein häusliches Zusammenwohnen mit den Frauen.« Höchst charakteristischerweise ist es immer das häusliche Zusammenwohnen, welches im Bewußtsein aller Völker das Wesen der Ehe ausmacht. Nicht die Geburt von Kindern ist bindend und macht die Geschlechtsgemeinschaft dauernd – erst das dauernde, offiziell erklärte gemeinsame Hausen entrückt Mann und Weib dem gefährlichen Einfluß einer unberechenbaren Naturmacht – der erotischen Liebe – die, nach dem Ausspruch eines modernen Dichters[2] »heute gut ist und morgen beißt«, sichert die also Zusammengeschlossenen gegen diese Macht, die, molochartig, immer frische Speisung verlangt, um sich gnädig zu erweisen und stellt die Beziehung auf soziale Hilfeleistung der Sexualgenossen anstatt auf immer neue erotische Inspiration. Und dieses Motiv ist vielleicht das allerentscheidendste für die Unersetzlichkeit der ehelichen Gemeinschaft gegenüber allen anderen Formen des Sexualverkehrs. Nicht diese Gemeinschaft, nicht das eheliche Prinzip ist es, welches die »modernen Umstürzler« bekämpfen, sondern nur die Form, welche dieses Prinzip innerhalb der heutigen Wirtschaftsordnung angenommen hat, die zwangsmäßige Einschirrung, der die Individuen um seinetwillen unterworfen werden und die Abhängigkeit der Fortpflanzungsmöglichkeit und damit der Auslese von dieser einen Form der Geschlechtsgemeinschaft. Diese Form, diese Einmündung des erotischen Lebens des Individuums in eine dauernde sexual-soziale Verbindung mit einem Wesen des andern Geschlechtes, ist, unserer Auffassung nach, diejenige, nach welcher das Individuum, Mann und Weib, ewig streben wird und soll. Aber gerade dieses »Ziel« kann, seinem innersten Sinn gemäß, nur nach Durchschreitung vielfältiger Lebensphasen erreicht werden. Dieser Wechsel auf Ewigkeit soll nicht erpreßt werden müssen. Heute werden die Menschen in eine Sackgasse gejagt, indem einerseits jede andere Sexualbeziehung als die offiziös eheliche gebrandmarkt wird, andererseits alles getan wird, die Ehe zu erschweren, indem sie mit Lasten und Schwierigkeiten verknüpft wird, die die Individuen immer schwerer bewältigen können. Eine Erleichterung des Daseinskampfes ist die Ehe ihrer Natur nach. Heute ist sie eine Sklavenfessel, eine Kette beim sozialen Kampf geworden – sofern sie nicht als Spekulationsmittel benützt wird oder besondere Glückszufälle vorliegen. Die freiwillige Auslese der einander anziehenden Individuen ist die Voraussetzung arterhaltender ehelicher Gemeinschaft. Diese Voraussetzung wird durch die heutige Sexualordnung mit Füßen getreten. Und der Kampf der »Umstürzler« richtet sich nicht gegen das eheliche Prinzip, sondern gegen seine Verstümmelung innerhalb dieser Sexualordnung. Was diese »Umstürzler« erstreben, ist die volle Freiheit für alle rassefördernden Formen des erotischen Lebens und insbesondere für das Werk der Fortpflanzung, soweit diese der reinen Zuchtwahl entspringt. Trotz dieser Freiheit wird das Individuum die endgültige Dauergemeinschaft mit dem bestpassenden Genossen immer suchen, und nur durch diese Freiheit kann es diesen Genossen erkennen und finden. Der heutige Ehezwang verdammt das Individuum, das ihm widerstrebt, zum Zölibat oder zum wilden Geschlechtsleben, das im Gegensatz zum freien hinter dem Rücken der offiziellen Gesellschaft sein wüstes Dasein führt. Sowohl die Zwangsehe als das unfreiwillige Zölibat fortpflanzungstauglicher Individuen als auch das heimliche, jeder Art von Ordnung entrückte »wilde Verhältnis« vergiften die besten Kraftquellen der Menschheit. Daß ohne die offizielle, gesellschaftlich anerkannte Freiheit der erotischen Beziehungen die heimliche Freiheit, die sich einzelne notgedrungen nehmen, wenig gute Resultate für die Rasse sowohl wie für das Glück dieser einzelnen zeitigt, ist gewiß und soll hier nicht nur nicht verschleiert, sondern genau dargetan werden.

II. Kapitel

Die Ehe und die Formen und Folgen ihrer Umgehung innerhalb der gegenwärtigen Sexualordnung

»Es ist besser zu heiraten, als zu brennen.«
(Apostel Paulus)

1. Das legitime Moment der Ehe

Analyse des Begriffkomplexes »Ehe« – Die inneren Gefahren des illegitimen erotischen Verhältnisses – »Liebesverdrossenheit«.

Unter dem legitimen Moment der Ehe verstehen wir die unlösbare oder schwerlösbare Verkettung eines Paares durch Gesetze, Sitte und wirtschaftliche Gemeinschaft. Das Prinzip, welches der legitimen Ehe zugrunde liegt, wonach erst das Nest komplett eingerichtet sein muß zur Aufziehung der Jungen und der Vater zur Stelle ist zu ihrer lebenslänglichen Beschützung, andernfalls an Fortpflanzung nicht geschritten, also nicht geheiratet werden soll, dieses Prinzip, welches der legitimen Ehe zugrunde liegt und die Ursache ist aller Schwierigkeiten ihres Zustandekommens, wäre ein ausgezeichnetes, wenn nicht, wie die Erfahrung zeigt, oft, ja meist, wertvolle biologische Elemente dadurch von der Fortpflanzung ausgeschlossen wären. Die Zuchtwahl, wie sie heute spielt, bringt vorwiegend die wirtschaftlich Tüchtigen, welche mit den biologisch und geistig Edlen durchaus nicht identisch sein müssen, einerseits, und den gegen seinen Willen sich übermäßig vermehrenden Proletarier andererseits zur Fortpflanzung. Wir brauchen nur um uns zu sehen, um den Wert dieser »Auslese«, wie sie sich durch die heutige Eheform ergibt, veranschaulicht zu finden. Kaum ein Individuum unter hundert, das der Idee »Mensch« entspräche, das nicht irgendeinen dunklen unberechenbaren Punkt in sich trüge, aus dem alle antisoziale Wucherung krebsartig herauswüchse und das Gemeinschaftsprinzip erschweren würde. Wenn wir in einer Tramway, in einer Versammlung, in einem Konzertsaal oder auf der Straße sind und die Anwesenden ansehen, so faßt uns Verzweiflung über diese Fülle von Häßlichkeit und Stumpfheit, die aus diesen Erscheinungen spricht. Am deutlichsten tritt das in einer Tramway oder in einer Bahn vor Augen, wo man nicht selten staunt, daß unter den zwanzig Personen, die man sich auf ihre Beschaffenheit ansieht, keine ist, die nicht die Merkmale beeinträchtigter oder verbildeter Entwicklung an sich trüge, – keine, die nicht antipathisch wirken müßte durch ihre bloße Existenz. Die tiefste und fruchtbarste Freude aber kann dem Menschen nur wieder durch den Menschen kommen. Diese Möglichkeit wird – bis auf ein Minimum, das ein gnädiger Zufall übrig läßt – durch fortgesetzte Übervermehrung der Minderen, durch fortgesetzte schlechte Zeugung, durch fortgesetzte Verringerung der Möglichkeiten freier Auslese in beschleunigtem Tempo reduziert.

Das Gehege, das die Institution der legitimen Ehe darstellt, bietet seinem Prinzipe nach so viel des Verlockenden, enthält so zahlreiche günstige Momente, daß wir die Abhängigkeit dieses Prinzips von hunderterlei wirtschaftlich-sozialen Faktoren, die seine Erfüllung erschweren, beklagen müssen. Neben der Beschützung der Jungen und teilweise auch der Frau, die durch die dauernde Verbindung des Mannes mit ihr und den Kindern wenn nicht gewährleistet, so doch angebahnt ist und die einzige Form von Mutter- und Kinderschutz bildet, die die Gesellschaft bis heute kennt, – neben diesem Schutz, den lediglich die legitime Ehe heute für Mutter und Kinder bietet und der sie daher unentbehrlich macht, solange nicht eine höhere, festere, verläßlichere Schutzinstanz zur Beschirmung der Generation gefunden ist, – bietet die Ehe innerhalb der heutigen sozialen Konstellation auch die verläßlichste Form zur Herstellung eines Zustandes, der dem Individuum selbst zugute kommt, weil er die Voraussetzung gesunder Entwicklung bedeutet. Dieser Zustand, der heute unter allen Formen des Geschlechtslebens am stärksten durch die Ehe garantiert ist, ist der der »sexualen Versorgung«. Der Ausdruck stammt von Professor Freud. Christian von Ehrenfels, Professor der Philosophie in Prag, auf dessen Vorschläge einer Sexualreform wir später ausführlich eingehen werden, definiert diesen Zustand als »die Zusicherung eines regelmäßigen mühelosen...... allen Kraftaufwandes des Suchens und Wechselns enthobenen Sinnengenusses, ausgehend von einer sympathischen und befreundeten Persönlichkeit«. Und er schüttet das volle Maß seiner Verachtung über die Anhänger dieses Zustandes aus. Dieser Zustand hat den nicht zu unterschätzenden Vorteil, daß er die Kräfte des Individuums für dessen soziale Leistungen spart, ohne es der Entbehrung genereller Notwendigkeiten auszusetzen. Muß das Individuum – Mann oder Weib – den notwendigen »Sinnengenuß« oder besser gesagt die Auslösung geschlechtlicher Spannung jedesmal neu »erobern« oder gar suchen – so verbraucht es ein starkes Maß seiner Energien auf diese Leistung – die seinem sozialen Werk entzogen werden. Entsagt es dieser Auslösung ganz, so sündigt es gegen die Gesetze seines Stoffes, und die unausgelösten Spannungen erdrücken seine Schaffenskraft.

Außerhalb der Ehe gelangen die Menschen – heute – nur schwer zu normalem geschlechtlichen Leben, nur unter sozialer, hygienischer und psychischer Gefährdung und unter oft peinlichen Begleitumständen; außerdem trägt dieser Verkehr das Merkzeichen des Episodischen, Unregelmäßigen an sich und ist von tausend Stimmungen und Milieuschwierigkeiten bedroht. Das geregelteste und relativ gefahrloseste sexuelle Leben bietet heute noch die Ehe. – Der europäische Mann lebt, außerhalb der Ehe – zwischen zeitweiligen Exzessen einerseits und im Zustand der erotischen Unlust andererseits. »Liebesverdrossenheit« hat Oskar H. Schmitz diesen Zustand genannt. An die Arbeitskraft des Mannes der Kulturwelt werden hohe Ansprüche gestellt, er hat Sorgen, Probleme, Aufgaben und Befürchtungen aller Art, dazu Zeitmangel. Außerhalb der Ehe, die seinem Verkehr mit dem Weibe ein günstiges Milieu bietet, hat er kaum zu irgendeiner anderen Form des sexuellen Lebens Zeit, Muße und Hinneigung als zu der des ungeregeltesten »Besuches«. Für die ärgste Bedrängnis der Sinne hat er den Notausgang der Prostitution. Schon das »Verhältnis« mit dem kleinen, mit seinem Gemüte beteiligten Bürgermädchen wird ihm bald unbequem und die ebenbürtige Geliebte – das Weib, das sich ihm in freier Selbstbehauptung hingibt – fürchtet der moderne Mann geradezu als eine Gefahr. So sonderbar diese Behauptung klingt – so wahr ist sie. Viel eher bringt er es noch mit der »Maitresse« zu einem Dauerverhältnis als mit der Geliebten. Denn die Tatsache, daß er materielle Opfer bringen muß, daß er in eine bestimmte Frau Kapital »investiert« hat, macht sie ihm wertvoll und läßt dem modernen Mann – suggestibel wie er in hohem Grade ist – diese Beziehung als etwas, das man sich zu erhalten suchen muß, erscheinen.

Wenn wir aber auch von dem gemeinen Mannestyp absehen und den höheren ins Auge fassen, so beobachten wir an ihm das Phänomen, daß er die Liebe, d.h. die Sexualbeziehung zum Weibe, die vorwiegend auf tiefe erotische Erlebnisse und dabei nicht auf soziale Gemeinschaft, soziale gegenseitige Förderung, wie sie heute nur die Legitimität bietet – gestellt ist, als eine Gefahr fürchtet, der er entflieht, sobald er sich dazu stark genug fühlt – auch wenn er mit aller Leidenschaftlichkeit dieses Erlebnis suchte. Völlige Enthaltung vom Weibe wäre aber unsozial und unhygienisch, auch bedarf er der Nachkommenschaft und des häuslichen Milieus. Infolgedessen wünscht er die Ehe – eine Gemeinschaft, die ihn erotisch nicht absorbiert, ihm aber den notwendigen Lebenskontakt mit dem Weibe bietet. Aus diesem Punkt ist vielleicht zu verstehen, warum der Mann die »Geliebte«, wenn auch echtes Gefühl ihn mit ihr verband, nach kurzer Zeit meist verläßt. Warum die Geliebte der Gattin gegenüber fast immer auf einem verlorenen Posten steht. Warum der Mann – mehr noch als die Frau – das Heim und die soziale Gemeinschaft mit dem Weibe braucht, um seine Spannkraft nicht gefährdet zu glauben. Darum diese den Männern fast unbewußte Angst vor dem Liebesverhältnis, das sie selbst suchten und knüpften. Darum vielleicht die brutale Abwehr, die Verstoßung der Geliebten. Ein Liebesverhältnis muß heute entweder in Ehe übergehen oder – untergehen. Denn der ganze, der starke Mann, der, der die Liebe ohne Gefahr in seinen Lebenskomplex mit aufnehmen und festhalten kann, ist nicht von heute.

Die Unwilligkeit und Unfähigkeit des heutigen Mannes zur Liebe ist die Tragödie der heutigen Frau, gegen die es nur ein Mittel gibt: ebenfalls in der sozialen Tat (und in der Mutterschaft) Ziele zu finden und die Lebensspannkraft nicht nur von dem Erlebnis mit dem Mann zu nähren.

In früheren Zeiten, besonders in denen des Rittertums, war die Gunst der Frau der Mühe Preis. Die Devise »ich dien« des Ritters galt – nächst Gott – dem Weibe. Dem heutigen überhetzten Geschlecht wird Minnedienst zu Minnefron. Von dem hohen Ideal der Ritterlichkeit war der Mann nie ferner als heute. Darum bedurfte auch die Liebe niemals so sehr des »Geheges« – der von äußeren Mächten abgesteckten Grenzen – als gerade heute. Das soll an dieser Stelle, an der der Jammer dieser Notwendigkeit ins volle Licht gerückt wird, durchaus nicht verschwiegen oder durch Idealisierung der Menschennatur überkleidet werden. Im Gegenteil: voraussetzungslos wollen wir untersuchen, warum dieses Gehege, das wir als der Auslese und Höherentwicklung feindlich, ja als antiselektorisch wirksam erkannten, heute notwendig ist – und unter welchen Bedingungen es überflüssig oder doch in seiner Wirksamkeit verbessert werden könnte.

2. Das soziale Moment der Ehe

Seine Unerläßlichkeit – Das Ideal der sexuell-sozialen Dauergemeinschaft eines Paares – ein ewiges – Dessen Unterschied von der heutigen Dauerehe.

Daß die Aussichten auf Ehe immer geringer, die Hingabe der Frauen immer bedingungsloser, der Wechsel der Beziehungen immer häufiger wird, ist nicht zu übersehen. Einer neuen Ordnung geht logischerweise viel Unordnung voran, und in diesem Stadium halten wir jetzt. »Wie heiratet und verheiratet man«, fragt die alte Fürstin Tscherbatzky in Tolstojs »Anna Karenina« verzweifelt, da es weder mit der französischen noch mit der englischen Methode mehr klappen will. – Im Volk ist der Besitz eines Weibes noch eine Kostbarkeit, um die nicht selten mit Messern gekämpft wird. Das Überangebot an Weiblichkeit ist nur in den »gebildeten« Klassen zu finden. Der sich anbietenden Weiblichkeit gilt das gesellschaftliche Treiben der oberen Stände. Mit allen Mitteln wirbt da die Frau um den Mann. Das Natürliche aber ist, daß der Mann um das Weib wirbt, kämpft, ringt, wütet. Warum das natürlich ist? Erstlich weil, wie schon erwähnt, die Frau der durch die geschlechtliche Vereinigung gefährdete Teil ist, dann weil der Mann das von Natur aggressive Prinzip darstellt. Durch den Bau seines Körpers ist er gezwungen, ein Ziel seiner Begierde zu finden. In ihrer natürlichen Wesenheit aufs gewalttätigste verbildet, in ihren Funktionen zu der befremdlichsten Verkehrung gedrängt – so stehen einander heute die Geschlechter gegenüber. Das legitime Moment der Ehe, von unzähligen äußeren Konstellationen abhängig, mußte dem natürlichen Werbekampf des Mannes um das Weib den Boden abgraben, ihn in sein Gegenteil verkehren. – Dieses Moment der ehelichen Gemeinschaft – das legitime – wird durch eine den Bedürfnissen der Menschennatur besser angepaßte Wirtschafts- und Sexualordnung vielleicht aufzuheben, zu ersetzen, in seiner Wesenheit zu verändern sein. Das Prinzip der Ehe – der Dauergemeinschaft eines Paares – schließt aber neben dem legitimen noch ein anderes Moment in sich, das in seinem Werte unersetzlich erscheint und in jede andere Neugestaltung einer Dauergemeinschaftsform der Geschlechter hinübergerettet werden muß, soll die Menschheit nicht eines wichtigen Haltes verlustig gehen. Dieses Moment ist es, das im letzten Sinne das eheliche Prinzip – über alle Krisen seiner legitimen Erscheinungsform – darstellt, es ist das unentbehrliche Merkmal, ohne die das »Ding« nicht gedacht werden kann, ein hoher Kulturfaktor, der – vom Ansturm, der dem legitimen Prinzip gilt, gefährdet – gerettet und erhalten werden muß. Dieses Moment ist das der offiziellen sozialen Gemeinschaft, die ein Paar eingeht, die wiederum zwei Funktionen erfüllt: einerseits das betreffende Paar nach außen zu schützen – indem durch den unbehindert offiziellen Zusammenschluß die Kräfte der beiden sich mehr als verdoppeln (zwei Energien verbündet, leisten mehr als zwei einzelne, annähernd soviel als drei) – andererseits ihnen Schutz nach innen zu gewähren, gegen die Gefährdung, die einer dem anderen – unverbunden – bedeutet, eine Kunstwehr zu schaffen gegen jene Elementarmacht, »die heute gut ist und morgen beißt«.

Das charakteristische Merkmal der »Ehe« ist, wie wir auch aus der Geschichte der Naturvölker erfahren haben, nicht die Beiwohnung, auch nicht die Schwangerschaft der Frau, sondern der Umstand, daß die Frau das Haus des Mannes teilt und sie sich offiziell als Genossen erklären. Die wirtschaftlich-soziale Gemeinschaft ist ein unerläßliches Attribut der Ehe, alles andere bleibt immer nur ein »Verhältnis«. Nicht nur zusammen »verkehren«, sei es auch dauernd und sei es auch intim, sondern zusammen hausen und wirtschaften und streben, macht – vorausgesetzt natürlich die innere Verbundenheit – die volle Intimität aus. Diese Gemeinschaft erreichbar zu machen, innerhalb einer anderen Sexualordnung, als der heutigen, die in tiefe Unnatur geraten ist und der echten Auslese feindlich entgegensteht – wird die Aufgabe der Zukunft sein. Diese volle häusliche Dauergemeinschaft eines Paares wird in der freiesten Form der Ehe und bei gegenseitiger wirtschaftlicher Unabhängigkeit erreicht werden müssen. Sie wird sich von der heutigen Dauergemeinschaft dadurch unterscheiden, daß ihr keinerlei Zwang anhaftet, daß sie ein Produkt der reinen Auslese und daß sie vor allem nicht die erste, letzte, ausschließliche und alleinige Form des (erlaubten) erotischen Lebens des Individuums und der Fortpflanzung darstellt, daß sie nicht die einzige Karte ist, auf die in blindem, tollkühnem und erzwungenem Hasard das Schicksal einer Gruppe von Menschen gesetzt wird – daß sie nicht die Form ist, in die halbentwickelte Menschen für »ewig« eingeschlossen werden, sondern eine Endphase, in die das geläuterte, in seinem Triebleben beruhigte, zu einer höheren und freieren Bewußtseinsstufe gelangte Individuum – Mann und Weib – eintritt, wenn es den richtigen Schicksalsgenossen ohne jedes Kompromiß, das seine eigene Entwicklung und die der Art schädigen könnte, und im Zustand seelischer und wirtschaftlicher Freiheit gefunden hat. Den Weg zu diesem Ziel werden wir in einem noch entfernten Abschnitt dieses Buches darzustellen haben. Für jetzt gilt es, den Zustand, den wir als »Ehe« begreifen, zu analysieren und darzutun, welche Elemente dieses Komplexes ihm wesentlich sind und welche andere vorübergehenden Zeitkonstellationen entspringen, die bei der Entwirrung der Krise, in die wir mit unserer gegenwärtig gültigen Sexualordnung geraten sind, entfernt werden, von selbst zerstieben, zerfallen, weggeweht werden müssen beim Anhauch des freigewordenen Lebensbewußtseins der Persönlichkeiten – und welche andere Elemente dieses Komplexes bleibend, weil wesenhaft, der Gattung unentbehrlich und darum, wenn auch in veränderter äußerer Gestaltung – ewig sind.

Das soziale Element der Ehe halten wir für ein ewiges Bedürfnis der Menschheit. Der deutliche und öffentliche Zusammenschluß aller Faktoren, auf denen die Existenz zweier Menschen ruht, ist zu ihrer vollen Befriedigung aneinander notwendig. Das tief Unbefriedigende einer Sexualbeziehung, die nicht auch auf Verknüpfung der beiderseitigen Lebenssituation beruht, ist nicht zu leugnen. Auch ist dieser Zusammenschluß aller Verhältnisse, und so eng als möglich, notwendig, da damit ein Widerstandszentrum gegen äußere Mächte, die zwei Menschen auseinanderreißen wollen, geschaffen ist. Es nutzt im Kampf gegen diese Mächte wenig, die Herzen zu verknüpfen, wenn nicht auch die tausend Bande der gemeinsamen sozialen Situation das Paar eng umschlingen. Auch kann das Individuum im Kampf gegen eine Welt von Widersachern fast noch eher des Geliebten entbehren als des Genossen. Den Dauergenossen zu finden, wird daher immer das instinktive Streben des Individuums bleiben und der durch äußere Zwangsverhältnisse erzwungene Wechsel des Weggenossen als arge Bitternis empfunden werden, zumindest von solchen, die ein erotisches Erlebnis als ein Stück ihres Schicksals empfinden. In jeder Phase seines Lebens eine neue Gemeinsamkeit, eine neue Sexualkameradschaft suchen zu müssen, wird ebenso schwer empfunden werden, als das Gegenteil, das erzwungene Verharren in einer ihrem innersten Wesen nach überwundenen Geschlechtsgemeinschaft. – Die offen eingestandene sexual-soziale Beziehung eines Paares ist schon deswegen nötig, weil ohne diese Offizialität ihre Beziehung der guten Genien der gemeinsamen Freunde, der gemeinsamen Erlebnisse in der Außenwelt entbehrt. Eine Beziehung, die auf ein heimliches tête-à-tête beschränkt bleibt, trägt schon Krankheitskeime in sich. Daran – an dieser erzwungenen Heimlichkeit – scheitert heute so oft das »freie« Verhältnis, darum ist ein solches Verhältnis heute tausendmal unfreier als die gebundenste Ehe. Die Akkreditierung der Gesellschaft auch solchen Verhältnissen gegenüber, die in der Entwicklung jugendlicher Menschen nur eine vorübergehende Phase bedeuten können, wird eines der ersten Gebote einer Sexualordnung sein, die der sexuellen Lüge und Heuchelei, in deren Zeichen die heutige Gesellschaft steht, zu Leibe gehen will. Die Forderung nach dem »provisorischen« Weib und dem »provisorischen« Mann – die einander für die zwingendsten Ansprüche der ersten Jugendjahre genügen, aber nur während dieser und nicht mehr später – das ist etwas, womit zu rechnen die Gesellschaft wird lernen müssen. Heute wird die Tatsache dieser Forderung, die sich aus der Kreuzung natürlicher und kultureller Bedürfnisse ergibt, zurückgeschoben, gewaltsam »ignoriert«, und die sich aus ihr ergebenden Konsequenzen werden in die dunkelsten Winkel gedrückt, verleugnet, verfemt. Was die »zehn Jahre der Folter« – vom Alter der vollen Pubertätsreife bis zu dem der heiratsfähigen »Gesellschaftsstütze« – für den Mann bedeuten, hat uns Strindberg gesagt. Was sie für die Frau bedeuten – wird vielleicht noch zu sagen sein.

Leichte Lösbarbeit, aber immerhin offizielle Knüpfung des Bandes scheint die Form, welche den seelischen Ansprüchen unserer und der nächsten Generationen am besten entsprechen dürfte. Mit der Anerkennung dieser Leichtlöslichkeit muß aber das Verständnis der Gesellschaft für wiederholte Eheschließungen einer Person Hand in Hand gehen. Nichts ist natürlicher, als daß im Lauf eines Lebens die richtige Verbindung sich erst nach wiederholten »Versuchen«, wenn überhaupt, ergibt. Die Moralheuchelei, welche sich z.B. über den »dritten Mann« einer Frau entrüstet, gehört zu den widerlichsten konventionellen Lügen. Hat doch fast jeder Mann eine lange Reihe von Frauen in seinem curriculum vitae zu verzeichnen. Wie soll auch, bei der unberechenbaren Charakterzusammensetzung der meisten Menschen und in Anbetracht der Tatsache, daß man die deutliche Kenntnis eines Menschen erst während des Zusammenlebens mit ihm – jedenfalls erst nach der physischen Vereinigung – erwirbt, des weiteren, daß man auch zur Kenntnis des eigenen Charakters und seiner Nötigungen erst nach und nach gelangt – wie soll da die richtige Gemeinschaft so leichthin auf den ersten Griff zu finden sein?

Die Freiheit, ein Band zu lösen, wenn es unerträglich geworden scheint, müßte nicht nur durch das Gesetz, sondern auch durch die moralische Wertung der Gesellschaft gewährleistet sein.

3. Das Suggestionsmoment der Ehe

Kritik der freien Liebesverhältnisse von heute – Die Gefahr der vogelfreien Sexualgemeinschaften – Die Gefahr der »probelosen« Ehe – Die historische Probeehe – Das Konkubinat.

Jene Form des Zusammenlebens der Geschlechter, welche heute durch die Ehe repräsentiert wird, bewahrt das Individuum vor vernichtender Einsamkeit, verhilft ihm zu einem geregelten Geschlechtsleben, zu erleichterter Elternschaft und zur sozialen Zugehörigkeit zu einem anderen Menschen, resp. zu einer ganzen Gruppe. Diese Form des legitim-sozialen Zusammenlebens hat aber noch einen anderen Vorzug, der im Hinblick auf die Suggestibilität des menschlichen Gemütes nicht zu unterschätzen ist: daß die legitime Ehe das Gefühl des »Verheiratetseins« mit sich bringt, ist ihr schönster Vorzug, wenn er auch gerade am allerhäufigsten mißbraucht wird.

Die Liebesgemeinschaft als Experiment hat ein gefährliches Element in sich. Das ist die Voraussetzung, auf der sie beruht, selbst. Nicht wirtschaftliche und soziale, nicht moralische Gründe sprechen so sehr für eine offizielle Eheschließung als dieses Moment, dessen Gefährlichkeit nicht zu übersehen ist, eben diese Suggestibilität des menschlichen Gemütes. Die Gewißheit, daß die Gemeinschaft jeden Augenblick aufhören kann zu bestehen, daß sie Gefühlskrisen gänzlich ausgeliefert ist, gibt ein unbehagliches, unsicheres Gefühl von vornherein. Sie widerstreitet übrigens vollständig der Idee der Liebe, welche seit den Zeiten des Urmenschen danach verlangt, den wirklich geliebten Menschen sich zu verbinden. »Verbindung«, dieser Ausdruck der intimsten Gemeinschaft, enthält ja schon in seinem Stamm den Begriff »binden«. Diese Suggestion der Unverbundenheit entzieht den Liebenden den Boden der Sicherheit, der Unbefangenheit. Die fortgesetzte »Werbung« beider Teile um einander, welche ernste moderne Reformatoren, gewiß aus tief sittlichen Motiven heraus, verlangen, birgt aber wieder die Gefahr in sich, daß sie gerade das entgegengesetzte Resultat zeitigt, indem allzuviel Bemühung des einen Teils um den anderen, diesen – besonders den Mann – nicht selten erkalten läßt. – Auch ist diese beständige erotisch-seelische Emotion wenig geeignet, die Menschen in jene ruhige, starke, nüchterne und freie Stimmung zu bringen, die zu ihrem sozialen Schaffen notwendig ist. Gerade heute, wo für die »freie Liebe« so viele Lanzen – und von edlen Händen – gebrochen werden, können wir nicht umhin, die inneren Gefahren eines solchen Verhältnisses – zumindest unter der heutigen sozialen Konstellation und in Anbetracht des vorhandenen Menschenmaterials – zu beleuchten, wenn wir auch weit entfernt sind, die Momente, die gerade heute zur Knüpfung solcher Bündnisse führen, in ihrer zwingenden Gewalt zu unterschätzen und, natürlich noch weiter entfernt, von der sozialen Massenlüge der Verurteilung solcher Verhältnisse.

Diese innere Gefahr indessen besteht und nimmt in der »Praxis« des freien Verhältnisses größere Dimensionen an, als man meinen sollte.

Im freien Verhältnis erwarten die Leute eine fortwährende »Anregung« voneinander, eine Voraussetzung, die bei der Ehe wegfällt und durch soziale Gemeinsamkeiten ersetzt wird. Das freie Verhältnis nimmt das Individuum über Gebühr in Anspruch und bietet dabei weniger persönlichen Kontakt mit dem Partner als die eheliche Gemeinschaft. In der Ehe fallen, durch die gesicherte Gemeinsamkeit des Milieus, viele Gründe zu Reibereien und Gereiztheiten fort – natürlich ist hier von solchen Paaren die Rede, die gerne zusammen sind. Ein Verhältnis, das abhängig ist von Stimmungen und Milieuschwierigkeiten, entbehrt des Friedens. Insbesondere diese letzteren sind die ärgsten Feinde der unverbunden Liebenden. Außerdem birgt die äußere Form des Liebesverhältnisses, das nicht auf sozial anerkanntes gemeinsames Hausen gegründet ist, die Besuchsform, eine schwierige »technische« Aufgabe. (Das wesentliche Merkmal der ehelichen Gemeinschaft ist, wie wir erfahren haben, die gemeinsame Häuslichkeit, daher auch das Konkubinat ehelichen Charakter trägt, sobald es der offiziellen Anerkennung nicht entbehrt.) Die Besuchsform ist, insbesondere in Anbetracht der Arbeitsüberbürdung der Männer und neuerdings auch teilweise der Frauen, wie gesagt, geradezu eine »technische« Schwierigkeit. Wann und wo und wie sollen die Leute einander sehen und wie sollen sie die knappen Stunden ausfüllen, um die beste Befriedigung in ihnen zu finden! Wenn die Frau die »besuchte« ist, verbraucht sie nicht selten zuviel ihrer geistigen Energie, ihrer seelischen Spannkraft in Erwartung dieses Besuches, insbesondere da ja im Getriebe des modernen Lebens mit Verhinderungen gerechnet werden muß, die zerstörend auf das nervöse Gewebe, das sich im Zustande der Erwartung befindet, wirken müssen. Für den Mann wieder ist die Regelmäßigkeit dieser Besuche oftmals mehr, als ihm seine Zeiteinteilung erlaubt. Dazu kommen – unter den heutigen Verhältnissen – die Erschwerungen, die das Aufrechthalten der Heimlichkeit des Verhältnisses verursacht. So entstehen bald Mißhelligkeiten, vor allem aber ist gewöhnlich, durch die Technik des Wartens, Verabredens, Treffens, Verfehlens, ein peinlicher Kraftverbrauch zu verzeichnen. Das »Warten« auf irgend jemandes Besuche, das bei den Frauen nicht selten zu qualvollem »Harren« wird, ist der Tod der inneren Freiheit.

Die Frau in solchem Verhältnis hat gewöhnlich auch noch einen anderen Feind. Das ist die asketische Stimme im modernen Mann, die gerade unter der Suggestion, daß es sich um ein »Liebesverhältnis« handle, am schnellsten laut wird. In der Ehe steht das suggestible Tier kat exochén, der Mann, unter dem Eindruck, durch den Verkehr mit dem Weibe und der Familie auch seine Pflicht zu erfüllen. Das beruhigt ihn. Beim »Liebesverhältnis« beängstigt ihn bald die Suggestion der »Lust«. Besucht er seine Freundin regelmäßig, so erscheint er sich bald als eine Art Tannhäuser in Duodezausgabe. Und es ist kein behaglicher Gedanke für eine Frau, für jemanden den »Sündenpfuhl« zu repräsentieren. Die Ehefrau genießt, wenn sie geliebt wird, alle Freuden der Liebe, ohne daß die gemeinsame Kemenate als der Hörselberg erschiene, den man fliehen müsse, um seine Mannheit zu retten.

Die Geliebte kostet Zeit. Diesen Vorwurf hat die Ehefrau nicht zu ertragen und »hat« den Mann doch, d.h. lebt mit ihm, sieht und spricht ihn, ohne daß er zu diesem Zweck seine Zeit zu »Besuchen« verwendet. Die asketische Stimme des Mannes rechnet die Zeit nach, die diese Besuche ihm kosten, die besuchte Frau wieder hat die Aufgabe, diese seine kostbare Zeit »anregend« auszufüllen. Die Ehefrau hingegen hat nicht nötig, während sie mit ihrem Manne ist, immer anregend zu sein. Bleierne Stunden sind im Leben unausweichlich. Wenn sie sich bei den Besuchen der Liebenden einstellen, genügen sie, das Verhältnis zur Auflösung zu bringen. – In der Ehe ist man füreinander jederzeit erreichbar, ohne umständliche mise en scène, man verbringt nicht lange kostspielige Stunden mit Konversation und erotischem Geplänkel und ist dabei doch in engstem Kontakt, schöpft Kraft durch die gegenseitige Nähe und die Möglichkeit, sich jederzeit aussprechen zu können. Auch die Gefährdungen psycho-physischer Art, die die erzwungene Trennung Liebender um die grauende Morgenstunde mit sich bringt, der »Lendemain«, an dem das Tagwerk nur mit einem Bruchteil von Kraft vollbracht werden kann – all dies gehört mit zu dem Komplex von Schädlichkeiten, die die Hausgemeinschaft Liebender notwendig erscheinen lassen. Und dabei hängt das »freie Verhältnis« – darüber können wir uns nicht täuschen – in der Luft, lebt von einem Tage zum anderen, abhängig von jeder Stimmung, jeder Störung, äußeren und inneren Feinden – Dämonen – ausgeliefert. Das wissen die Beteiligten. Und einer von beiden – manchmal beide abwechselnd – »zittert« um den Bestand des Glückes. Die psychologisch bedenkliche Folge dieses Umstandes ist die, daß die auf diese Art vereinigten Menschen eigentlich niemals ganz unbefangen miteinander werden. Ein ewiges Berechnen und Erwägen aller möglichen Konstellationen, eine gefährliche Beobachtung der eigenen Haltung und der des anderen sind die Begleiterscheinungen dieser Form des Liebeslebens. Das kostbarste Erleben, das Menschen gemeinsam haben können, wird geschmälert: die Hinwendung zum Objekt. Das gefährliche persönliche Moment läßt die innere Freiheit, die zu dieser Hinwendung nötig ist, nicht aufkommen. Erst das Bewußtsein des »Geheges«, das den Bestand des Verhältnisses gegen jene »Dämonen« schützt, gibt Frieden.

Das tiefste Glücksgefühl, das einem Menschen von einem anderen kommen kann, ist nicht das Bewußtsein seiner Leidenschaft, sondern das der wirklichen Vertrautheit und unbedingten Zusammengehörigkeit. Nur ein Verhältnis, das Ehe ist, freilich seinem Wesen, nicht der bloßen Form nach, kann dieses Gefühl erwecken und auch dann nur, wenn es durch eine Reihe von

Jahren bestanden hat. »Ruhe in einem anderen Herzen finden« – wenn ich nicht irre, war es Julie von Lespinasse, die mit diesem Wort das tiefste Glück bezeichnete. »Du bist die Ruh, du bist der Frieden«, das ist die Formel der Erlösung. Und wenn ein Mensch in einem andern diesen tiefsten Frieden fand – dann wird er immer auch nach dem Gehege verlangen, das ihm und dem Geliebten ein Schutzwall sei gegen Dämonen – feindliche Mächte – die Verbundenes trennen wollen.

Ich habe hier ganz abgesehen von den sozialen Gefahren und Schädigungen, die das »vogelfreie« Liebesverhältnis für die Beteiligten heute mit sich bringt. Denn diese entspringen Zeitkonstellationen, sind daher veränderbar und tragen kein der menschlichen Natur anhaftendes Moment in sich, wie jene anderen, die inneren Gefahren. Mit dieser Feststellung soll aber nicht behauptet werden, daß nicht gerade diese Form der Liebe für viele Menschen die erwünschteste und unter den heutigen Schwierigkeiten und Gefahren der Legitimität die einzig mögliche ist, da die Menschen heute eben sehr oft nur die Wahl haben zwischen dieser Liebesform oder dem erotischen Hungertod. Ein reinliches Kulturempfinden wird einen »besten Zustand« (und der ist die gute Ehe) niemals mit Erpresserhand verbreiten wollen, und soziale Freiheit für alle Formen des Liebeslebens, die die Generation nicht schädigen, ist eine Forderung, deren Nichterfüllung dem natürlichsten Selbstbestimmungsrecht des Menschen Hohn spricht. Gerade diese sich hier notwendig ergebende Nebeneinanderstellung der Schäden und Schwierigkeiten der Ehe sowie der Gefahren des freien Liebesverhältnisses läßt die Krise, in der wir stehen, deutlich erkennen.

Ob diese freien Verhältnisse meist nur deshalb so kläglich ausgehen, weil die Ehe daneben steht? Ob sie besser verlaufen würden, wenn es diese Institution, nach der aus jedem freien Verhältnis heraus geschielt wird, nicht geben würde? Feststellen läßt sich nur so viel, daß die Menschen von heute, insbesondere der Mann, in der Praxis mit dieser Freiheit nichts Gedeihliches anzufangen wissen. Sind die beiden Partner ledig, so fürchtet der Mann zum Heiraten »eingefangen« zu werden, ist einer oder beide schon gebunden, so steht das Gespenst des Ehebruches, der fortgesetzten Lüge zwischen ihnen. Oder aber eine Ehenotwendigkeit mit einem anderen Partner, wo »die Verhältnisse stimmen«, treibt den einen Liebenden vom anderen. So scheitern die meisten freien Verhältnisse – an der Ehe. Vielleicht würde der Mann, wenn es keine andere Sexualform, als die freie, geben würde, in dieser fraglosen Freiheit das Weib auch ohne legitime Bindungen und eheliche Erpressungen zu besitzen lernen und das Verhältnis mit jenem notwendigen Anstand durchzuführen wissen, der ihm in der heutigen, hinter dem Rücken der Gesellschaft sich abspielenden »Freiheitlichkeit« so vollkommen zu fehlen pflegt. Warum »drückt« er sich meist nach kurzem Genuß? Zu allermeist aus dem Gefühl heraus, das Verhältnis könnte ihn irgendwie verpflichten. Er kann sich dieser Situation, die den Namen der Freiheit trägt, in Wahrheit nicht »frei« überlassen, weil sie, offenbar, die Fläche tangiert, die er sich für das Gebäude der Ehe »auf alle Fälle« reservieren will. Darum gedeiht noch am besten unter allen Variationen der freien Liebe die der »galanten Liebe«, auf deren Psychologie wir noch an besonderer Stelle zu sprechen kommen werden. In operettenhafter Heiterkeit, bei sexueller Degagiertheit, erhält sich die Suggestion der Unbefangenheit am längsten. Diese Suggestion aber braucht der Mann, um das freie Verhältnis nicht zu fürchten. Sowie die Sache »ernst« wird, wird sie für ihn auch kritisch, und er sucht, so schnell er kann, wenn er nicht entschlossen ist, sich ehelich zu binden, den »Weg ins Freie«...

Das typische Verhalten des heutigen Mannes in einem freien Verhältnis führt bei kaltblütiger Prüfung zu Schlußfolgerungen, welche von den Verherrlichungen der freien Sexualgemeinschaft, die zumeist auf profunder Unkenntnis der männlichen Natur aufgebaut sind, bedenklich abweichen. Auf das freie Verhältnis ist sonderbarerweise der Mann nicht eingerichtet, er weiß damit nichts anzufangen. Er fühlt sich »zu Hause« als Junggeselle und in dem abgeschlossenen Zustand der Ehe. Aber als Junggeselle, in einer freien Verbindung lebend, fühlt er sich belästigt, befangen, und nur die Leidenschaft vermag ihn zu einer solchen Verbindung zu veranlassen.

Diese Leidenschaft sieht er selbst aber als eine »Gefahr« an, gegen die er »kämpft« und von der er sich freizumachen sucht. Ist sie glücklich »besiegt«, so verbindet ihn der frei Geliebten nichts und er geht seiner Wege. Wieder sind da Momente suggestibler Natur im Spiele. Denn in der Ehe überläßt der Mann seine eigene Neigung nicht führerlos ihrem Schicksal, er hegt und pflegt sie vielmehr ganz bewußt und ist froh, wenn das Verhältnis sich gut gestaltet. Er stellt die Beziehung nicht auf Leidenschaft, sondern auf Zufriedenheit. Während er die »Geliebte« nicht schnell genug verlassen kann, wenn die Leidenschaft nachläßt, fühlt er sich als sehr glücklicher Ehemann, wenn nur Sympathie und Hausfrieden vorhanden sind. »Wie leicht ›löst‹ sich's, wenn man ›nur‹ durch Gefühle verbunden war! Ein Streit – und sie gehen auseinander, als wären sie nie eins gewesen. Nicht nur der äußere Schutz, dessen die Frau heute noch bedarf und der ihr durch das Eheband garantiert wird, läßt also dieses Band heute noch notwendig erscheinen. Nein, auch innere Gründe: einzig durch dieses Band wird gewöhnlich etwas wie eine innere Dauerbeziehung erzielt. Nur die Unfreiheit ist's, die diese Helden von heute in eine Dauerbeziehung zu einem anderen Wesen bringt.«[3] Wie weit diese Suggestion geht, kann man daraus ersehen, daß es fast ein typischer Fall ist, daß ein Mann sich nur schwer entschließt, eine Frau, wenn sie ihm auch wiederholt die Ehe bricht, fortzujagen. Er fühlt sich in diesem Fall nicht selten genötigt, sie zu »beschützen«. Die Geliebte hingegen verläßt er oftmals ohne ein Wort, nicht nur wenn sie ihm die Treue bricht, sondern wenn sie ihm ein einziges Mal mißliebig erscheint.

Die Suggestion der Ehe ist meist so groß, das Gefühl der »Zusammengehörigkeit« durch dieses Band wird so mächtig, daß in den Fällen, wo ein Mann seine Ehe bricht, ein Verhältnis mit einer anderen Frau daneben eingeht, meistens die Geliebte die Betrogene ist und die »Rückkehr zur Ehefrau« der moralische Imperativ, unter dem der Ehebrecher fast immer steht. Das »andere« war immer nur ein »Seitensprung« – was immer es gewesen sein mochte! Nichts charakterisiert den Pharisäer so deutlich, als die Wertung illegitimer Erlebnisse – welcher Art immer sie gewesen sein mögen – als »Seitensprung«.

Das schlechte Bestehen der verschiedenen Formen des Geschlechtslebens nebeneinander erklärt sich durch die Zwitterstellung, in die die Menschen dann geraten. Es entsteht ein Zustand, dessen Gefährlichkeit nur jenem zu vergleichen ist, der sich durch die Verwendung der verschiedenartigsten Fuhrwerke in unserem Straßenleben ergibt. Nicht daß das Automobil mit Blitzesgeschwindigkeit heransaust, macht die Kreuzung der Straße gefährlich, sondern daß ein Lastwagen uns gleichzeitig die Möglichkeit versperrt, mit einem schnellen Sprung hinüberzukommen. Nicht daß die Elektrische um die Ecke jagt, bedroht uns an Leib und Leben, sondern daß das Tempo der Droschke uns beim Ausweichen den Weg versperrt. Neben den realen Eindrücken, die die Ehe sowohl als das freie Verhältnis auf die Menschen ausüben, steht ein Heer von Suggestionen, die mit im Spiele sind. Ein mir bekannter Herr, der durchaus zu den besseren zu rechnen ist, hat mir selbst zugestanden, daß, wenn man eine Geliebte eine Zeitlang besessen habe, sich unfehlbar ein »Dégoût« herausstelle; auf physischen Überdruß könne aber dieses Gefühl nicht zurückgeführt werden, da man der jungen Gattin gegenüber durchaus nichts von diesem Dégoût empfindet, d.h. wenn die Ehe mit Sympathie geschlossen wurde. Derselbe Herr gab zu, daß mehr oder weniger im Unterbewußtsein die Vorstellung mitwirke, daß durch die Verbindung mit der Gattin seine soziale Lage gefördert, während sie durch die Verbindung mit der Geliebten gefährdet wird. Die »Achtung« vor der Gattin steigt im selben Grad, in dem der betreffende Mann das Weib, das nicht seine Gattin ist und sich doch seiner Liebe ergab, mißachtet. In der Gattin achtet er nicht nur, wie er glaubt, die Gefährtin und die Mutter seiner Kinder, sondern vor allem die Vermittlerin günstiger sozialer Konjunkturen. Was der ehelichen Neigung, wenn sie überhaupt vorhanden war, einige Dauerhaftigkeit sichert, ist auch der Umstand, daß die Beziehung nicht a priori auf »Leidenschaft« gestellt ist, wie im freien Liebesverhältnis. Der Ehefrau gegenüber hat der Mann noch ein anderes Gefühl in Reserve, eine gewisse stillere Neigung. Der Geliebten gesteht er dieses Gefühl gar nicht zu. Für sie ist ihm »Neigung« ein viel zu geringer Einsatz. Jeder Frau aber, die einen Mann liebt, wäre diese verbindende stillere Zärtlichkeit der Herzen, der Interessen viel mehr wert als das Rasen der Leidenschaft. Das Liebhaben ist unter Umständen mehr wert als die »Liebe«. Aber nur die Ehe übt die Suggestion aus, daß diese friedliche Sympathie hier am Platze sei. Man hört nicht auf, zusammen zu leben, wenn die Leidenschaft ihr weichen mußte. Die Geliebte wird verlassen, wenn die Begierde gestillt ist, und die »organische Tragödie« – wie Altenberg den Vorgang fortschreitender Entfremdung nennt – setzt sofort ein, sowie die Leidenschaft nachläßt.

Nicht daß der Mann die Frau im freien Liebesverhältnis meist verläßt, ist bedenklicher Erwägungen wert, denn Menschen sollen sich voneinander trennen, wenn sie miteinander keine Gemeinschaft mehr haben wollen – aber die Art, wie er sie verläßt, ist ein soziales Phänomen, das nicht übersehen und wegretouchiert werden kann. Es gab einmal in der Vergangenheit der europäischen Völker einen Typus Mann, in dem die vornehmsten Möglichkeiten, deren die männliche Natur überhaupt fähig ist, zur Entfaltung gekommen waren. Dieses Mannideal war im Ritter verkörpert. Der Ritterlichkeit vornehmstes Merkmal war: Treue gegen Gott, gegen den Herrn, gegen das eigene Ideal und gegen das Weib. Und wenn selbst die Ideale des Gottesdienstes, des Herrendienstes und der eigenen Begeisterung ins Wanken gerieten – die des Minnedienstes standen über jeder Krise. Das einst geliebte Weib durfte unter gar keinen Umständen beleidigt werden, ihre Kränkung wäre gleichbedeutend gewesen mit Verrat. Was diesem Minnedienste, diesem Ideal der Ritterlichkeit zugrunde lag, war das Prinzip der freiwilligen Unterordnung des stärkeren Geschlechtes unter das schwächere. In diesem Prinzip ist die Wurzel aller Kultur verborgen. Denn hätte es nicht in der Geschichte der Menschheit Gestalt gefunden, so wäre die Kreatur niemals über den Zustand, daß der Stärkere den Schwächeren frißt, verschlingt, zerreißt, zertritt, hinausgekommen. Nur seit sich das Stärkere in zarter Unterwerfung dem Schwächeren zu Füßen legte, konnte der Gedanke der Menschlichkeit über dem der Tierheit triumphieren. Die Vorsorge des Mannes für das Weib ist übrigens schon der höheren Tierwelt eigen. Unter den Menschen ist sie tief begründet durch die leichtere physische, moralische und seelische Verletzlichkeit und Zerstörbarkeit der Frau, durch ihre biologische und wirtschaftliche Schwäche, durch ihr bedeutend verfeinertes und daher leichter lädierbares Gefühlsleben. Und an diesem Standpunkt muß unter allen Umständen und bei allen Veränderungen der Formen des sexuellen Lebens und vor allem angesichts der Frauenbewegung festgehalten werden. Das Ideal der Ritterlichkeit hat dieses Prinzip zur höchsten Blüte entwickelt. Dieses Ideal ist ja auch nicht verloren gegangen, wenigstens nicht im Kulturbewußtsein der Völker, wenn auch größtenteils in der Praxis. Die Ritterlichkeit von einst wurde zur Galanterie von heute. Und der Epigone des einstigen Ritters ist der moderne Gentleman. Er beobachtet auch tatsächlich die Formen und mehr noch die Formeln des ehemaligen Ritterdienstes, aber – und hier kommt eine Einschränkung, die den Glauben an den Bestand von Ritterlichkeit leider in Grund und Boden bohrt – aber: zumeist nur soweit die Kontrolle der Gesellschaft reicht. Ein Mann, der Mann der guten Gesellschaft, ist ein Ritter, ein Gentleman, ein Ehrenmann vom Scheitel bis zur Sohle – für alle die, die ihn offiziell kennen. Dieser selbe Mann benimmt sich nicht selten – unter hundert Fällen neunundneunzigmal – einer Frau gegenüber, die sich seiner werbenden Liebe ohne Garantien und ohne die kontrollierende Aufsicht der Gesellschaft ergab, durchaus nicht als ein Gentleman. Es kommt vor, daß ein Mann, ein Ehrenmann der besten Gesellschaft, einer Frau gegenüber, die sich ihm bedingungslos ergab, handelt wie ein Rowdy. Es kommt vor, daß solch ein Mann eines Tages von einer intimen Stunde von dieser Frau weggeht und nie mehr etwas von sich hören läßt. Es kommt vor, daß er sie auf der Gasse nicht mehr sieht. Gerade mit solchen Frauen, die sich beharrlich an den Mann heften, werden gewöhnlich mehr Umstände gemacht, als mit Frauen edlerer Art, die durch freiwillige Resignation dem Mann, der sie nicht mehr liebt, den Rückzug erleichtern. Der »Gentleman« hat allermeistens nur ein offizielles Gewissen. Er ist der Gattin und der Familie gegenüber und unter Männern um seine »Ehre« sehr besorgt. Ja er ist bereit – und nach dem herrschenden Sittenkodex verpflichtet – unter Umständen sein Leben für diese »Ehre« hinzugeben. Sonderbar nur, daß er sie nur offiziell verlieren kann!

»Ich denke oft, wie wenig Ahnung Männer von Edelsinn haben, obwohl sie dieses Wort immer im Munde führen,« sagt Anna Karenina.

Die Spartaner haben einen Knaben, der einem Vögelchen, das sich an seine Brust geflüchtet hatte, den Hals umdrehte, zum Tode verurteilt.

Wie viele Männer tun, der einst Geliebten gegenüber, was dieser Knabe tat – aber kein Mensch verurteilt sie deswegen.

Diese Brutalisierung des Weibes, das sich hinter dem Rücken der Gesellschaft ohne deren Kontrolle einem Mann anvertraut, kann das Weib aller Klassen, aller Bildungsstufen, von der Königin bis zur Proletarierin, vom Mann aller Klassen und aller Bildungsstufen erfahren. Gerade hier in diesem Buche, wo Kritik geübt wird an der alten Eheform, sollen diese grausigen Vorgänge, die sich im Rahmen unserer »Gesittung« außerhalb der Ehe abspielen, gekennzeichnet werden. Und in die Hymnen, die auf die »freie Liebe« gerade von ernster ethischer Seite heute gesungen werden, können wir ohne den Vorbehalt einer offiziellen Veränderung unserer gesamten Sexualordnung nicht einstimmen.

Fast wäre man versucht zu folgern, daß die Frau in ein nicht endendes Dilemma gerät, wenn sie gegenüber dem Mannestyp, der heute der überwiegende ist, aus der Befriedigung ihres Geschlechtslebens eine Angelegenheit des Herzens macht. Das Dilemma ist dann in der Tat endlos, und darum sehen wir auch eine so ungeheure Anzahl blühender, junger Frauen und Mädchen ihr Leben in Einsamkeit vertrauern. Denn ebenso wie sie unter den heutigen Schwierigkeiten zu der richtigen Ehe nicht gelangen, ebenso finden sie auch keinen Geliebten, dem sie sich anvertrauen dürften, ohne in Schmach und Kränkung gestürzt, ohne entkräftet und erniedrigt zu werden. Daß der Abschluß dieser Verhältnisse ein minder roher sein könnte, als er gewöhnlich ist, ist eine Vorstellung, die dem Manne noch nicht deutlich geworden ist. Daß Menschen, die einander Zärtlichkeiten erwiesen haben, auf jeden Fall in einer fröhlichen, kameradschaftlichen Beziehung bleiben könnten, auch wenn die Ewigkeitsperspektive ihres Verhältnisses in den Hintergrund getreten ist, daß sie auch dann – im Zeichen der freien unabhängigen Kameradschaft – wenn keine neue Liebe sie bindet, sogar noch erotische Erlebnismöglichkeiten füreinander bieten könnten und schon aus diesem Grunde einander gut bleiben müßten – diese Vorstellung ist noch ungeboren im Hirn des heutigen Mannes und zum Teil auch der heutigen Frau. Das Motiv, warum der Mann oftmals schon dann geht, wenn er selbst noch bleiben möchte, ist ja nicht zu übersehen: er würde das Verhältnis sehr oft noch sehr gern weiter führen, aber was er fürchtet, sind »Verpflichtungen« und »Unannehmlichkeiten«. Und darum das endlose Dilemma, der schier unlösliche psycho-physische, Konflikt jener Frauen, die weder zur richtigen Ehe gelangen, noch mit der Prostitution etwas zu schaffen haben, noch das Zölibat akzeptieren.

So heißt es bei einer Sexualordnung wie der unsrigen: friß Vogel oder stirb. Das heißt für die Frau: heirate oder werde Prostituierte oder versauere in Einsamkeit, die bestenfalls durch vielfach wechselnde kurz während Intermezzi während der Jugendjahre unterbrochen ist. Für den Mann heißt die Alternative: Ehe mit Prostitution als Vorstadium, oder altes Junggesellen-Sonderlingstum mit Prostitution als Notausflucht, solange die Sinne Forderungen stellen und möglichster »Abgewöhnung« dieser Forderungen.

So sieht das sexuelle Leben aus im Bezirke der Möglichkeiten von heute. Und es ist sehr wohl möglich, daß man, obwohl im Prinzipe Gegner der Ehe, unter dem Druck der herrschenden Situation sich für sie als die relativ beste Form des heutigen Sexuallebens entschließt. »Es ist besser zu heiraten als zu brennen.«

Daß das Morgen kommender Generationen ein anderes sei als dieses Heute, ist die Aufgabe der bewußt unter diesem Heute Leidenden.

Alles dies beweist, daß wir die offizielle Anerkennung auch der freien Verhältnisse brauchen, wenn saniert werden soll, sowohl in bezug auf erotische Beziehungen, die ohne Absicht auf Nachwuchs und auf Dauer eingegangen werden, als auch in bezug auf die Mutterschaft und das Kind. Wenn die Gesellschaft diese Beziehungen für notwendig anerkennt, dann entfällt der Grund, sie von vornherein als eine Gefahr zu betrachten und sie schon mit der Absicht eines baldigen Bruches einzugehen. Dann entfallen die entwürdigenden Heimlichkeiten, die tausend

Schwierigkeiten der Milieufrage, die gefährlichen Stimmungskrisen der verstohlen Liebenden, der ganze Komplex von Suggestionen, der das Verhältnis von vornherein als unhaltbar erscheinen läßt. Auch scheint uns parallel mit der leichteren Scheidungsmöglichkeit der legitimen Verhältnisse, die Einführung festerer Verpflichtungen bei freien Bündnissen unerläßlich. Das Gesetz beschützt die Frau in der Ehe, es beschützt sie in vielen Staaten bereits im Verlöbnis, aber es beschützt sie nicht im freien Verhältnis und das ist falsch, denn gerade da ist sie am meisten gefährdet. Außerdem lebt ein größerer Teil der Menschen in freien Beziehungen zum anderen Geschlecht als in legitimen, zumindest während einer ganzen Reihe von Lebensjahren – infolgedessen müßten auch für diese notwendige Form des Geschlechtslebens schützende Bestimmungen vorgesehen sein. Dadurch würde es auch klar werden, welche Frauen geliebt und umworben werden und welche anderen sich dem Manne aufdrängen. Durch die Usance von Privatkontrakten, die beide Kontrahenten einzugehen haben, die sogenannten Notariatsehen, wie sie heute schon manchmal eingegangen werden, müßte eine Einrichtung geschaffen sein, die die vollkommen bedingungslose Hingabe der Frauen nicht nötig macht. Heute würde eine Frau, insbesondere in Deutschland, sofort als berechnende Buhlerin erscheinen, wollte sie vor Eingehung eines erotischen Bündnisses irgendwelche »Bedingungen« machen. Nur wenn diese Gepflogenheit einer allgemeinen Sitte entspräche, würde sie in dem Maße zur Anwendung gelangen, als sie tatsächlich notwendig ist. Ein Anfang in dieser Richtung ist, soviel mir bekannt, in Schweden gemacht, wo das Konkubinat gesellschaftlich anerkannt und einer offiziellen Anmeldung unterworfen ist und gleichzeitig auf einem notariellen Kontrakt der beiden Kontrahenten basiert.

Der Wert der dauernden Einehe eines Paares überragt ohne alle Zweifel an Kulturresultaten alle anderen Formen der sexuellen Verbindungen. Charakterfestigung beider Partner, Friede in Blut und Seele, gute Bedingungen der Aufzucht der Generation können ihre Früchte sein. Wenn wir dennoch die Freiheit aller sexuellen Verbindungen, die der Generation nicht schaden, neben dieser Dauerehe fordern, ja sogar deren gesellschaftliche Akkreditierung verlangen, so ist es, weil diese Dauerehe, wie wir gesehen haben, nur unter den größten Schwierigkeiten (zumindest zwischen Partnern, deren Wahl auf freier Auslese beruht) zustande kommt, weil ein Fall, der so selten ist, nicht als alleinige Form der Fortpflanzung und des Liebeslebens in Betracht kommen kann. Ehe als Dauergemeinschaft eines Mannes und eines Weibes, die durch körperliche und seelische Qualitäten sich innig zueinander hingezogen fühlen und ihre Ansprüche an das andere Geschlecht aneinander voll befriedigt finden, ist der erstrebenswerteste Zustand. Vater, Mutter und die Kinder dieses Paares in Harmonie verbunden, das ist und bleibt das Ideal. Aber da dieses Ideal von zu schwer zu erfüllenden Bedingungen abhängt, werden neben dieser Form auch noch andere Formen des Geschlechtslebens als gesetzlich und gesellschaftlich berechtigt anerkannt werden müssen.

Ein scharfes Beispiel für Ehenot und Eheschwierigkeit finden wir in Frenssens Roman »Hilligenlei«, wo der Held Pe Ontjes Lau erst jahrelang an seiner wirtschaftlichen Situation zu arbeiten hat, bevor er an das Weib, das einzig für ihn in Frage kommt, auch nur denken kann, während dieses Weib in dieser Zeit der Verbitterung und der Verzweiflung ob seiner Einsamkeit anheimfällt. Am Tage, an dem er wußte, daß sein Geschäft gehen würde, hob Pe Ontjes Lau den Kopf und fragte: »Wo ist Anna Boje?« – Anna Boje aber hatte schon lange gewartet, daß er kommen sollte, hatte nichts anzufangen gewußt mit der Blüte ihres Leibes, mit der Sehnsucht ihres Blutes, hatte sich dann mit der Verzweiflung des Verhungernden kurze Zeit an einen Freund geschmiegt, den sie verstohlen »am Heckenweg« traf und der einer anderen Frau gehörte. Pe Ontjes Lau hat auch keinen Augenblick vorher Zeit, an Anna Boje zu denken. Ja ich sehe ein feines Symbol darin, daß, als nach erfolgter Erklärung das Paar die nächtliche Schiffahrt auf dem Segler macht, auf dem es sich »finden« soll – der Mann auch dazu nicht Zeit hat, vielmehr im entscheidenden Augenblick aus der Koje des Mädchens hinaufeilen muß an Bord, um das kämpfende Schiff durch die Brandung zu bringen.

Um so notwendiger erscheint es angesichts dieses aufs äußerste gespannten Daseinskampfes, der den Mann so völlig in Anspruch nimmt, daß die Augenblicke, an denen er »Mensch« sein darf, immer seltener werden, jene Momente, die »technisch« ein Beisammensein ermöglichen, und die heute nur die Ehe ergibt, auch in andere Formen der Sexualgemeinschaft hinüber zu retten, wenn anders die Verbindung nicht weit eher aufreibend als erlösend wirken soll. »Man kann niemand lieben, als den, dessen Gegenwart man sicher ist, wenn man seiner bedarf«[4]. An erster Stelle steht die gemeinsame Wohnung. Wenn man unter einem Dach haust, nun, so findet man einander eben, wenn man nach Hause kommt. An zweiter Stelle sind die gemeinsamen Mahlzeiten da, um auch für das Beisammensein benutzt zu werden. Es ist gut und gesund und ökonomisch, einen großen Teil des Gemeinsamkeitsbedürfnisses zweier Menschen aneinander während der Mahlzeiten zu befriedigen. Ökonomisch ist es, weil die Zeit, die man allein oder zu zweit beim Mahle verbringt, ungefähr dieselbe ist, gesund, weil das einsame Essen dem Organismus weniger zuträglich ist als das durch sympathisches Geplauder belebte (allerdings kann unsympathisches »Geplauder« die Mahlzeit zur Hölle machen, der man so schleunig wie möglich zu entgehen sucht). – »On peut être seul plutôt à minuit qu'à midi,« schrieb Karoline an Schelling.

Der Karren der sexual-sozialen Möglichkeiten ist für die, die der Zwangsheirat widerstreben, schnell verfahren, und gerade die Besten werden auf diese Art vielfach an der Fortpflanzung gehindert, denn die Besten das sind die Wahlbedenklichsten. Wenn sie einem endgültigen Zwangsverhältnis in jugendlichen Jahren widerstreben, so verfahren sie entweder den Karren der Legitimität durch die Eingehung freier Bündnisse (besonders die Frau läuft heutzutage dadurch noch die Gefahr gesellschaftlicher Ächtung), oder sie verblühen allzuschnell in erzwungener Einsamkeit. Es ist wenig gewonnen, wenn Leidenschaften, die sich mit der Kraft des Elementes in gesunden, jugendlichen Körpern und Seelen melden, glücklich »unterdrückt« sind. Aus dieser Unterdrückung entsteht eine schwere Belastung des psychischen und leiblichen Organismus; andererseits ist es noch schlimmer, wenn um dieser Leidenschaft willen die Menschen gleich in das Verlies der heutigen Eheform hineingedrängt werden und die Tür sich hinter ihrem Schicksal für immer schließt. Der Wechsel der Sexualgemeinschaft innerhalb eines langen Menschenlebens und im Laufe einer Entwicklung muß von der Gesellschaft als selbstverständlich und notwendig anerkannt werden. Der freie Spielraum, die dauernde Bindung einzugehen, muß beiden Geschlechtern bis zur Erlangung der richtigen Reife und der geeigneten Lebensverhältnisse ermöglicht sein. Mann und Frau müssen sich sowohl als soziale als auch als erotische Kräfte erst entwickeln, bevor sie in die richtige Gemeinschaft mit dem bestpassenden Weggenossen einmünden. Die Fortpflanzung aber muß frei werden von dieser einzigen Form der sexual-sozialen Dauergemeinschaft, sie muß in jenen Jahren, in denen die Kraft und Schönheit des Individuums sowohl wie die seines Keimplasmas auf der Höhe steht, stattfinden dürfen, unabhängig davon, ob die Verbindung der zeugenden Eltern eine endgültige sei und ohne daß der Boden für weitere gesellschaftlich vollgültige sexuelle Schicksale ihnen sozial dadurch abgegraben wird. Den Kindern der Kraft, der Jugend und der freien Auslese muß, unabhängig von der Ehereife, Ehefähigkeit und Ehewilligkeit der Eltern, der Weg zur Geburt frei stehen. Durch welche Reformen unserer Sexual- und Wirtschaftsordnung dieser möglicht werden wird, soll an anderer Stelle untersucht werden. Die Versorgung der Frau, die ihr heute durch die Ehe tatsächlich noch am ehesten geboten ist, muß sich auf einem anderen Wege erzielen lassen. Der Schutz für Mutter und Kind, der immer und für alle Zeiten und unter allen Voraussetzungen eine elementare Notwendigkeit ist und durch Frauenarbeit niemals gewährleistet sein kann, muß auf anderem Wege erreicht werden als auf dem der heutigen Ehe, die den Mann so sehr belastet, daß er in immer späteren Jahren zu ihr gelangt. Und die Gesellschaft selbst wird es übernehmen müssen, Mutter und Kind zu sichern und zu stützen. Denn wenn jugendliche, kräftige Männer an der Fortpflanzung verhindert sind und sie ihnen erst in fortgeschrittener Karriere ermöglicht wird, wird die Gesellschaft selbst um die besten Früchte eines aufsteigenden Rasseprozesses betrogen. Nur der gutgezeugte Mensch wird zur Persönlichkeit. Die hochentwickelte Persönlichkeit trägt die Entwicklung. Sie entstehen zu lassen in möglichst großer Zahl muß das Ziel des Kulturstaates sein. Durch die heutige legitime Ehe resp. die Erschwerungen der Bedingungen, unter denen sie rassefördernd zustande kommen kann, wird diesem Ziel entgegengearbeitet.

Das Argument: »der Mann wird die Frau ohne legitime Bindung viel schneller verlassen« hat zweifellos seine Richtigkeit – unter den heutigen Verhältnissen, welche den Stand der Ehe als den einzig geordneten der geschlechtlichen Beziehungen gelten lassen, so daß der Mann jede andere Beziehung nur als ein Provisorium betrachtet, welches ja nicht zu fest, zu bindend werden dürfe, um ihn im entscheidenden Moment nicht von der Heirat (als der höheren, geordneteren Etappe seiner sexual-sozialen Beziehungen) abzuhalten oder gar ihn zur Heirat mit dem betreffenden »Verhältnis« zu zwingen. Darum läßt er, sowie die Sache ernster zu werden »droht«, die Frau gewöhnlich im Stich, am schnellsten, wenn er merkt, daß sie sich etwa Kinder wünscht. Panikartig ergreift er die Flucht. Darum wird im Rahmen der heutigen Gesellschaftsvoraussetzungen die Frau, die eine freie Beziehung eingeht, tatsächlich zumeist verlassen. Da das Liebesbedürfnis, einmal geweckt, um so stärker in ihr besteht, der Weg zu dessen legitimer Befriedigung aber aus vielfachen Gründen der schwierigste ist, gerät sie denn nicht selten von einer Hand in die andere, ein Vorgang, der gewiß geeignet ist, zutiefst zerrüttend auf das weibliche Seelenleben zu wirken, zumal er durch soziale Gefährdungen aller Art – im Rahmen der heutigen Ordnung – kompliziert ist. Der Mann verläßt sie heute im freien Verhältnis, weil er schon bei Eingehung dieses Verhältnisses im tiefsten Untergrund seines Gefühls, vielleicht im Unterbewußtsein, sie nach einiger Zeit zu verlassen beabsichtigt; im Oberbewußtsein stellt er ihr allerdings frei, ihn zu »fesseln«. Darauf soll ja die Beziehung (vorausgesetzt, daß nicht sie ihn verläßt, was viel seltener geschieht) beruhen, daß sie ihn »fesselt«. Kein Individuum aber bringt es fertig, ein anderes zu fesseln, wenn dessen tiefster Grundwille dagegen ist, es müßte denn eine bewußte Hypnose geübt werden, die aber auf die Dauer den Hypnotiseur mehr erschöpfen würde als den Hypnotisierten. Verlegt sich die Frau auf dieses »Fesseln«, um sich den Mann zu erhalten, so wird der tiefste Sinn der Geschlechtsgemeinschaft – der Sinn der Beruhigung durcheinander, der tiefen Verwurzelung ineinander – untergraben. Hangen und Bangen, immer neue entwürdigende Künste, seelische Akrobatenstückchen, um immer frisch zu interessieren, im Verein mit körperlich-sinnlichen Tricks treten dann für die Frau an dessen Stelle. Ihre Hauptelastizität wird an diese Fesselungsarbeit verwendet, darum ist ein Verhältnis auf solcher Basis für die Frau, die auch soziale Arbeit zu leisten hat, schlechterdings unmöglich, oder es begräbt alle anderen produktiven Kräfte, auf deren Betätigung sie nicht selten angewiesen ist, um ihre Persönlichkeit ökonomisch und moralisch zu erhalten. Steht sie nicht auf dem Fesselungsstandpunkt, sondern auf dem, »wenn er nicht mehr will, soll er gehen«, – nun, dann geht er eben unter den heutigen Verhältnissen sehr bald oder – er heiratet sie. Ein drittes ist kaum jemals zu beobachten. Die Atmosphäre der Ehe als der einzig approbierten Institution der Geschlechtsgemeinschaft umgibt jedes solches Verhältnis, dringt ein mit tausend Influenzen, die die Gemüter ungeeignet machen, ein freies Verhältnis dauerhaft und schön zu erhalten. Warum aber dreht sich immer alles darum, daß die Frau den Mann »fesselt?« Warum ist nicht die Rede davon, ob er sie fessele – wenigstens nicht im allgemeinen. Deutet das auf eine grundverschiedene, in der Natur begründete Stellung der Geschlechter zueinander – oder ist diese Erscheinung das Ergebnis der sozialen Zwangslage? Der ganze »Kampf« dreht sich immer darum, daß er, wenn er das Ziel seiner Wünsche, meist die sexuelle Hingabe der Frau, erreicht hat, weg will, weiter schweifen, »genug hat«, während sie, nachdem sie sich hingegeben, um so inniger an dieser Gemeinschaft hängt. Warum ist nun er das weitereilende Element und sie das haftende? Offenbar weil er leichter Ersatz findet als sie. Und warum findet er leichter Ersatz? Erstens Zahlenfrage. Es sind mehr Frauen da. Zweitens weil er außer seiner Person einen sozialen Wert zu vergeben hat. Drittens weil es ihm die Gesellschaft nicht verwehrt, sie ihn weder öffentlich noch stillschweigend verurteilt, wenn er seine Beziehungen wechselt. Die Frau aber wird gerichtet, wenn sie es tut.

Es hängt mit dem sozialen Apparat der Ehe zusammen, daß die Männer sich immer als Beute betrachten, wenn sie in Liebe zu einer Frau geraten, daß von »Netzen, Schlingen« gesprochen wird, wenn das geschieht, was er doch nicht minder wünschte als sie. Die Welt sei voll von Netzen und Schlingen, in denen die Männer von den Weibern gefangen werden, jammert der Held in Shaws »Mensch und Übermensch«. Warum nennt sie es nicht »ins Netz geraten sein«? Offenbar weil die Dauerverbindung für ihn Verpflichtungen, für sie Versorgung bedeutet. Solange sie auf diese Versorgung angewiesen ist, wird sie immer die netzewebende gefährliche Spinne für den Mann sein, dessen sexuelle Energien sie durch eine scheinbare Passivität anstacheln, dem sie sich berechnend versagen muß, um ihn, sowie er schwach wird, am Schopf zu fassen und den erotisch Benebelten zum Standesamt zu schleifen. Nach unseren gesellschaftlichen Voraussetzungen, die nur die Ehe als Mittel zur Hervorbringung von Kindern sanktionieren, muß aber die Menschheit aussterben, wenn die Frau dieses Manöver unterläßt!

Erst durch Veränderungen auf dem Gebiete der wirtschaftlichen und sexuellen Ordnung der Gesellschaft dürften die tiefen Werte, die dem freien Verhältnis – verglichen mit dem Zwangsverhältnis der Ehe – zugrunde liegen, nutzbar werden.

Es ist wahrscheinlich, daß der Mann die Frau weniger oft und nach weniger kurzen Intervallen verlassen wird, wenn das Konkubinat als ein anerkannter Status, der selbst schon ein Ziel darstellt, zu betrachten sein wird, wenn er erstens weder fürchten muß, die dauernde Bindung werde irgendwelcher Gründe halber (Kinder, moralische Verpflichtungen, gesellschaftlicher Zwang usw.) doch erfolgen müssen. Der Antrieb, sich vor diesem Moment zu drücken, fällt damit fort. Zweitens, wenn er selbst nicht zu anderer Heirat von der Voraussetzung der Umwelt und seiner eigenen, der heutigen »Ordnung« angepaßten Absicht, sowie aus Rangierungsnötigungen usw. sich gedrängt fühlt, weil diese Voraussetzungen und Absichten und Nötigungen innerhalb einer veränderten Sexual- und Wirtschaftsordnung nicht existieren.

Wenn das freie Verhältnis kein anti-soziales Provisorium, sondern eine vollgültig anerkannte, niemanden gefährdende und daher von niemanden verfolgte sexual-soziale Beziehung zweier Menschen wird – eine Beziehung, die weder den Mann in der Karriere stört, noch die Frau um Ehre und Existenz bringt, noch das Kind in den Abgrund stößt – dann wird die Tatsache, daß Menschen nicht mit Wällen und Klauseln verbarrikadieren, was seiner innersten Natur nach frei ist: ihr gemeinsames geschlechtliches Leben – aufhören, ein verzweifeltes Hasard zu sein, das in 99 von 100 Fällen mit dem Bankerott eines der Beteiligten endigt, sondern wird jener heiter-freie, das Individuum und die Rasse höherführende Vorgang werden, der er im Grunde seiner Wesenheit ist.

Wenn solche Verhältnisse dann auch oftmals gelöst werden dürften, so bedeutet das nicht im entferntesten die Katastrophe, die ein solcher Vorgang heute ist. Es ist dann kein Zusammenbruch, unter dem Leichen oder Krüppel verschüttet liegen, sondern eine Veränderung, die niemandes Existenz unterminiert, niemanden weiterer Lebensmöglichkeiten, sowohl als Geschlechtswesen als auch in seiner sozialen Existenz beraubt. Heute hat die Frau (um von dem gefährdeteren Teil zu reden) viele, ja meist alle »Chancen« eingebüßt, wenn es in einem, zwei oder gar noch mehr Verhältnissen zum Bruch gekommen ist. Und doch ist nichts natürlicher, besonders während der Entwicklungsjahre jugendlicher Menschen und in der heutigen wirtschaftlich-sozialen Zwangslage der Beteiligten, als daß ein solcher Wechsel der Beziehungen sich ergibt. In einer Zeit, die auf allen Punkten – in denen die Funktionen des Individuums die Interessen der Gesellschaft schneiden, sozusagen Unfallstationen errichtet, Hilfsstationen, um das Interesse der Generation zu beschirmen, es aus der beschränkten Machtsphäre der Individuen in die weitere der Gesellschaft herauszuheben – braucht auch die Veränderung der sexuellen Beziehungen keine Katastrophe für die Beteiligten zu bedeuten, sondern eben nur eine Lösung, eine Veränderung. Und gerade die Frau wird durch solche Veränderungen nicht vor die Eventualitäten gestellt werden, die ihr heute nach solchem Erleben zumeist einzig bleiben – Prostitution oder Zölibat – sondern ihr Leben ihrer Natur gemäß zu Ende führen können.

Ein Einwand, der der Forderung erleichterter und vermehrter Wahlfreiheit im Sexualleben entgegengehalten wird, lautet dahin, daß durch die Möglichkeit dieser Freiheit die Frauen oftmals, wenn sie ihre Jugend mit einem Manne verbracht haben, allein gelassen würden. Ja, warum soll denn da nicht das Gesetz der Auslese, des Sieges der Tüchtigsten, freien Spielraum haben? Warum soll ein Wesen, das nicht mehr anzieht und trotz ungestörter Gemeinschaftsjahre, trotz des Mangels feindlicher Suggestionen, nicht die Macht hatte, wertvoll zu erscheinen, jemanden behalten? Außerdem würde der große Überwert, den der Mann heute hat, der eigentlich nur eine Art Börsenwert ist, dann vermindert werden, wenn die Frauen wirtschaftlich gesichert wären, wie es im Plane einer Sexualreform der Zukunft liegt. Nur darum kriegt ja heute der jämmerlichste Wicht jederzeit so viele Frauen, als ihm zu nehmen beliebt. Gefühlskatastrophen sind wohl unvermeidlich, aber die Misere, die entsteht, wenn ein Mensch gegen seinen Willen bei einem anderen bleiben muß, ist kaum geringer. Aber vielleicht ist dieser Zwang, beieinander zu bleiben, insofern gut, als er vor neuen Überstürzungen bewahrt? Auch untergräbt doch allzu häufiges »Verändern« auf diesem Gebiet die psychische und physische Elastizität der Menschen – wie wir ja schon bei häufigen Wohnungsveränderungen beobachten können – geschweige denn da, wo die inneren Verhältnisse gänzlich »auf neu« gestellt werden? Allerdings: aber aus einer schlechten Wohnung kann man nicht schnell genug fortkommen! Es ist zwar eine Verfolgung des Schicksals, wenn man gezwungen ist, häufig seine Wohnung zu wechseln, schlimmer aber ist es noch, wenn man die ungeeignete Wohnung durchaus behalten muß.

Man verkenne mich nicht: ich halte es für das günstigste Schicksal, insbesondere für die Frau, Einem nur anzugehören im Leben, ihm als erstem zu begegnen, keine Enttäuschungen an ihm zu erleben und ihm in Liebe verbunden zu bleiben bis zum Tode. Dieses glückliche Schicksal läßt sich aber von der Vorsehung nicht erpressen. Solch ein Erpressungsversuch an der Vorsehung aber ist unsere Eheform. Sie setzt das Wunder als allgemeines Menschenschicksal voraus, und das ist falsch.

Eine Verpflichtung auf Ewigkeit bei Vorgängen geschlechtlicher Natur ist nicht einzugehen. Wohl aber wäre statt solcher Erpressung geboten, alle Verhältnisse, auf denen die Geschlechtsbeziehung ruht, so einzurichten, daß sie auch ohne zwangsweise Verpflichtung dauern kann. Die gänzliche Bedingungslosigkeit der Hingabe, wie sie beim heutigen vogelfreien Verhältnis vorwaltet, widerspricht ebensosehr dem Sinne einer befriedigenden Sexualgemeinschaft, wie die Zwangsehe. Es bestehen eigentlich außerhalb der Prostitution nur diese zwei Formen des Geschlechtslebens, das Zwangsverhältnis und die Vogelfreiheit. Beide sind Gefahren, wirken als solche und werden als solche gefürchtet. Unzählige Menschen weichen jeder Geschlechtsgemeinschaft überhaupt aus, vertrauern ihr Leben im Zölibat, weil sie an diesen beiden Klippen zu stranden fürchten. Einerseits können sie die unzähligen Faktoren, die bei einer Eheschließung stimmen müssen, nicht zum Klappen bringen, andererseits haben sie im wilden Verhältnis zu schlechte Erfahrungen gemacht. Man denke an den Fall Grillparzers mit Kathi Fröhlich. Ein reiches Frauendasein wurde in der Mühle der sozialen Konstellation, die den Mann zum Heiraten oder zum Entsagen zwingt, zerrieben. Er hat sie nicht genommen wegen der weitgehenden Entschließungen, die damit verbunden gewesen wären, und zu denen er sich nicht aufraffen konnte. Fiele der ganze Hokuspokus mit seiner Verpflichtung auf Ewigkeit weg, so hätten die beiden (und mit ihnen Millionen anderer) die Gesetze ihrer Liebe erfüllt, ruhig sich entwickeln lassen, was sich entwickeln mußte und gesehen, was es seiner Natur nach werden wollte, ohne vorheriges Zwangsprogramm.

Aber die ganz gefährliche Seite der legitimen Eheschließung von heute ist die, daß man in den wichtigsten Punkten, die zum Bestande der Ehe gehören, nichts voneinander weiß. Abgesehen vom Gesundheitszustand, der ja in naher Zukunft durch Atteste wird bekannt gegeben werden müssen (eine Einrichtung, zu der sich die Menschheit spät genug entschließt und nur im Hinblick auf das Herunterkommen der Rasse, die in Ehen Belasteter oder Minderwertiger verdorben wird), abgesehen von den Charaktereigenschaften, die ja auch erst bei näherem Zusammenleben zu erkennen sind, ist doch auch vor allem die Übereinstimmung im geschlechtlichen Empfinden die Grundlage und Voraussetzung einer glücklichen Ehe. Und gerade hier werden erst Erfahrungen gemacht (in der sittlichen Ehe, wie sie der »Ordnung« nach vollzogen wird), wenn die Tür unwiderruflich ins Schloß gefallen ist. In Anbetracht dieses unerhörten Hasards muß man an eine Sage der jüngeren Edda denken, der zufolge Skade selber unter den Asen einen Gatten wählen sollte, doch wurden die Bewerber hinter einem Vorhang derart versteckt, daß sie nichts von ihnen sah – als die Füße. Und danach hatte sie ihre Wahl zu treffen!

Ob zwei Eheleute sexuell zueinander taugen, ist nicht die geringste der Fragen, die bei der Erhaltung ihres Bündnisses in Erwägung kommen müssen. Die dunkelsten Geheimnisse des Sexuallebens werden aber erst nach abgeschlossener Ehe klar; ein Zurück müßte da jederzeit möglich sein. Die Probeehe, die bis ins späte Mittelalter reichte und unter Mitgliedern von Fürstenhäusern ebenso üblich war wie im Bauernstande (überall da, wo Grundbesitz zu vererben war), stellt nichts anderes dar als den Versuch einer Geschlechtsgemeinschaft – sozusagen mit »unterlegtem Kontrakt« auf eventuell ewiges Engagement. »Brautkinder«, zwischen Verlöbnis und Eheschließung geboren, hatten die Erbrechte ehelicher Kinder. Diese Probenächte dienten nicht etwa nur zur Feststellung der Fruchtbarkeit der Frau, sondern auch zur Erkenntnis der sexuellen Beschaffenheit des Mannes. So erhielt, wie in einem Aufsatz von Hermann mitgeteilt wird[5], Graf Johann IV. von Habsburg einen Korb von seiner Braut, Herzland von Rappoltstein, »nachdem er schon ein halbes Jahr die nächtliche Probezeit mit ihr gehalten hatte, da sie ihn der Unmännlichkeit beschuldigte.« – Diese Tauglichkeitsproben waren zur Sicherung des Erbganges historisch in der Entwicklung des Erbrechts durchaus nötig, scheinen aber auch aus rassenhygienischen und individuellen Gründen berechtigt. »Probenächte!« Schon über das Wort würden unsere Moralheuchler Zeter und Mordio schreien. Und doch liegt dieser Einrichtung der augenfällig vernünftigste Sinn zugrunde.

In gewissen Gegenden auf dem Lande hat sich die Sitte der Probenächte heute noch im Bauernstand erhalten, zum Beispiel im Schwarzwald. Das Geheimnis der sexuellen Beschaffenheit der Partner ist einer der dunkelsten Punkte der heutigen Ehe.

Eine andere ihrer gefährlichsten Eigenschaften ist das Moment der Versklavung, sowohl der sexuellen als auch der sozialen Hörigkeit, die sie mit sich bringt. »Was ist es, was das Wesen der Ehe ausmacht?« wird bei Rüdebusch gefragt. Und die Antwort, die dort gegeben wird, lautet: »Es ist der Besitz eines menschlichen Wesens für lebenslängliche ausschließliche geschlechtliche Dienstbarkeit.« In der Tat trifft diese Definition das Richtige, nur muß man noch hinzufügen »und für unentrinnbaren sozialen Kontakt«. Eine Freiheitsberaubung, die sich die Menschen in gar keinem anderen Verhältnis bieten lassen würden, angefangen von der Einteilung von Tag und Nacht, der Art der Hausführung bis zum weitgehendsten Verluste von Eigen-Raum, Eigen-Zeit und Eigen-Selbst, ist da selbstverständliche Voraussetzung. Ohne die andere »Hälfte« kann die eine gar nicht gedacht werden, und so kommt es, daß Menschen, die sich nur in einem Punkt oftmals berührten, nun mit der weiten Fläche ihrer ganzen Existenz zusammengeschmiedet sind und es bleiben müssen, auch wenn sie anderen Komplementen begegnen, deren Wesensart die ihre weit besser deckt als die der legitimen Hälfte. Das Gesetz bedroht ja sogar den Ehebruch mit Freiheitsstrafe. Dieses Gesetz bedenkt wohl nicht, wie sehr von aller Scham und allem Stolz ein Mensch verlassen sein muß, der seinen Partner oder dessen Geliebten wegen Ehebruchs hinter Schloß und Riegel setzen läßt. Daß man aus diesem Motive jederzeit die Ehe lösen und ihrem Brecher das Verhältnis kündigen dürfe, ist sehr recht und billig, ihn aber dafür einsperren zu lassen, geht wider die Scham. Andererseits wieder kann man trotz gebrochener Ehe keine Scheidung erlangen, wenn nicht durch Zeugen »bewiesen« wird, wozu man gewöhnlich keine Zeugen einlädt.

Die Gatten gelten als »Eigentum« – dies der Grundgedanke der Ehe. Erst in einer Zeit, wo Eigentum Diebstahl bedeuten wird, wird auch der legitime Besitzanspruch eines Menschen an einen anderen fallen. »Wer kann sagen – ich repräsentiere alles, was du lieben kannst?« So sagt eine Bewohnerin des freien Mars in einem Roman von Laßwitz (von dem wir später noch mehr hören werden) zu dem erstaunten Erdensohne.

Unter den ewigen Motiven des Wagnerschen Ringes fehlt auch dieses nicht, welches die Ehe als Zwangsanstalt charakterisiert. Was die Gattin »als solche« über den Mann vermag (nicht als Weib oder als Individualität, nein, als »Gattin«), wird uns an Wotans höchsteigener Person gezeigt. Mit allem Schreckenspomp der Legitimität fährt Fricka auf. Brünhilde kündet sie an:

> »Dir rat' ich, Vater,
> rüste dich selbst;
> harten Sturm
> sollst du bestehn:
> Fricka naht, deine Frau.«

Den eigenen Liebling zu töten, bestimmt ihn – seine Frau. »Der Wälsung fällt meiner Ehre: – empfang' ich von Wotan den Eid?« Wotan (in furchtbarem Unmut und innerem Grimm auf einen Felsensitz sich werfend): »Nimm den Eid!«

Nicht im mindesten komisch wirkt diese Pantoffelszene aus Walhall, nein, tragisch.

Gewiß: viele Paare bleiben zusammen dank dieser Institution, und es ist gut so. Aber was ist ihre Zahl verglichen mit der jener, die besser längst auseinander wären, weil die Menschen in diesen abgestorbenen Bündnissen bei lebendigem Leibe vermodern. Es gibt Ehen, die geradezu an Leichenschändung erinnern: mit Toten wird da Verkehr gepflogen und Lebendes bleibt ausgesperrt. Und was den besonderen »Hafen« betrifft, der diese Institution gerade für die Frau sein soll, so muß allerdings gesagt werden, daß viele Frauen ohne diese Institution niemals in den sicheren Hafen einer Gemeinschaft gelangen würden, ja niemals irgendwelche Zugehörigkeit zu einem Menschen und einer Menschengruppe erreichen würden, wenn nicht auf der Basis der Familienzugehörigkeit und der Familienehe. Aber warum sollen solche, die nur durch diese Schiebung – und durch keinerlei Leistungen – einer Gemeinschaft einzufügen sind, besonders geschützt werden? Wir sehen, wie viele dieser »Gattinnen« unberechtigterweise den Platz an der Seite eines Mannes an der Spitze der Familie behaupten, die verdienen würden, längst allein gelassen zu sein, die durch keinerlei Eigenschaften diese bevorzugte Stellung rechtfertigen, und wie viele Menschen andererseits eine passende Gemeinschaft nicht mehr eingehen können, weil sie dem betreffenden Partner zu spät begegnen, gebunden an ein Wesen, das ihn nicht befriedigt.

Die Ebner-Eschenbach sagt in ihren Aphorismen: »Soweit die Erde der Himmel sein kann, ist sie es in einer glücklichen Ehe.« Das ist wohl wahr. So eine glückliche Ehe ist aber nur darum so selten, weil sich nur in den wenigsten Fällen die Typen zusammenfinden, deren Lebensansprüche und Lebensformen wirklich harmonisch ineinandergreifen und wachsen, wo keiner dem anderen zur Last, jeder dem anderen zur Erquickung wird. Die beste Gewähr für das Zustandekommen dieses Zustandes bieten noch solche Verhältnisse, in denen beide Teile, also auch die Frau, ein reich erfülltes, persönliches Leben führen und dabei beide von der hohen Idee der Toleranz für die andere Persönlichkeit beseelt sind. Gewöhnlich schmarotzt die Frau als die Unbeschäftigte, vampyrartig an der Person und Zeit des Mannes. Freilich darf die Beschäftigung der Frau nicht so weit gehen, daß ihr keine Zeit mehr bleibt zur Pflege ihrer Weiblichkeit. Wo beide Gatten abgehetzt und müde vom Beruf einander begegnen, da kann die Wohlfahrt nicht gedeihen. Mit dem Entzug an sozialer Arbeitsleitung der Frau zugunsten nicht nur ihrer Mütterlichkeit, sondern auch der Erhaltung ihrer Weiblichkeit, wird eine vernünftige Gesellschaft immer rechnen müssen. Die Hauptsache bleibt, daß die Frau ein eigenes Kulturleben führe, um so fest in sich zu ruhen wie der Mann in seinem sozialen Werke ruht. Dann werden die übertriebenen Ansprüche, die die Gattinnen an ihre Männer zu stellen pflegen, von selbst schwinden.

Die größte Gefahr der Schwerlösbarkeit der legitimen Ehe liegt aber in ihrer Nichtbeachtung der Qualität der Brut, die sich aus der Verbindung eines Paares ergibt. Eine durchaus verfälschte Zuchtwahl kann da flott und unbehindert ihr Spiel treiben. Die Früchte, die sich aus der Verbindung eines Paares ergeben, können durchaus minderwertige sein, während die Verbindung des einen Partners mit einem anderen Genossen viel bessere Resultate ergeben würde. Aber das nützt nichts, immer dieselbe falsche Zucht produziert solch ein Paar weiter. »Nicht nur fort sollt ihr euch pflanzen, sondern hinauf! Dazu verhelfe euch der Garten der Ehe.« Also sprach Zarathustra.

Da in diesem Garten der Ehe so manche Gewächse gedeihen, die ihn zu wenig behaglichem Aufenthalt machen, da aber auch andererseits das vogelfreie, auf Besuchen beruhende Verhältnis nicht geeignet ist, den Vorgängen des Geschlechtslebens ein günstiges Milieu zu bieten, da gleichzeitig das Bewußtsein, daß die Veränderbarkeit der sexuellen Gemeinschaft ein notwendiges Moment im Leben des einzelnen ist, aus dem Empfinden unserer Zeit nicht mehr herauszulösen ist, so wird sie danach gravitieren müssen, dem Konkubinat jene Würde wiederzugeben, die ihm gemäß seiner historischen Vergangenheit und seiner Entwicklungsfähigkeit – in die Gesellschaftsformen der Zukunft hinein – gebührt. Wenn einer offiziellen Schließung der Ehe ein hoher Gemütswert zuerkannt werden muß, so scheint es um so notwendiger, auch dem Konkubinat durch gesellschaftliche Anerkennung zu jenen Rechten zu verhelfen, die es in der Geschichte schon einmal besessen hat. Das Konkubinat ist eine Zeitehe ohne lebenslängliche Verpflichtungen, die aber dennoch des wesentlichsten Momentes der Ehe, des gemeinsamen Hausens eines Paares, nicht entbehrt. Da es außerdem die Erzeugung von Kindern gewöhnlich zur Folge hat, ist seine Beschützung durch das Gesetz und durch die moralische Wertung der Gesellschaft um so notwendiger. Die Verfemung und Verfolgung der Beteiligten, die im Gegensatz zu dem Schutz, den die Gesellschaft dem Konkubinat angedeihen lassen müßte, heute noch in manchen Staaten geübt wird, ist eine der traurigsten Erscheinungen einer auf Polizeimoral gestellten Weltordnung. Das römische Konkubinat gewährte der Mutter und dem Kind einen sehr bedeutenden Schutz vor Verwahrlosung. Beide waren sogar vom Erbrecht auf den Mann und Vater nicht ausgeschlossen, die Kinder der Konkubine erhielten 1/6 des Nachlasses. Verboten wurde das Konkubinat im 9. Jahrhundert von Papst Leo Philosophus. Trotz dieses Verbotes wurde es geübt und war durch keine besondere Verordnung angreifbar. Eine spezielle Polizeiverordnung dagegen existiert in Deutschland erst seit dem tridentinischen Konzil (1545-1563). Von da an war das Konkubinat vollständig und auf allen Linien entrechtet, ja in verschiedenen Staaten landesrechtlich strafbar, ein Zustand, der sich in manchen dieser Staaten bis zum heutigen Tage nicht nur auf dem Papier erhalten hat, sondern auch praktisch geübt wird. In Hattingen a.d. Ruhr ist folgende polizeiliche Anzeige gegen ein Paar, das im Konkubinat lebte, erstattet worden: »Sie haben Unzucht miteinander getrieben, wie es nur unter Eheleuten gebräuchlich ist.« (Diese Tatsache wurde von einer Dame aus Hattingen in einer Generalversammlung des Bundes für Mutterschutz mitgeteilt.) Eine Wiederherstellung der Rechte des Konkubinats unter Aufstellung neuer Pflichten sowohl für die Beteiligten, Mann und Weib, als auch für die an den Folgen ihres Bundes im höheren Sinne beteiligte Gesellschaft scheint unerläßlich. Daß die Eltern von der Durchfütterung des Nachwuchses nicht vollkommen zu dispensieren sind, ja sogar ihren Verhältnissen entsprechend von Gesetzes wegen hierzu verpflichtet werden müssen, und zwar in weit höherem Grade als es heute durch die Alimentationspflicht des Mannes seinen unehelichen Kindern gegenüber geschieht, ist sicher, sicher aber auch, daß die Gesellschaft die Aufzucht der Generation als eine Angelegenheit, die in hohem Grade ihre eigene ist, betrachten müssen wird, und daß sie dem Kinde gegenüber die Stelle eines Obervormunds wird einnehmen müssen, sowohl um es zu beschützen gegen die Willkür seiner Erzeuger, als um es systematisch zur Entwicklung seiner sozialen Kräfte zu bringen. Wenn auch die Pflichten von Mann und Weib im Konkubinat ihren Kindern gegenüber keine wesentlich geringeren sein werden als in der heutigen Ehe, so hat diese Form der Gemeinschaft doch den ungeheuren Vorteil, daß die Kontrahenten frei und dennoch verbunden sind und daß der Nachwuchs, den sie erzeugen, der der freien Auslese ist. Diese freie Auslese wird freilich nur dadurch ermöglicht, daß die Überbürdung des einzelnen, die Verpflichtung, durch die eigene Arbeit eine ganze Gruppe von Menschen zu ernähren, innerhalb einer Ordnung, die die Mutterschaft als eine hohe soziale Leistung wertet, von selbst entfällt.

Sowohl die Betrachtung der Ehe als die der Formen und Folgen ihrer Umgehung lehrt, wie notwendig Konventionen sind. Nur müssen es Konventionen sein, in denen das lebendige Leben wirklich Spielraum hat. Solch eine Konvention scheint das gesellschaftlich approbierte Konkubinat. Mit dieser Einrichtung sind zumindest die drei schlimmsten Übel: Zwangsehe, wildes Verhältnis oder vollkommene Entraffung des Geschlechtslebens, behoben. Insbesondere die Benützung der Prostitution würde durch die gesellschaftliche Sitte des Konkubinats sicherlich eingeschränkt. Wir sehen das an der arbeitenden Klasse, die das Konkubinat (welches in neun von zehn Fällen zur Ehe führt) längst als vollgültigen Ersatz der Ehe akzeptiert hat und die Prostitution in viel geringerem Maße benützt. Das gesellschaftlich anerkannte Konkubinat scheint als Übergangseinrichtung zu einer neuen Sexualordnung, deren Grundzüge wir später zu fixieren haben werden, unerläßlich. Gewiß ist durch die Tatsache, daß ein solches Verhältnis leichter und schneller gelöst werden kann als die Ehe, auch die Wahrscheinlichkeit gegeben, daß sich sehr oft auch nur ein Teilglück ergeben wird. Vielleicht werden Menschen nur eine Spanne Zeit lang miteinander glücklich sein, vielleicht auch da nur unter großer gegenseitiger Nachsicht und nur mit Hilfe von einem guten Teil Resignation. Aber das ganze volle Glück ist ja überhaupt von keinem Lebensschicksal programmäßig zu erwarten, und ein Teilglück, das einem Menschen von einem anderen Menschen kommt, ist schon deswegen nicht abzuweisen, weil man ja die Garantie, daß die ganz seligmachende »Erlösung« für einen auch wirklich kommt, nicht in der Tasche hat. Will man sein Leben nicht als eine Wüstenwanderung zurücklegen, um einer Hoffnung willen, die vielleicht immer nur ein Phantom bleibt, so bleibt nichts übrig, als mit dem Schicksal zu kompaktieren.

Die Geschichte der menschlichen Ehe ist die Geschichte einer Verbindung, in welcher die Frauen allmählich den Sieg davongetragen haben über die Leidenschaften, die Vorurteile und die Selbstsucht der Männer. So Westermarck in seiner Geschichte der Ehe. Wir sind aber der Meinung, daß die Ehe noch durch andere Phasen hindurch muß, um dem Ideal, das ihr ihrer Idee nach zugrunde liegt, näher zu kommen. So wie die Vatergewalt infolge der Ausbildung der Ahnenanbetung entstand, die das primitivste religiöse Bedürfnis der ersten Kulturvölker darstellt, so ist auch in der Gemeinschaftsform der Ehe ein Instinkt zum Ausdruck gekommen, der in die älteste Geschichte der Menschheit, ja in ihre vorgeschichtliche Zeit hineinreicht. Die bedingungslose Art, in welcher sich Westermarck gegen die Hypothese der Promiskuität der Urmenschen wendet, im Gegensatz zu allen anderen Forschern, hat aber etwas Gewalttätiges in sich. Er sieht in der geschlechtlichen Unregelmäßigkeit eine Anomalie, in der Ehe die natürliche Form der geschlechtlichen Beziehungen der Menschen und der höheren Tiere und kommt zu dem Schluß, daß die geschlechtliche Unregelmäßigkeit nicht etwa »am Anfang« war, sondern sich erst später aus wirtschaftlichen Schwierigkeiten entwickelte. Allerdings macht er die Einschränkung, »daß freier geschlechtlicher Verkehr nicht zu verwechseln sei mit Promiskuität, deren eigentliche Form die Prostitution ist«. Er gibt also den freien geschlechtlichen Verkehr auf alle Fälle zu.

Daß sich die Verknüpfung des freien Geschlechtsverkehrs mit wirtschaftlichen Verhältnissen, die Vermengung von Liebesbetrieb und Erwerbsbetrieb, also die Prostitution (welche Form sie auch haben möge) erst aus wirtschaftlichen Schwierigkeiten – entstanden aus den »Eigentums-Ordnungen« der Menschen, gegenüber dem chaotischen Zustand der allgemeinen Besitzlosigkeit – ergab, ist sicher. Die Hypothese, daß wirtschaftliche Ordnungen immer auch eine bestimmte, ihnen gemäße Sexualordnung gleichzeitig hervorbringen, ruht daher auf ziemlich fester Basis, und die Schlußfolgerung, daß mit neuen wirtschaftlichen Ordnungen auch neue sexuelle Ordnungen Hand in Hand gehen werden, erscheint durchaus zulässig.

Westermarck leitet die Geschichte der Ehe von den Paarungsformen höherer Tiere ab und nennt die menschliche Ehe »ein Erbteil affenähnlicher Urahnen«. Wohl, aber dieser Umstand aus der Vergangenheit der Ehe macht uns das Institut nicht ehrwürdiger, und die Tatsache, daß wir die Ehe als Erbteil affenähnlicher Urahnen aufzufassen haben, läßt uns diese Form des Geschlechtslebens durchaus nicht als für alle Zeiten unentbehrlich erscheinen. So wie wir über die Ahnenanbetung hinausgekommen sind (die fehlte uns noch gerade) und nur noch in der »Vatergewalt« ein Rudiment davon besitzen, so dürfen wir folgern, daß auch die Ehe, weit entfernt, eine besondere Kulturblüte zu sein, auf die wir besonders stolz zu sein viel Ursache haben, ein Rudiment ist, aus den Urzeiten der Menschheit stammend, von affenähnlichen Ahnen ererbt, mit dem fertig zu werden die Menschheit wohl Schwierigkeiten hat, das aber eines Tages, wenn überflüssig geworden, gänzlich schwinden wird. Jung ist die Geschichte der Menschheit, und auch Sittengesetze haben, selbst wenn sie angeblich aus der »Urzeit« dieser Geschichte stammen, damit ihre Unabänderlichkeit nicht bewiesen. Nicht an die Vergangenheit, sondern an die Zukunft muß bei der Beurteilung jener Institutionen, auf denen die Entwicklung der Generation beruht, gedacht werden, und die Möglichkeit, ob die Ehe eines Tages entbehrlich geworden sein wird, hängt nicht von ihrer historischen und soziologischen Vergangenheit ab, denn nicht einer Reetablierung des Naturzustandes gehen wir entgegen. Die Freiheit der Ehe, vielmehr die Freiheit der Menschen von dem legitimen Zwang der Ehe halten wir für ein Evolutionsstadium der Zukunft, für eine Frucht reifer Kultur und für das Korrelat einer neuen Wirtschaftsordnung. Die historische Hauptstütze der Ehe war ihre Notwendigkeit zwecks Vererbung legitimen Besitzes. Wenn nun eines Tages die Gesellschaft kein Erbrecht mehr kennt und braucht, weil für jedes Individuum in jeder Etappe seines Lebens Vorsorge getroffen ist/»Unfallstationen errichtet sind an allen Stellen, wo die Interessen des Individuums jene der Gesellschaft kreuzen«, wie ich es früher nannte – dann wird auch der Hauptpfeiler der legitimen Ehe stürzen. Auch die besondere Lage der Frau wird dann diesen »Halt« nicht mehr brauchen wie heute, wo sie samt der Brut ökonomisch vollkommen auf ihn angewiesen ist. Unter den heutigen Verhältnissen ist tatsächlich noch immer eine miserable Ehe unter Umständen günstiger für sie als ein ideales Liebesverhältnis. Allerdings. Aber daß das Schicksal der Frau und der Kinder nicht auf dieser so wenig würdigen Basis zu beruhen brauche, wird die Sorge der Zukunft sein müssen. Eine neue Form der Geschlechtsgemeinschaft, der monogamen Geschlechtsgemeinschaft, wie wir glauben⁶, gestützt auf eine entsprechende Wirtschaftsordnung, wird gefunden werden müssen, und deren Merkmal wird in einer Annäherung der beiden Pole bestehen, zwischen denen wir heute umherirren. Heute haben wir die Ehe in Gestalt einer Doppelhaft auf der einen Seite und völliger Anarchie auf der anderen. Aber weder die eine noch die andere Form des Geschlechtslebens entspricht den wahren menschlichen Bedürfnissen und bietet die günstigsten Bedingungen für das Gedeihen der Generation. Eine Verbindung von Mann und Weib, die durch die einfache Anzeige der gemeinsamen Haushaltung gesellschaftlich vollgültig ist und lediglich auf den Verpflichtungen beruht, die durch die Üblichkeit der Privatkontrakte sich ergeben, während die Versorgung der Kinder teils durch die gesetzliche Verpflichtung beider Eltern, teils durch das direkte Eingreifen der Gesellschaft als Vormund der Kinder gewährleistet ist, dürfte die Form sein, die als Übergang zu einer neuen Sexualordnung am tauglichsten erscheint. Ihre moralische Basis wird vor allem durch die Auffassung der Gesellschaft, daß die Lösung solcher Verhältnisse ein so selbstverständliches Schicksal ist wie ihre Knüpfung, gewährleistet sein müssen. Damit wird der gewaltigste Pfeiler, auf dem merkwürdigerweise die beiden Hauptformen unseres heutigen Sexuallebens ruhen – die monogame Zwangsehe einerseits und die sexuelle Anarchie andererseits – ins Wanken gebracht. Dieser Pfeiler ist die »doppelte Moral« des geschlechtlichen Lebens.

III. Kapitel

Die Moral mit dem doppelten Boden

Mariechen saß auf einem Stein, einem Stein, einem Stein,
Und kämmte sich ihr goldenes Haar, goldenes Haar.
Und als sie damit fertig war, fertig war, fertig war,
Da fing sie an zu weinen, weinen.
Da kam ihr Bruder Karl her, Karl her, Karl her,
Mariechen, warum weinest du, weinest du?
Ich weine, weil ich sterben muß, sterben muß, sterben muß.
Da zog der Bruder Karl, – Karl,
Sein Messer aus der Tasche raus, Tasche raus, Tasche raus,
Und stach Mariechen in das Herz, – in – das

Herz – – –.

(Deutsches Kinderlied)

1. Kant und die »Metaphysik der Sitten«

Ursprung der Moralen: hygienische Gebote hinter religiösen und ethischen Forderungen.

»Die natürliche Weltweisheit, also die Physik, bestimmt die Gesetze, nach denen alles geschieht, die sittliche jene, nach denen alles geschehen soll.« So Kant. – Wenn nun aber ein Geschehen nicht zu ändern ist und das Sittengesetz sein Bestehen leugnet, so können wir uns der Einsicht nicht verschließen, daß es falsch ist. Es bliebe nur die Anklammerung an den kategorischen Imperativ der Pflicht, wie ihn Kant errichtet hat. Die Pflichtmoral Kants leidet aber an der wunden Stelle, daß ja keine verläßliche Instanz für die Zudiktierung dieser Pflicht da ist, zu der man unbedingtes Vertrauen als zu einem Wesen höchster Vernunft und Billigkeit haben könnte. So bleibt nur unser eigenes Gewissen, »das moralische Gesetz in mir«. Daß aber auf dieses Gesetz wenig Verlaß ist, daß es von Individuum zu Individuum schwankt, hat die Gesellschaft erkannt und darum die Etablierung von Kollektivgewissen in Form von Moralen, von Kunstgesetzen, wie man sie im Gegensatz zu Naturgesetzen nennen könnte, für notwendig gefunden. Nun müssen aber solche künstlichen Gesetzesapparate, die sich ihrem Stoffe nach aus dem »allgegenwärtigen Balsam allheilender Natur« von selbst nicht regenerieren können, von Zeit zu Zeit revidiert werden, ob sie noch taugen.

Unsere sexuelle Moral ist solch ein Kunstgesetz. Bei der Aufspürung moralischer Möglichkeiten ist der Instinkt der unentbehrlichste Windhund. Durch den Instinkt des Bedürfnisses führt, auf dem Wege der Ahnung erst, dann der Erkenntnis, der Weg zum Gesetz.

Woher kommen Moralen? Gehen wir dem Ursprung moralischer Gesetze historisch nach, so finden wir übereinstimmend bei fast allen Völkern als Moralbegriffe ethische oder religiöse Forderungen, hinter denen eine hygienische Maßnahme verborgen liegt, und solche Forderungen sind ohne Zweifel moralisch, das heißt, der ihnen zugrunde liegende sittliche Begriff hat a priori in der Vernunft seinen Sitz. Während die praktische Moral als Oberinstanz nur die Gesellschaft anerkennt, ist das religiöse Gebot nichts anderes als eine moralische Forderung, deren Oberinstanz der Wahrnehmung entrückt und ins Metaphysische emporgehoben ist. Beide aber haben gemeinsam, daß immer die Vernunft der unsichtbare Kritiker ist, der hinter beiden steht und daß die letzte Forderung dieser Vernunft das Gedeihen der Menschheit, der Generation, der Rasse ist, und daß dieses Gedeihens wichtigster Faktor auf der Hygiene, sowohl auf der Individual- als auf der Rassenhygiene beruht. In der religiösen Forderung der Beschneidung lag Moral, denn die Unterlassung der Zeremonie gefährdete unter den sanitären Verhältnissen des alten Morgenlandes die Generation. In der Unberührtheitsforderung, die dem germanischen Jüngling gestellt war, war Moral, denn sie hatte den Zweck, seine Zeugungskraft aufzuspeichern. In der Forderung der Unberührtheit des Mädchens, die der heutigen Doppelmoral zugrunde liegt, könnte Moral liegen, wäre Mutterschaft und Gattenschaft jeder gesunden Frau so gesichert, wie dem germanischen Jüngling die Vaterschaft und Gattenschaft gesichert war, und überschritte diese Forderung nicht eine Altersgrenze, in der die Enthaltsamkeit zu einer Reduktion aller vitalen Kräfte führt.

Mit der Unberührtheitsforderung der Frau und mit der Verpflichtung, die an sie gestellt wird, sich des sexuellen Lebens außerhalb des Rahmens der Ehe zu enthalten, mit dieser Forderung, die der eine Boden unserer Moral ist, während der zweite Boden beträchtlich tiefer liegt, hat die Hygiene nur zum geringsten Teil etwas zu schaffen. Die Unberührtheitsforderung soll aus dem Orient stammen, wo das sexuelle Raffinement ein größeres ist als im Norden. Den Germanen haben, wie wir erfahren haben, die Probenächte, die die Unberührtheit der Frau behoben, und die sie vor der Ehe mehrfach durchgemacht hatte, wenig belästigt, ein Zustand, der dem keuscheren und stärkeren Sexualtrieb des Germanen, der keines besonderen Reizes bedurfte, zugeschrieben wird. So präsentiert sich die Unberührtheitsforderung als eine Forderung der »Feinschmecker«, und wir können tatsächlich beobachten, daß sie gerade von dem verbrauchten und erschöpften Lebemann am strengsten erhoben wird. Für ihn ist das jungfräuliche Weib ein besonders pikanter Bissen. Wäre der hygienische Standpunkt – etwa in bezug auf Verbreitung von Geschlechtskrankheiten – bei Errichtung der doppelten Moral der maßgebende, so müßte die Keuschheit vom Manne viel eher zu verlangen sein, aus dem einfachen Grunde, weil er sie gewöhnlich bei der Prostituierten verliert und damit allermeist seine Gesundheit und die der Gattin gefährdet – während die Frau, abgesehen von der professionellen Prostituierten, ihre Unberührtheit durch ein Liebesverhältnis verlor. Während man beim Manne physische Nötigungen aller Art zum freien Geschlechtsverkehr gelten läßt, wird dem Umstand, daß der weibliche Organismus ganz ebenso sowohl der Kontrektation als der Entspannung, sowohl der psycho-physischen Anschmiegung als auch der Ausgabe und der Erneuerung der Säfte bedarf, keine Rechnung getragen. Während der erste Boden der Moral, der, auf dem angeblich die Sittlichkeit der Frau ruht, einer Sandbank gleich aus dem Gewässer des sozialen Lebens herausragt, so daß die Schwimmer sich da nicht selten die Beine verknaxen, ist der zweite Boden – der, auf dem, in puncto sexualia, die Sittlichkeit des Mannes ruht/ überhaupt unergründlich. Unterhalb der seichten Frauenmoral ist es nachtschwarz und bodenlos und geht in unergründliche Tiefen. Da unten aber ist's fürchterlich.

Gefährlich wird diese Sandbankmoral aber dann, wenn das Schiff, das die Fracht der Generation trägt, an ihr scheitert, wenn die Mutterschaft unter irgendwelchen Umständen »Moralfrage« wird. Die drollige Idee, daß Gebären – unter irgendwelchen Umständen – eine unanständige Sache sei, wäre zum Totlachen, wenn sie nicht zum Totweinen wäre.

Die Blüten dieser zwiefachen Moral ranken sich aber in wenig anmutigen Verwicklungen in alle Ehrbegriffe der Gesellschaft hinein. So hat auf Grund dieser Moral der Mann seine Ehre verloren, wenn die Frau ihn betrügt. Das Weib hat seine Ehre verloren, wenn der Liebhaber es verläßt, das heißt, es nicht heiratet. Beide also gehen um fremder Missetaten willen ihrer Ehre verlustig! »Die Brüder Strozzi ließen ihre schöne Schwester Luisa sterben, weil der Tyrann von Florenz sie bei einem Gastmahl mit begehrlichen Augen angeblickt hatte«[7].

Aber die polygame Freiheit des Mannes ins Grenzenlose und Bodenlose hat ja noch eine andere Stütze: seiner Natur widerstrebe es, nur mit einer Frau dauernd zu leben. Es läßt sich aber nicht einsehen, wieso der Mann dieser seiner Natur gemäß leben soll, wenn die Frau der moralischen Forderung, die an sie gestellt wird, treu bleibt. Und wenn es wirklich der Natur des Mannes widerstrebt, einer Frau treu zu bleiben, so dürfte man nicht die Erziehung der Frau danach einrichten, ihrerseits an einen als den »Einzigen« sich zu klammern. Um so mehr muß es begreiflich erscheinen, ja gebilligt werden, wenn auch sie nicht ihr ganzes Schicksal auf einen Mann setzt und sich rettungslos für verloren erklärt, wenn dieser Einsatz fehlschlägt, wenn auch sie nicht an gebrochenem Herzen stirbt, falls er ihr »weitergeht«, sondern Elastizität genug aufbringt, eine andere Beziehung zu knüpfen und – wenn nötig! – Lebensklugheit genug, möglichst nicht mehr »Ideale« in diese Beziehung zu investieren, als der betreffende Mann sie für diese Sache zur Verfügung hat. Erziehung sowohl wie männlicher Anspruch verlangen immer wieder vom Weibe diese tiefe, restlose Hingabe. Aber gerade aus dieser Hingabe wachsen alle weiblichen Tragödien. Diese Hingabe bringt sie in sklavenhafte innere Abhängigkeit, ruft bei ihr eine Beladenheit durch die Liebe hervor, die der Mann nicht oder nur in den seltensten Fällen kennt. Und wenn es wirklich der männliche Detumeszenztrieb ist, der den Mann von Frau zu Frau führt, so muß die Abhängigkeit des weiblichen Gemütes von diesem männlichen Detumeszenztrieb der Frau systematisch aberzogen werden, wenn es auch für sie ein menschenwürdiges und freies Dasein geben soll. Denn wenn der Mann seiner Natur gemäß gezwungen ist, das Weib oftmals zu verlassen, so muß auch sie es lernen, durch mehrere Schicksale zu gehen, bis sie in den Einen münden darf, der ihrer Seele Heimat ist und ihren Kindern der rechte Vater.

> »Und bis einst jedes Weib gewinnt
> Den rechten Vater für ihr Kind,
> Soll jede Irrende die Treue

Dem falschen brechen ohne Reue.«

(Dehmel)

Aber durch die Mißachtung, die das illegitime Geschlechtsleben der Frau trifft, ist sie in Abhängigkeit innerster und daher fürchterlichster Art von dem Manne geraten, dem sie sich einmal hingibt. Denn wenn sie ihn so leicht laufen ließe wie er sie, würde man sie eine Hure nennen. Sie »zittert« darum, um ihn zu erhalten, und das gibt ihm das erdrückende Übergewicht über sie, macht ihn zum Ausbeuter weiblicher Seelenkräfte.

Diese Doppelmoral hat den Mann depraviert in seinem sittlichen Charakter sowohl als in seinen sexuellen Instinkten, sie hat ihn gemein gemacht, sie hat ihn verlernen lassen, sich in Freiheit der Liebe zu nahen. Sie hat ihn einer Suggestion, der der Ehe, gefügig gemacht. Wie ein Kettenhund mußte er festgebunden werden und hat es als solcher verlernt, sich in der Freiheit so zu benehmen, daß er nicht Schaden anrichtet. Man wird mich nicht verdächtigen, daß ich hier etwa als eine Art weibliches Pendant zu Strindberg posieren will. Nichts liegt mir ferner als »Männerhaß«. Und die Kritik, die geübt werden muß, wird in gleichem Maße schmerzlich empfunden, ob sie an dem einen oder anderen Geschlecht geübt werden muß.

Die Doppelmoral gibt dem Manne alle sexuellen Rechte, der Frau nur drei Chancen: die Ehe, das Zölibat oder die Prostitution. Diese letztere Möglichkeit passiert in ihrer ganzen Ungeheuerlichkeit die sonst so strengen Zollschranken der Moral. Warum? Weil der Mann sie braucht. Der Mann, dessen Werk der sexuelle Moralkodex ist, brauchte diese Institution, er mußte für sich Einrichtungen vorsehen zur Befriedigung der verschiedenen Anforderungen, die er an das Zusammenleben mit dem anderen Geschlecht stellt. Eine dieser Einrichtungen ist die Prostitution. Sie ist da für die Bedrängnis der Sinne, ein Ausweg und – vom Standpunkt des Mannes – kein unvernünftiger. Diese Bedrängnis los zu werden unter voller Wahrung der persönlichen Freiheit, ist ihr Sinn und, beim Zeus, kein übler Gedanke. Die andere Einrichtung, die er vorsehen mußte, ist die Ehe, die ihm die günstige soziale Basis bieten soll, die Vernunftehe, die auf der Tendenz der Vermehrung des Besitzes und damit der sozialen Macht beruht. Sie ist sozusagen eine Wohnung seiner sozialen Strebungen, eine Gemeinschaftsform, welchen Geschlechtstrieb, Fortpflanzungstrieb und die Möglichkeit sozialen Weiterkommens unter ein Dach bringt, und auch diese »Vorsehung« ist, beim Zeus, nicht übel ausgedacht. Zwischen diesen beiden Polen in der Sexualerscheinungen Flucht, der Prostitution und der Vernunftehe, hat der Mann – für sich – noch etwas Drittes vorgesehen: das Liebesverhältnis – die vorübergehende erotische Reizung ohne soziale Vorteile, aber auch ohne soziale Verpflichtungen und ohne das Grausen der Prostitution. Alle diese drei Möglichkeiten hat er, sich ihrer zu bedienen. Die Frau aber muß sich für eine davon oder für keine entscheiden. Sie muß alle zusammen finden oder in irgendeinem vitalen Bedürfnis darben. Darum ist sie in eine Abhängigkeit vom Manne geraten, an welcher gemessen ihre ökonomische Abhängigkeit nur ein Kinderspiel ist. Was hat so ein Mann nicht alles an sie zu vergeben! Jeder Wicht wird unter solcher Konstellation zum »Erlöser«. Er kommt als ein Satter zum Weibe, die Taschen voller Möglichkeiten. Die Heirat vergibt er wie ein Gnadengeschenk. »Er hat sie geheiratet« – »wird er sie heiraten?« – das ist der Refrain, um den sich auf dem Jahrmarkt der Geschlechter alles dreht. Nicht für ihn, nur für sie hängt ja alles von der Heirat ab. Denn er muß weder verdorren noch verderben, wenn er nicht heiratet, er kann immer noch lieben, liebeln und »leben«. Sie kann nur entweder lieben und geheiratet werden, oder lieben und verlassen werden, oder »liebeln« und »leben« und dabei in den Abgrund der gesellschaftlichen Verachtung gleiten. Was Wunder, daß ihr die erste Chance, »lieben und geheiratet werden«, trotz aller Gefahren, die sie bei diesem Hasard läuft, als die begehrenswerteste erscheint. Wohin diese moralische Zwickmühle, in die die Gesellschaft die Frau gebracht hat, die Gesellschaft selbst geführt hat, welch krause Züge aller anderen Figuren des ganzen Spiels notwendig waren, um diese Zwickmühle zu erhalten, das zeigen die Phänomene, durch die unser Rasseprozeß gefährdet wird: der verkehrte Werbekampf und die Prostitution. Erst wenn das Weib nicht nur ökonomisch, sondern auch moralisch frei sein wird von dieser abstrusen Zwangslage, in die die Wertungen, die der Mann sich zur Bequemlichkeit und zur besseren Ausbeutung weiblicher Lebenskraft erschuf, sie hineinbrachte, erst dann ist daran zu denken, daß es ihm mit Würde und innerer Kraft entgegentritt, daß der normale Werbekampf wieder einsetzt, der mit der weiblichen Selbstbehauptung steht und fällt, und daß die Zeugung wieder nach den Gesetzen der freien beiderseitigen Auslese vor sich geht. Die »Königin« im Schach ist hoffnungslos eingekreist! Die doppelte Moral hat aus der Frau eine ausgehungerte Festung gemacht, die zu schmählicherem Fall kommen muß, als es diese Moral vorausgesehen. Sie kapituliert vor jedem Angreifer, sie ist immer zur Übergabe willig. Durch diese Aushungerung, durch diesen erotischen Hungertod, der als furchtbare Möglichkeit über dem Leben der Frau schwebt, hat man ihr alle Scham und alle Würde genommen, die selbst das Tierweibchen dem Tiermännchen gegenüber aufbringt.

Nicht einbüßen, nur gewinnen kann die Frau an Schamgefühl, Würde und echter Keuschheit durch Sprengung dieser Sperre, die sie nach jedem heiratswilligen Mann gieren macht. Wie wenig eine wirkliche Geschlechtsscham des Weibes bei dieser doppelten Moral besteht, zeigt das gesellschaftliche Treiben der oberen Schichten mit seiner unverhohlenen Verkehrung der Werbung. Wie wenig wirkliche Würde die Frau bei dieser Aushungerung aufbringen kann, zeigt das Zugreifen der Durchschnittsfrau nach jeder Möglichkeit der legitimen »Sexualversorgung«. Wie wenig echt die »Keuschheit«, die durch diese Moral erzielt wird, ist, zeigt die Selbstverständlichkeit, mit der die Neuvermählte dem Gatten sofort alle Rechte gibt/ bis auf die Intimität des gemeinsamen Zimmers, das sie vom Tage der Trauung an mit ihm zu teilen bereit ist.

Und das von Natur reinste und keuscheste Weib – gerade durch diese Aushungerung wird es unrein und unkeusch. Denn was kann der keuscheste Wille ausrichten gegen die verzweifelte Auflehnung vergewaltigter Triebe! Auf hundert Schritte merkt man so einer Frau ihr »Entbehren« an – sieht und hört man es ihr an – denn wenn das Herz nicht voll ist, quillt der Mund über. Nur der im Grunde ihrer Seele tiefkeuschen Frau kann man aber dieses Entbehren »auf hundert Schritte anmerken«. Denn zum bloßen Geschlechtsverkehr findet jede Frau, wie jeder Mann – und noch viel eher als er – wenn sie nicht gerade eine Mißgeburt ist (und dann vielleicht erst recht) jeden Tag Gelegenheit. Wenn sie also »entbehrt«, so ist es, weil sie einen Geschlechtsverkehr, der zu irgendwelcher seelischer Erniedrigung führen könnte, verschmäht, und bei der heutigen Konstellation der Sexualverhältnisse – läuft sie diese Gefahr fast in jedem freien Verhältnis. Nicht zutiefst genossen, nicht zutiefst verstanden, nicht herzlich und zärtlich geliebt und dennoch »genommen« zu werden, heißt sich verwerfen und bedeutet seelische Erniedrigung. Von der Fähigkeit des Mannes, sie zu verstehen, zu genießen und zu lieben, hängt daher für die Frau jede Möglichkeit wirklicher Befriedigung ab. Und weil diese Fähigkeit des Mannes durch seine seit Generationen geübte und vererbte sexuelle Korruption und das Pharisäertum, in dem er groß geworden ist, mehr und mehr schwindet – darum leben so viele durchaus »freigesinnte« und begehrte Frauen dennoch im Zölibat. Und die »Entbehrung«, die man ihnen »auf hundert Schritte anmerkt«, ist demnach der Ausdruck nicht einer unkeuschen Brunst, sondern eines unerfüllten, aber dabei keuschen, weil an seelische Bedingungen geknüpften Sehnens.

---

2. Völkergeschichtliches zur Moralfrage

Doppelmoral als Schutzwall – Die Folgen der männlichen Sexualmoral – Die Folge der notwendigen doppelten Vorstellungsgruppen auf die psychische Einheitlichkeit und die Charakterbildung des Mannes – Die geschlechtliche Anarchie – Die Jüdin von Toledo – Candace und Augustus – Doppelmoral als Basis der Literatur – Das Problem in der Antike – Die 1300 Verse des Menander.

Eine vernünftige Kultur ist die, die in ihren Vorschriften, Sitten und Moden den wirklichen Bedürfnissen der Menschen und den von der Natur gegebenen Voraussetzungen sich anpaßt; nur dadurch wird ein ästhetisches Ebenmaß des gesamten Gesellschaftskörpers erzielt. Durch Verzerrungen der Natur kann das niemals der Fall sein. Solche Moralen bedeuten denn so wenig Kultur, als die Sitten der Wilden, die ja ebenfalls als Moden und Vorschriften sich äußern, Kultur sind. Bei einzelnen wilden Völkern ist es »Sitte«, sich die Zähne schwarz zu färben oder auszuschlagen, die Ohrläppchen bis zum Nacken herabzuziehen, die Haut zu tätowieren, die Augenbrauen auszurupfen, die Lippen blau zu färben. Auch bei uns gibt es Kultureinrichtungen, die diesen Sitten nicht unähnlich sind; besonders das Blaufärben von Dingen, die rot sind, ist beliebt.

Daß keinerlei Moral ein Ewigkeitsmoment birgt, sondern Zeit und Volksanschauungen unterliegt, zeigt ihre vielfältige Gestalt bei den verschiedenen Völkern und in den verschiedenen Kulturepochen. So wollte man das Schamgefühl als einen Urinstinkt der Menschheit erkennen und durch die Bekleidungsversuche der Wilden beweisen. Heute weiß man, daß die Kleidung der Wilden durchaus ornamentalen Zwecken dient. Die Kinderehen in Indien, für uns der Inbegriff der Scheußlichkeit, die die Kinder elend und zu Krüppeln machen, gelten in ihrem Lande als Gebot der Moral. Bei den Balanti in Senegambien können die Mädchen keinen Mann finden, wenn sie nicht vorher von ihrem König geschändet worden sind, und dieser läßt sich oft sehr beträchtliche Geschenke geben, um die guten Mädchen heiratsfähig zu machen. Von den Bisajos wird uns erzählt: »Des officiers publics sont payés pour ôter la virginité aux filles.« Bei den Malabar ist dies das Amt der Bramanen. Bei einem alten arabischen Stamm sinkt das Mädchen nicht wenig in den Augen des Gatten, wenn er sie bei der Eheschließung noch jungfräulich findet. »Wenn du es wert wärest, so würden dich Männer geliebt haben und du hättest einen gewählt, der dir deine Jungfräulichkeit nahm«, folgert er und verstößt sie. »Ein Empfinden derart ist es, das bei manchen Völkern ein Mädchen dazu bringt, die Geschenke ihrer Liebhaber als Ausstattung für die Hochzeit zu bewahren, da sie wohl weiß, daß ihr Wert dadurch nur erhöht wird.«[8]

Die Orientalen betrachten zum größten Teil das Weib heute noch als »unrein«, zumindest an gewissen Tagen. Mohammed verbietet, das Weib an Tagen der Menstruation »von der Taille bis zu den Füßen zu berühren,« aber dieses Verbot, welches ja nur den Unterkörper unberührbar macht, schließt eine sehr hygienische Maßnahme ein, da die Sexualität der Frau an diesen Tagen besonders erregbar ist, sie aber gerade da der größten Schonung bedarf. Bei den Japanern durften noch bis vor wenigen Jahren Frauen einen gewissen heiligen Berg wegen ihrer »Unreinheit« nicht besteigen. Je weiter östlich, je strenger die Forderung der Monogamie des Weibes. In der Türkei wird als Strafe für den Ehebruch die Ertränkung der Frau im Sack oder ihr Hinabsturz vom Turm vorgenommen. Ja bei dem geringsten Verdacht ihrer Untreue läßt man sie wissen, daß der Bosporus nicht weit ist. Bei einzelnen wilden Stämmen müssen die Witwen alle Gebeine des verstorbenen Gatten für immer mit sich herumtragen. »Sie trauert so, daß man sie vor Schmutz nicht erkennen kann«, ist eine grönländische vielsagende Redewendung.

In China ist es zwar gesetzlich erlaubt, gilt aber als unanständig, wenn ein Weib sich wieder vermählt. Über das wilde Volk der Kabylen berichten Haneteau und Lestourneux: »Die

Sitten dulden keinerlei geschlechtliche Nachgiebigkeit außerhalb der Ehe... das außerehelich geborene Kind sowie die Mutter werden getötet.« Bei anderen Stämmen werden sowohl die verführten Mädchen als die Verführer mit dem Tode bestraft. Wir sehen überall da die sexuelle Doppelmoral als Schutzmauer um das Weib errichtet, wo deren Erhaltung ausschließlich vom Manne abhängt und keinerlei gesellschaftliche Vorkehrungen zur Aufzucht der Generation und zur Pflege der Schwangeren und der Wöchnerinnen bestehen. Diese Moral, hinter der das Weib »geschützt« werden muß, präsentiert sich wie ein Wall, der zur Abwehr gegen den physisch Stärkeren, den Mann, errichtet wurde. Auch hier ist daher der Schluß gestattet, daß diese Moral nichts weniger als eine Kulturblüte darstellt, sondern im Gegenteil ein Rudiment, aus Abwehrinstinkten gegen die eindringende Übermacht entstanden, und daß eine hohe Kultur dieses Walles nicht bedürfen, sondern den Schutz des Weibes und des Kindes durch andere Vorkehrungen erzielen wird, welche die Frau ihrer menschlichen Freiheit nicht berauben.

Zumeist aus wirtschaftlichen Absichten werden die suggestiven Mittel der Moral, Sitte und Religion angewandt, um die Menschen bereitwillig zu machen, sich irgendwie um ihres Lebens Rechte betrügen zu lassen.

»Ich möchte fast glauben, daß es eine nationalökonomische List war, die den indischen Frauen die Überzeugung in das Herz wachsen ließ, daß sie nach dem Tode ihrer Versorger sich aus dem Leben zu empfehlen hätten«[9]. Weil man sie nicht ernähren wollte! Eine famose Idee, in der Tat! – Wie dieser Vorgang der Witwenverbrennung sich abspielte, darüber gibt ein französischer Reisender den folgenden Bericht: »Wenn die Flammen um den Leichnam des Mannes auf dem Scheiterhaufen knisterten und flackernd emporstiegen, erschien die Witwe beim Klange wonnerauschender Musik im scharlachnen Kleide, mit Blumen und Betelblättern bekleidet. Bleich, halb wahnsinnig, betrunken von Safran-Branntwein, halb bewußtlos an die Brust eines Bramanen angelehnt, ging sie schwankenden Schrittes dreimal um die im Scheiterhaufen befindliche Öffnung. Beim dritten Male stieß der Priester sie hinein, und mit herzzerreißendem Schrei verschwand sie im prasselnden Scheiterhaufen«[10]. Und alles im Namen der Moral!

Es gibt Tugenden, die nichts sind als ein Mangel an Bewußtheit, ein Mangel an Anspruch auf die natürlichsten Menschenrechte, insbesondere die weibliche »Tugend« wurde aus dieser Bewußtlosigkeit gezüchtet.

Schildert man uns die Tugenden eines Mannes, so zeigt man ihn im Ringen, in der Tat. Aber die, welche man an einem Weibe bewundert, gehen immer von einem unbeweglichen Vorbild aus, von einer schönen Marmorstatue in einem Museum. Es ist ein inhaltloses Bild, aus schlafenden Lastern, trägen Leidenschaften, schlummernden Ruhmestiteln, passiven Bewegungen und negativen Kräften gewoben. Es ist keusch, weil es keine Sinne hat, gut, weil es keinem Menschen Schaden tut, gerecht, weil es nicht handelt, geduldig und ergeben, weil es jeglicher Tatkraft entbehrt, duldsam, weil keiner es beleidigt, und versöhnlich, weil es nicht die Kraft hat, zu widerstehen, mitleidig, weil es sich ausplündern läßt oder weil sein Mitleid ihm nichts nimmt, treu und aufrichtig, demütig und ergeben, weil alle diese Tugenden im Leeren leben und auf einer Leiche blühen können. Doch was wird daraus, wenn das Bild Leben bekommt und sein Museum verläßt, wenn es ins Leben tritt, in dem alles, was nicht teilnimmt an der ringsum flutenden Bewegung, zum kläglichen oder gefährlichen herrenlosen Gute wird? Ist es auch eine Tugend, einer schlechtgewählten oder moralisch erloschenen Liebe die Treue zu halten, einem beschränkten oder ungerechten Herrn ergeben zu bleiben? Ist Unschädlichsein schon Gutsein und Nichtlügen schon Aufrichtig sein? Es gibt eine Moral für die Leute am Ufer der großen Ströme, und eine Moral für die, welche stromauf fahren[11]. Es gibt eine Moral des Schlafes und der Tat, eine Moral des Schattens und des Lichtes, und die Tugenden der ersteren, die sozusagen Hochtugenden sind, müssen sich erheben, sich ausweiten und Volltugenden werden, um der zweiten Moral anzugehören. Stoff und Linien bleiben vielleicht die gleichen, aber die Werte sind von äußerstem Gegensatz. Geduld, Sanftmut, Ergebenheit, Vertrauen, Entsagung und Verzichtleistung, Hingabe und Aufopferung, lauter Früchte der untätigen Tugend, sind, sobald man sie in das rauhe Leben hinausbringt, nichts als Schwäche, Unterwürfigkeit, Unbewußtheit, Trägheit, Selbstvernachlässigung, Dummheit oder Feigheit[12].

Die Überschreitung der der Frau versagten Menschenrechte ist dafür dem Manne in seiner Sexualmoral gestattet. Sie ermöglicht ihm den Mißbrauch der weiblichen Sexualität, ohne ihm Schranken aufzuerlegen. Aber diese übergroße Freiheit hat sich am Manne, an der Frau und an der Gesellschaft gerächt. Sie hat den Mann, der alle Genüsse, die ihm »erlaubt« sind, durchjagt, stumpf gemacht, sie hat seine Triebkraft geschwächt und hat den Ekel in Vorgänge der geschlechtlichen Liebe hineingetragen. Die Vermischung, die einstmals eine religiöse Handlung war, ist zum gräßlichsten »Vergnügen« geworden, deren »Priesterinnen« in Jammer enden. Der Mann führt ein doppeltes Leben, eines im Tageslicht, an der Seite der Frauen, die ihm die Gesellschaft zuführt und in dem Kreise dieser Gesellschaft, und ein anderes dort, wo er alles über Bord wirft, was er sonst als Requisit seiner bürgerlichen Persönlichkeit mit sich führt. Hier bin ich Tier, hier darf ich's sein.

Nur ganz selten einmal erhält ein Mensch von der »Tagseite«, also eine Frau der Gesellschaft, Einblick in das, was auf jener Nachtseite vorgeht. Irgendein ungeheuerliches Erlebnis läßt sie plötzlich einen Blick da hineinwerfen. Sie geht vielleicht eines Nachts nach Hause aus dem Theater, ihrer Wohnung zu. Nahe ihrem Hause, in einer einsamen Straße, stürzt ein junger Mensch, der sie verfolgte, auf sie zu, versperrt ihr den Weg und wimmert mit nicht wiederzugebenden Worten seine Wünsche. Es ist offenbar ein Mensch, den der sexuelle Hunger halb toll gemacht hat. Aber doch ein Mensch der »Gesellschaft«, nicht etwa ein Verbrecher. Die Frau eilt, gejagt von Entsetzen, die Straße hinab und verbringt die Nacht in Fieberschauern und Halluzinationen.

Nicht unbestraft, nicht folgelos kann es bleiben, daß der Mann zweierlei Existenzen führt, daß er nach der einen Seite alle seine Kräfte den weiten Dimensionen des bürgerlichen Daseinskampfes anpassen muß, auf der anderen Seite seine biologischen Kräfte vergeudet und dabei psychisch fortwährend zwei Gruppen von Vorstellungen, zwei Arten von Daseinsmöglichkeiten auseinanderzuhalten hat. Er gelangt immer seltener zu hoher Leistungsfähigkeit, sowohl biologisch als sozial, noch weniger gelangt er zu der psychischen Einheitlichkeit, welche zur Charakterbildung unerläßlich ist. Die meisten Männer haben denn auch einen deutlichen pathologischen »Knax«, irgendeine dunkle Ungeheuerlichkeit bricht bei näherer Intimität aus ihnen heraus, etwas gänzlich Unerwartetes, wie ein Reflex aus dieser »Nachtwelt« – im Tageslicht der Sitte gräßlich beleuchtet – offenbart sich. Die geschlechtliche Anarchie, die die Männermoral erlaubt und ermöglicht, und der nur die wenigsten widerstehen, hat sie gezeichnet.

Aber noch in einem anderen Sinne hat die doppelte Moral den Mann korrumpiert, sie hat das Heuchler- und Pharisäergewissen in ihm gezüchtet. Sie hat ihn gelehrt, das Weib gerade dafür zu verachten, zu schänden und zu verfolgen, daß es ihm gewährt, was er von ihm begehrt. Fast jeder Mann ist bereit, als Bruder Karl aufzutreten und Mariechen in das Herz zu stoßen. Manchmal heißt er Valentin und wütet gegen Gretchen, manchmal König Alphons und verrät die zerstückelte Leiche derer, die er genoß. Die Szene in der »Jüdin von Toledo«, in der der König vor der zerfleischten Leiche der Geliebten steht und höchst moralische Betrachtungen an diesen Anblick knüpft, ist ein (nicht mit Willen des pharisäischen Dichters so gemeintes) klassisches Symbol für das Phänomen »Mann« in der Moral. Übrigens hat diese Szene schon ihr Vorbild in der Antike, in der Betrachtung des Körpers der entseelten Candace durch Augustus. Die »Läuterung« des Helden vollzieht sich durch Abkehr von dem Körper, den er so gut zu genießen verstand, da er lebte, und durch »Rückkehr« zur ehelich angetrauten Gattin. In nahezu jedem Mann steckt ein Stück von diesem Alphons. Fast jeder ist zu diesem schmachvollen Verrat der Geliebten bereit – wenn er satt ist. Und die sittliche Weltordnung ist um so befriedigter, je zerfleischter ihr Leichnam. Diese moralische »Läuterung« des Mannes hat aber die Voraussetzung, daß er vor der sittlichen Aburteilung der hetärisch-aphroditischen, unehelich Geliebten alles das, was er verurteilt, an ihr und anderen genoß und genießen durfte. Er wird erst Moralist, wenn er erotisch müde, wenn er satt ist. Das Weib aber soll bei gesundem, triebstarkem Leib eine Moral aufbringen, die wieder nur für die »Besitzenden« gute Früchte trägt, die Nicht-Besitzenden aber verurteilt, leer, ganz leer auszugehen.

Der auf die Ehemoral geeichte Spießer haßt das Weib, zu dem er sich hingezogen fühlt, ohne »ernste Absichten«. Er haßt sie unbewußt, solange er sie genießt, bewußt, wenn er satt ist. Sie hat ihn »gereizt« – das kann er ihr nicht verzeihen. »Die Männer sind wohl eines Treubruches fähig – aber ihr Herd, ihre Frau sind ihnen heilig. Jene Frauen verachten sie im Grunde doch, und das Familienleben wird durchaus nie von ihnen berührt.« Und weiter: »Zwischen der Familie und jenen Geschöpfen besteht eine unübersteigbare Schranke.« So sagt in Tolstois Roman Anna Karenina, die dann selbst solch ein »Geschöpf« wird. Solch ein Geschöpf ist dem Mann jede Frau, die sich ihm ergibt ohne die Garantie ihrer Sicherung. »Gefallene Weiber,« d.h. Frauen, die sich ohne Ehe hingeben, nennt Ljevin in »Anna Karenina« »Geschmeiß«, vor dem ihm »ekelt wie vor Spinnen«.

Überall, wo diese doppelte Moral die Basis gesellschaftlicher Wertung ist, ist sie auch das Um und Auf der Literatur, deren Probleme auf ihr wie auf einer selbstverständlichen Voraussetzung fußen. So wird in einem Roman von Mathilde Serao, »Nach der Verzeihung«, eine Szene geschildert, in der das junge Paar auf der Hochzeitsreise ist. Der folgende Dialog entspinnt sich. Er (ermüdet): »Ich bin nicht mehr der Jüngste.« Sie: »Du bist 32.« Er: »Aber ich habe über meine Jahre gelebt.« Sie (ruhig): »Das ist richtig.«

Und sie/»Sie«! Sie darf natürlich nicht »gelebt« haben, muß tot gewesen sein und ihr Leben erst von »Ihm« eingehaucht bekommen.

In unzähligen Romanen schwebt das Verhängnis in Gestalt eines früheren Liebesverhältnisses der Heldin über ihrem Haupte, um sie schließlich, wenn es offenbar wird, zu vernichten und ihr den Weg zu dem erhofften Glück zu versperren. Nicht selten erkennt sie sich dann selbst reumütig als »Abenteurerin«, nicht wert der Hand des Edlen, die er ihr im Roman manchmal trotzdem großmütig bietet. Am ärgsten zehrt bei den Franzosen ihre ganze Literatur von dem Problem, ob die Heldin »gefallen« ist oder ob sie ihre »Ehre« noch intakt hat. Mit wundervollem künstlerischen Befremden verweist Maeterlinck in seinem Aufsatz über das moderne Drama auf die Nichtigkeit solcher Probleme. – In einer Novelle von Prévost erzählt eine junge Frau in Ichform ihr Schicksal, sie berichtet, daß sie sich dem jetzigen Vater ihres Kindes hingab und um seinetwillen das Elternhaus verließ. Mit beinahe Heiterkeit erregender Naivität legt ihr der Verfasser folgende Redensart in den Mund: »Nach meinem Fall bezog ich in der rue X Y eine kleine Wohnung.« Auch sie selbst weiß also diesen Vorgang nicht anders zu bezeichnen als ihren »Fall«. Die Franzosen operieren mit dem festen Begriff »die« Frau. Für sie ist la femme ein ein für allemal feststehender Typus, und die französischen Schriftsteller bemühen sich nicht, die bis zum Ekel erstarrte Schablone zu individualisieren. Und das Leben, das sich der Literatur nachbildet, kommt über diesen einen Typus, der in ihr festgelegt ist, tatsächlich nicht hinaus. Der Prozeß der »schönen Milenin« (Waddington gegen Balmazeda, Brüssel) zeigt die gefährliche Verlogenheit dieser moralischen Voraussetzungen. Der ganze Konflikt drehte sich darum: kann er sie heiraten, wird er sie heiraten, muß er sie heiraten, da sie sich ihm hingab? Und da er nicht der »Erste« war – kann er nicht. In keinem anderen Lande ist die pathetische Verlogenheit, die die Ehre einer Frau mit ihrer »Unberührtheit« identifiziert, so groß als in Frankreich und den Ländern französischer Kultur, in denen aber der Mann, wie um seine eigene Moral zu parodieren, mehr als in allen anderen Ländern alles aufbietet, dieser »Unberührtheit« nachzustellen und für sich selbst die weitgehendste Toleranz beansprucht. Sein pathetisches »Tue-la« resp. »Tue-le« (den Verführer) wird um so grotesker, je mehr er andererseits die liebenswürdige »Galanterie« des Ehebruches und der »Liaison« betont haben will. Auch die gnädige Versöhnungsmoral der Gefallenen gegenüber findet sich häufig in dieser Literatur. Das Geheiratetwerden soll der Gefallenen die Ehre wiedergeben – während sie, nach gesundem menschlichen Empfinden, sie durch einen Fußtritt, den sie so einem Gnadenspender versetzte, weit eher wiederbekäme.

Die bösartigsten Spießerinstinkte werden durch diese Moral begünstigt. Sie ist ein Produkt des männlichen Bedürfnisses und gezeichnet durch das Phänomen der contradictio in adjecto, das ihr anhaftet: denn die dem Manne erlaubte »Freiheit« und ihre Genüsse kann er nur haben durch das, was er den »Fall« des Weibes genannt hat. Nur über ihre Schande geht der Weg für ihn zur Befriedigung jener angeblich durch seine Natur geforderten Bedürfnisse.

Robert Hessen verweist in einem Artikel auf die Szene der Iliade, wo Achill den Schmerz über den Verlust der Briseis in den Armen der Sklavin Diomede »betäubt«. Hessen meint mit Recht, daß die Schilderung des gleichen Vorfalls bei einem Weib dem Dichter Pfuirufe eingetragen hätte. Interessante Funde aus der Weltliteratur zeigen freilich, daß schon unter den Alten diese doppelte Moral ihre Kritiker und Verurteiler gefunden hat. Vor zwei Jahren entdeckte der französische Gelehrte Gustav Lefebvre in einem ägyptischen Dorf 34 Papyrusblätter mit 1300 Versen aus vier Komödien des Menander, des attischen Komödiendichters, aus dem 4. Jahrhundert v. Chr. In diesen Szenen wird das Problem der doppelten Moral verarbeitet und verurteilt. Ein Mann, der seine Gattin verstoßen wollte, weil er von der Existenz ihres unehelichen Kindes erfuhr, fühlt sich »der Sünde bloß« und wütet voll Reue gegen sich selbst. Der Sklave Onesimos erzählt von ihm:

> »Mein Herr ist verrückt! Wahrhaftig um Gott! Total verrückt«...
> Er schreit in einem fort: »Ich Lump, ich Schurk', ich Schuft,
> Ich Frevler, selber hab' ich ein unehelich Kind,
> Und ihr, die mich so rührend um Verzeihung bat,
> Der Armen ließ ich keine Gnade angedeihen,
> Hart blieb ich, ohne Mitleid, ein Barbar!«

Und dann hören wir den verzweifelten Helden selbst:

> »Da habt ihr den Tugendhelden! Dem die Sittlichkeit
> Über alles ging, der nur auf seinen Ruf bedacht,
> Das Gut und Böse abwog mit bedächt'gem Geist.
> Von jeder Sünde frei, an Wandel tadellos.
> - Jetzt straft mich Gott, wie ich's verdient – da steh' ich nun,
> Ein schwacher Mensch! Und warst so groß und tatst so groß,
> War deine Frau nicht frei von jeder eignen Schuld,
> Ein Unglücksopfer nur! Und doch vergabst du nicht.
> Und bist jetzt selbst im gleichen Fall durch eigne Schuld!
> Wie sanft sie damals war, die stille Dulderin!
> Wie rauh und grausam du!«

F. Litten schreibt zu diesem Fund im »Tag« (Nr. 231): »Dies ist vielleicht die interessanteste Stelle des ganzen Papyrus. Man denke: Im 4. Jahrhundert v. Chr. Geburt wird das Problem der Zweigeschlechtermoral aufgeworfen und von einem jungen Mann der eleganten Welt als widersinnig gegeißelt. Gebrandmarkt diese nichtswürdige Moral mit dem doppelten Boden.«

3. Die Errichtung von Extremforderungen

Die Bewachung des weiblichen Schoßes eine Folge des Vaterrechtes – Das höhere »Vaterrecht« der Zukunft – Das Kind als Argument der doppelten Moral – Urgrund der Moralen: Artinteressen – Keuschheitsforderungen notwendig – Sexuelle Freiheit sowohl als sexuelle Beschränkung im Hinblick auf die Nachkommenschaft und Rasse – Die Emanzipation einzelner nur ein Mittel zur Entstehung neuer Organisationen der Sittlichkeit.

Diese alte Moral liebt die Extreme. Sie verlangt den einen Frauen, wie Adele Schreiber einmal ausgeführt hat, daß sie, einmal verehelicht, so viele Kinder gebären, als sie Befruchtungen zu empfangen vermögen, von anderen wieder – gesunden jugendlichen Frauen – daß sie keinem angehören und keine Kinder gebären, von anderen wieder, daß sie sich zwecks Befriedigung eines angeblich vitalen Bedürfnisses unzähligen Männern immer wieder hingeben. Und doch läßt sich die Sexualität der Frau auf keine Formel bringen, auf keinen moralischen Imperativ, so wenig wie die des Mannes. Die Beurteilung des Geschlechtslebens ist einzig zulässig, wenn sie alle Voraussetzungen, auf denen die Existenz des Individuums ruht, seine wirtschaftliche und gesellschaftliche Lage, seine seelischen und seine physischen Bedürfnisse, in Betracht zieht.

Daß die Bewachung des weiblichen Schoßes der Begründung nicht entbehrt, ist durchaus nicht zu übersehen. Sie ist eine notwendige Folge des Vaterrechtes. Es ist richtig, daß die ausschließliche Monogamie des Weibes gefordert werden mußte – wenn auch der Mann die gleiche Verpflichtung nicht einging – da er der Ernährer der Kinder des Weibes war. Inwieweit er ihren Schoß absperren konnte, während er gleichzeitig grenzenlose Freiheit sich bewahrte, auf welch minimales Bruchteil geschlechtlichen Lebens er sie setzen konnte, zeigt uns der Orient im Haremssystem. Zähneknirschend nahm der Mann das Joch der Familienvaterschaft auf sich, nichts liegt seiner Natur ferner als dies. Das Weib mußte diese »Versorgung« durch Verzicht auf seine ursprünglichsten Menschenrechte – des Rechtes auf freie Wahl der Sexualgemeinschaft und des Rechtes auf den freigewählten sozialen Wirkungskreis – bezahlen. Wie wenig verläßlich diese Versorgung dabei ist, lehrt das tausendfache Ausspringen des Mannes aus seinen Verpflichtungen. Erst die Zukunft, die über der physischen Vaterschaft die höhere und freiere Vaterschaft der Gesellschaft anerkennen wird, wird das gleiche Sexualrecht für beide Teile bringen. Erst dann wird sich vielleicht auch echtes Vatergefühl im Manne entwickeln, wenn er das Anrecht an seine Kinder durch sein Verhalten erobern müssen wird. Solange Furcht und Zorn über die Last seiner Verpflichtungen in ihm durch die Vaterschaft entsteht, konnte nur durch konsequente Suggestion, wie sie im »Familienleben« geübt und gezüchtet wird, etwas wie ein Vatergefühl in ihm erweckt werden. Daß dieses Gefühl kein echtes und unbedingtes ist – so echt und unbedingt wie das Muttergefühl, welches unter normalen Umständen nie versagt – beweist die Fahnenflucht des Mannes vor der Vaterschaft außerhalb der Suggestion des Familienlebens.

Daß die weibliche Zurückhaltung, das Prinzip des Nichts-Gewährens »als mit dem Ring am Finger«, heute einen wirtschaftlichen, ja auch einen psychischen Wert darstellt, ist sicher. Innerhalb der gegebenen Voraussetzungen ist diese Doppelmoral ein »Schutz« des Weibes, ein Wall, hinter dem es noch am ehesten gesichert erscheint, und außerhalb dieses Walles wartet auf sie nicht selten Schmach und Elend.

Die Geschlechtsmoral der Frau ist als Schutz für sie gedacht, gewiß, das ist nicht zu verkennen. Aber auch das Gitter an den Fenstern des Harems, auch die Beaufsichtigung durch verstümmelte Wächter ist als »Schutz« da, und doch könnten wir ihn nicht mehr ertragen. Es heißt eben Schutzvorrichtungen schaffen, die die »Beschützten« nicht zu Gefangenen, zu willenlosen Werkzeugen ihrer »Beschützer« machen.

Selbst bei den wilden Völkern besteht die Vorstellung, daß eine Schutzwehr um das Weib zu ziehen sei in Form von Verboten, der Verführung Gehör zu geben. Der Grund ist in der verantwortungsschweren Natur der geschlechtlichen Vorgänge zu suchen und ihren nicht wegzuleugnenden Folgen – nicht nur für die Nachkommenschaft – sondern auch für die persönliche Existenz und das Gemütsleben des Weibes. Diese Vorgänge sind ihrer Natur nach nicht »harmlos« und dürften es bei größter Kulturroutine auch niemals werden. Insofern wäre der Moralmauer, die um das »leicht verletzliche Geschlecht« gezogen wurde, ihr Zweck, zu schützen, nicht abzusprechen, hätte sie nicht andererseits dieses Geschlecht in widernatürliche Konflikte und unerträgliche Abhängigkeit gebracht. Daß es ohne Schutz nicht geht, ist sicher, aber ein anderer Schutz als der Wall der doppelten Moral wird gefunden werden müssen.

Außer allen anderen Argumenten für die Berechtigung des Ansturms auf die doppelte Moral, der jetzt von allen Seiten, auf denen Menschen für eine Reform der gesellschaftlichen Werte Lanzen brechen, erfolgt, ist besonders eines nicht zu unterschätzen, das in aller seiner Schlichtheit vielleicht das zwingendste ist. Dieses Argument heißt: es geht nicht anders. Wir kommen praktisch mit den Maximen der alten Doppelmoral so wenig durch, als wenn wir uns etwa darauf kaprizieren würden, unsere Reisen per Postkutsche zu machen. Die Mittel, diesen Wunsch zu befriedigen, wären eben nicht da. Wir müssen in die Eisenbahn, um weiter zu kommen, ob wir wollen oder nicht – und wir müssen auf eine neue Weise »moralisch« sein und unser seelisches Gleichgewicht zu erhalten suchen, weil die Mittel, nach der alten Moral zu »leben«, einfach nicht geboten sind. Ruth Bré, die erste Ruferin unserer Zeit nach einem neuen Mutterrecht, führt in ihren Schriften aus – daß wir Gesetze haben, nach denen wir sterben können – verhungern und verdorren, nicht aber leben und bestehen bleiben. Dasselbe läßt sich von den herrschenden Moralgesetzen sagen.

Wie durchaus abhängig alle als moralisch gewerteten Qualitäten der Menschen von Vorgängen sind, die sich seiner Willensmacht entziehen, beweist unter anderem auch der folgende Fall. Eine mir bekannte Frau war von ihrem Manne ihres ausschweifenden Lebens wegen fortgejagt worden und betrieb die Prostitution als Erwerb, und, wie sie selbst mitteilte, mit großem Vergnügen. Nach Ablauf einiger Jahre, als sie in das Alter der Rückbildung kam, klagte sie, daß ihr der Geschlechtsverkehr nun äußerst widerwärtig sei und führte nunmehr ein durchaus »tugendhaftes« Leben, indem sie sich durch die mühseligste Arbeit aller Art (angefangen von den Diensten einer Aufwärterin bis zur Beschäftigung mit der Schneiderei, wenn sich ihr solche bot) ernährte, trotzdem sie noch Begehrer genug besaß, ja sogar einige, die ihre Existenz sicherstellen und sie dauernd versorgen wollten. War nun der Charakter der Frau besser geworden, weil ihr plötzlich lästig und unerträglich wurde, was ihr früher notwendig war?

Das Hauptargument der doppelten Moral in der Ehe ist das Kind und seine Erhaltung durch den Mann. Mit der Gleichstellung des ehelichen und unehelichen Kindes im Erbrecht, die eine Frage nicht allzuferner Zeit ist, fällt das Argument, daß der Ehebruch der Frau deswegen verhängnisvoller sei als der des Mannes, weil er Gefahr laufe, ein fremdes Kind zu ernähren – da die materielle Beeinträchtigung der ehelichen Kinder dann durch seinen Ehebruch ebenso herbeigeführt wird wie durch den ihren. Die Behauptung, daß der Ehebruch des Weibes, der Folgen wegen, schlimmer sei als der des Mannes, könnte man auch umkehren und sagen: gerade weil sie es ist, die die Frucht empfängt und trägt und mit ihr in einer Weise verwachsen ist, wie der Mann niemals, kann man ihr nicht verbieten, sie zu empfangen, von wem sie will.

Das Kind ist ein Wert, eine Kostbarkeit. Der natürliche einzig normale Zustand, von dem wir heute allerdings so weit entfernt sind als von anderen normalen Zuständen, ist der, daß der Mann die Frau umwirbt, gerade weil sie die Trägerin des Kindes ist, anstatt daß er sie, wie heute, meist »sitzen läßt«, sobald er sie geschlechtlich genossen hat und ihre Mutterschaft zu erwarten ist – und nur durch die Zwangsvorrichtung der Ehe gehalten werden kann.

Die sexuelle Freiheit des Weibes soll im Rahmen einer anderen Wirtschafts- und Sexualordnung mit sittlicher und intellektueller Reife gewährleistet sein; aber vor diesem Zeitpunkt der persönlichen Reife sollen die Forderungen der Hemmung auf gar keinen Fall aufgehoben werden.

Ein Schutz des Individuums erscheint nicht nur den Angriffen anderer gegenüber notwendig, sondern auch in Anbetracht der Gefahr der Selbstpreisgabe, zu der ihn seine Triebe verleiten.

Aber ganz ebenso sind diese Forderungen dem Manne gegenüber zu erheben. Dem Begehrlichkeitstrieb jedes Individuums sind Schranken zu stellen, solange es, ob Mann, ob Weib, nicht alle Konsequenzen seines sexuellen Tuns und Leidens ermessen und tragen kann und solange es nicht fähig ist, den Sturz in Unsauberkeiten, die sich aus diesem Tun und Leiden ergeben könnten, zu vermeiden. Daß Sexualität und Ehre tatsächlich in einer gewissen Verknüpfung sind und nicht nur in der konventionellen Bewertung, ergibt sich aus der Tatsache, daß das Hinabgleiten in unsaubere und schmähliche Verhältnisse fast schon ehrlos macht. Daß dieses Hinabgleiten durch sexuelle Vorgänge, welche die Generation nicht schädigen, nicht erfolgen könne, ist das gesellschaftliche Problem. Dann erst wird die Ehre des Menschen wirklich wieder über dem Nabel wohnen, wie Nietzsche von ihr aussagt.

Nur aus Artinteressen hat sich Moral gebildet. Gesunde, schöne Menschenexemplare erzeugen, niemanden ins Elend stürzen und mißbrauchen, Herzenskräfte und Sinnesmächte nicht brach liegen lassen, noch sie künstlich verbilden, das ist die einzige sexuelle Moral. Keuschheitsforderungen werden aus sanitären Gründen immer notwendig sein, wenigstens insofern, als der Geschlechtsverkehr niemals ein unbedenklicher, vom Zufall angebotener sein darf. Aber diese Forderungen sind für Mann und Weib in gleichem Maße notwendig, soll eine Bewahrung vor den Geschlechtsseuchen wirklich möglich werden. Die Freiheit des Geschlechtslebens für jedes Individuum, solange diese Freiheit nicht eine Gefährdung und Schädigung anderer mit sich bringt, muß ebenso gefordert werden, als die Beschränkung des Geschlechtsverkehrs im Hinblick auf die Gefahren, die der Nachkommenschaft und der Rasse daraus erwachsen könnten, eine ewige Forderung bleibt, eine Moral, deren Inhalt wirklich »a priori in der Vernunft seinen Sitz hat«.

Die Emanzipation einzelner von dem gesellschaftlich approbierten Usus bedeutet zumeist eine unfruchtbare Auflehnung. Nicht um die Experimente einzelner zu ermöglichen, sondern um neue Organisationen entstehen zu lassen, innerhalb derer neue Formen der Sittlichkeit sich entwickeln können, wird zu der Untersuchung gesellschaftlicher Moralprobleme geschritten. Die hilflose Auflehnung des einzelnen gegen bestehende Anschauungen ist wenig wert, und um Märtyrerpfähle sind noch niemals Rosen gewachsen. Niemand ist so ganz unabhängig von der Verachtung oder Achtung seiner Umgebung. Diese geistigen Fluiden, die von anderen Menschen zu uns strömen – Sympathie, Antipathie, Achtung, Verachtung, Vertrauen, Bezweiflung, sie haben eine größere Macht über unser Gemütsleben und unseren Seelenzustand, als wir selbst ahnen. An der Grenze des Unbewußten spielen sich diese Vorgänge ab, durch die einem menschlichen Organismus mittels geistiger Ströme von außen Energien zugeführt oder entführt, Lebenskräfte verstärkt oder vermindert werden. Ein Strahl der Verachtung oder der Bewunderung, der Liebe oder des Hasses trifft einen Menschen – und mit dem Meßapparat der Pulsbewegungen kann der Arzt die Veränderung im Organismus konstatieren, also die Wirkung. Der Zeiger bewegt sich, die Kurve, die er zieht, sinkt oder steigt, die Blutgefäße haben sich verengt oder erweitert, die Herzbewegung hat zu- oder abgenommen, der Herzschlag sich verstärkt oder vermindert, das Blut ist zusammengetrieben worden, Stauungen und Leeren verursachend. Ein einziges geistiges Moment von außen führt zu so jäher Veränderung des Organismus, um so mehr eine ganze Reihe solcher Momente. Gewiß, je höher die philosophische Disziplin und Selbsterziehung, desto geringer die Abhängigkeit von der Meinung anderer. Aber es gibt einen letzten geheimen Faden im komplizierten Gespinst der Individualität, mit dem jedes Individuum verhängt ist nach außen, wo seine Macht über sich selbst versagt und die der Umgebung beginnt. Aus dieser Erkenntnis entstammt vielleicht alles Aposteltum, aller reformatorische Trieb, ja, wenn man will, alle Proselytenmacherei. Es befriedigt nicht, sich für seine Person zu neuen Werten aufgeschwungen zu haben, sondern erst wenn sie auf die Allgemeinheit übergegangen sind, sind sie praktisch anwendbar geworden. Darum wird sich alles Aposteltum, aller reformatorische Angriff gegen die Lüge wenden müssen, dort, wo sie am deutlichsten erkennbar wird.

Jede Epoche hat ihre besondere große Lüge, deren Zeichen ihr wie ein Stigma eingegraben ist. Irgendein Winkel des gesellschaftlichen Gebäudes liegt – als Gespensterkammer – immer im tiefsten Dunkel, selbst wenn es an anderen Stellen schon Licht ward. In unserer Epoche ist es die sexuelle Lüge, die in der Dunkelheit gespenstig ihr Unwesen treibt und von da aus ihre Wirkungen zeitigt.

IV. Kapitel

Die sexuelle Lüge

> »Eine sündiget nicht, die leugnen kann, daß sie sündigt;
> Und zur Verrufenen macht nur die gestandenen Schuld.

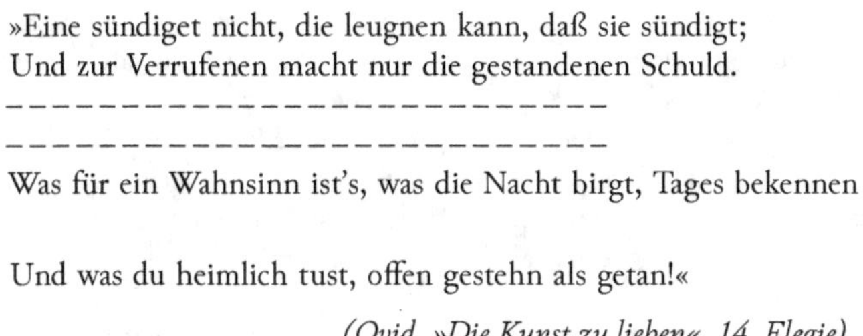

> Was für ein Wahnsinn ist's, was die Nacht birgt, Tages bekennen
>
> Und was du heimlich tust, offen gestehn als getan!«
>
> *(Ovid, »Die Kunst zu lieben«, 14. Elegie)*

Die Gewohnheit der sexuellen Lüge – Lügenhafte moralische Imperative – Die Zwangslage der Jugend – Frühling im Zwinger – Erotische Freundschaft – Luther und die sexuelle Lüge – Der Mann und sein Idealbild – »Meine Frau« und »mein Mann« – Die Gestalt der Todgeweihten in der Literatur – Die »Ordner« unseres Geschlechtslebens – Die Folgen der verhinderten Sexualhygiene – Die Verwandlung des Sinnetriebs in Zote – Durchbrechung des Lügentrustes gefordert.

Die Gewohnheit der Lüge auf den Gebieten des sexuellen Lebens übergreift jeden Vorsatz. Sie wird nicht nur absichtlich gehandhabt, sondern sie ist beinahe schon organisch geworden. Zugrunde gehend an der Verlogenheit seiner Einrichtungen, wahrt der Philister noch den Standpunkt, als ob die existierenden korrekten Möglichkeiten zur Regelung des sexuellen Lebens zulängliche wären. Es darf uns das nicht sonderlich verwundern, da wir ja wissen, daß es keine Massensuggestion gibt, die den Vielzuvielen nicht aufzudrängen wäre. Es verkrüppeln sich doch Menschen normale Gliedmaßen derart, daß sie untauglich werden zu ihrer natürlichen Bestimmung, wie zum Beispiel in China die Frauen die Füße, unter dem Einfluß irgendeiner Suggestion. Es machen Menschen Harakiri, schlitzen sich den Bauch auf und werfen das Leben weg, oftmals um einer blöden Phrase willen – wie auch bei unserem Duell nicht selten der Fall – unter dem Einfluß irgendeiner Lüge, die ihnen suggeriert wird. Wie sollte man sich verwundern, daß die zwei Punkte, auf denen die Existenz der Menschen ruht, »der Hunger und die Liebe«, von Lüge umstrickt sind, auf daß die Gestalt dieser Phänomene so undeutlich wie möglich bleibe. Die Lüge des Pharisäertums bemächtigt sich aller Formen des sexuellen Lebens. Sie verfälscht das Wesen der Ehe und ihrer Voraussetzungen, sie umzingelt die freie Sexualverbindung und belädt sie mit Forderungen, die ihrem Wesen nicht entsprechen.

Diese Lüge kriecht aus der Masse in die Einzelpersönlichkeit und selbst die Großen bleiben von ihr nicht frei. So sprach Bismarck öffentlich von der Lucca als von einer Frau, die, »obwohl Sängerin, doch eine achtbare Dame sei«. Körner (der Vater Theodors) sagt im Briefwechsel mit Schiller von Goethes Verbindung mit Christiane: »Goethe kann selbst das Geschöpf nicht achten, das sich ihm unbedingt hingab!«[13]. »Treulos oder verfemt« war die Alternative, die ihm die Moralhenker ließen. Die Lüge geht wie eine falsche Münze von Hand zu Hand, das schlimmste aber ist, daß die Schicksale von Menschen auf Phantome gestellt werden, die nur dieser Lüge ihr Dasein danken. Diese Schicksale werden daher auf noch weniger als auf Sand gebaut.

Die bürgerliche Erziehung der Mädchen, die mit der Ehe, der guten Ehe, als einer Selbstverständlichkeit rechnet, ist ein solcher Bau auf eingebildeter Grundlage. Der wahre Sachverhalt entspricht nicht der Vorspiegelung. Die richtige, vollbefriedigende sexual-soziale Dauergemeinschaft, deren selbstverständliche Erwartung in jedem Mädchen großgezogen wird, bietet sich nur selten; aber die Erwartung des Mädchens ist darauf eingestellt, und erfüllt sie sich nicht, so wird die innere Freiheit dieser bedauernswerten Geschöpfe getötet und jeder frohe Lebensmut ihnen benommen. Jede Mutter erwartet das Wunder für ihre Tochter, fordert es förmlich von ihr und belädt die Ärmste mit dieser Erwartung und Forderung. Jahr um Jahr vergeht, das Wunder kommt nicht. Die Bereitwilligkeit zu Kompromissen wird immer größer, die Gier nach einem Zipfelchen Talmiwunder immer gieriger. In den Augen der Mutter, der Gesellschaft ist die Tochter, der das Wunder nicht begegnet, eine Zurückgewiesene, Minderwertige, Bemitleidenswürdige, deren Schicksal teilnehmende Seelen beseufzen. Die Voraussetzung war: in einem Manne soll sie alles finden, was Dichtergehirne als Ideal geschildert haben, nicht weniger wird von ihrem Schicksal erwartet!

Die geringe sexuelle Auswahlmöglichkeit hat ihren Hauptgrund in der seelischen und körperlichen Verbildung der meisten Menschen, die fast alle irgendein abstoßendes Etwas, seelisch oder körperlich, oder irgendeinen empfindlichen Mangel, insbesondere seelisch, der unter dem Bilde »Mensch« nicht erträglich scheint, an sich haben. Unsere eigene Unvollkommenheit läßt uns die der anderen nicht weniger empfinden. Das Fazit ist, daß die meisten Menschen, anstatt daß sie voneinander Freude haben, sich voreinander »grausen«. Die Selbstverständlichkeit, mit der das Finden eines tüchtigen, schönen, intellektuellen, charaktervollen Komplementes allen Individuen beigebracht wird, und mit der bei den Mädchen die ganze Erziehung auf das Eintreffen dieser Voraussetzung eingerichtet wird, als ob es in Wahrheit wimmelte von solchen Menschen, ist eine der verhängnisvollsten Lügen. Eine Institution, die nur ein winziger Bruchteil der Menschen ohne Kompromisse erreicht und ohne Betrügereien durchhält, als ein normales Schicksal darzustellen, das jedem beschieden sein müsse, ist eine gefährliche Täuschung.

Schon vom frühesten Mädchenalter an den Töchtern das »Heiraten« als Ziel hinzustellen, heißt nur die Aufmerksamkeit auf ihr Triebleben vorzeitig wecken. Es müßte vielmehr gelehrt werden – nicht etwa auf Liebe zu verzichten, denn das wäre eine aussichtslose Verwarnung – sondern sie nicht als ein Schicksal aufzufassen, das ein Frauenleben zertrümmern kann. Es müßte diese Mädchen gelehrt werden, auch diesen Vorgang, auch das erotische Schicksal, kräftig und geschmeidig wie der Mann zu durchleben, nicht aber sich davon zerreiben zu lassen, bis zur tiefsten Demütigung, bis zur Brechung der eigenen Persönlichkeit. Vielmehr müßte man es als eine Art Schmach hinstellen, sich von einem solchen Schicksal zerbrechen zu lassen, anstatt, wie heute geschieht, Märtyrerkronen dafür zu vergeben. Die Fähigkeit, kraftvoll und elastisch auch die Gefahren der Liebe zu durchleben, sich von typisch menschlichen Schicksalen nicht erdrücken zu lassen, müßte in den Frauen durch Erziehung geweckt werden. Sie müssen es lernen, auch die Liebe »leicht« zu nehmen (nicht im Sinne von leichtfertig, sondern im Sinne von elastisch, beflügelt) und sie müssen es verlernen, sich zermalmen zu lassen von diesen Vorgängen – ohne dabei sich und sie (diese Vorgänge der Liebe) zu erniedrigen.

Bevor es eine Frauenfrage gab – die aus dieser Krise emporwachsen mußte – war die Lüge noch verzwickter. Die Frau sollte nur auf die Heirat als auf die einzige Existenzmöglichkeit rechnen, andererseits so tun, als läge ihr nichts daran, um die Gebote der Züchtigkeit nicht zu verletzen! Was für ein verlogener Zier- und Gieraffe mußte da herauskommen! In Wahrheit brannte sie darauf, weil es ja doch ihr einzig mögliches Schicksal war, und dabei mußte sie die Spröde spielen, die vor dem Ereignis womöglich »floh«. Noch bis in die heutige Zeit reicht diese Lüge hinein und noch bis auf den heutigen Tag fallen die Männer am sichersten auf diese »Haltung« herein. Wie weit die Lüge gerade der Frau gegenüber ging, kann man am besten daran ermessen, wenn man die Vorschriften dessen, was sie nicht soll, nebeneinander hält: »Männerfang« betreiben soll sie nicht; gebären, ohne das Männchen eingefangen zu haben, soll sie auch nicht; das Gebären überhaupt aufgeben und als geschlechtslose Arbeitsbiene den Männern auf ihren Arbeitsstätten Konkurrenz machen, soll sie auch nicht. Was also, zum Teufel, soll sie?

Die Grausamkeit und Verlogenheit des Philistertums geht daraus hervor, daß es bei seinen abgegriffenen Meinungen bleibt, auch wenn es das Gegenteil noch so empfindlich spürt, wenn ihm die eigene Haut über die Ohren gezogen wird. So kenne ich Familien, die empört sind über die wirtschaftlichen Bestrebungen der Frauenbewegung, die aber für ihre eigenen Töchter nicht schnell genug alles ergattern können, was die Frauenbewegung erkämpft, sie eifrig an alle Posten schieben, an denen für die Frau ein Bissen Brot zu erschnappen ist.

Das Liebesleben und Liebesbedürfnis des Weibes ist von der Lüge der konventionellen Moral wie von einem dicken Wall umgeben, was aber nicht verhindert, daß es sich trotzdem gerade so fühlbar macht, als wäre es anerkannt. Es ist eben und daran ist nichts zu ändern. Gerade für die Frau ist ein befriedigendes Liebesleben vielleicht noch notwendiger als für den Mann, denn sie ist der aufnehmende Teil; aus dem, was ihr von ihm kommt, baut sie ihre Energien. Der Mann, als der Ausgebende, kann sich durch ein letztes Rettungsventil, das ihm die Natur gelassen hat und das ihm zur Entladung seiner Spannungen verhilft, befreien. Das Weib aber, welchem die bloße »Ausgabe« nicht genügt, muß aufnehmen, und gerade darum ist ihr das Leben mit dem Manne noch notwendiger als umgekehrt ihm der Kontakt mit der Frau.

Die sexuelle Zwangslage der Jugend hat ihre Wortführer gefunden, neuerdings in Wedekind, der die rettungslose Bedrängnis des erwachenden Menschenfrühlings in einer Reihe unentrinnbar notwendiger Szenen darstellt. Vor ihm hat Strindberg die zehn Jahre der ersten Jugend des Mannes als die des wütendsten Verzweiflungskampfes gegen die eigene Natur geschildert. Solange die Katastrophen der sozialen, moralischen und physischen Vernichtung über dem Liebesleben der Jugend stehen, kann auch die Lüge in ihrem Verkehr nicht vermieden, muß der Frühling im Zwinger gehalten werden. Es kommt dann im Verkehr junger Leute zu diesem gräßlichen, gewaltsamen Vermeiden von Herzenszärtlichkeiten, und nicht nur in der ersten Jugend, auch in der zweiten noch, wird diese Schraube angesetzt; überall da, wo an Ehe nicht gedacht werden kann und wo man einander zu sehr »achtet«, um ohne Absicht auf lebenslänglichen Kontakt auch nur die geringsten erotischen Auslösungen einander zu verschaffen. Wie fern ist diese »Haltung« der wahren friedsamen Keuschheit des Gemütes, der heiteren, wunschlosen Unbefangenheit, die sich freilich nur dann einstellen kann, wenn Menschen so leben, wie die Natur es gebietet. Diese formvollendete Zurückhaltung, zu der jugendliche Menschen, die doch nach Liebkosungen verhungern, genötigt sind, ist die bitterste aller aufgezwungenen Lügen. Dabei ist sie notwendig, da, abgesehen von allen Gefahren, auch Geschmack und Takt der Heutigen für jene Formen der Erotik, die sich aus der Kameradschaft ergeben und die eine kultiviertere Zukunft zu hoher Blüte bringen wird, noch nicht geschult sind. Nur mit der »großen Liebe« wissen sie etwas anzufangen, nur wenn eine sofortige Verknäuelung aller Interessen erfolgt. Daß es eine Erotik geben kann, eine wunderzarte und doch befriedigende, die auf dem Boden der Freundschaft erwächst, das ist eine Vorstellung, zu deren Ausführung heute noch das Menschenmaterial nicht vorhanden ist. Erotische Freundschaft! Wie viele Glücksmöglichkeiten, die heute noch ungenützt und brach liegen, birgt diese Konstellation, und wie würde sich die Lüge schnaubend eines Liebeslebens bemächtigen, das es wagt, sich auf »Freundschaft« aufbauen zu wollen. Und doch werden erst dann die Menschen nicht mehr vor der Wahl stehen, entweder die ganz »große Liebe«, bei der auch noch die Ehe möglich ist, zu finden – oder des erotischen Hungertodes zu sterben. Dann auch wird unsere Bühne, die des Lebens sowohl wie die des Theaters, nicht mehr von jenen Helden oder Heldinnen wimmeln, »die am Schlusse eines Stückes heiraten oder zugrunde gehen müssen, weil ihre Beziehungen zueinander durch die Ehegesetze verwickelt worden sind«[14].

Wie Luther zu der sexuellen Lüge, die die Vorspiegelung einer Keuschheit fordert, die bei gesunden und dabei ungeschlechtlich lebenden Menschen nicht bestehen kann, sich verhält, geht aus folgenden Sprüchen hervor[15]:

»Keuschheyt hat wol anfechtung, aber solch tegliche brunst und wueten ist eyn gewiß tzeichen, das Gott nicht gegeben hat noch geben will die edle gabe der keuschheyt, die da mit willen on nott gehalten werde.« –

»Was ist mir Jungfrauschaft vonnöten, weil ich fühle, daß ich sie nicht habe und Gott mich sonderlich nicht dazu beruft, und weiß doch, daß er mich zur Ehe geschaffen hat?« –

»Die Meide wehren sich freilich, wenn man spricht, sie hätten gern Männer, und lügen doch.« –

»Wir sind alle geschaffen, daß wir tun wie unsere Eltern, Kinder zeugen und nähren; das ist uns von Gott aufgelegt, geboten und eingepflanzt. Das beweisen die Gliedmaßen des Leibes und tägliches Fühlen und aller Welt Exempel.« –

»Wo die Natur geht, wie sie von Gott eingepflanzt ist, ist es nicht möglich, außer der Ehe keusch zu bleiben; denn Fleisch und Blut bleibt Fleisch und Blut, und geht die natürliche Neigung und Reizung ungewehrt und unverhindert, wie jedermann sieht und fühlt.« –

Insbesondere der Mann steckt tief in der sexuellen Lüge. Er hat sich ein Idealbild von der Frau konstruiert, welches er in der Praxis am allerwenigsten verträgt. Die »bedingungslose« Hingabe des Weibes spielt in diesem Bilde eine große Rolle. Nichts aber verträgt der Mann, zumindest der moderne Mann weniger als gerade diese unbedingte Hingabe. Angst und bange wird ihm, wenn sie in der Praxis auftritt, und nichts wird auch absolut sicherer mißbraucht als sie. Unter den Frauen, die wir heute in guten und dauernden Beziehungen zu Männern sehen, sind zumeist solche, denen die Fähigkeit zur wirklichen innersten und äußersten Hingabe, d.h. zur unbedingten Überlieferung des eigenen Selbst an den Mann, mangelt – teils »organisch« mangelt, d.h. ihrer Natur nach – die entweder so beschaffen ist, daß sie nicht so leicht zum Schmelzen gebracht werden kann oder aber direkt ins Frigide hinüberspielt – teils daß sie aus innerer bewußter Berechnung heraus, dieser Neigung zur Hingabe nicht Raum geben. Und wenn sich der Mann über den Mangel an weiblicher Hingabe beklagt, so muß doch mit Erstaunen beobachtet werden, daß ihn nichts sicherer fesselt als dieses Unvermögen zur Hingabe (oder deren bewußte Unterlassung), und nichts schneller seinen Überdruß hervorruft als die wirklich unbegrenzte Generosität der weiblichen Seele. Die Männer behaupten, die Prostitution lebe von »der Kälte der Ehefrauen«, andererseits schätzt man diese Kälte als »Reinheit, Keuschheit«, züchtet sie durch Wahl der betreffenden Frauen und hegt gegen den feurigen Typus Frau instinktiv ein Mißtrauen. Der gewöhnliche Mann kennt in seinem Bewußtsein nur zwei Typen: die Ehefrau und die Hetäre. Unbewußt sucht er vielleicht einen dritten Typus: die monogame Geliebte. Die Idee von der weiblichen Hingabe gehört aber, wie mir scheint, zu den eingeborenen Vorstellungen und kann sich bis zur Monomanie steigern; ab und zu findet diese Monomanie eine klassische Gestaltung. So in Shakespeares Zähmung der Widerspenstigen, in Kleists Käthchen von Heilbronn – das trotz seiner »Auflösung« im »Hohen Herrn« von ihm erst erhört wird, als sich herausstellt, daß es aus den »Lenden des Kaisers« stamme – in Nansens »Maria«, die immer unbedingt zur Stelle ist, wenn der Gebieter winkt und zum Schluß durch Heirat belohnt wird, und in verschiedentlichen Balladen von Wedekind, in deren einer – ich habe den Titel vergessen – das Weib den Mann bedient, während er mit einer Buhlerin sich auf dem Lager vergnügt. Auch noch verschiedene andere Idole hat die mehr oder minder bewußte Lüge gezeitigt, die in Wahrheit nicht vertragen werden, einander widersprechen und aufheben. Hedwig Dohm hat in einem köstlichen kleinen Lustspiel[16] dargestellt, wie einem Manne zumute wird, als sich seine Frau plötzlich merkwürdig verwandelt, und zwar gerade nach jenem Ideal sich bildet, das er für das Wesen erster Weiblichkeit festgelegt hat. Die Kralle und die Dämonie und die »holde Unbewußtheit«, die bis zur Zerstörung der sozialen Bedingungen der Ehe führt, all das Gemengsel von Attributen, die der Mann dem Weibe aufzwingen will, wird da dargestellt. Und der Mann ist nicht wenig froh, als sich die Wandlung seiner Frau nach seinem Rezepte als ein Scherz erweist und sie in ihre viel einfachere, aber ganzere Gestalt sich zurückverwandelt.

Unter die Suggestionen der Ehe gehört nicht selten die Lüge über Wesen und Wert der eigenen Ehe. Weil an den widerstrebenden, hindernden sozialen Verhältnissen die meisten freien erotischen Beziehungen sehr oft scheitern, während das legitime »Band« die Leute – oft sehr gegen ihren Willen zusammenhält – bilden sich diese zum Schlusse ein, hier sei doch das einzig »Wahre« gewesen. Man muß hören, wie ein Mann unter Umständen sagt »meine Frau«. Und ist sie erst einmal »seine Frau«, dann ist alles gut, was früher bezweifelt und bekrittelt wurde. Auch die Familie entdeckt plötzlich alle Vorzüge an ihr. Auch auf die Frauen hat der Ausdruck »mein Mann« eine ganz besondere Wirkung. Oft klammern sie sich noch an diesen Ausdruck, selbst wenn er schon gar nicht mehr berechtigt ist, wie wir sehr oft bei geschiedenen Frauen beobachten können, die auch dann noch sagen: »mein Mann«, wenn der sich längst verflüchtigt hat.

Auch daß jeder Mann, der in das Leben einer Frau tritt, mehr oder weniger verlangt, der »Erste« zu sein, zumindest ihre eigentliche »wahre« Liebe, ist eine solche Geschlechtslüge und eine Vermessenheit dazu. Auch wenn sie dem betreffenden Mann durchaus nicht ein Schicksal bedeutet, verlangt er es für sie zu sein. Sie soll den erhabenen Augenblick, da sie ihm begegnen und er sich ihr huldvollst neigen würde, vorausgeahnt und jedes andere Liebeserlebnis um dieses unbekannten Augenblickes willen verschmäht haben. Alles andere, was sie vorher in der Liebe empfand, muß nichtig gewesen sein – oder er zweifelt die Echtheit ihres Gefühls für ihn immer wieder an, selbst wenn er alle Beweise der Tiefe ihrer Liebe empfing. Ich kannte eine Frau, die an einem Manne mehr hing als an ihrem Leben. Er zerstörte diese Hingegebenheit durch ein einziges Wort: »Ich bin ja doch Nummer drei in deinem Leben,« sagte er eines Tages. Sie konnte ihm nichts anderes erwidern als: »Es ist ein bloßer Zufall, daß du nicht Nummer dreißig bist, auch das hätte sein können. Dafür bin ich ja in deinem Leben Nummer eins, nicht wahr?« Von Stunde an, wo diese häßlichen Worte zwischen ihnen gefallen waren, war es aus mit ihrer Freudigkeit; er hatte ihr grenzenloses Vertrauen zerstört und verschreckt.

Hinter dieser Pression steht das Krämertum der Liebe. Ich meine jene Gesinnung, welche auf der Ansicht ruht, die Liebesfähigkeit des menschlichen Herzens sei eine Stulle, eine Semmel oder sonst irgend etwas durch Konsumtion zu Verringerndes. Wenn man davon gegessen hat – ist weniger da. Das gesunde, reiche menschliche Herz und seine Kraft zur Liebe ist aber kein Butterbrot. »Liebe ist Kraft, die sich in sich selbst vermehrt, je mehr man von ihr abgibt« – so las ich einst unter einem Bilde Moritz von Egidys.

»Nicht die Liebe oder die Leidenschaft an und für sich ist maßgebend, sondern wie der Mensch aus ihr hervorgeht. Der, der sich verbraucht und aus der Begierde in einen neuen Genuß fällt, um dumpf zu neuer Begierde zu erwachen – der richtet sich selbst. Weh der Frau, die ihr Herz hingibt an ein anderes, das keine Kraft mehr zur Liebe hat, die in der Vollkraft ihres Empfindens einen Mann trifft, der ausgelebt hat. Sie will ihren Lebensacker pflügen auf Ödland und bauen in Ruinen, in denen das Fieber wohnt[17].«

Auch die Forderung, daß der Mann bei der Eheschließung ungefähr um zehn Jahre älter sein soll als die Frau, beruht auf Lüge. Diese Forderung wurde auf dem kapitalistischen Markt erpreßt; nicht aus biologischen Gründen, wie vorgegeben wird, sondern aus wirtschaftlichen Gründen braucht er gewöhnlich diese zehn Jahre Vorsprung, weil es von voller biologischer Reife an noch mindestens so lange dauert, bevor er sich die wirtschaftliche Ehefähigkeit erarbeitet. In Wahrheit ist die Frau, ihrer passiven Beteiligung am Geschlechtsakt wegen, viel länger in der Lage, Weib zu sein, als der Gatte Mann sein kann, Gleichaltrigkeit oder eine geringe Altersdifferenz daher durchaus normal und auch um der Kinder willen erwünscht, die unversorgt zurückbleiben, wenn der Vater sie nicht in jugendlichen Jahren erzeugte und so lange für sie arbeiten kann, bis sie selbständig sind.

Auch daß die Polygamie dem Manne gemäßer sein soll als dem Weibe die Polyandrie, ist wieder so eine Lüge. Das Gegenteil scheint eher wahr. Denn der Mann muß alle Kraft einsetzen, eine Frau zu befriedigen, während die Frau ohne (physiologische) Mühe mehrere Männer ertragen kann. (Schopenhauer hat in seinem Vorschlag der Tetragamie diese Tatsache ganz besonders hervorgehoben.)

Eine andere sexuelle Lüge. Dem Weib, das Achtung beansprucht, wird aufgedrängt, aufgezwungen, daß sie sich nur hingeben kann, wenn die »große Liebe«, die, die in den Himmel oder in die Hölle führt, da ist. Daß sie sich auch hingeben kann aus einer schönen, heiteren, zarten, zärtlichen Stimmung des Gemütes, ohne dadurch dem Himmel oder der Hölle zu verfallen, will die Lüge nicht gelten lassen. Durch diese aufgedrungene Vorstellung bringt man sie aber wirklich dazu, sich mit ganzer Seele in die Beziehung zu einem Manne zu vergraben, sich hineinzuwühlen in dieses Erlebnis, um dann gewöhnlich desto grausamer daraus geschleift zu werden. Man hat sie dadurch in völlige Abhängigkeit gebracht von den erotischen Launen des Mannes, die wechselnder und unbeständiger sind als alles andere, was sonst flüchtig genannt werden kann, ohne daß ihm etwa ein Vorwurf daraus zu machen wäre. Ist doch seine Sexualität eine Funktion (zum Unterschied von der des Weibes, die ein Zustand ist) und abhängig von einem Vorgang, dessen Zustandekommen sich seinem Willen entzieht. Warum aber soll die Entscheidung über Tod und Leben, über Himmel und Hölle, über vollständigen Bankerott oder die Möglichkeit eines Weiterbestehens für die Frau von diesem Vorgang abhängen? Warum soll sie wie die indische Witwe sich selbst verbrennen, wenn er nicht mehr »will?« Warum soll sie, wenn es sein Versagen war, das den Schluß des Verhältnisses herbeiführte, nun jedes weitere Bedürfnis nach Liebe verleugnen? So sehr begreiflich es ist, daß, wenn ein Verhältnis erhaben war und erhaben endete, etwa durch den Tod eines der Beteiligten, man jede weitere Gattungsgemeinschaft verschmäht (obwohl auch in diesem Fall die Bedürfnisse der Natur oft zwingender sind als die mahnende Erinnerung), so sehr begreiflich ist es auch, daß man den Zusammenbruch einer Gemeinschaft, die nicht die volle Befriedigung bot, nicht als ein Todesurteil des eigenen Gattungszweckes hinnimmt.

Von »krankhafter Sinnlichkeit« wird in bezug auf die Frau, die nicht indische Witwe sein will, von manchen Männern gesprochen, die niemals auch nur ein Jahr, ja nicht einmal ein Vierteljahr in geschlechtlicher Abstinenz leben könnten. Aber wenn sie von einem jungen gesunden Weibe erfahren, daß es erotische Bedürfnisse hat, so betrachten sie es nicht selten als ein Weib von »krankhafter Sinnlichkeit«. Daß es im Gegenteil ein Zeichen von Krankheit, ein Zeichen eines Defektes ist, diese Bedürfnisse im entsprechenden Alter nicht zu haben, kommt diesen Herren sonderbarerweise nicht zum Bewußtsein, so sehr sitzt ihnen die sexuelle Lüge im Blute.

Auch suchen diese Art Menschen nach tiefsinnigen Gründen, warum diese oder jene Frau einen »Geliebten genommen« habe, was ihren »Fall« veranlaßt hätte. Naheliegender wäre es, nach den Gründen zu forschen, aus denen sie keinen nimmt. Diese Gründe sind vor allem in der Angst vor all den Qualen und Unebenheiten des wilden Verhältnisses zu suchen, hauptsächlich aber in dem wenig Verlockenden der Persönlichkeiten selbst, das es einer Frau sehr leicht macht, »tugendhaft« zu bleiben.

Die Lüge wohnt in der konventionellen Voraussetzung. Die aber ist über uns und versklavt uns stärker, als es die Gesetze tun. Am schlimmsten wirkt die törichte Heuchelei, die darin besteht, die Meinung zu erzeugen, daß die Lösung eines erotischen Verhältnisses und eine neuerliche Verbindung nicht etwas ganz Natürliches sei. Wenn solche Vorgänge auch schmerzlich sind, so sind sie doch in Anbetracht der Schwierigkeit der »richtigen« Verbindung sehr begreiflich. Die Gesellschaft übt durch ihre Kontrolle auf die Dauer der Verhältnisse eine Pression aus, deren Folgen nur selten günstig sind. Wenn nun so ein Verhältnis in Trümmer geht, so schreibt die Sitte vor – »Gebrochenheit«. Daß eine Frau ein anderes Verhältnis knüpft, anstatt sich der Vereinsamung und damit der Verzweiflung hinzugeben, ist in den Augen dieser Sitte unerhört, obwohl, wenn dem Manne dasselbe passiert, es selbstverständlich ist, daß er neue Beziehungen sucht, ja sich in sie stürzt. Infolgedessen »hängt« sie, wenn sie schon einen »Schiffbruch« hinter sich hat, wie man diesen höchstbegreiflichen Irrtum zu nennen pflegt, angstvoll an einer neuen Beziehung, will sie um jeden Preis, »halten«. Das ist aber falsch und töricht. Man soll nichts mit Gewalt haben wollen, nur wenn sich etwas von selbst hält, taugt es etwas. »Seine Vergangenheit in jeder Minute abschütteln zu können und das Leben aufnehmen, als begänne es heute«, sei das Kriterium der Großen, sagt Goethe[18], aber die »öffentliche Meinung« richtet die Frau, wenn sie ihr eine Reihe von Verhältnissen nachweist, obwohl der Frau, die diese Reihe zu durchleben gezwungen ist, gewöhnlich nicht wohl dabei ist. Die Dauer eines Verhältnisses mit dem vollen, bewußten, sonnenklaren Willen beider und ohne entwürdigende Kompromisse – das ist das »Wunderbare«, das Ideal, das jeder Liebende im Auge hat. Warum aber soll die Gesellschaft annehmen, daß allen Paaren dieses Wunderbare beschieden sei? Eine Bekannte erzählte mir, der Mann, mit dem sie verbunden sei, habe, da sie ihm von einer Verbindung erzählte, die sie vor fünfzehn Monaten gelöst hatte, und zwar gerade im Monat Mai, gefragt (da er im Herbst mit ihr verbunden war), ob das indiesem Mai gewesen sei? Zufällig war es im vergangenen Mai gewesen. In der bloßen Vorstellung, daß es in diesem Mai gewesen sein könne, also vor kaum fünf Monaten, habe er sich aber entrüstet. Warum sie ein »Witwenjahr« hätte halten sollen, wenn sie auf Grund einer Enttäuschung mit einem Menschen fertig wurde, ist nicht einzusehen. Drei Tage nach diesem débacle hätte sie, wenn sie die innere Nötigung dazu empfunden hätte, ein neues Verhältnis eingehen können, anstatt fünfzehn Monate über diesem débacle zu brüten. Eine russische Studentin ermordete sich neulich, weil es schon zum drittenmal war, daß eine intime Beziehung mit einem Mann sich zerbrach – und doch ist bei der gewöhnlichen Anlage des Durchschnittsmannes nichts natürlicher als das. Wäre sie unabhängig gewesen, innerlich und äußerlich, so würde sie gelernt haben, einen solchen Bruch aufzufassen als das, was er ist, ohne darob »Würmerspeise« zu werden; insbesondere, wenn nicht ein großer Glaube mit so einem Verhältnis verbunden war, wie hier der Fall.

Die gesellschaftliche Ächtung trifft, in unserer vorgeblich so freisinnigen Zeit sogar, wenn auch nicht direkt, so doch durch indirektes Nasenrümpfen eine Frau, die überhaupt nicht im »Hafen« ist; als ob das so einfach wäre, da hinein zu gelangen. Man verlangt – als Moral! – man soll glücklich sein! Das heißt, alle inneren und äußeren Verhältnisse einer Verbindung sollen stimmen, oder es soll aller Sehnsucht entsagt werden. Das Glück als Objekt einer gesellschaftlichen Erpressung – das ist die fine fleur unserer sexuellen Moral.

Mit der erhöhten seelischen und ästhetischen Entwicklung sind wir ohnedies anspruchsvoller geworden. Wir fühlen uns meist vereinsamt, finden selten die wirklich traut erscheinende Gemeinschaft mit einem Menschen des anderen Geschlechts. Wenn man sie aber nun doch findet, dann soll man auch noch wegen wirtschaftlicher oder sozialer Konstellationen sich wegwenden, »entsagen?« Unterdrücken, was danach schreit, sich zu entfalten? Leidenschaften sind nicht da, um unterdrückt zu werden, sondern – wenn sie niemanden schädigen – um gelebt und genossen zu werden wie ein seltenes Fest, und um eine edle Frucht entstehen zu lassen. Ob diese beiden, die diese Leidenschaft füreinander überfällt, wirklich für »ewig« füreinander taugen, muß und kann sich erst im Laufe der Beziehung herausstellen. Der Zustand selbst – der Zustand der erwiderten Liebesleidenschaft für ein anderes Wesen ist das Glück schlechtweg und will als solches ausgekostet werden bis in die Tiefe. Ob es ein Wahn, ein Irrtum ist oder nicht, solange der Glaube daran währt, ist die Seligkeit da. Seligkeiten aber soll man auskosten, nicht im Entstehen erwürgen. Entpuppt sich das, was das Glück ausmachte, als Enttäuschung, dann tut Fassung, Kraft, vielleicht Härte not und vor allem die innere und äußere Freiheit, die Verbindung zu lösen, seiner Wege zu gehen oder den anderen laufen zu lassen, wohin er mag – ohne daß die Gesellschaft mit ihrer Kontrolle dahinter steht und konstatiert, daß da eine Lösung stattgefunden hat und abzählt, das »wievielte« Mal das bei dieser oder jener Person schon der Fall war und sie in der Achtung sinkt, wenn es schon wieder nicht für »ewig« war. Durch diese Pression werden so viele lügenhafte, innerlich faule Beziehungen, Ehen zumeist, aufrecht erhalten, weil die Beteiligten sich der Lösung schämen. So bleiben sie korrekt beisammen und lügen eine Befriedigung vor, die nicht existiert, während sie ohne die Pression der Gesellschaft längst voneinander los wären. Diese moralische Pression muß entfallen, schon aus dem Grunde, weil man doch sagen muß, daß die Enttäuschung an einem Menschen schon schwer genug für den, den sie traf, zu tragen ist und die Lösung meist immer ein großes Weh bedeutet. Wozu diese Sache noch erschweren durch die soziale Beschämung? Was zwei Menschen zusammen haben, was sie verbindet und was sie scheidet, geht niemand etwas an, um so weniger, weil nie ein anderer begreifen kann, was Menschen zueinander zieht und was sie auseinander treibt.

Durch das Leben und über die Bühne und durch die Literatur sehen wir immer wieder die Gestalt jener Frau gehen, die ein »verfehltes« Leben darstellt, weil sie sich in einem Manne täuschte. Sie geht daran zugrunde, und unter den Pressionen der Gesellschaft muß sie es. Aber es könnte auch anders sein. Sie könnte auch herausschreiten aus solchem Erleben, stolzer und stärker als früher, sicherer und freier. Da ist die »Flora«; eine wunderbare Gestalt aus dem Roman »Der brennende Busch« von der großen italienischen Dichterin Clarisse Tartufari. In die schmutzige Tiber hinein führt ihr Weg, da der Geliebte sich als ein Mensch des gemeinen

Tages entpuppt. Und doch müßte es für diese holde Flora noch Glück in der Welt geben, wären nicht die zarten Flügel ihrer Seele von Anfang an beladen worden durch eine überschwere Voraussetzung. Da ist »Anna Karenina«, die auf den Schienen endet. Und nicht die Liebe bringt sie dahin, denn ich glaube nicht zu irren, wenn ich annehme, daß Anna Karenina, zermürbt in ihrem Verhältnis mit Wronsky, ihn nicht mehr liebt, lange bevor sie in den Tod geht. Aber im Begriff, diese Knechtschaft abzuschütteln, sagt sie – und sie sagt es in lautem Selbstgespräch: »Dolly wird sich einbilden, ich wolle jetzt den Zweiten verlassen!« Sie hätte den »Zweiten« verlassen – das wäre unerhört! – Nicht die Liebe ist es, die Anna Karenina und Flora und Tausende ihrer Schwestern in den Tod treibt, sondern die lügenhafte Voraussetzung, die man hinter die Erlebnisse der Liebe postiert hat und die von da aus ihre Opfer treibt und peitscht.

Dabei ist die Gesellschaft niemals von der Voraussetzung ausgegangen, daß die Dinge, wie sie sind, etwa nicht sein müßten. Sie foppt sich selbst durchaus nicht. Geschehen darf – zur Not – alles. Aber es soll – geleugnet werden, einer soll beharrlich dem anderen Enten aufbinden, die falsche Münze soll stillschweigend akzeptiert werden und von Hand zu Hand gehen.

»Was für ein Wahnsinn ist's, was die Nacht birgt, Tages bekennen
Und, was du heimlich tust, offen gestehn als getan!« – – –

Durch die Literatur ist diese Lüge hindurchgekrochen, d.h. durch die öffentlich anerkannte Literatur. Erst in unseren Tagen ist die Darstellung des Liebeslebens, wie es wirklich ist, auch offiziell in die Literatur aufgenommen worden. Noch Flaubert schreibt über Lamartines Liebeserzählungen, daß in ihnen »die geschlechtliche Vereinigung systematisch wie die Funktion der Verdauungsorgane ins Dunkel gebannt ist«. Das ist es. Genau auf dieses Niveau wurden diese Vorgänge gedrückt – auf dem die Funktion der Verdauungsorgane steht. Hier wurden sie denn aber auch in einer Weise, die diesen Organen entsprach, umgewandelt und kamen als Exkremente – Zote und Geilheit – zutage.

Die heuchlerische Abkehr der Öffentlichkeit von der Besprechung geschlechtlicher Dinge wird manchmal besonders deutlich. In den Prozessen Harden-Moltke-Eulenburg galt der stärkste Ansturm der öffentlichen Entrüstung nicht dem Umstand, daß all die wenig anständigen Dinge, die zur Sprache kamen, geschehen waren, sondern daß sie in dem Prozeß besprochen wurden. Daß »auch Damen« den Verhandlungen, soweit sie nicht geheim waren, beigewohnt hatten, wurde noch mit besonderer Entrüstung vermerkt, und es wurde prognostiziert, daß sich nächstens Damen mit Herren über »solche« Dinge noch unterhalten würden. Ja, gehen denn »solche« Dinge die Damen nichts an? Hängt denn ihr Schicksal von dem Vorhandensein solcher Phänomene, wie sie diese Prozesse als bestehend festgelegt haben, nicht ab? Wie wenig echt die Entrüstung über die »Öffentlichkeit« des Verfahrens war, zeigte sich, als später die Öffentlichkeit ausgeschlossen wurde. Da war die Empörung noch größer, und der Ärger, nichts zu erfahren, durchbrach die früher vorgegebene Entrüstung über die »Aufwühlung« dieser Geschehnisse.

Die Fiktion, daß das Geschlechtsleben der Menschen, wie es durch Gesetze und Moral vorgeschrieben ist, ein befriedigendes sei, wird mit einer Beharrlichkeit aufrecht erhalten, die eigentlich erstaunlich ist. »Trotzdem die meisten ›Paare‹ – Paare der Ehe! – in dumpfer Verwirrung leben, oder in irgendeiner Zwangsmonogamie, oder in heimlicher Polygamie, trotzdem man die Leute kreuz und quer ausspringen sieht aus dem Spiele, trotzdem überall alles rennet, rettet, flüchtet, trotz dieser heillosen Panik in den Ehehäfen, trotzdem werden die Pharisäer dort, wo sich diese Erscheinung einer Übergangsepoche ohne Heimlichkeiten an einem Menschenschicksal dokumentiert, das Richtschwert schwingen, zur Abschlachtung.« Und dabei lebt alles, aber rundweg alles, was auch nur einigermaßen Gelegenheit hat, auf diesen »verbotenen« Wegen. Welch ein Aufatmen ginge durch die Welt, wenn der erdrückende Ballast dieser Universallüge wegfiele. Das Schlimme ist, daß aber gerade die Leute, die irgendwie in ihrem Triebleben unvollkommen und geschwächt sind, an jenen Plätzen sitzen, wo die »Ordnungen« vorgeschrieben werden (von den bewußten Heuchlern gar nicht zu reden). »Wir sollen unser Geschlechtsleben ordnen lassen von Leuten, die gar keine Ahnung von der ganzen Geschichte haben«, sagt Robert Hessen in einer seiner Schriften. Aus dieser Lüge, die von heimlichen Sündern oder Halbeunuchen in den Kodex unserer Moral verpflanzt wurde, sind die Gefahren erwachsen, welche nicht nur das Glück der einzelnen, sondern das Heil der Rasse gefährden. Aus verlogener Prüderie hat man die Menschen ohne Aufklärung gelassen über die wichtigsten Vorgänge des geschlechtlichen Lebens. Schon in der Schule müßten Schilderungen dieser Vorgänge gegeben werden, um vor allem auch vor den Gefahren der Geschlechtsseuchen zu bewahren. Auf diesen Weg sind wir ja, Gott sei dank, in unserem Jahrzehnt glücklich gekommen. Ich kannte ein Dienstmädchen, ein junges genußsüchtiges Ding, das langsam, aber sicher in die Prostitution sank – bei völliger Unschuld. Als ich ihr das erstemal von den Folgen des unbeschränkten Geschlechtsverkehrs auf die Gesundheit erzählte, sah ich sie wie vernichtet vor Entsetzen, Angst und Schauder. Sie hatte keine Ahnung gehabt von dem Bestehen dieser Krankheiten.

Durch die Bedrängung der illegitimen sexuellen Verhältnisse werden aber die an ihnen Beteiligten in Umstände gedrängt, wo eine rationelle sexuelle Hygiene gar nicht mehr möglich ist. Unter Brückenbogen und in schmutzige Schlupfwinkel, in Erpresserhände und auf Infektionsherde aller Art werden diese Vorgänge hingezwungen.

Die Sexualhygiene war einst, darüber können wir uns nicht täuschen, das Amt der »Priesterinnen« der Liebe, solange die Beiwohnung zu den religiösen Kulten zählte. Unsere »Priesterinnen« entsprechen der heutigen weniger religiösen Auffassung dieser Beiwohnung.

Keine sexuellen Regungen zu haben, ist überhaupt Vorbedingung der bürgerlichen Anständigkeit. Der Brennpunkt der Existenz wird als der nebensächlichste ausgegeben. Diese psychische Vergewaltigung zeitigte ihre Früchte; in schandbarer Verhehlung ist die mißhandelte Erotik wiedergekehrt: als Zote. Der blühende Sinnentrieb – abgestutzt, begraben und mit Mist bedeckt – kehrt in dieser Transfiguration wieder.

Die Resolutionen, die wir aus der Prüfung dieser Erscheinungen zu ziehen haben, sind folgende:

Lüge ist, daß die Gesellschaft das Geschlechts- und Liebesleben der Menschen durch die Ehe allein befriedigend reguliere. Wahr hingegen ist, daß die größere Hälfte der Menschen in der Ehe nicht Befriedigung findet, zum Teil auch gar nicht zur Ehe gelangt.

Lüge ist, daß die Menschen im Punkte des sexuellen Lebens sich so befinden und verhalten, wie sie es offiziell (gesellschaftlich) einander vorspiegeln: als ob dieser Punkt ein untergeordneter Faktor ihrer Existenz wäre, und als ob das, was in diesem Punkte »anständig« genannt wird, mit den wahren Bedürfnissen ihres Lebens sich deckte. Wahr hingegen ist, daß dieser Punkt der Brennpunkt jeder in ihren Instinkten nicht verkümmerten, gesunden menschlichen Natur ist, daß von seiner vollen Befriedigung das volle Gleichgewicht auch der seelischen Persönlichkeit abhängt, daß das Leben, welches die Gesellschaft – zu einem Trust der Lüge vereint – »anständig« nennt, die Menschen meist nicht befriedigt, daß sie alle zusammen nicht so leben, wie sie es einander alle zusammen vorspiegeln, oder doch nur »der Not gehorchend, nicht dem eigenen Triebe«. Da dieser »eigene Trieb« ein universeller ist, ist nicht einzusehen, warum die sexuelle Massenlüge gegenseitig aufrechterhalten werden soll. Man einige sich auf die Wahrheit, das ist: Anerkennung der vollen Berechtigung des Wunsches eines jeden Menschen nach Liebe und freie Möglichkeit, diesen Wunsch zu befriedigen, auf welche Art immer es jedem einzelnen paßt, soferne er dadurch nicht als Schädling (insbesondere im Hinblick auf die Gesundheit der Rasse) auftritt.

Anerkennung also des Liebeslebens als des Zentralen einer jeden Menschenexistenz und somit der Gesellschaft selbst – gewährleisteter Respekt und Unantastbarkeit aller unschädlichen Formen des erotischen Lebens, zu deren Gebrauch die gesellschaftlichen Umstände und die subjektive Veranlagung die einzelnen veranlassen – muß gefordert werden.

V. Kapitel

»Größer und schöner mag Eure Erde sein, aber ich müßte dort sterben in Euerer Schwere. Und schwer wie die Luft sind Eure Herzen. Ich aber bin eine Nume.«

(Kurt Laßwitz, »Auf zwei Planeten«)

1. Vom Wesen der Liebe

**Der Sinn der Legende vom Sündenfall – Liebeswille – Die Surrogate der
erhabenen Liebe – Die soziale, die sexuelle und die kontrektative Liebe –
Die große Sehnsucht des Mannes, seine tiefere Wahrhaftigkeit.**

Die Liebe ist eine Schutz- und Trutz-Liga gegen das Leben. Zwei schmiegen sich aneinander und hauchen einander Kraft ein, es zu ertragen. Erlösung zu finden durch die Liebe, restlose Bejahung, Bestätigung des eigenen Ich, ist die Sehnsucht aller liebenden Kreatur. Die Menschen haben es da naturgemäß am schwersten. Ihre Wesensarten sind wirklichen Linien zu vergleichen und deren Berührung und Vereinung ergibt harmonische oder disharmonische geometrische Gebilde.

Nur ein Name ist da für die unzähligen Nuancen eines vielspältigen Gefühls. Immer aber sind es zwei Phänomene, welche Ereignis werden, wenn das »Ungemeine« geschieht. Das Sich-Anschmiegen und mähliche Verschmelzen bis zum Wunsch nach vollkommener Auflösung und des Vergehens ineinander ist das eine. Das der Entladung bedrückender Überschüsse des Körpers sowohl wie der Seele das andere. Messias, Erlöser wird der Liebende dem Geliebten, der das Wunder vollbringt. Das Furchtbare der unbeschreiblichen Ereignung, der erotische Einbruch in die andere Persönlichkeit, in das Geheimnis des Lebens, wird vergessen über dem metaphysischen Wunder der Vermählung. Dieser Einbruch in das Geheimnis der Schöpfung, das vermessene Eindringen in ein anderes Ich, das ist es, was der Mythos aller Völker als Sünde und Sündenfall, als Schuld und Verlust des Paradieses gekennzeichnet hat, und nur wenn das Ungeheure nicht nur mit dem Willen der Beteiligten sich vollzog, sondern sie scheinbar sich als Werkzeuge eines überirdischen Willens empfanden, der ihnen fast die Bewußtheit benahm, scheinen Adam und Eva entsühnt. Diesen überirdischen Willen, der den Vorgang der Erniedrigung und dem Staub entrückte, die ihm Dienenden von dumpfen Willenstrieben erlöste und sie zu Werkzeugen des All-Einen erhob, nannte man Liebe. Das Unrein-Trübe der Erde wurde geläutert durch die erhabene Liebe. Nur sie konnte entsühnen, sie fügte die Beteiligten in die Kette der Gattung, wies ihnen den Dienst in Reih und Glied. Hier mußte dem religiösen Sinn des Menschen das erste Problem erwachsen. Ist der Vorgang, der furchtbar erhabene, der Vorgang des Geschlechtes, ist er da um der Gattung willen, oder gilt er auch den Individuen selbst? Hier setzen die Religionen ein, die Moralen. Nur um der Zeugung willen darf es geschehen, sagen die einen, und wo nicht der Wille zur Zeugung da ist, ist es Sünde und Schmutz. Nicht nur um der Gattung willen, sondern auch um der Individuen willen, zwecks gemeinsamer Bewältigung des Daseins, sagen die anderen. In der ungeheuren Eiseskälte der Welt schmiegen sich zwei aneinander, Kraft und Leben und Wärme übertragen sie einander, und nun erst können sie das Leben ertragen. »Kalt ist die Welt, kalt die brennende Sonne, kalt die Sphären und Milchstraßen. Allein des Menschen Herz hat Wärme.« Und die düsteren Propheten, die die Sinne und das Werk der Erlösung, das ihr freies Spiel zu vollbringen vermag, erniedrigten und nur den »Zweck« als Heiliger dieses Mittels gelten ließen, wurden als Zeloten überwunden. Die Vorgänge der Liebe, die zärtliche Bejahung des anderen Ichs, wurden als fruchtbar erkannt, fruchtbar nicht nur für die irdische Erhaltung der Gattung, sondern auch für die eigene Seele. Liebend erst erschließt sie sich, findet sie ihre ureigenste Melodie, ihre Stimme, »denn liebend gibt der Sterbliche vom Besten«.

Nichts macht so träge wie das Leid, nichts so tätig wie das Glück. Mit Ertötung der lebensbejahendsten Sehnsucht wird auch alle Lebenslust ertötet, und ohne die gibt es keine großen Taten. Das Entsagungs- und Büßermal auf der Stirne seiner Träger hat weit hineingeleuchtet in die Geschichte der Menschheit, aber dieses Licht wärmte niemanden, und keine Tat, die zur Bereicherung des Daseins geführt hätte, hat sich daran entzündet. (Jesus von Nazareth war kein »Entsagender«, denn er war kein Begehrender). Mit den Schmerzen der Enthaltung im geknechteten Leib werden nur Märtyrer geschaffen, aber keine Helden.

Die Glorifizierung des Leides, der Entsagung, der Verneinung des Willens zum Leben – und damit vornehmlich der Liebe – diese Glorifizierung des Leides, welches die Seele läutern soll, hat lange Zeit die Auffassung der Moral beherrscht. Meist wird aber die Seele nicht nur nicht geläutert, sondern durch fortgesetzte Erlebnisse des Leides so niedergeschlagen, daß sie sich nicht mehr rühren und regen kann. Die Literaturen ganzer Epochen standen unter dem Zeichen der Verherrlichung des Leides, der Entsagung, der Verneinung; aber so wenig sich die Krankheit in den Formen abspielt, in denen sie in sentimentalen Romanen zumeist geschildert wird, zum Beispiel daß ein bleicher lockiger Jüngling auf dem Lager liegt und eine sanfte Frau ihm Kompressen auf die Stirn legt, so wenig ist auch das Leid eine ästhetische Attitüde. Meist ist das Leid, das der Mensch durch den Menschen erfährt, identisch mit Schmählichkeit, das er durch das Schicksal erfährt mit Hohn und Ironie. Das wirklich erhabene und erhebende Leid ist selten, seltener noch als die erhabene Liebe.

Aus der Freude aber, aus dem hohen Lebensgefühl der Bejahung des eigenen Seins kommt Tatkraft, Elastizität und Mut. Leid bedeutet Verneinung. Woher aber soll der, der sich vom Leben verneint fühlt, Energien nehmen? Es sei denn, daß sie ihm, aus Promethidentrotz, gerade dann am stärksten zuflössen, wenn er sich abgelehnt fühlt. Aber auch dieser Trotz kann die Kräfte nicht aus dem Nichts erzwingen; wenn die guten Genien entfliehen und die Dämonen das Feld behaupten, wird auch dem Trotzigsten jede Macht entrafft. Die Bejahung des eigenen Ich von irgendeiner Stelle der Welt ist notwendig, damit das Individuum den Mut behalte, dieses Ich zu ertragen. Die sicherste Bestätigung des eigenen Ich kommt durch die Liebe. Wer sich geliebt fühlt, fühlt sich bejaht, und aus dieser Bejahung kommt das höchste Lebensgefühl. Da sprießt und drängt alles hervor, tausend Keime wollen Blüten tragen, »alle Stimmen springen auf«. Was Wunder, daß der natürlichste Instinkt der Kreatur sich immer wieder dagegen auflehnt, sich dieses Glück entraffen zu lassen, diese Bedingung seines eigenen Seins sich schmälern zu lassen, sei es von welchen Göttern oder Götzen immer.

Alle Völker der Welt haben irgendeine Sage, in der ein Elementargeist, eine Nixe, eine Undine, eine Elfe zur Seele gelangt durch die Liebe und nur durch die Liebe. Die Notwendigkeit des natürlichsten biologischen Schicksals aller Kreatur hat in diesen Sagen ihr Symbol gefunden. Der Liebeswille brandet durch die Natur vom niedrigsten Wurm bis zum Gott. »Auch der Olymp ist öde ohne Liebe«, gesteht Zeus. Und so wie sich der Göttervater um der Liebe willen zu Verkleidungen erniedrigt, zu Intrigen herbeiläßt, Verfolgungen sich aussetzt, so wird, im Gegenteil, die niedrigste Kreatur heroisch um der Liebe willen. Das Froschmännchen erträgt, so berichtet der Naturforscher, jedwede Verstümmlung während des Paarungsaktes, bei dem es vier bis zehn Tage auf dem Rücken des Weibchens sitzt. Vom Froschmännchen zum Gott ist in der Liebe kein weiter Sprung. Götter werden irdisch, Tiere heroisch und Menschen vereinigen Tier und Gott in der Liebe. Der Trotzige wird zahm und der Demütige zum Rebellen um der Liebe willen. Die Walküre selbst, so heilig aus Walhall sie schied, einmal erwacht, einmal geküßt, ist sie nichts als ein Weib, das den Göttern selbst Trotz bietet, da sie sie des Ringes der Liebe berauben wollen.

> »Geh hin zu der Götter heiligem Rat,
> Von meinem Ringe raun' ihnen zu,
> ›Die Liebe ließe ich nie‹
> Mir nehmen nie sie die Liebe.«

Des Menschen Liebessehnsucht ist durch das erotisch-sexuelle Erlebnis, durch die bloße biologische Erfüllung seiner Bestimmung, nicht zu stillen, nein, nur die erhabene Liebe vermag ihm die letzte Erlösung zu bringen. Nur das Gefühl der vollkommenen Harmonie mit dem geliebten Wesen kann diese große Sehnsucht stillen. Aber diese Harmonie, diese Erfüllung ist selten, sie ist erschwert und verhindert durch die unübersehbaren Verschiedenheiten der Menschen. Die Kreatur aber will erhalten bleiben. Und so tritt denn auch hier das Gesetz der Anpassung in Kraft. Alles das, was nicht ausgerottet, ausgejätet werden will mit Stumpf und Stengel, nicht fruchtlos dahinsinken will ins große Nichts, muß sich »anpassen« – auch hier; und wir sehen an diesem Beispiel, daß, wie wir es ja auch in der Natur und in der Geschichte sehen können, das Bestangepaßte nimmermehr identisch ist mit dem wirklich Edelsten. Das sich Erhaltende und Vermehrende und sich Durchsetzende ist wohl das »Tüchtigste«, aber selten ist es das Erhabene. Denn das Erhabene mit der hohen Forderung des eingeborenen Ideals, welches, da es ihm eingeboren, das Abbild einer unverkennbaren Gottheit ist, kompaktiert nicht, »paßt sich nicht an«, schließt keine Kompromisse und geht unter. »Brand« in Ibsens gleichnamigem Stück wird von der Lawine begraben. Von der Lawine seines unerbittlichen Schicksals. Alles oder nichts ist sein Wahlspruch. Die Goten mußten zugrunde gehen an ihrer Edelart – jene Völker, die dem Erdenschmutz und der Erdenschwere besser »angepaßt« sind, bleiben. Wer in der Liebe trotz Hungers und Frostes, trotz seiner Vereinsamung von seiner Forderung des Höchsten nicht abgeht, den Sündenfall nicht begeht, bleibt zumeist unbegattet, wird ausgejätet und seine Edelart sinkt mit ihm dahin. Falsch, in Grund und Boden falsch ist daher der billige Optimismus der Naturwissenschaft und, aus ihr folgernd, der Gesellschaftslehre, daß der Kampf ums Dasein einen Ausleseprozeß darstelle, durch welchen das Beste in die Ewigkeit hinübergenommen würde, das Mindere aber im Nichts versänke. Vielmehr ist es im Gegenteil zumeist das Edle, das, einsam geboren, einsam dahinsinkt und nur die Hoffnung, daß nichts zu Nichts vergehen kann, daß aus dem Nirwana wiederkehrt, was irgendeinmal war, läßt an eine Verbesserung, eine Veredelung des Lebens glauben.

Wir Menschen haben es gelernt, lernen müssen, uns auch in der Liebe »anzupassen«. Die wesentlichsten Surrogate für das erhabene Liebesgefühl, von dem ein jeder träumt, sind: die soziale Liebe, die sexuelle und die kontrektative. Die soziale Liebe ist die, die bewirkt, daß zwei Individuen, Mann und Weib, sich aneinander schließen, um gesellschaftlich nicht atomisiert zu werden, um besseren Widerstand zu bieten gegen die sozialen Mächte. Die sexuelle Liebe ist ein Bündnis, das Menschen für kürzere oder längere Zeit knüpfen – sei es für einen einzigen Abend oder für eine Dauergemeinschaft – um nicht gegen die Gesetze ihres Stoffes zu sündigen. Schließlich die kontrektative Liebe – die, die sich anschmiegen will und weiter nichts; um nicht zu vereisen, zu erfrieren, schmiegen sich zwei für eine Weile oder sogar für immer in einem Winkel zusammen, reiben sich einander, wärmen sich aneinander. Nicht um einander soziale Genossen zu sein, nicht um einander zu psycho-physischen Entladungen zu verhelfen, geschieht es, nein, nur um sich zu wärmen.

Der Mann als der gegen sich selbst weitaus Wahrhaftigere der beiden Geschlechter, als der weitaus Bedingungslosere, vermag sich dieser Surrogate schwerer zu bedienen. Im Gegensatz zum Weibe ist seine individuelle Forderung in der Liebe vorherrschend. Das Weib aber liebt mehr generell als individuell, weitaus mehr ist sie »Feld« – der Gattung hingegebenes Land – das, seiner Natur nach, harrt und aufnimmt. Der Mann aber ist ein Wollender, ein Ichlicher, ein trotzig seiner selbst sich Bewußter und trotzig Fordernder. Die Frauen lieben fast bedingungslos und genießen das Surrogat, wenn es sich ihnen bietet, fast wie das »Ding« selbst. Der Mann aber ist viel fähiger zu sagen: alles oder nichts. Nimmt er das Surrogat – und er nimmt es in der erbärmlichsten Form, in der Prostitution, und wo immer sonst er es findet – nimmermehr wird er, und das ist sein großer Unterschied vom Weibe, einen Augenblick vergessen, daß es Surrogat ist, nimmermehr wird es ihm genügen, nimmermehr wird es ihn befriedigen. Das Weib ist von Natur nicht so wahr, so unerbittlich wahr diesem Vorgang gegenüber wie der Mann. Und das ist gut so; denn wäre es, wie der Mann, fähig, dieses »Ding« anzusehen, und es zu erkennen auf seine Natur hin – die Menschheit könnte nur weiter bestehen, wenn Deukalion seine Schollen in sie hinein würfe.

2. Liebesspiel

Die Arie des Baron von Frascata – Das Wesen der galanten Liebe als Gegensatz zur tragischen – Der tiefe Sinn des Liebesspiels – Die olympischen Spiele der Griechengötter/ Das Liebesspiel der Martier in Laßwitz' Roman – Das reine Spiel des Gefühls, ein Kulturideal.

»Sie denken, liebe Kleine,
Noch manchmal, wie ich meine,
An Stanislaus Baron von Frascata,
Den man auf jedem Balle,
Blind für die andern alle –
Wie Ihren Schatten Sie verfolgen sah.
– – – – – – – – – – – – – – – – – –
O schöne Zeit – wo ich sie täglich sah –
Voll Anmut plauderte ihr kleiner Mund –
Dann trotzten Sie – doch ich vergaß beinah',
Was dieses Briefes eigentlicher Grund!
Ein reicher Herr vom Stande –
Mir wert durch Freundschafts-Bande –
Baron von Gondremark reist ab von hier,
Um nach Paris zu gehen
Und dort sich umzusehen.
Sein einziger Reisezweck ist das Pläsier!
Er bat mich – ihn ein wenig einzuweihen,
Wo man sich dort am besten amüsiert.
Ich lächelte – Sie werden schon verzeihn!
Und hab' ihn an Metella adressiert.
Ich kenne Ihre Güte,
Ihr herrliches Gemüte –
Drum bitt' ich – nehmen Sie sich seiner an!
Wenn Sie die Zügel führen,
Wird er sich amüsieren –

Tun Sie für ihn, was Sie für mich getan!«

Meilhac u. Halévy (Pariser Leben)

Diese entzückende Briefarie des Barons von Frascata an Metella, die Kurtisane, bezeugt uns, was das bloße Spiel der Liebe – fern von ihrem erhabenen Ernst – was die mondäne Liebe, die galante Liebe, die tändelnde Liebe zu sein vermag, in hochkultivierten Händen. Hier wird in der Kurtisane das Weib noch geschätzt und verehrt. Die Dankbarkeit eines Mannes, der sie genoß, findet hier ihre entzückende Sprache: »O schöne Zeit, da ich sie täglich sah.« Er überantwortet ihr einen Freund – »Tun Sie für ihn, was Sie für mich getan« – und weit entfernt, diesen Vorgang als »moralisch mangelhaft« zu empfinden, huldigt er dabei noch der Erinnerung der gemeinsamen Stunden.

Die galante Liebe zum Unterschied von der passionierten Liebe ist ein unentbehrliches Requisit der Kultur, sie kann selbst die Prostitution adeln. Es hat Zeiten gegeben, in denen die Kurtisane einen hohen weiblichen Typus repräsentierte. Die antike Hetäre hatte nichts gemein mit dem traurigen »Freudenmädchen« von heute. Es hat Zeiten gegeben, in denen sich »amoureuse« Frauen, solche, denen die Liebe ein Spiel war, mit hoher Kunst geübt, im Vollbesitz ihrer weiblichen Würde behaupteten. Die antike Hetäre erlebte ihre bessere Wiedergeburt in der Liebhaberin der Renaissance. Sie strahlt durch die Jahrhunderte. Engel und Furie in einer Person, Genie der Liebe, war sie nicht selten auch Genie der Kriegskunst und der Regierung. Ein Bronnen des Entzückens war sie dem Mann – dem Mann ihrer Epoche, der noch zu genießen verstand. Von der Amazone Katharina Sforza wissen wir, daß nur ein Ding ihr so wichtig erschien wie das Handwerk des Krieges – welches sie so übte, daß Italien sie mit erhabenem Schauer seine Primadonna nannte – und das war die Pflege ihres köstliches Leibes und die Pflege der Liebe. Später, im ancien régime, tauchte noch einmal das Phänomen des Liebesspieles als galante Liebe auf, die von der Gesellschaft anerkannt wird. »Das ancien régime wacht über solchen Freundschaften mit den Augen der Strenge. Die Ehe war das reine Jagdgebiet, aber von Verhältnissen dieser Art verlangt man Treue«[19]. Man ahnte und wußte in solchen Epochen, daß selbst in den Vorgängen der hetärischen Liebe ein Stück von dem Göttlichen sei, das der erhabenen Liebe eignet, daß das bloße Gefühl der Sympathie, der Freundschaft, der Herzlichkeit, das in irgendeinem Momente zwei Menschen sich aneinander schmiegen macht und das das Weib bewegt, seinen Schoß zu öffnen – diesen Vorgang in sich selbst rechtfertigt. Daß sogar die Dirne liebt, läßt Zola durch den Mund Nanas ausdrücken: »Si je n'aime rien, je ne suis rien.« Sein und lieben ist ihr eins. Undine ist ein Elementargeist, wenn sie nicht ein geküßtes Weib ist. Die galante Liebe ist zum Teil auch eine unbewußte Verschanzung der Menschen gegen die gefährliche Liebe, gegen den mörderischen Eros. Aber nur in hochgesitteten Händen verliert sie nicht das Köstliche, das Befreiende ihrer »Idee«, bleibt sie glitzernd und strahlend, Tiefen ahnen lassend trotz ihrer »Oberflächlichkeit« – wie die Tautropfen es sind, »die den morgendlichen Wiesen solche Tiefe geben«[20]. Die galante Liebe hat aber noch ein anderes besonderes Phänomen. Sie ermöglicht, wie keine andere Art der Liebe, die Selbstbewahrung des Individuums. Jener Vorgang, den wir den furchtbaren Einbruch in ein anderes Ich nannten, kommt hier nicht vor. Dabei eint sie die Vorzüge aller anderen Liebessurrogate – der sozialen, der entladenden und der anschmiegenden Liebe. Und sie ist weniger gefährlich als die wahre Herrin Liebe, die zur letzten Preisgabe, zur letzten Hingabe des eigenen Ich treibt, besonders für die Frau. Frauen neigen natürlicherweise dazu, sich zu »erschließen«, wie die Tulpen, die man draußen auf der Straße mit zusammengelegten Blütenblättern – also in Form! – ersteht, die aber, kaum daß sie ins warme Zimmer gebracht sind, ihre paar Blättchen weit auseinanderfallen lassen, daß man bis auf den Grund hineinblicken kann in ihren geheimnislosen Kelch. Das Geheimnis wahren, ist aber ein Gesetz der Liebe. Bei aller Hingabe, bei aller Freiheit und Ehrlichkeit des Wesens, soll es eine letzte Schicht geben, die das Individuum für sich behält, und wenn es sie preisgibt, so muß es die Gabe haben, sie zu erneuern; darum hat die Gesellschaft Formeln des Verkehrs erfunden, die allesamt einen einzigen Zweck haben: den der Zurückhaltung, den der Bewahrung des Individuums. Und in dieser Übung der Zurückhaltung liegt, genau besehen, ein tief altruistisches Motiv: denn was zurückgehalten wird, ist das eigene Ich, was Raum gewinnt, sind das andere Ich und die Objekte.

Von allen »Surrogaten« der Liebe kann der Mann die mondäne Liebe am besten vertragen. Ja selbst im echten Liebesverhältnis ist wahrzunehmen, daß, sowie der Ausdruck des Gefühls die »mondäne« Grenze überschreitet, eine Gefahr in die Beziehung kommt. Der leichte gesellschaftliche Ton ist für den Mann eine förmliche Erleichterung, macht ihn am ehesten seine Sehnsucht nach dem fast immer unerreichbaren Liebesidol vergessen. Tragische »Töne« beängstigen ihn. Darum ist auch die »Salonschlange« mit ein Ideal des kultivierten Mannes. Die Gefahren, die von diesem Ideal kommen, sind freilich nicht zu übersehen. Nicht selten wird dadurch eine starke Gefühlsart gebrochen und gebogen, bis sie nach diesem Anspruch zugestutzt ist und die stolzesten Herzen werden so verbildet.

Aber der tiefe Sinn der galanten Liebe, der, der sie zu einem Kulturfaktor macht, ist der, daß sie vor dem mörderischen Eros beschützt, daß sie ein System darstellt, nach welchem die Gewalt, die rasende, schrankenlose Gewalt elementarer Mächte, bezähmt, und in Formen gebracht wird, in denen sie den Menschen dient, anstatt sie zu zermalmen. Sich nicht von erotischen Erlebnissen unterjochen, erdrücken, zermalmen zu lassen, ist der Sinn der »spielenden« Liebe. Sie aus der Zone des ungebändigten Elementargeschehens herauszuheben und sie zu beherrschten, grazilen Instrumenten des Verkehrs zu machen. Auch Götter tändeln und lieben galant. Wir hören von olympischen »Spielen«! Dieses Liebesspiel aber erfordert hochkultivierte Beherrscher, sonst wird es Äfferei oder Mißbrauch oder eine unappetitliche, unanständige Sache. Der Liebesernst stehe als Ziel der vollkommenen Zusammengehörigkeit hinter jedem solchen »Spiel« – denn jede Liebe, durchaus nicht nur die galante, jede Annäherung der Geschlechter beginnt mit diesem Liebesspiel. »Ein Spiel ist die Liebe. Ein Spiel um den Ernst. Wenn nur beide in fröhlicher Spielkraft bleiben! Sonderbare Figuren entstehen, Konstellationen sind plötzlich da – man weiß nicht woher, wie Gestalten auftauchen im Dunkeln, im Dämmern, die sich bei Licht als gewöhnliche Gegenstände entpuppen. Nur Mut, nur näher hingesehen, nur unbeirrbar bleiben! Es wird heller werden! Es sind nur Spielgespenster, soferne ihr wollt. Aber, sowie der Spuk beginnt, werden die meisten ungebärdig. Und furchtsam. Und werfen die Flinte ins Korn. Der Spieltrieb fehlt ihnen, dieser der Kunst so nahe verwandte[21].«

Der Spieltrieb fehlt ihnen! Spiel und Ernst wird von diesem Geschlechte der Heutigen in gleicher Weise verstümpert. Gleich unfähig ist man heute – in dieser Epoche vollkommener Talentlosigkeit zur Liebe – gleich unfähig die Zartheit des Spiels nicht zu erdrücken, es nicht zur Posse zu stempeln, zur Zote, als auch den »Ernst« nicht zur Tragödie werden zu lassen, voll unholder, lebenzerstörender Vorgänge. Man ist unfähig, das Spiel galant zu erhalten, und die Galanterie der Seele, wie sie im Rittertum ihre höchste Erscheinungsform fand, ist dahin. Äffische, hohl äußerliche Faxen sind an ihre Stelle getreten, und der »Ernst« der Liebe der Heutigen ist voll Dunst und Schweißgeruch und zertrampelt die heitere Anmut der Vorgänge der Liebe. Dieser trampelnde, schwitzende »Ernst«, oder aber frivole Geilheit sind tatsächlich die häufigsten Formen, in denen die Liebe heute in Erscheinung tritt. Das Köstliche eines gemeinsamen Liebesspiels ist zu allermeist ein unbekannter Begriff.

Daß dieses Spiel nicht eine Forderung der Lüsternheit zu sein braucht, sondern daß es tief mit dem Gedanken einer Höherentwicklung der Menschheit zusammenhängt, hat uns ein Dichter und Denker in einem unsterblichen Werke bewiesen. Er hat damit eine Ahnung in uns, die wir an dem Erdenstaub und -schweiß, mit dem die Liebe auf diesem Planeten beladen ist, leiden, deutlich gemacht und sie zur vollen Bewußtheit erhoben. In dem Roman der Romane »Auf zwei Planeten«, den uns das Genie von Kurt Laßwitz beschert hat, ist dargestellt, was das Spiel der Liebe seiner Natur nach, seiner Idee nach sein kann. Der Dichter führt uns auf den Mars. Wir finden dort ein Geschlecht, das in seiner kulturellen und physiologischen Entwicklung uns um hunderttausend Jahre voraus ist. Alles, worüber wir auf diesem Planeten keuchen und ächzen, woran wir so unsäglich schwer tragen und wovon wir uns nicht befreien können, weil es vom Wesen der Erde ist, und uns, die wir auf dieser Erde geboren sind, daher zugehörig, all diese Schwere, die uns niederzerrt und das Göttliche in uns immer wieder lähmt, all dies dunkle, dumpfe Irdische, die Numenheit – das sind die Marsbewohner – ist davon frei, frei einfach durch den anderen Stoff ihres Planeten. Intellektuelle und ästhetische Werte sind bei ihnen zu höchster Klarheit gediehen und aufs reinlichste gesondert, nicht in verwirrendem Zwiespalt wie bei uns. An körperlicher Bildung sind sie uns ähnlich, nur eben vervollkommt und von der Mühsal der Schwerkraft befreit. Marsbewohner und Erdbewohner stoßen in dem Laßwitzschen Roman zusammen und siehe, es entsteht Liebe. Als aber der Erdbewohner die Hand ausstreckt, die Nume zu binden, da verweist sie ihn – auf das Spiel. Er, der Irdische, kann nicht verstehen, was die Liebesspiele der Martier bedeuten. Allüberall sieht er ihre sittliche Vollkommenheit, durch die sie die Konflikte, um derentwillen es auf Erden Blut und Jammer ohne Ende gibt, reinen Geistes lösen – wie also ist ihr Spiel mit der Liebe gemeint, da es frivol doch nicht gemeint sein kann. Es ist nichts anderes als die vollkommene Bewahrung des eigenen Ich und der vollkommen erhaltene Respekt vor dem fremden Ich, die bei den Numen, auch in der Liebe erhalten bleiben. Der Zwang der Leidenschaft, in deren dunklem Zeichen wir Erdbewohner stehen und die bei uns die vielfache Vergewaltigung des anderen Ichs in der »Liebe« gedeihen läßt – er hat über die Nume keine Macht. Frei bleibt ein jedes Ich und vereinigt sich in göttlichem Spiel, hinter dem der Ernst der Schöpfung steht, mit dem anderen. Der Sündenfall, der Verlust der Unschuld – das ist der eigenen Freiheit – wird nicht begangen. Und die Martierin entgegnet dem Erdensohne auf seine Werbung: »Aus dem reinen Spiel des Gefühls verfiele ich in den Zwang der Leidenschaft, die Freiheit verlöre ich und müßte niedersteigen mit dir zur Erde.« Und: »Größer und schöner mag euere Erde sein, aber ich müßte dort sterben in ihrer Schwere. Und schwer wie die Luft sind euere Herzen. Ich aber bin eine Nume.«

Güte, tiefe Güte, wirkliche Sympathie, reine selbstlose Neigung, die dem anderen Ich voll zugewendet ist, soll hinter dem »Spiel« stehen, wie hinter dem letzten Ernst. Nur besser – weil geübter im Bedacht auf die fremde Persönlichkeit, mit der sie sich zum freundlichen Genuß verbinden – können die Menschen werden durch solches »Spiel«. Dieses Spiel erfordert mehr Altruismus als die Hingabe der großen fraglosen Liebe. Denn was ist diese? Sie ist die mühelose, weil fast organische Zusammengehörigkeit. Die große Liebe – der erhabene Liebesernst – das ist die restlose Harmonie zweier Menschen. Und sie ist da, wenn die »Zellen« der beiden so füreinander geschaffen sind, daß sie einander bejahen und bestärken, fast wie ohne Zutun des Willens. Das gibt die Bedingung der vollen Harmonie, welche zur »großen Liebe«, zum letzten weihevollen Liebesernst führt. Was bleibt aber da dem Willen, insbesondere dem altruistischen Willen, noch zu tun? Er braucht, um das andere Ich zu bejahen, zu bestärken, zu schätzen, zu verstehen, nur sich selbst zu bejahen, zu bestärken, zu schätzen, zu verstehen!

In jener anderen Liebe aber, die da einsetzt als Kampf und Spiel – hat der altruistische Willen eine größere Leistung zu vollbringen. Wenn unter solchen Umständen einer dem anderen sich hinbieten will, so hat er als ersten nur durch Altruismus zu überwindenden Widerstand – die Natur, die Art des anderen als ein Fremdes, ihm nicht durchaus Gemäßes vor sich. Nur die Versenkung in diese andere »Art«, nur die bewußte Hintansetzung der Forderungen der eigenen Natur ermöglicht da ein gemeinsames Glück. So wird das »Spiel«, von Edlen gehandhabt, zum Erzieher zur Güte, Nachsicht, Demut.

---

3. Das Dämonium der Liebe

Ihre Phänomene in der Wahl – »Liebeswellen?« – Reizbiologie – Der Eros der Diotima – Das Dämonium in den Symbolen des Sommernachtstraumes – Der Siegfried-Brunhild-Mythos – Aspira – Das Weib als Zerstörerin – Seine Rolle in der Literatur – Ersatz des Dämons durch ein neues Liebesideal.

Bei vielen wilden Völkern ist die Liebe im Sinne von Gemütshinneigung nur zwischen Blutsverwandten, aber kaum zwischen Mann und Weib bekannt. So soll zum Beispiel auf der Insel Ponopé (nach Finsch) wohl die Paarung und die Ehe, nicht aber die »Liebe« ein bekannter Zustand sein. »Auf der Insel Ponopé« – ein Motiv für Lyriker!

Was ist uns die Liebe? Es gibt eine Art der Entscheidung in der Sexualwahl, die man nicht nur Liebe, sondern Ehe auf den ersten Blick nennen könnte. Das Wesen der Freundschaft können wir ermessen, es wurzelt in der Zuneigung der Gesinnungen, aber die Magie der Liebe ist durch keinerlei Vernunftgründe erklärbar. Ein Mann sieht eine Frau auf der Straße: das wird meine Frau. Ein junger hochgebildeter Mensch, reich, von Adel, in akademischer Laufbahn, verlobt sich mit einer dicken Köchin, heiratet sie und verläßt sie nie mehr. Wir sehen Familien, deren Mitglieder eigentlich lauter Minderwertige sind, jedes von ihnen weist deutlich wahrnehmbare psychische und körperliche Defekte auf, und dennoch sehen wir, daß jedes einzelne Mitglied dieser Familien »Glück« in der wichtigsten Angelegenheit des Lebens hat, in Liebe und Ehe. Wir sehen eine andere Familie, die aus gutgearteten, begabten und liebenswerten Menschen besteht, von denen samt und sonders nicht ein einziger »Glück« in diesem Punkte hat. Das Auftreten solcher Phänomene, nicht nur beim einzelnen Individuum, sondern eben in blutsverwandten Gruppen, deutet darauf hin, daß die Anziehung der Liebe, die Fähigkeit zum »Glück in der Liebe« auf Zuständen beruht, die aus ebenso unerkennbaren Kräften kommen, wie etwa Elektrizität und Magnetismus. Wir sehen nur eine Wirkung, ohne die Ursache analysieren zu können. Die Annahme liegt nahe, daß es sich bei den Vorgängen der Liebe um eine Komplementierung handelt, die zwar als »seelisch« empfunden wird, deren physiologisch-organische Seite aber nicht übersehen werden darf. Vielleicht sind es die chemisch-physiologischen Bestandteile des Blutes und des Gefäßsystems (aus denen die Phänomene des Temperamentes kommen), vielleicht der Bau des seelisch-physischen Gewebes, auf den es bei diesen geheimnisvollen Anziehungen ankommt. Man vermutet, daß das geschlechtliche Zentrum seinen Sitz im Gehirn hat – aber was ist damit gesagt? Die Rätsel der Liebe haben noch vielen Aufschluß von der Reizphysiologie zu erwarten. Vielleicht wird die Wissenschaft kommender Zeiten Liebeswellen finden, wie sie Ätherwellen fand. »Schwingungen« beobachten, die sich als Liebe entladen, ein Fluid, eine Kraft, ein Element vielleicht, das von Mensch zu Mensch geht und »wirkt«. (Wirken heißt immer verändern, nach philosophischer Definition.) Wirkt auf das Auge zuerst, von da in den Gedanken übergeht, und von da den Nerven sich mitteilt, von da ins Blut strömt, dann den Weg nimmt, der zur Schaffung eines Neuen dient und wiederkehrt aus der Dunkelheit des Mutterleibes als ein neuer Mensch.[22]

Das Unerklärliche, das Dämonium der Liebe, haben die Menschen immer mit Furcht und Ehrfurcht empfunden. Jedes Volk hat seine Fabeln von Liebestränken und Liebeszaubern, und in dem großen Gespräch über die Liebe, das in Platons Gastmahl geführt ist, ist es schließlich Diotima, die Priesterin, deren Deutung des Eros anerkannt wird: »Eros ist kein Gott, er ist ein Dämon.« Das unfaßbare, unerklärbare, kaum beschreibliche, gleichzeitig heroische und verräterische Dämonium der Liebe hat in den Riesengestalten zweier Dichtungen seine deutlichste Verbildlichung gefunden. In der einen Dichtung ist es das Groteske des Liebesspukes, in der anderen die Tragödie des Verrates, die zum Stoffe wurde. In Shakespeares »Sommernachtstraum« jagen einander die Paare wie toll. Die sich eben noch liebten, beschimpfen einander in der nächsten Minute, da Kobolde und Elfen sie nasgeführt. Das Mädchen, vor dem er eben noch entlaufen, begehrt der Jüngling stürmisch – da Puck ihm den Saft eines Kräutleins auf die Lider gesprengt. So begrenzt der Wald, der Sommernachtswald dieses Traumes ist, so unmöglich ist es doch, daß die Liebenden einander darin finden, solange Kobolde, Elfen und Pucke mit ihnen ihr Spiel treiben. Ein Stein liegt auf dem Wege, wie ein Hügel von Moos – ein Elfer ist's, Puck selbst, der, zusammengerollt, alle, die dieses Weges müssen, straucheln macht! Und nicht eher kann die Verwirrung, Betörung, Verhexung sich lösen, als bis die Dämonen versöhnt sind, bis es den Schatten gefällt.

Ein Symbol des Dämoniums der Liebe hat auch Kurt Laßwitz in seinem Buch »Aspira«, Roman einer Wolke, geschaffen. Die Seele der Wolke Aspira verbindet sich mit einer Frauenseele und macht sie zur »Liebe«, zur richtigen Menschenliebe unfähig. Erst als Aspira sich wieder herausrettet aus der dumpfen Enge der Menschlichkeit in ihre selig-freien Höhen, kann Vera – der Philosophie Doktorin, Naturforscherin und Braut eines jungen Gelehrten – wieder lieben.

Die andere Dichtung der Weltliteratur, in der das Symbol zu übermenschlicher Größe wuchs, ist die Tragödie: Siegfried und Brünhild. Der ihr die Brünne erbricht, zu der er durch Feuer gefahren, dem sie einzig erwachen durfte, der sich ihr heilig vermählt, Siegfried, das Leben der Erde, der lächelnde, furchtlose Held – er bricht die Treue, bricht die Liebe. Er betritt die Halle am Rhein, und ein magischer Trunk wird ihm gereicht.

> »Willkommen, Gast,
> in Gibichs Haus!
> Seine Tochter reicht dir den Trank.«

Brünhilde trinkt er den Trunk, aber da er ihn absetzt – hat er Brünhilde vergessen. Mit Wunderkünsten hat ihn ein anderes Weib gebunden. Dunkel nur dämmert es noch in ihm:

> »Auf Felsen hoch ihr Sitz;
> ein Feuer umbrennt den Saal«...?
> – – – – – – – –
> »Nur wer das Feuer durchbricht«...?
> – – – – – – – –
> »– darf Brünhildes Freier sein.«

Vergessen hat er, vergessen, was sich dort begab! Um Gudrune zu erringen, hat er Brünhilde nicht nur vergessen, nein, er durchstürmt noch einmal das Feuer, raubt ihr den Ring, den er ihr gegeben – und zwingt sie in die Arme eines andern. Was ist geschehen? Der dämonische Trank, den ihm Gudrune reichte – nur ein Symbol ist's für das Walten der dunkelsten Magie, deren Opfer und Sklave jeder Mann werden kann.

> »Echter als er
> schwur keiner Eide;
> treuer als er
> hielt keiner Verträge;
> lautrer als er
> liebte kein andrer;
> und doch alle Eide,
> die Verträge,
> alle treueste Liebe –
> trog keiner wie er!«

Liebe als Dauergefühl ist dort möglich, wo Menschen imstande sind, eine dauernde Gegenwart füreinander zu sein, immer wieder durch ihr Sein aufeinander zu wirken, nicht aber als Resultat eines vergangenen Impulses. Denn wie keine Begeisterung, so ist auch die Verzückung der Liebesleidenschaft »keine Ware, die sich einpökeln läßt auf viele Jahre«. Auch die Biologie versucht es, Erklärungen für das Phänomen der Anziehung beim Menschen und in der höheren

Tierwelt immer wieder zu suchen. Man hat beobachtet, daß Ähnlichkeit überaus oft als starke sexuelle Anziehung wirkt. In diesem Vorgang könnte ein zwiefacher Wille der Natur sich kundgeben. Der erste wäre der, eine Verdeutlichung einer bestimmten Varietät herbeizuführen, ausgeprägte Charaktere entstehen zu lassen. Der zweite aber wäre ein Wille zur Vernichtung, zur Ausjätung eines bestimmten Types. Denn die Nachkommen, die aus allzu ähnlichen Keimzellen hervorgehen, weisen zumeist einen Mangel an Lebenskraft auf. Ohne Zweifel geht das Ähnlichwerden der beiderseitigen Keimplasmen mit einer Verminderung ihrer biologischen Energie Hand in Hand[23]. Daher das Verbot des Inzestes in allen Religionen und Moralen, und der Tod des Übertreters dieses Verbotes hat bei jedem Volk seinen Mythos gefunden. Nur die höchstdenkbare Vollkommenheit darf Inzucht begehen – aus Siegmunds und Sieglindes Inzest wird der herrlichste Held, aber nur Wälsungen-Geschwister dürfen sich vermählen. – Gerade dieser inzestartige Begattungstrieb besonders auf Grund auffälliger psychologischer Ähnlichkeiten ist bei dem krankhaften Zustande der Heutigen am Werk. Besonders beim Mann. Vollkommen gleich muß »sie« empfinden in jeder Schwingung ihrer Seele, um ihn zu befriedigen. Eine befremdliche Stumpfheit für den Reiz einer anderen Eigenart ist sehr oft zu beobachten, nur immer die Bestätigung des eigenen Ichs wird zärtelnd geliebt.

Auch das Extreme, Unähnliche zieht sich manchmal in ebenso unerklärlicher Weise an. Außerdem stehen wir aber nicht nur unter dem Einfluß der Artimpulse, sondern auch unter dem der durch die Kultur erworbenen Reize, so daß die Lösung des Problems der Anziehung immer schwieriger wird.

Die Angst vor dem Dämon der Liebe ist besonders dem Manne eigen. Immer hat er im Weibe den »Dämon« gefürchtet. Dieser Dämon verkörpert ihm die reine Idee der Zerstörung. Und wie zittert der Mann vor diesem Dämon, gerade weil er ihn lockt. Millionen Frauen werden die Beute von Abenteurern, Lügnern, Betrügern und Verführern. Hat aber das Weib jemals den Dämon Mann gefürchtet? Ihn nicht zu fürchten, sich ihm auszuliefern auf Tod und Leben, ist, so scheint es, ihre mystische Mission. Sie muß und will begattet werden, geschehe dann, was da wolle. Der Mann aber bebt, zittert, flüchtet vor der eigenen Begier.

Nur ein Mann konnte so viel Dämonie auf ein Frauenzimmerchen zusammentragen, wie Wedekind auf den Erdgeist Lulu. Seit jeher schwelgte die männliche Phantasie in der Gestaltung dieser Angst vor dem Erdgeist. Die kleine Jüdin in Grillparzers Drama muß zum Schlusse von der moralischen Weltordnung zerfleischt werden – denn der arme König Alphons ist ja von ihr »betört« worden. Dasselbe Motiv stützt das neue Hauptmannsche Drama »Kaiser Karls Geisel«. In jedem historischen und literarischen Bericht über irgendein »unerlaubtes« Liebespaar finden wir das Weib als die netzewebende gefährliche Spinne dargestellt. »Er geriet in die Netze der George Sand«, heißt es in der Biographie von Liszt. Arme schwache Männlein! – Wenn die Frau so viel Haß und Angst vor dem Manne bekundet hätte, wie umgekehrt der Mann vor der Frau, sie wäre zum Gespött geworden. Und doch lehrt die Erfahrung des täglichen Lebens, wieviel mehr Übel der Frau von dem Manne kommt, als ihm von ihr – schon deswegen, weil sie, die Frau, es ist, bei welcher durch das Unglück in der Liebe auch die Frucht mit zerschmettert wird, das Kind. Dennoch haben die Frauen niemals »gezittert« vor dem Dämon Eros, sondern sind ihm, im Gegenteil, mit ihrem prangendsten Lächeln entgegengegangen. Das gibt zu denken.

Erst das Christentum hat den »Dämon« Weib erschaffen. Das nazarenische Moment der »Furcht« vor dem Weibe wurde durch die christliche Mißhandlung der Sexualtriebe begünstigt. Der Dämon im Weibe wurde dann ein ästhetischer Wert, den der dekadente Mann sich züchtete, weil er ihn zur Aufpeitschung seiner erschlafften Sexualimpulse brauchte. Die »Sphinx mit der Tatze«, der »Dämon«, der »Erdgeist« mußten kommen, um ihn genußfähig zu machen. Alle Schauer des Übersinnlichen mußten seinem Unvermögen aufhelfen. Eine »dämonische« Griechin ist nicht denkbar, weil im tiefsten Grunde überflüssig. Griechenland hatte ja Helden! (Aspasia hat keine Spur vom Dämon.) Und wenn gerade Diotima, die griechische Priesterin, es ist, die den Eros einen Dämon nennt, so meint sie damit durchaus nicht den geheimnisvollen Zerstörungstrieb, den man im Weibe verkörpert zu sehen liebt, sondern sie will hinweisen auf die Mitwirkung der geschlechtlich-produktiven Mächte, auf die Kraft, die den Menschen aus den Fesseln seines individuell-empirischen Daseins heraushebt, die der »Mittler« ist zwischen Göttern und Menschen[24].

Auch dem alten Germanen in seiner ungebrochenen Kraft war der Dämon Weib nicht nötig. Aus den realen Bedürfnissen bilden sich die »idealen« Typen der Kunst und des Lebens. Schon in der Mona Lisa ist der Dämon zu spüren – trotz der Mütterlichkeit, die außerdem noch in ihr ist – trotzdem ist auch in ihr schon das ästhetische Dekadenten-Ideal der passiv anlockenden, kaltblütig verzehrenden und zerstörenden Macht der Sphinx. So manche »Sphinx« aber ist hohl wie ein Kinderspielzeug, wenn man sie aufklopft.

Was war und ist das Weib dem Manne? Genußobjekt, Märtyrerin, Dämon, Verhängnis oder auch soziale Notwendigkeit (Hausfrau). Neueren Datums auch noch etwas anderes: Mensch und Seele. Gerade die »interessante Frau«, die Undine aller Sagen, die der Moralphilister so gerne zur Abenteurerin stempelte und in deren jähen Gegensatz er die andere stellte, die, die am Herde waltet – sie, die Elementare, die der Mann nicht aufzulösen vermag und die er darum fürchtet, ist neuerdings auch fähig geworden, »das Haus zu teilen«. Undine wird nicht mehr zurückgeschleudert in das Grenzenlose, in das brandende Meer, in dem sie vergehen muß. Undine ist nicht nur die Zerstörerin, und die »am Herde« ist neuerdings nicht mehr die alleinige Hüterin der ehelichen Liebe. Das Nixlein wird heimgeholt! Ein wundervolles Gedicht gestaltet die Tragödie der »dämonischen« Weiblichkeit:

Novelle

Im Schloß ist Hochzeit, und der Lichterschein
Glüht durch die Fenster in den Wald hinein,
Und hebt der Tanz der Violinen an,
So musiziert das Echo auch im Tann.

Das Waldprinzeßlein schlängelt sich bis hart
Zum Rand der Stämme hin und lauscht und starrt,
Mit Tränen füllt der Glanz sein Augenpaar,
Verzweiflung löst sein märchenwildes Haar.

Der Markgraf tritt mit seinem Jung-Gemahl
Auf den Balkon. Als rief' ihm tief im Tal
Mit wunder, kranker Klagestimme wer,
So wird sein Herz auf einmal bang und schwer.

Die Markgräfin, die noch sein Arm umfängt,
Sieht, wie sein Blick verwirrt im Dunkel hängt.
Sie flüstert nur in ungewisser Qual:

»Die Abendluft weht kühl, komm in den Saal!«

(Camill Hoffmann)

Ein neues Kulturideal läßt die Markgräfin nicht mehr ausschließlich den Platz der Legitimität behaupten und läßt das Nixlein nicht mehr als die verjagte Zerstörerin erscheinen. Man hört endlich auf, das heiße, leidenschaftliche, elementare Weib schlechtweg als »Dämon« zu betrachten. Man heiratet zuweilen das Waldprinzeßlein. Ernst Schur[25] nennt diese Konstruktion des Bildes vom dämonischen Weibe als Zerstörerin – »romantische Unfähigkeit, ein modernes Lebensideal neu zu formen.... Mann und Weib sind Teilkräfte der einen Kraft, der Weltgeist spielt sie nicht gegeneinander aus, sondern läßt sie nebeneinander wirken.... Das Weib ist weder Spielzeug noch Zerstörerin, es ist Mensch.... Neben die romantische Erotik, die von den Künstlern und Dichtern der Gegenwart gepflegt wird, deren Einseitigkeit und Monotonie wir bedauernd empfinden, tritt dann eine neue Erotik, die von den Künstlern und Dichtern der Zukunft dargestellt werden wird: das erotische Erleben reifer, gleichwertiger Menschen, das sich... zu einem Menschheitsproblem von ganz neuer und eigener Bedeutung vertieft und erweitert.«

Hoffen wir auf Erfüllung dieser Voraussage. Richtige Menschenfrauen sollen das Literaturideal und auch das Lebensideal der kommenden Dichter werden. Volle, starke, elementare und doch nicht zerstörende Naturen werden es sein. Der Dämonen, Sphinxe, Erdgeister oder, im Gegensatz zu ihnen, der in Hingebung zerfließenden Kätchen und Gretchen ist man müde geworden, man wird es lernen, dem Weibe nicht nur zwei Möglichkeiten im Leben sowohl wie in der Dichtung zu errichten, nämlich die, Zerstörerin zu sein oder Zerstörte. Man wird es lernen, selbst dem Dämonium Heimstätten zu errichten, in denen sein Trieb zur Verheerung aufgelöst wird und nur die Macht zur Liebe erhalten bleibt. Das Nixlein wird nicht mehr in den Wald, Undine nicht mehr in das Meer zurückgejagt. Die Literatur, die vorbildlich und formenbildend auf das Leben wirkt (voraus wirkt), wird eingedenk eines neuen elementaren und dennoch durchaus lebensfördernden Frauentypes, der schon da ist und noch deutlicher werden wird, es lernen müssen, den Erdgeist seiner gefährlichsten Requisiten zu entkleiden und ihm die bauende Kraft des Weibes zuzugestehen. Ein neues Liebesideal wird in der Dichtung erstehen müssen, da weder das dämonisch zerstörende noch das sanft am Herde waltende dem Leben entspricht. Die nordischen Dichter, vor allem Ibsen, haben den Anfang gemacht; in zarten Silhouetten, die noch nicht Trägerinnen der Hauptrolle sind, haben sie dieses kommende Liebesideal der neuen Mannessehnsucht angedeutet. Die Petra im »Volksfeind,« die Lona Hessel in »Stützen der Gesellschaft« das sind die Andeutungen einer ersten Ahnung einer neuen Weiblichkeit, die in ihrem Wirken elementar und doch nicht zerstörend ist, sondern führend, rettend, reinigend. Denn auch dieses ist das Dämonium der Liebe, diese rettende Erlösung, dieser große Umschwung, dieser neue Aufbau der krank gewordenen Seele; dieses das wahre »Mittlertum« des Dämons. Und dieses Dämonium wird sich im Leben sowohl wie in der Kunst seine Gestalten erschaffen.

4. Der Liebeshaß

Der »Kampf« der Geschlechter – Was will dieser Kampf? – Der Erbfluch – Das Drama des Liebeshasses: Penthesilea – Statt Liebeshaß Liebeskunst? – Resignation der universalen Sehnsucht.

Was bedeutet das Wort der Heiligen Schrift: »Und Feindschaft soll sein zwischen dir und dem Weibe?« Diese Feindschaft ist in der Paradieseserzählung freilich zwischen Weib und Schlange gesetzt und nicht zwischen Weib und Mann. Der Schlangendämon aber ist nur der Mittler des Geschlechtsaktes, daher der Erbfluch die trifft, die ihn vollführen. Mann und Weib sollen verbunden sein durch Vorgänge der tiefsten Liebe und dennoch Feindschaft zwischen ihnen? Was bedeutet dieser Kampf, der in der Natur tobt zwischen Männlichem und Weiblichem? Hassend sich begehren, liebend sich zerreißen – es ist der Erbfluch der Erbsünde. Was will dieser Kampf der Geschlechter, und welches ist der Sieg, um den es sich handelt? Sieg und Niederlage, hier sind sie eines; indem der eine im anderen vergeht, hat er gesiegt, hat die Liebe den Erbhaß bezwungen. Und bei aller lebenden Kreatur dasselbe kämpfende Werbespiel: mit allen Mitteln anlocken, werben, verführen, fliehen und fesseln, sich sträubend ergeben und in der Ergebenheit noch sich aufrecken. Die zwei mächtigsten Triebe der Kreatur – in den Vorgängen des Geschlechts sind sie im Widerstreit: der eine treibt alle Kreatur dazu, sich einer anderen zu ergeben, bedingungslos, und je mehr sie sich vergehen fühlt, desto näher ist sie der Seligkeit; der andere, das ist das Ichgefühl, der Trieb der Selbstbehauptung, der Erhaltung der Form des eigenen Ich. Neben der Liebe liegt immer ganz nahe, sprungbereit, der Haß. Er ist die reine Verneinung der Liebe. Er ist so fürchterlich, wie die reine Bejahung der Liebe, die Liebesliebe, das Vergehenwollen im andern, selig ist. Er entwickelt sich aus bösen Gefühlen. Böse Gefühle entstehen aber so wenig direkt wie giftige Gase. Sie »entwickeln« sich aus dem Zusammentreffen verschiedener Faktoren, und nirgends leichter als gerade in der Liebe. Die Schrecken des Danteschen Höllenrachens sind nicht größer als die, die aus der Besessenheit der Liebe entspringen. Die große Literatur hat dieses Phänomen immer erfaßt, sie hat immer mit dem Haß, mit dem Wilden, Dumpfen und Bangen gerechnet, das neben der Liebe liegt, in ihr liegt, während die Literatur, die auf der sexuellen Lüge basiert, diese Nachbarschaft und ihre Gefahr immer verleugnet hat. »Wo aber die Liebe aufhört, fängt der Haß an.« So Tolstoi. »Wir haben alles versucht, aber die Schraube ist überdreht ... dann überlegte sie sich ... wie schmerzlich sie ihn zu gleicher Zeit liebte und haßte und wie angstvoll ihr Herz schlug«[26]. Gleich neben der Liebe liegt der Haß, nichts anderes kann da sein, wenn Liebe sich verraten fühlt. Das Unerhörte ist geschehen: ein ganzes Eigen-Ich hat sich gegeben – und wurde verraten. Wo man sich zutiefst verbunden glaubte, ist im andern alles leer geblieben, vergessen wurde, was dem eigenen Ich in die Ewigkeit unauslöschlich eingegraben schien. Das letzte heilige Opfer, die letzte Entschleierung der eigenen Seele, die Eröffnung des letzten Tempelinneren – dem anderen war es nur ein Schaustück gewesen und nicht ein Kult. Und der Haß erhebt sich aus der Liebe, und die Leidenschaften erwachen wie heulende Hunde. Es ist die tägliche Tragödie der Geschlechter. Ein Riesensymbol dieses Vorganges hat ein Dichter erschaffen. Auf der Erde steht es und reicht doch bis an die Sterne. Das Drama des Geschlechtskampfes, des Liebeshasses hat uns Kleist gegeben. Es ist die Tragödie an sich – weil sie das unausweichlich Tragische darstellt – es ist die Tragödie, deren Notwendigkeit unentrinnbar ist. Wir besitzen sie in Kleists »Penthesilea«. Schon die Voraussetzung ist tragisch: das Weib muß sich den Mann überwinden im Kampfe, um ihn bekränzen zu dürfen. Als Träger des Dramas sind die größten Typen der Gattung genommen. Der Heros Achill und die Amazone Penthesilea stehen einander gegenüber, »schmettern wie zwei Sterne aufeinander ein«. Sie muß ihn besiegen, soll sie ihm folgen dürfen zum »Rosenfest«. »Seht, wie sie in dem goldenen Kriegsschmuck funkelnd, voll Kampflust ihm entgegen tanzt.« Der Kampf tobt – das Drama der Geschlechtsvorgänge setzt ein. Der Heros siegt, nicht die Amazone. Aber in holdem Betrug, in seligem Ergeben, läßt er sie glauben, sie hätte ihn in den Staub gestreckt:

> »Ich ward entwaffnet;
> Man führte mich zu deinen Füßen her.«

Höhepunkt der Liebesliebe: er, der der Besiegte sein will – sie, die ihr Amazonentum verleugnet, als seine Gefangene weggeführt zu werden begehrt. Dann gleich darauf: das Eingreifen der »Dämonen«, das Mißverständnis. Der Pelide hört, daß sie, um sein zu werden, ihn in Wahrheit niederstrecken muß und schickt ihr – die ihm ihre Liebe schon gestand – die Forderung zum Zweikampf. Zum Schein soll es sein, leicht bewaffnet will er ihr entgegentreten, bereit sich strecken zu lassen. (Die Geschlechter beginnen mit dem Kampf zu spielen!) Sie hört – und faßt es nicht. Sie glaubt sich verraten, verhöhnt von ihm.

> »Der mich zu schwach weiß, sich mit ihm zu messen,
> Der ruft zum Kampf mich, Prothoe, ins Feld?«

(Hier der Liebeszweifel, schon rührt sich der Haß.) So war das Allerheiligste vergebens erschlossen worden?

> »Was ich ihm zugeflüstert, hat sein Ohr
> Mit der Musik der Rede bloß getroffen?
> Des Tempels unter Wipfeln denkt er nicht,
> Ein steinern Bild hat meine Hand bekränzt?«

In dieses steinerne Bild hätte sie ihre lebende Seele verströmt? Ihr großes Frauenherz hingegeben, ihm zum Schauspiel bloß? Die grenzenlose Zärtlichkeit, das süßeste Geständnis, das in hohen Rhythmen ihrer Seele, ihrer Stimme entströmte – »hat ihn mit der Musik der Rede bloß getroffen?« Und nun, nun erwacht der, der neben der Liebe liegt, der Haß. Die Tragödie rast und der Haß des Geschlechts, schrecklich wie Ares selbst, sprengt heran.

> »Nun denn,
> So ward die Kraft mir jetzo, ihm zu stehen:
> So soll er in den Staub herab, und wenn
> Lapithen und Giganten ihn beschützen!«

Die Leidenschaften, die der eigenen Brust, werden zum Mitkampf aufgerufen, ihn zu fällen. In dem Symbol einer heulenden Hundemeute hat sie der Dichter verkörpert.

Penthesilea (sich zu den Hunden wendend):

> »Auf, Tigris, jetzt, dich braucht' ich! auf, Leäne!
> Auf mit der Zoddelmähne, du, Melampus!
> Auf, Akle, die den Fuchs erhascht, auf, Sphinx,
> Und der die Hirschkuh übereilt, Alektor,
> Auf, Oxus, der den Eber niederreißt,
> Und der dem Leuen nicht erbebt, Hyrkaon!«
> – – – – – – – – – – – – – – – – –

(Penthesilea kniet nieder mit allen Zeichen des Wahnsinns, während die Hunde ein gräßliches Geheul anstimmen.)

>Dich, Ares, ruf' ich jetzt, dich Schrecklichen,
Dich, meines Hauses hohen Gründer, an!
Oh! – – deinen erznen Wagen mir herab!
Wo du der alten Städte Mauern und auch Tore
Zermalmst, Vertilgergott, gekeilt in Straßen,
Der Menschen Reihen jetzt auch niedertrittst;
Oh! – – deinen erznen Wagen mir herab!
Daß ich den Fuß in seine Muschel setze,
Die Zügel greife, durch die Felder rolle,
Und wie ein Donnerkeil aus Wetterwolken,
Auf dieses Griechen Scheitel niederfalle!«

So rast jedes Weib, das Großes zu vergeben hatte – ein großes stolzes Amazonenherz – und
es hingab und sich verraten glaubt. So rast die Wut des Geschlechtes.

Dann aber er. Sein holder Glaube – der tragische Gegensatz. (Die Tücke der Dämonen, die
die Sprache der Geschlechter im Kampf um einander verwirren, so daß sie einander nicht mehr
verstehen können.)

>Beim wolkenrüttelnden Kroniden,
Sie tut mir nichts, sag' ich! Eh' wird ihr Arm
Im Zweikampf gegen ihren Busen wüten,
Und rufen: »Sieg!« wenn er von Herzblut trieft,
Als wider mich!«

Er will ihr fallen, denn er will »den Tempel der Diana sehen«. Noch als er von den Hunden
und Elefanten hört, die sie begleiten, die ihm entgegenzieht, ist sein Glaube unerschüttert.

>Inzwischen schritt die Königin heran,
Die Doggen hinter ihr, Gebirg und Wald
Hochher, gleich einem Jäger, überschauend;
Und da er eben, die Gezweige öffnend,
Zu ihren Füßen niedersinken will:
Ha! sein Geweih verrät den Hirsch, ruft sie,
Und spannt mit Kraft der Rasenden sogleich
Den Bogen an, daß sich die Enden küssen,
Und hebt den Bogen auf und zielt und schießt,
Und jagt den Pfeil ihm durch den Hals; er stürzt:
Ein Siegesschrei schallt roh im Volk empor.
Jetzt gleichwohl lebt der Ärmste noch der Menschen,
Den Pfeil, den weit vorragenden, im Nacken,
Hebt er sich röchelnd auf, und überschlägt sich,
Und hebt sich wiederum und will entfliehn;
Doch, hetz! schon ruft sie: Tigris! hetz, Leäne!
Und stürzt – stürzt mit der ganzen Meute, o Diana!
Sich über ihn, und reißt – reißt ihn beim Helmbusch,
Gleich einer Hündin, Hunden beigesellt,
Der greift die Brust ihm, dieser greift den Nacken,
Daß von dem Fall der Boden bebt, ihn nieder!
Er, in dem Purpur seines Bluts sich wälzend,
Rührt ihre sanfte Wange an und ruft:
›Penthesilea! Meine Braut! was tust du?
Ist dies das Rosenfest, das du versprachst?‹
Doch sie – die Löwin hätte ihn gehört,

Die hungrige, die wild nach Raub umher
Auf öden Schneegefilden heulend treibt –
Sie schlägt, die Rüstung ihm vom Leibe reißend,
Den Zahn schlägt sie in seine weiße Brust,
Sie und die Hunde, die wetteifernden,
Oxus und Sphinx den Zahn in seine rechte,
In seine linke sie; als ich erschien,
Troff Blut von Mund und Händen ihr herab.«

Und um das Rasen der Dämonen im Geschlechtskampf, im Liebeshaß noch deutlicher zu machen, läßt der Dichter gerade an dieser Stelle die Beschreibung der Weiblichkeit Penthesileas folgen.

»Sie war wie von der Nachtigall geboren,
Die um den Tempel der Diana wohnt.
Gewiegt im Eichenwipfel saß sie da,
Und flötete und schmetterte und flötete
Die stille Nacht durch, daß der Wandrer horchte,
Und fern die Brust ihm von Gefühlen schwoll.«

Sie ist im Wahnsinn, als sie die Tat begeht. Sie weiß so wenig, was sie getan hat, daß sie vermeint, ihn nur »besiegt« zu haben – um ihm zur Hochzeit folgen zu dürfen. Selig träumt sie, daß sie sich den Peliden »überwand«.

Warum sie ihn zerreißt, zerfleischt mit ihren eigenen Zähnen? Man hat es nicht begriffen. Man hat den Genius Kleists geschmäht um dieses schrecklichen Symboles willen, und doch ist ihm in diesem Symbol die tiefste, letzte Offenbarung vom Wesen dieses »Kampfes« geworden. »Küßt' ich ihn tot?« stößt die Jammervolle aus, als sie erfährt, was sie, sie selbst »in der Verwirrung ihrer wilden Sinne« getan.

»Nicht? küßt' ich nicht? zerrissen wirklich? sprecht!
— — — — — — — — — — — — — — — — — — —
– So war es ein Versehen. Küsse, Bisse,
Das reimt sich, und wer recht von Herzen liebt,
Kann schon das eine für das andre greifen.
— — — — — — — — — — — — — — — — — — —

— — — — — — — — — — — — — — — — — — —
Doch jetzt sag' ich dir deutlich, wie ich's meinte:
Dies, du Geliebter, war's, und weiter nichts.« (Sie küßt ihn)

Dann noch das letzte, was geschehen muß.

»Denn jetzt steig' ich in meinen Busen nieder,
Gleich einem Schacht, und grabe, kalt wie Erz
Mir ein vernichtendes Gefühl hervor.
Dies Erz, dies läutr' ich in der Glut des Jammers,
Hart mir zu Stahl; tränk' es mit Gift sodann,
Heißätzendem, der Reue, durch und durch;
Trag' es der Hoffnung ew'gem Amboß zu,
Und schärf' und spitz' es mir zu einem Dolch;
Und diesem Dolch jetzt reich' ich meine Brust:
So! So! So! So! Und wieder! – Nun ist's gut.«

(Sie fällt und stirbt)

»Sie sank, weil sie zu stolz und kräftig blühte.
Die abgestorbene Eiche steht im Sturm,
Doch die gesunde stürzt er schmetternd nieder,
Weil er in ihre Krone greifen kann.«

Das ist es, was geschieht, wenn die Liebe sich verraten glaubt, die Liebe solcher, »die stolz und kräftig blühten«. Das ist der Liebeshaß und das Drama des Heros und der Amazone sein unvergängliches Symbol.

Gibt es Wege, die von der getäuschten Liebe nicht zum Haß, sondern – zur Freundschaft führen? Heißt es nicht noch den Leichnam der Liebe schänden, wenn man sie Freundschaft nennt?

Nur wenn nichts Schmähliches, von keiner Seite, wenn kein Verrat begangen wurde, keiner der beiden sich mißhandelt fühlte, nur wenn äußere Mächte die Erfüllung der Liebe hinderten, ist es denkbar, und mit hohem Kulturgefühl kann es geschehen. Wir haben Beispiele in Lebensgeschichten großer Menschen, die das Tragische des Elementaren mit kunstvoller Hand bändigten und in lebensfreundliche Formen zwangen. Sie retteten ihr menschliches Verhältnis zu einer geliebten Person, indem sie es zur »Freundschaft« gestalteten und der Liebe entsagten. Richard Wagner und Mathilde, Goethe und die Stein, Lenau und Sophie Löwenthal, Jeanette Strauß und Börne und in gewisser Weise auch Grillparzer und Kathi Fröhlich haben es vermocht. Freilich gehört zu einer solchen Führung des Verhältnisses eine tief bewußte Verbundenheit der Beteiligten, und besonders die hingebende Liebeskraft des Mannes, die, auch von erotischen Impulsen unabhängig, die Seelenzärtlichkeit für das betreffende Weib niemals preisgibt. Endlich gehört dazu eine äußere Situation, die ein solches Verhältnis ermöglicht. Und vor allem scheint es notwendig, daß, um einen Mann zu bestimmen, ein solches Verhältnis bewußt auf sich zu nehmen, er das betreffende Weib brauche. Zu irgend etwas brauche. Jede Beziehung ist in dem Augenblick zu Ende, wo der Mann die Frau nicht »braucht«.

Alle diese Konstellationen zusammen können eine Liebe, die entsagen muß, vor dem Haß retten und sie in Freundschaft wandeln, und es wird vielleicht eine hochentwickelte Kunst, eine neue »Kunst zu lieben«, künftiger Generationen sein, aus jeder Beziehung das herauszuholen, was sie Gutes zu bieten hat, und nichts anderes von ihr zu wollen als eben nur das. Es wird dies nicht mehr und nicht weniger bedeuten, als aus seiner tiefsten Resignation noch einen blühenden Garten zu machen und dort, wo man mit seiner großen Sehnsucht zurücktrat, nicht der Verzweiflung und dem Hasse zuzufallen, sondern aus der Entsagung neues Gedeihen großzuziehen.

5. Liebesnot

»Herz am Rost« – Die »Kälte« des Zeitalters – Die grande amoureuse – Die pathologische und soziale Liebesnot – Gefühlsimpotenz – Ihre pathologischen Ursachen – Psychoneurose – Die Theorie des Professor Freud – Psychische Unzulänglichkeit zur Bewältigung der somatischen Sexualspannung – »Halbentjungferer« – Das Nacheinander der Liebe – Literatur der Liebe – Die Liebesdichtung der Zukunft – Der Liebeskult und sein Träger: der tauglich Geborene.

Ich habe einmal auf einer Münchener Speisekarte die Bezeichnung für ein Gericht gefunden, die mir den Zustand, mit dem wir uns jetzt zu beschäftigen haben, mit besonderer Prägnanz zu bezeichnen scheint. Dieses Gericht nannte sich »Herz am Rost«. Es gibt in der Tat keine Art von Leid, weder physisches noch seelisches, das mit dem Leid, das aus der Liebe, aus der unglücklichen Liebe erwächst, mit der Not durch Liebe, verglichen werden kann. Es ist die vollkommene Einbuße der inneren Freiheit, die über das also geschlagene Menschenkind verhängt ist. Es ist der Tod im Leben, der es umkrallt, es ist »die ungeheure Zone der Finsternis, des Schweigens und des Eises«, wie Maeterlinck den Zustand der tiefsten Verödung genannt hat. Und in Kälte, Nacht und Grauen glüht und zuckt und lebt nur eines: das Herz. Es ist das deutlich gefühlte Zentrum aller Qual, das richtige »Herz am Rost«. Und es ist begreiflich, daß man die Macht, die den Menschen so weit bringen kann, immer und zu allen Zeiten gefürchtet hat, so sehr man nach ihr glühte. Aber so wie es immer Naturen gegeben hat, die der »Gefahr« ausweichen, so gibt es andere, die, gerade weil die Liebe die Gefahr bedeutet, unwiderstehlich und unentrinnbar zu ihr gezogen werden.

»Ich hoffe, daß dein Blut ohne Fieber, daß deine Einbildungskraft ohne Visionen ist.« So sagte die Frau in Mathilde Seraos Roman »Nach der Verzeihung« zu dem Mann, als sie mit der Liebe »fertig sind«. Denn das ist es, was die Qual vertieft, was das Herz auf den Rost legt: die Visionen der Einbildungskraft. Und erst Vergessenheit gibt Frieden. Nicht umsonst hat die Sprache für den Begriff »verwinden, verzeihen« – »vergessen« als Homonym gesetzt. Erst der, der sagen kann: »Ich habe vergessen«, hat auch vergeben und verwunden.

Das natürliche Liebesleid wird aber vermehrt durch eine schier unnatürliche Not, die der Liebe, wie sie in unserer Zivilisation erlebt wird, eignet. Bei dem wilden Stamm der Minnetarie ist der folgende Gebrauch üblich, wenn zum Beispiel der Liebhaber nicht geneigt ist, die Wahl eines Mädchens (denn dort wählt die Frau) anzunehmen, »weil er vielleicht anderweitig schon gebunden ist«. Es wird uns berichtet, daß er in diesem Fall »seine Hand sanft in ihren Busen steckt, worauf das Mädchen zum Tanz zurückkehrt«. Wie ein tiefes Symbol erscheint mir dieser Vorgang, ein Symbol, recht geeignet, die Roheit, mit der sich innerhalb unserer Zivilisation die gefährlichen Vorgänge der Wahl und Ablehnung abspielen, ins Licht treten zu lassen. Aber diese Roheit kommt aus der Unfähigkeit, die Tiefe des Vorganges zu erfassen, und diese Unfähigkeit ist das Zeichen, das Stigma, unter dem wir stehen. »Gibt es heutzutage noch eine Gestalt in der Dichtung oder im Leben, deren Existenz in der Liebe wurzelt?« So fragt Faustina in dem Wassermannschen »Dialog von der Liebe«[27]. Und weiter: »Die Rahel hat es einmal als besondere Genialität Goethes gepriesen, daß er im ›Wilhelm Meister‹ die drei Frauen, die lieben können, Marie, Aurelie, Mignon, sterben läßt. Denn, sagt sie, es ist noch keine Anstalt für solche da.« In der Geschichte der Zivilisation hat es wohl Epochen gegeben, wo der Reichtum des Liebeslebens dicht zusammengedrängt schien. Die Renaissance war eine solche Epoche. Dann das achtzehnte Jahrhundert mit seiner Fähigkeit und seiner Neigung, den zartesten Vorgängen der Liebe nachzuspüren. Die Tagebücher, Memoiren und Briefwechsel aus dieser Zeit zeigen uns erst, in welcher Öde und Dürre wir leben. Die Gabe zur Liebe ist heute verhängnisvoll, besonders für die Frauen, »denn es ist noch keine Anstalt für solche da«. War die »grande amoureuse« in früheren Zeiten eine Frau, die die höchste Genialität des Weibes, die der Liebe, besaß, so ist die »grande amoureuse« von heute viel eher passiver Natur. Nicht selbst zu lieben, muß sie imstande sein, sondern geliebt zu werden, und je weniger sie befähigt ist, sich hinzugeben, sei es aus angeborener Anästhesie, sei es aus artistischem Raffinement, desto mehr wird sie Begier erregen, desto geliebter wird sie sein. Dieser Vorgang, den man immer wieder beobachten kann, ist aber ein deutliches Merkmal der Entartung. Wenn der Frau die Fähigkeit zu lieben, sich hinzugeben, abgezüchtet wird (durch die Auslese der weniger liebenden, der passiven Frauen), dann wird das einzige Gebiet, auf dem das Weib Genie entfalten kann, verschüttet. Nur diese Genialität des Herzens ist mit dem männlichen Genie des Geistes, wie es seine höchsten Höhen in einzelnen Typen erreichte, zu vergleichen. Auf diesem »Gebiete« kann die Frau Genie sein, ja selbst alles, was sie etwa in Kunst und Forschung zu leisten vermag, strömt aus diesem Genie des Herzens, von da kommen alle Ahnungen, von da sprießen Instinkte und Witterungen, fein verästelt, so daß sie ein einziger großer Magnet ist, der alle Geheimnisse des Kosmos schier unwiderstehlich an sich zieht. Die liebesgeniale Frau ist auch die alle Weisheit ahnende Frau, sie ist die Priesterin, sie ist die, der Offenbarungen werden. Wird sie »ausgejätet«, wie in unserer Epoche täglich zu beobachten ist, wo die Liebeskraft nicht ertragen wird, dann ist ein Vorgang der Herabminderung der Art im Gange. Armseligkeit an Liebesvermögen und Mangel an wahrer, unbegrenzter Freiheit des Geistes gehen denn heute auch meist Hand in Hand. Wie selten ist ein erotisch reizvoller Mensch zu finden, ein Mensch von ausgeglichener Sinnlichkeit und Geistigkeit. Wir sehen vielmehr Menschen, die entweder allzu roh oder allzu stumpf sind, entweder von tierischer Begierlichkeit oder von eunuchenhafter »Neutralität«. Für das Dämonium des Eros ist kein Nerv da, man ist unfähig, erotische Strömungen auf dem Grunde eines geistigen Kontaktes zu verspüren und zu erhalten. »Jamais je n'ai pas été aimé comme j'aime«, klagt Frau von Staël. Solche Frauen, die selbst lieben und liebend geboren sind, werden kaum jemals jemandes »Schicksal«, es müßte denn sein, daß sie dem Ebenbürtigen begegneten, dem gleich Liebesstarken, der das ganze volle Maß der Liebe eines Frauenherzens zu empfangen verträgt, ohne selbst zu versagen. Nur ein Beispiel eines solchen Verhältnisses, wo die Menschen sich nicht um einander krümmen und winden in Wellenlinien, die sich niemals ganz zu berühren vermögen, wo von beiden Seiten restloses Geben und restloses Nehmen gleichzeitig und ohne Ende vorhanden war, ist uns bekannt. Es ist das Verhältnis des Dichterpaares Elisabeth Barrett-Browning und Robert Browning. »Ich habe die Erinnerung, das Wesen, die Idee von dir so fest in mein Herz und Hirn gepreßt«, schreibt Browning an Elisabeth. Das ist es und gerade das! Und gerade das kann der Mann von heute zumeist nicht – er ist der Vergessende. »Ein steinern Bild ... bekränzt« zumeist die Liebe, »mit der Musik der Rede bloß« trifft ihn das Weben und Raunen der Zärtlichkeit, auf flüchtiger Platte bewahrt er zwar ein Bild, dessen Licht die Platte traf, aber nicht eingerissen ist das Bild, die Idee dieses Bildes – losgelöst von Zufälligkeiten, die es scheinbar entstellen, ihm aber unwesenhaft, weil seiner Idee nicht eingeboren, sind – in sein Hirn und Herz. Er vermag zu hören, zu sehen, zu beurteilen und auch zu lieben. Schauen aber muß man einen Menschen, nicht nur ihn sehen, ihn hören, ihn beurteilen nach seinen Taten und Nicht-Taten, nein, ihn ahnen, fühlen und schauen. Wie ein Magnet, der ins Leere wirkt, so steht heute so manche volle Weiblichkeit da. Bei aller Anziehungskraft, die dem Magneten eignet, wirkt er ja doch nur auf – Eisen. Auf Staub und Moder wirkt er nicht, nur auf Eisen. – »Eisen und Lieder«, das waren einst, in den Zeiten des Rittertums, die Requisiten des Mannes.

Aber die Fähigkeit zur Liebe ist nicht eine Frage des Willens, zumindest nicht des Willens, losgelöst von seinen somatischen Voraussetzungen. Wenn heute so viel Wirrnis, Jammer und Unzucht aus der Liebe entsteht, so ist es – weil diese somatischen Voraussetzungen fehlen. Die Gefühlsimpotenz der Heutigen, die mangelnde Fähigkeit, auf Reize zu reagieren, die »Liebesverdrossenheit«, es sind die Resultate einer verdorbenen, in ihrer Energienkraft geschwächten Materie, geschwächter Nervenresistenz, eines zermürbten seelischen Gewebes, eines unterbundenen Ausleseprozesses. Minderwertige Erbmassen schaffen die Disposition, die Geschlechtsmoral des Mannes mit ihrer Freiheit zu jeder Ausschweifung tut das ihrige, und der über alle

normalen Dimensionen gespannte Daseinskampf macht dann das Übel akut. Die Liebesunfähigkeit und -unlust des modernen Mannes hat ihr Korrelat in seiner mißleiteten Arbeitswut.
Er findet einen Zustand erträglich, ja für seine Gewissensruhe einzig möglich, der ihm keine
»Zeit« läßt, Mensch zu sein. Und gerade dadurch verrät er sein Epigonentum, denn die Helden
haben dazu immer »Zeit« gehabt. Aber von den heutigen Männern hat, wie es eine moderne
Schriftstellerin[28] genannt hat, fast jeder seine »Kanone«. Die Kanone, das ist seine zur fixen
Idee gewordene soziale Aufgabe. Alles dreht sich um seine Kanone, er muß sie putzen und
laden, und wenn es gilt, ihr Futter zu verschaffen, sich selbst vor ihre Mündung zu legen. Die
Kanone will bedient sein. So hoch der soziale Schaffensdrang des Mannes anzuschlagen ist,
so lächerlich wird der Anblick des ganzen Getriebes, wenn man sieht, daß er anders gewertet wird, denn als ein Mittel zum Zweck, zum Zweck immer vollkommenerer Menschlichkeit.
Und daß zur vollkommenen Menschlichkeit auch der liebreiche Kontakt der Geschlechter gehört, bedarf wohl keines Zweifels. Aspasia, bekränzt, im schillernden Saal, die Leier im Arm,
in einer Tischgesellschaft edler Männer – welch ein Bild! Heute würde sie vergeblich warten,
denn mit dem gemeinen Manne setzt sich Aspasia nicht zu Tisch, und der edlere hat keine
»Zeit«, mit Aspasia zu Abend zu speisen. Aber auch aus einem anderen Grunde wäre Aspasia
heute vereinsamt. Eine Aspasia wird niemals das »Schicksal« irgendeines Mannes. Sie kann nur
seine Erquickung und Freude sein (wenn er von guten Eltern ist), sein Glück und seine Liebe.
Sie kann, bevor sie diesem Einzigen begegnet, in den sie mündet, Erquickung und Erholung
für andere sein. Aber sie verkörpert keinen besonderen »Fetisch«, komplementiert nicht den
psychopathischen Partialbetrieb des heutigen Mannes, durch den ihm das betreffende Weib,
das diesen Partialtrieb befriedigt, zum »Schicksal« wird, denn sie ist eine synthetische, eine
vollständige und eine zärtlich-üppige, keine »passive« amoureuse, die, selbst anästhetisch, sich
nur lieben läßt. Darum sind heute keine Lebensbedingungen da für eine Aspasia. Sie wäre heute
unfehlbar »ein Magnet, der ins Leere wirkt«. Der Mann von heute will ein mystisch magisches
Schicksal am Weibe erleben, andernfalls vermag er nur zur Dirne eine Beziehung zu finden. Mit
Aspasia wüßte er »nichts anzufangen«, sie wäre für ihn nichts als ein »Unfall«, dessen Natur ihn
doppelt martern würde, weil er nicht wüßte, wie und wo ihn kategorisieren.

Die Unfähigkeit zur Liebe, zum frohen Zugreifen dort, wo Jugend, Schönheit, Güte die volle
Schale des Glücks bieten, die Abhängigkeiten von allen möglichen »Fetischen« (und nicht nur
physischen[29]), die vorhanden sein müssen, ehe es zum Genusse kommt – diese höchst besondere Zeiterscheinung ist pathologischer Natur; sie hat in einer Krankheit, die Professor Freud in
Wien Sexualneurose nennt (auch Psychoneurose oder sexuelle Zwangsneurose), ihren Grund.
Darum ist auch die normale sexuelle Betätigung kein Heilmittel, solange nicht die Vorstellung,
welche den Genuß daran hindert, beseitigt ist. »Die sexuelle Bedürftigkeit und Entbehrung,
das ist nur der eine Faktor, der beim Mechanismus der Neurose ins Spiel tritt; bestünde er
allein, so würde nicht Krankheit, sondern Ausschweifung die Folge sein. Der andere ebenso
unerläßliche Faktor, an den man allzu bereitwillig zu denken vergißt, ist dieSexualabneigung
der Neurotiker, ihre Unfähigkeit zum Lieben, jener psychische Zug, den ich »Verdrängung«
genannt habe. Erst aus dem Konflikt zwischen beiden Bestrebungen geht die neurotische Erkrankung hervor, und darum kann der Rat der sexuellen Betätigung bei den Psychoneurosen
eigentlich nur selten als guter Rat bezeichnet werden«[30]. An anderer Stelle nennt Freud diesen Zustand »den Konflikt zwischen Libido und Sexualverdrängung« und »die psychische Unzulänglichkeit zur Bewältigung der somatischen Sexualspannung«; das ist es, ganz genau das,
genau dieses Bild, dieses Krankheitsbild, wie wir jetzt wissen, welchem man heutigen Tages
so oft begegnen kann. »Die somatische Sexualspannung« bis zur Gier ist da, gleichzeitig aber
die psychische Unzulänglichkeit zu ihrer Bewältigung. Und man kann in dieser Riesengruppe
dieser psychisch unvermögenden Männer eigentlich nur zwei Untergruppen erkennen: solche,
die mit dem Stigma dieses Unvermögens geboren sind (und daher nimmermehr geheilt, das
ist in ihrer Sprache »entsühnt« werden können) und solche, die es in der steeple chase des
Daseinskampfes erworben haben. Besonders tragisch ist das Schicksal dieser ersten, der mit
dem Stigma Geborenen, mit der »Sünde« gezeichneten – denn »schuldig« Geborene können

nimmermehr entsühnt werden. Die anderen sind die, die durch günstige Lebensverhältnisse geheilt werden können, und Genesung heißt hier: Herstellung der Genußfähigkeit. Aus dieser Disposition, sei sie ererbt oder erworben, erklärt sich auch die heutigen Tages so typische und charakteristische »Furcht« vor dem Weibe. Aus der Erregung durch das Weib wächst ja der Konflikt, der das Wesen dieser Krankheit ist. Der Sexualtrieb wird durch das Weib erregt, aber die Vorstellung seiner Befriedigung ist mit Unlust und Abneigung gepaart. Meist wählt sich diese Furcht, diese Abneigung die Gestalt der Gewissensangst. Sünde, Reue, Scham sind für den also Behafteten die Begleiter des erotischen Verhältnisses. Und diese pathologische Disposition sucht sich beinahe immer auch ihr philosophisches Kleid, gewöhnlich im Anschluß an einen Zweig der Mystik, des Buddhismus, der christlich orphischen Lehre, der Neoromantik oder einer sonstigen Entsagungsphilosophie, die im Kampf mit der »Erbsünde« liegt.

Ein anderes Merkmal ist, nach Freud, auch die übertriebene »Gewissenhaftigkeit« sexueller Zwangsneurotiker. Sie gehen immer mit der ethischen Keule des Weges daher, immer als »Richter« ihrer selbst und anderer. »Sexualkrüppel« hat sie Professor Freud genannt. Ich habe an anderer Stelle, ohne damals noch die pathologische Erklärung des Vorganges zu kennen, von Halbentjungferern gesprochen: »Gibt es Halbjungfrauen, so gibt es auch Halbentjungferer. Die letzten Hemmnisse zwischen ich und du bringen sie nicht zum Fallen. Nicht vollständig werden sie mit ihrer Aufgabe fertig. Nicht gänzlich vermögen sie, sich des Weibes zu bemächtigen. Das Liebesverhältnis wird nicht komplett ›konsumiert‹. Die Präliminarien der Liebe und die ersten Präludien bewältigen sie, aber, was dann kommt, der schönste, aber auch der schwerste Teil, er bleibt ungenossen, unbewältigt, unkonsumiert. Physiologisch – da reicht es bis zur Orgie. Nicht solche Schwäche ist natürlich hier gemeint. Nein, nein, diese viel ärgere, diese Gefühlsimpotenz, die den Eintritt in die tiefsten Erlebnisse der Liebe den an ihr Leidenden für ewig verwehrt. Nur starke Menschen sind fähig, Liebesgefühle für ein anderes Geschöpf emporwachsen zu lassen, »aus der Tiefe zur Höhe«, sie durchzuhalten, sie zu behaupten.«

Jeder von diesen Halbentjungferern, von diesen sexuellen Zwangsneurotikern steht unter dem Einfluß von »Gespenstern«, ist deren direktes Produkt. Und was ein geistreicher Kritiker[31] gelegentlich einer Aufführung der Ibsenschen »Gespenster« vom Oswald sagt, das paßt auch auf jene: »Erregbar – jedoch (das ist es) tot im Innern. Die Seele wirklich vermoulue. Er lehnt sich an die Mutter: doch er ist nicht zärtlich. Er verlangt nach Regine: doch mit wie halbem Anteil!«

Solche Halbentjungferer, solche Sexualkrüppel sind heute in der Überzahl. Darum die Liebesnot so groß, darum immer wieder Jammer und Wirrsal, anstatt Befreiung aus dem Liebeserlebnis sich ergibt. Darum auch die Not der gesunden Frauen über alle Dimensionen wächst. Denn die Frauen sind noch gesund zum allergrößten Teil. Den Mann aber hat die »Freiheit« seiner Geschlechtsmoral und der übermäßige Daseinskampf in seiner Geschlechts- und Liebeskraft geschwächt. Nur aus einer anderen Geschlechtsmoral, aus wirtschaftlicher Entlastung und aus der grenzenlosen Opferfähigkeit des liebenden weiblichen Herzens kann ihm Erlösung kommen.

Was ist Liebe? Mitfreude, so nennt es Richard Wagner, der, gleich Goethe und Lenau, ein Heros, ein Starker der Liebe war. »Gott hat sich geirrt, als er aus uns zwei Seelen machte« – mit diesem wunderbaren Wort bezeichnet Maeterlinck[32] das Geheimnis. Aber noch näher kommt derselbe Dichter diesem Geheimnis mit einem anderen Wort: »So viel es für die Freundschaft und die Liebe bedeutet, so wenig bedeutet es für unsere instinktive Zuneigung, ob jemand gut oder böse ist, ob er Gutes oder Böses tut, wenn nur die geheime Kraft, die ihn beseelt, uns zusagt«[33]. – Diese geheime Kraft, die vielleicht nur ein einziger fühlen kann, dieses letzte »ens« der Seele ist es, das die Liebe ruft.

»Je edler die Natur,« schreibt Wagner an Mathilde, »desto schwieriger die Ergänzung zur Mitfreude, gelingt sie, dann aber auch das Höchste.« Liebe ist aber auch Entdeckerlust. Mehr und mehr von einer anderen Seele Besitz nehmen, über Funde jubeln und Vertraulichkeiten aufwachsen sehen mit tausendfachem Gezweige, Erntestation machen an jedem Punkt, wo die geheimen Triebkräfte des eigenen Wesens mit denen des anderen sich begegnen – das ist Liebe;

und sie ist unerschöpflich, wenn Tiefe und Fülle der beiden Naturen unerschöpflich sind, und sie verfliegt, wenn das frohe Liebesschiff auf Sandbänke stößt, die unter Wassergerinnsel sich verbergen.

Und weil dies geschieht und geschehen kann, darum ist auch ein Nacheinander in der Liebe denkbar. Kann man nur »einmal« lieben? »Und sprich, wie schwindet Liebe? – Die war's nicht, der's geschah.« Aber dieser Dichter hat unrecht. Denn das menschliche Herz ist nicht wie ein gemeines Brot, das sich vermindert, wenn man davon ißt. Es ist eher wie das Brot des Heilands, mit dem er speiste, die da hungrig waren. Aber nicht weil Hungrige da sind, wird und darf das Herz zum Brot werden für alle oder viele, sondern gerade weil Satte da sind, Allzusatte, die davon aßen und dann ihres Weges gingen. Um dieser Übersättigten willen darf das Brot, das wunderbare Brot der Liebe nicht in Nacht vergraben, nicht unter Verzweiflung verschüttet werden.

Das gesunde menschliche Herz kann immer wieder lieben, wenn es, einsam geworden, neuer Lebenshoffnung begegnet – und jedesmal »in die Tiefe lieben«, denn seine Kraft ist unermeßlich. »Man kann darauf schwören, daß Goethe die Frau von Stein zwar nicht heißer, aber bewußter, wertvoller, köstlicher geliebt hat, als das Gretchen, von dem er in ›Dichtung und Wahrheit‹ berichtet«[34]. Immer tiefer lieben, immer besser lieben, immer selbstloser lieben – das ist der Passionsweg jedes großen Herzens.

Es gibt Modeströmungen auch in geistigen Materien, welche formenbildend auf die Gesellschaft wirken. So kann durch die Literatur einer Nation die tändelnde und durch die einer anderen die erhabene Liebe förmlich gezüchtet werden. Eine von »Esprit« getragene Darstellung des Liebesproblems muß natürlich anders wirken als die Vorführung der Männer und Frauen eines Wagnerschen Dramas. Das Liebesproblem in der Literatur ist formenbildend für das Leben, wie jedes Problem der Literatur. Wenn das Problem den Charakteren der Wirklichkeit gemäß ist, so wird es von der Wirklichkeit ergriffen, und die Charaktere bilden sich ihm nach. Ich halte daher auch die Auffassung mancher kritischer Beobachter, als sei die Literatur ein Niederschlag schon bestehender Verhältnisse, für unrichtig. Die Literatur ist vielmehr ein Niederschlag kaum bestehender, aber langsam sich bildender Ahnungen, ein Vortrab der Vorstellungen, die im Werden begriffen sind. Und die Entwicklung zur Realität dieser Vorstellungen bildet sich großen Symbolen, die die Dichtung erschaffen hat – vorerschaffen hat – nach.

Das klassische Dichtwerk der hohen Liebeskunst steht noch aus. Noch gehört es der Zukunft; eine hohe Synthese wird es darzustellen haben. Es wird die Darstellung des mit hoher Bewußtheit seiner Gefahr angefaßten, behandelten und vorsätzlich geformten Liebeslebens bieten müssen. Nichts von der Buhlerei ovidischer Rezepte, nichts von der Geistreichelei französischer Auffassung der Liebe, nichts von dem klobig mörderischen »Ernst« der deutschen Sentimentalität, aber auch nicht die den Gestirnen verhängte Erdenfremdheit göttlichen und halbgöttlichen Liebens kann es sein, die uns Erdgeborenen erreichbar wird. Erreichbar aber den Erdgeborenen und darum darstellbar in der hohen Liebeskunst der Zukunft wird das Prinzip des Bewußten sein, des vollkommen durchleuchteten Willens, der hinter dem elementaren Liebesgeschehen steht und das Unbewußte beherrscht. Ein Genius, in dem Laßwitz, Shakespeare, Wagner, Tolstoi, Goethe und Kleist sich in dem einen Problem vereinigt haben, wird es zu seiner Zeit erschaffen, seine eigene Persönlichkeit wird organisiert sein müssen für die Möglichkeit dieser Dichtung, die nur dann entstehen kann, wenn das Leben, die Wirklichkeit, reif ist, sich ihr nachzubilden.

Die Liebe als Kult ist einer künftigen Menschheit vorbehalten; nicht Menschenkult, gegenseitig geübt, nein, wirklicher Gotteskult. Den Gott fühlen durch die Liebe, die Seele mit Ekstase erfüllen, sich heraustragen lassen von ihr aus dem Staub, sich wandeln in lauter Geist und Feuer – das vermögen heute und vermochten in der Vergangenheit nur Auserwählte. Aber eine Zukunft ist denkbar, da die gesamte Menschheit diese hohe Kraft zur Liebe, dieser einzigen Brecherin irdischer Not, ihr eigen nennt. Tauglich geborene Menschen werden es können. Die bewußte Hervorbringung des tauglichen Menschen, der der Träger und Erhalter hoher Gefühle ist – das ist immer wieder aller Weisheit letzter Schluß. Und erst eine unverfälschte Auslese, wie sie nur in der Zeit der gesicherten Mutter ihr freies Spiel wirken lassen kann, wird die mit dem Stigma des Unvermögens Geborenen, die Gezeichneten, in das Nichts dahinsinken lassen.

VI. Kapitel

Die Travestie der Liebe

»Die Prostitution....ist eine melancholische und gräßliche Travestie der wirklichen Liebe.«

(Havelock Ellis)

»Gottes Wege liegen eben so vor Augen, daß Weiber entweder zur Ehe oder zur Hurerei müssen gebraucht werden, oder man müßte sie alle erwürgen.«

(Luther)

1. Wesen und Ursprung der Prostitution

Definition des Begriffes – Mythos und Legende – Tellurismus als Mittel zur Dotation – Verfall der religiösen Prostitution – Das athenische Dikterion – Die »Emanzipierte« als freie Hetäre – Die »jungen Mädchen« der zyprischen Venus – Rom, Christentum und Schändung der Prostitution – Ihr endgültiger Sturz durch die Syphilis – Regulierungsversuche der Prostitution – Häufung ihrer Schäden – Der Abolitionistenkongreß von 1877.

Was ist es, was Luther mit dem Ausdruck, der alle biblischen Schauder der Verdammnis zu bergen scheint, bezeichnet? Wir müssen, um zu erkennen, den Begriff durch Vermehrung seiner Merkmale einzuengen suchen.

Vor allem handelt es sich also um die gewerbsmäßige Hingabe für Geld. Die bloße Annahme von Geld, ohne daß die Hingabe an unbestimmte Viele und »gewerbsmäßig« geschieht, würde nicht genügen, den Begriff Prostitution zu definieren, denn auch die Ehefrau läßt sich vom Manne erhalten, auch der Mann nimmt Geld von der Frau, auch Liebesleute untereinander. Erst der Umstand, daß das Einkommen einer Person lediglich durch Hingabe ihres Körpers an Viele zwecks sexueller Benützung erzielt wird, ist Prostitution. Ähnlich definiert sie Havelock Ellis. »Da schließlich das häufige Vorkommen der Homosexualität dazu geführt hat, daß es auch männliche Prostituierte gibt, so muß die Definition in einer Form gegeben werden, die vom Geschlecht absieht, und so können wir sagen, daß ein Prostituierter ein Mensch ist, der eine Profession daraus macht, seinen Körper zu verkaufen, um die Lust verschiedener Personen, entweder des anderen oder desselben Geschlechts, zu befriedigen.«

Mythos und Legende haben das Wesen dieses Vorganges mit Furcht, Grauen und Schauder umwoben. »Tiefsten Tellurismus« und das »Zaubergeranke der Sumpfvegetation«, so nennt Bachofen die Vorgänge der Prostitution, die er dem »Ährensymbol des demetrischen Prinzipes« gegenüberstellt, das für ihn die Ehe nach Vaterrecht bedeutet.

Dieser tiefste Tellurismus war aber nicht nur der Weg, sondern sogar das Mittel zum »demetrischen Zustand« der Geschlechtsgemeinschaft der Ehe. Die Dos, die zur Ehe nötig war, mußte ursprünglich durch Selbsterwerb des Mädchens, das heißt durch Prostitution beschafft werden, und die Mißachtung der Indotata ging so weit, daß sie den Römern niedriger galt als die Konkubine, denn eheliche indotierte Verbindungen störten alle »Ordnung«, schafften einen viel undeutlicheren Zustand als das Konkubinat. »Sollte der Hetärismus gründlich ausgerottet werden, so war die Aussteuerung der Mädchen von seiten ihrer Familie durchaus erforderlich«[35]. Also die erste Stufe einer sexuellen »Ordnung«, die sich sowohl über das Zaubergeranke der Sumpfvegetation, als auch über die den Urtrieben entsprechende Raub- und Kaufehe erhob, die erste Stufe zu unserer Zivilisation forderte Gewinnung einer Dos durch voreheliche Prostitution des Mädchens. Hier ist der Schnittpunkt in der Geschichte der Prostitution und der Geschichte der Ehe. Als zweite, höhere Stufe, deren Erreichung aber schon von schwierigeren sozialen Verhältnissen abhängt, steht dann die Dotierung der Braut von seiten ihrer Familie. Als eine dritte Stufe auf jenem Wege, auf dem die Erhaltung des Weibes durch den Mann offenbar schon unmöglich geworden war, so daß die materielle Beisteuer zum Haushalt von ihrer Seite nötig erscheint, können wir unschwer die Frauenarbeit erkennen. Die soziale Arbeit der Frau über ihre bloßen generellen Leistungen hinaus hat zu allen Zeiten bestanden, in denen es den »zivilisierten« Zustand einer Ehe, in der der Mann die Frau nicht mehr zu erhalten vermag, gegeben hat. Und wenn wir diese drei Etappen betrachten, so dürfte es nicht schwer sein, auch die vierte zu erkennen, die erst eine Forderung der Zukunft ist. Eine Zukunft, die dem Umstand, daß der Mann allein die Frau und die Familie nicht erhalten kann, nicht mit verbundenen Augen begegnet, sondern die ihn mit voller Klarheit ihrer Kritik unterzieht und die Schlußfolgerungen logisch daraus zieht, die ferner erkennt, daß die bisherigen Mittel zur Beschaffung einer Beisteuer der Frau nicht mehr annehmbar sind – daß die drei Stufen der Selbstgewinnung der Dos durch Prostitution oder die Aussteuerung von seiten der Familie oder Frauenarbeit allein nicht mehr in Frage kommen können, daß Frauen- und Mutterkraft geschont und erhalten werden muß – eine solche Zukunft wird ihre Schlußfolgerung konsequent zu ziehen wissen, und die Erhaltung von Mutter und Kind durch die Gesellschaft als ein Selbstverständliches empfinden.

Die wirtschaftliche Nötigung zur Prostitution, die seit alters her bestanden hat, mußte ein verklärendes Motiv erhalten, sollte das Sexualgewissen der Gesellschaft ruhig bleiben. Dieses Motiv lieferte die Religion. Die Prostitution der Antike wurde zur religiösen Funktion, und dieser religiöse Kult wurde durch seine wirtschaftlichen Resultate einer erworbenen Aussteuer wiederum zum Ursprung der »zivilisierten«, d.h. der nicht auf Raub, sondern auf der Mitgift beruhenden Ehe. Der Geschlechtsumgang selbst wurde aber, da im Dienste der Gottheit, auf jeden Fall als eine religiöse Handlung empfunden. Und wo immer mit der Prostitution ein religiöses Motiv verbunden war, möge es auch nur aus einem Vorwand zur Gewissensberuhigung entstanden sein, wurde die Buhlerin höher gehalten als die in der Einzelehe lebende Frau. Die antike Tempeldirne war aber auch eine »Wissende« in Fragen der Hygiene und genoß schon deswegen mehr Vertrauen als jede andere Frau, der man sich mit geschlechtlichen Wünschen näherte. Der klassische Vorgang religiöser Prostitution ist allbekannt, Herodot hat ihn uns überliefert. Im fünften Jahrhundert vor Christi wurde der asischen Mylitta, der syrischen Astarte von Männern und Frauen des Landes durch geschlechtliche Vereinigung im Tempel oder Tempelhain gedient. Und jede Frau hatte sich einmal im Leben dem ersten besten, der ihr ein Geldstück hin warf, hinzugeben. Ganz abgesehen von dem Säckel der Priester, der sich auf diese Weise gut gefüllt haben mag, ist ein Akt bewußter religiöser Demut in diesem Vorgang verborgen, wie er sich ungefähr mit dem religiösen Zeremoniell der Fußwaschung, die heute noch in katholischen Ländern geübt wird, vergleichen läßt. Die fraglose Demütigung, die Hingabe an den ersten besten Schlechtesten im Dienste des göttlichen Prinzipes (das die Hingabe selbst und auf jeden Fall und unter allen Umständen bedeutete), ist der Sinn des Kultes. Die religiöse Prostitution verfällt in dem Augenblick, wo das geschlechtliche Bedürfnis der Männer benutzt wird, die Liebe zum Börsenwert zu machen, die Preise hinaufzuschrauben. Die korinthische Priesterin ist die erste Händlerin, die erste, die der Ausweisung des Heilands verfallen wäre, wäre er ihr im Tempel begegnet. Neben der händlerischen Prostitution (dem Mittel zur Ehe!) wurde aber die religiöse Prostitution auch aus sozusagen moralisch-sanitären Gründen für das Weib verlangt. Havelock Ellis[36] berichtet, daß man von den Frauen, die niemals der Aphrodite geopfert hatten, fürchtete, sie würden »von Leidenschaft verzehrt«! Erst im Vorbild des modernen Bordells verfällt jeder religiöse Gedanke, die Idee von der Heiligkeit des Geschlechtsumganges ist fort – dahin – sowie die »staatliche Regulierung« einsetzt. Die athenische Dikterion ist das erste Bordell. Die »jungen Mädchen«, als welche die Priesterinnen der cyprischen Venus selbst noch in späteren Zeiten von dem Fremdling verehrt wurden, der ihrer im Tempel genoß, werden mehr und mehr zu verfemten Kontrollmädchen. Noch einmal richtet sich das Geschlecht auf gegen die drohende Schmach. Die freie Hetäre verschmäht das Dikterion, emanzipiert sich von der Kasernierung, lebt dem Verkehr frei gewählter Freunde und betreibt dabei, wie die Quellen uns bezeugen, meistenteils eine »freie Kunst«. Die Hochbegabten des Geschlechtes – die zur Liebe und Kunst Begabten – liefern das Material zu diesem Stande.

Die Hetären der Pythagoreer, Stoiker, Epikureer, Cyniker, kurz aller Philosophenschulen der griechischen Blütezeit, pflegten ihre Zeit – außer der Liebe – der Philosophie, insbesondere aber der Mathematik und Rhetorik zu widmen. »Geboren von ehrbaren Eltern, die ihr (Nikarete) eine sorgfältige Erziehung gaben, war sie leidenschaftlich eingenommen für die Probleme der Geometrie, und sie verweigerte keinem ihre Gunst, der ihr eine algebraische Gleichung löste«[37]. Sie war die Geliebte des Stoikers Stilpon, dessen Lehre, welche Apathie und Trägheit empfahl, sie auf das heftigste bekämpfte. Philenis, die Schülerin und Mätresse Epikurs in seiner Jugend, »schrieb eine Abhandlung über die Physik und die Atome«. Ihre Werke sowohl wie ihre Briefe sollen durch besondere Eleganz des Stils geglänzt haben. »Meine Königin,« so schrieb ihr Epikur, »welches Vergnügen empfinde ich beim Lesen deiner Briefe.« Leontium war

die Geliebte seines Alters (und nicht weniger seiner Schüler). Sie wurde von ihnen allen, am
meisten aber von ihm selbst vergöttert. Der Maler Theodor hat sie als »Philosophin«, d.h. »im
Nachdenken« dargestellt. Besonders berühmt war sie als Polemikerin. »Ihre Schrift gegen den
gelehrten Theophrast erregte die Bewunderung Ciceros.« »Aspasia lehrte die Rhetorik: die vornehmsten Bürger waren ihre Hörer und Bewunderer.« – Man nannte diese Hetären »Herrinnen
der Philosophie«. Es waren dies, wie mir scheint, Frauen, bei welchen, schon durch die bloße
Unterhaltung mit ihnen, den Männern das Herz aufging. Durch die »erotisch betonte« Note
ihrer Geistigkeit, gerade wie durch die geistig gefärbte Nuance der Sinnlichkeit dieser Frauen
wurden die Männer, mit denen sie umgingen, ihres Lebens froh. Man zog oft einen bloßen
Plauderabend mit einer solchen Frau – bei Mahl, Musik und Philosophie – dem intimsten Kontakt mit irgendeiner anderen vor. Das erotische Fluid bei diesem Verkehr zwischen Mann und
Weib war sogar in der geistigsten Unterhaltung in höherem Grade vorhanden, als bei sexueller
Vollerfüllung mit irgendeiner wenigen starken Weiblichkeit. Dieser Kreis von Dichtern, Philo-
sophen und hochgebildeten Hetären war in sich ein nahezu vollständig glücklicher, denn diese
Männer und Frauen verstanden und genossen einander in einem Grade, wie er früher oder später
in einer größeren Gruppe von Menschen kaum je wieder erreicht wurde.

In der griechischen Hetäre kulminiert die letzte große Auflehnung weiblicher Würde gegen
die drohende Schändung. Das Verhängnis aber ist auf dem Weg und vollzieht sich in Rom. Hier
wird die »Hetäre« nicht mehr gesellschaftlich geduldet, die außerhalb der Ehe der Liebe lebende Frau ferngehalten von jeder Möglichkeit der Verfeinerung ihrer Bildung und des Einflusses
auf allen Kulturgebieten, den sie in Griechenland in so hohem Maße genoß. Hier tritt zum
ersten Male das moralische Pharisäertum gegen sie auf, hier wird der Knoten des grausigen
moralischen Lapsus, der darin besteht, daß man für die Benützung einer Sache nur die Benützte, nicht aber den Benützer verfemt, zum erstenmal geschürzt. Das Christentum kommt und
tut das übrige. Es stößt die Prostitution in die Nacht der Verdammnis. Ihr endgültiger Fall
ist aber erst besiegelt, als mit der Entdeckung von Amerika die Syphilis über Europa kommt.
Die dem freien Geschlechtsverkehr Ergebene muß der Seuche verfallen, sie muß, als Mittelpunkt wilder Begierden, die stinkende Gefahr werden, deren menschliche Verkörperung fürder
nur noch Schauder, Heulen und Zähneklappern begleiten. Noch einmal taucht aus dem infer-
nalischen Getriebe, in das sich der einst so fromme Kult verwandelt hat, das Geschlecht mit
seiner ursprünglichen Macht empor, noch einmal regt sich die mißhandelte Weiblichkeit. Die
»Peccatrice«, die Sünderin, wird zur »Kurtisane«, die Ehren empfängt und sich wieder mit der
edlen und geistigen Seite des Lebens beschäftigen darf. Sie treibt Latein, musiziert und dichtet
und wird geliebt. Sie erwirbt Vermögen und lebt dann in einem gewählten Kreise vornehmer
Menschen. Nicht nur die Erotik, auch menschliche Kameradschaft verbindet sie vielfach mit
ihren Freunden. Sie verschmäht eine gewöhnliche Ehe, aber sie schenkt schönen Kindern das
Leben und geht schließlich die Ehe mit dem Ebenbürtigen ein. Ihre Daseinsdauer ist kurz. Die
Syphilis drängt zur Regulierung; Napoleon errichtet das erste »maison de tolérance«.

Heutigen Tages sind Physiologen und Soziologen sich einig, daß die Reglementierung der
Prostitution barbarisch und wirkungslos ist, vor allem schon deshalb, weil die hygienische Kontrolle nur auf der einen Seite geübt wird, auf seiten des kasernierten Weibes, und der Mann,
in Freiheit schweifend, die Seuchen weiterträgt, meist mitten hinein in die Familie. Neben
der kontrollierten, reglementierten, der Polizeigewalt ausgelieferten Prostitution wächst und
breitet sich aber das wahre Sumpfgeranke, die geheime Prostitution, aus. Mit dem einseitigen
Kontrollsystem verstärken sich alle Schäden, die in dem Übel selbst liegen, die Ächtung für
den grausigen Vorgang wird einseitig abgeladen, auf die Dirne allein, während der Mann auch
hier wieder frei ausgeht. Da geschieht im Jahre 1877 etwas Seltsames. In Genf tagt der erste
Kongreß der internationalen abolitionistischen Föderation – einberufen von einer Engländerin –
gegen die Reglementierung der Prostitution. Dem in der englischen Nation hochentwickelten
Gefühl für die unantastbare Freiheit des Individuums ist der Gedanke der polizeilichen Vergewaltigung einer großen Anzahl von Frauen, die, wie tief gesunken sie auch sein mögen, doch
Menschen und Frauen sind, ein Unding. Das Motiv für diese Tyrannei – daß sie einen Schutz

der Volksgesundheit biete – sei durch die Einseitigkeit der Kontrolle hinfällig gemacht. Von diesem Kongreß wird uns berichtet: »Dieser Kongreß war etwas durchaus Neues, nie Dagewesenes. Zum erstenmal wurde das Problem des Geschlechtslebens… in öffentlichen Versammlungen gemeinsam von Männern und Frauen besprochen… zum ersten Male wagten anständige Frauen für die Rechte der Prostitution einzutreten«. Zum erstenmal wird der Teufelsgedanke der Absurdität, der darin liegt, daß die Ächtung des einen Teiles »für eine von zweien gemeinsam begangene Handlung« von der »Moral« gefordert wird, gekennzeichnet. Zum erstenmal wird ausgesprochen, wie unhaltbar, wie unlogisch die Argumentation ist, daß die sexuelle Freiheit beim Manne erlaubt, bei der Frau aber verboten sein soll. »Der Mann könnte doch nur dann dieses Privileg beanspruchen – wenn er die Handlungen, die diesem Privileg entspringen, auch allein ausführen könnte«[38].

So berechtigt der Sturm der Auflehnung ist, der sich gegen die einseitige Ächtung der Dirne hier zum erstenmal erhebt, so gefährlich ist doch die Bausch- und Bogen-Verdammung dessen, was die Frauen von nun an die »brutale Bestialität des Mannes« nennen, ihre absolute Verurteilung seiner Benützung der Prostitution, die sie auf jeden Fall als »sexuelle Zügellosigkeit« bezeichnen. Der Benützung der Prostitution von seiten des Mannes liegt vielmehr eine doppelte Nötigung zugrunde; sowohl eine soziale Nötigung, welche das unabtrennbare Korrelat des modernen Heiratssystems ist, als auch ein psycho-physisches Bedürfnis, dessen Zwang nicht zu unterschätzen ist. Es ist das Bedürfnis nach unverbindlichem Geschlechtsumgang, welches die Frauen nicht gelten lassen wollen, welches aber nichtsdestoweniger besteht, tief in der Natur des Mannes liegt, durch keinerlei »Reformen« aus der Welt geschafft werden kann, und mit dessen Vorhandensein daher gerechnet werden muß.

2. Die Nötigung zur Prostitution

Prostitution als unabtrennbares Korrelat des modernen Heiratssystems – Das Bedürfnis nach unverbindlichem Geschlechtsumgang.

Die Nötigung zur Prostitution hat vor allem in sozialen Ursachen, wie sie in unserem Heiratssystem kulminieren, ihren Grund. Das glückliche Eheleben der gesicherten Gattin ruht auf der Erniedrigung und Schändung einer anderen Frau, der Dirne, die Geschlechtsinstrument werden mußte, weil sie als »Vorstadium« der späten Ehe notwendig ist. Die Errichtung von Extremen, denen die menschliche Natur nicht gewachsen ist, dem Ideal einer befriedigenden Ehe auf der einen Seite und der völligen Öde und Entsagung auf der anderen, die die konventionelle Moral den Frauen übrig läßt, schafft Prostituierte. Der eheliche Himmel oder der »Hurenhaushimmel« oder die vollkommene Entraffung des Geschlechtes – anders ist für die Frauen nicht vorgesorgt, »man müßte sie denn alle erwürgen«. Die vierzehn Millionen unverheirateter Männer und Frauen (in Deutschland) können nicht anders als auf die eine oder die andere Art »unkorrekt« sein, trotz aller Moralvorschriften.

Neben der sozialen Nötigung besteht aber noch das, was ich das psycho-physische Bedürfnis – insbesondere des Mannes – nach unverbindlichem Geschlechtsumgang genannt habe. Die Möglichkeit der Entladung sexueller Spannungen ohne schwer sich anhängende Konsequenzen, sowohl sozialer als seelischer Natur, ist ein Moment, welches dem Manne auch innerhalb anderer wirtschaftlicher und moralischer Ordnungen niemals entbehrlich sein wird. Wenn man bedenkt, wie schwer das Individuum, Mann und Weib, innerhalb der Gesellschaft, außerhalb der Ehe, zu irgendwelchem befriedigenden erotischen Verkehr gelangt, wird man dieses Bedürfnis des Mannes begreifen. Hat doch mitten im Großstadtgetriebe eine Frau manchmal monatelang nicht Gelegenheit, mit einem Manne, der an Alter und Stand zu ihr paßt, dabei frei, d.h. unverheiratet, unverlobt und unverliebt ist, auch nur zu sprechen! Da begreift man, daß der Mann sich eine Institution wie die Prostitution erschaffen mußte, weil er eine ähnliche Lage einfach nicht ertragen würde. Auch die Frau erträgt sie nicht ohne Schaden an ihrem physischen und geistigen Organismus. Logischerweise hat sich der Mann einen Notausweg geschaffen, der der Frau, schon ihrer Natur nach, verwehrt ist. Auch ihm handelt es sich nicht immer um einen Geschlechtsakt. Es gibt Männer genug, denen vor der letzten Intimität mit der Prostituierten schaudert. Aber diese selben Männer holen sich manchmal ein Stück Freiwild von der Straße herauf und beherbergen es. Wenn sie monatelang des näheren Kontaktes mit einer Frau entbehrt haben, richtet sich ihr zertrampeltes Mannesgefühl an dem bloßen Rauschen eines Frauengewandes auf. Und kommt es dann doch zum Akt der Vermischung, so ist fast immer die bewußte »Verführung« von seiten des Mädchens, das sich nicht selten beleidigt fühlt, wenn es nicht »genommen« wird, die Ursache davon. Dieses Unentbehrliche, das die Prostitution dem Manne bietet – durch die Möglichkeit, jederzeit und ohne besondere Vorbereitungen und schwerwiegende Umwandlungen der Lebensstellung in Fühlung mit einem Weibe kommen zu können – wollen die Frauen nicht begreifen. Mit Sittlichkeitstraktaten, mit den Drucksorten ethischer Gesellschaften, mit Vereinsabenden und bestenfalls mit »Familienleben« wollen sie ihm dieses Unentbehrliche ersetzen. Es gibt sonderbare Schwärmer, welche die Möglichkeit des intimsten Kontaktes, die die Prostitution bietet, durch den Umgang des Mannes mit feingebildeten jungen Damen überflüssig zu machen glauben[39]. Der Anschluß an irgendein fremdes »Familienleben« soll ihm ein Surrogat sein. Natürlich liegt in dem Rezept selbst die ganze Heuchelei und Verlogenheit der heutigen bürgerlichen Sexualordnung. Weil es dem jungen Manne in der fremden Stadt an »Verkehr in feinen Familien« mangelt, fände er den Weg zu »Kellnerinnen und Prostituierten« (die immer in einem Atem genannt werden). Und dem Ehemann, der den größten Prozentsatz der Bordellbesucher stellt? mangelt es dem auch an »Familienverkehr«? Nur indem man diesen Tatsachen schonungslos ins Gesicht sieht, kann man dem Wesen dieses Bedürfnisses näher kommen. Ist die Auslösung sexueller Spannungen schon dem Ehemanne nötig, weil sie bei den Voraussetzungen, unter denen die Ehe heute meistens geschlossen wird, zu Hause gewöhnlich nicht in befriedigender Weise erfolgt, und weil der Sexualtrieb des Mannes durch seine Geschlechtsmoral von früh an korrumpiert wurde – so ist doch dieser Ausweg eine Notwendigkeit, solange er die einzige »Erleichterung« darstellt, die sich einem Manne überhaupt bietet. Der Sexualtrieb, der durch alle möglichen Momente des gesellschaftlichen Lebens der Zivilisation aufgestachelt wird, ohne befriedigt zu werden, bildet eine schwere Gefahr, eine Bedrängnis sowohl für den Mann als für das Weib in gleicher Lage. Nur gibt es für die Frau keinen »Ausweg« innerhalb der herrschenden Moral. Und bei konsequenter physiologisch richtiger Schlußfolgerung, die aus einem »korrekten« Leben eines unverehelicht gebliebenen Mädchen gezogen wird, muß sich als Resultat die schwere psycho-physische Störung ergeben, die im äußersten Falle auch bis zum Wahnsinn führt. Gabriele Reuter hat in ihrem Roman »Aus guter Familie« die Konsequenzen so eines Mädchenschicksals gezogen.

Aber hinter dem äußerlichen Moralgebot steht oft ein für edlere Naturen stärkerer Zwang zum »Verzicht«, und das ist ein philosophisch-religiöser Glaube. Aus der philosophischen Verneinungsmoral, wie sie dem Christentume auf dem Wege orphischer Unterströmungen vom Buddhismus und Neuplatonismus zugeschwemmt wurde, wurde jene soziale Moral abgeleitet, welche den »Willen zum Leben«, zur Ichbejahung, verneinen und brechen sollte. Es ist gewiß ein richtiges ethisches Gefühl, welches diese Bejahung nicht so stark werden lassen will, daß sie zur Begier werde, die das Geistige gefährde. Aber das ganze Prinzip der bewußten Verneinung des Willens zum Leben enthält, so will es mir scheinen, eine befremdliche contradictio in adjecto. Denn je mehr ich mich mit diesem »Willen« befasse, je mehr ich ihn zupfe, drücke, presse und knete – desto mehr spüre ich ihn ja! Gebe ich ihm, diesem Willen, aber das, was ihm, da er mir organisch eignet, gebührt, dann erst spüre ich ihn nicht, dann vergesse ich ihn, dann meldet er sich nicht, dann ist er still und läßt mir Ruhe. Eine Verirrung und Verkehrung der moralischen Impulse bedeutet es, wenn in der Kasteiung und Verneinung ein Werk der Demut gesehen wird. Frevlerisch, vermessen erscheint es mir im Gegenteil, wenn mit bewußt wollender Hand immerzu angekämpft wird gegen den ursprünglichsten und deutlichsten Willen der Natur, und das Individuum, das sich geißelt, geißelt auch sie. Das Werk, das es für die Tat der frommen Buße hält, ist nichts anderes als ein Akt der Auflehnung, wie die gefallenen Engel sich auflehnten, ihrer Bestimmung zu dienen. Auch die reinlich altruistische Betätigung des Individuums kann erst beginnen, wenn es gegen die Bestimmungen seiner Gattung – des Stoffes, aus dem es gemacht ist – nicht sündigt. Man zeige einem Hungernden die höchsten Werte der Schönheit – er wird seinen Hunger deutlicher spüren als alle Erhabenheit, die um ihn ist. Die Hinwendung zum geistigen Objekt ist erst möglich, wenn dem eigenen Ich die notwendigsten Bedingungen seines Bestehens gegeben sind. So ist auch die Entsagung des Geschlechtes, die Abstinenz vom Fleische, der Verzicht auf die Wärme, die zwei vereinigte Körper voneinander empfangen, erst möglich, wenn der Friede der Seele da ist, wenn der »Wille« zum gattungsgemäßen Akt nicht mit Peitschenhieben niedergezwungen werden muß. »Und wo jemand die Gnade der Keuschheit hat, der hat das feinste Leben und gute Ruhe, als jemand haben mag... du kannst nicht Keuschheit geloben, du hättest sie denn zuvor. Aber du hast sie niemals.« Also sprach Martin Luther.

Kommt die Nötigung des Mannes zur Benützung der Prostitution vorwiegend aus seiner geschlechtlichen Not, so spielen von seiten des Weibes, das sich der Prostitution ergibt, noch andere Momente der Nötigung mit. Vor allem scheint eine wirklich besondere sexuelle Disposition vorzuliegen, die überhaupt erst die Möglichkeit schafft, daß der grausige Dienst betrieben werden kann. Steht doch die Prostituierte, als die Benützte, in Wahrheit durchaus nicht auf dem Standpunkt wie der Mann, ihr Benützer. Schon daß er der Einkaufende ist, sie das Kaufobjekt, verbietet die Auffassung, daß es sich wirklich um die »gleiche Tat« handle. Hier ist der Keim, der dieser zweifachen moralischen Beurteilung des Vorganges einige Berechtigung gibt. Der Mann ist und bleibt bei aller »Bestialität«, mit der der Trieb gerade in ihm wüten mag, dennoch vollkommen frei in der ganzen Situation. Seine soziale Existenz ist in keiner

Weise mit ihr verknüpft. Auch benützt er ja auch nur die Person, die er sich selbst aussucht, und der Vorgang der Verbindung mit ihr ist nicht die Spezialbeschäftigung, der sein Dasein ausschließlich gewidmet ist. Man sieht, daß die Gleichstellung und Gleichbeurteilung des Vorganges, die eine gewiß aus edlen Motiven kommende sittliche Entrüstung heute fordert, doch nicht angeht. Freilich fällt das Plus an Schmach und Elend, das auf seiten der Dirne gegenüber dem Manne, der sie benützt, wirklich liegt, nicht ihr zur Last, sondern der Gesellschaft, die diesen Zustand im Geschlechtsleben der Menschen möglich, ja sogar notwendig macht. Die angeborene Disposition, die der Dirne ihren Beruf möglich macht, immerhin zugegeben, ist es doch vor allem die wirtschaftliche Not, der ökonomische Zwang, der sie auf den Weg bringt, zu dem sie diese Disposition befähigt. Man bedenke, was es heißt: »das Leben wird teurer«. Die sofortige Folge dieser so schlicht klingenden Konstatierung ist, daß jeder sofort mehr wirtschaftlichen Einsatz leisten muß, der leben bleiben will. Ob er diesen Einsatz nun mit seinen Renten leistet oder mit seiner Arbeit oder ihn mit Entbehrungen bezahlt, ist einerlei. Ein Plus an wirtschaftlicher Leistung muß geopfert werden, sei es positiver oder negativer Natur, sei es mehr Leistung für weniger Ware oder mehr Verzicht auf bisher benützte Ware. Die Hauptsache ist und bleibt, daß dieser Einsatz geleistet werden muß. Und zwar muß jeder bieten, nicht was er bieten will und vielleicht zu bieten hat, sondern was von ihm verlangt wird – was er von dem, was die Gesellschaft braucht, bieten kann, was er ihr nicht aufdrängt, sondern wonach ein wirkliches Bedürfnis besteht. Welchen Einsatz aber, nach dem ein wirkliches Bedürfnis besteht, kann für gewöhnlich eine Frau leisten? Man gebe gleichzeitig zwei Annoncen in eine Zeitung, in deren einer die Frau irgendeine soziale Arbeit sucht, während sie in der anderen »Herrenbekanntschaften« zu machen wünscht, d.h. sich zur geschlechtlichen Benützung anbietet. Die Antworten werden beweisen, nach welcher der beiden Leistungen mehr Nachfrage ist, und welcher »Einsatz« einem Bedürfnis entspricht. Die Prostitution ist ein Muß, eine Leistung, ein wirtschaftlicher Einsatz, welcher Millionen Frauen auf dem kapitalistischen Markt abgezwungen wird. Arbeiten sollte, könnte das Heer von Prostituierten? Ehrliche Beschäftigung, die sie menschenwürdig ernährt, würden alle diese Mädchen finden, wenn sie nur wollten? Ja, wir hören und sehen doch an den Massenzügen der männlichen Arbeitslosen, wie es mit dieser Möglichkeit bestellt ist. Im letzten Winter hat es in Berlin 30000 arbeitslose Männer gegeben, die in breiten, dunklen Zügen durch die Straßen zogen, in London soll es die fünffache Zahl gewesen sein. Zu welcher Art »Arbeit« sollten da die 50000 Prostituierten Berlins gelangen? Es ist wohl möglich, daß in normaleren, besseren wirtschaftlichen Epochen einige von ihnen irgendwelche »ehrliche« Arbeit fänden. Die Industrie würde in »guten Zeiten« eine Anzahl von ihnen in ihre eisernen Arme nehmen; der Lohn des Mannes würde noch tiefer gedrückt, noch weniger könnte er die Familie erhalten. Frauen- und Mutterkraft wird aber in diesen Armen der Industrie ebenso zermalmt und zerrieben wie in der Prostitution. Es bleibt also nur die Geschmacksrichtung der der Not ausgelieferten unversorgten Frau als einzige Entscheidung übrig, auf welche Art sie ihre Weiblichkeit verlieren will. Die soziale Frauenarbeit ist der Gesellschaft abgerungen und aufgezwungen worden. Es mußte so geschehen – warum, darüber werden wir in dem Abschnitt dieses Buches, der die Stellung der Frauenbewegung zur sexuellen Krise behandelt, uns näher zu äußern haben. Hier, wo es sich um Erklärung der Nötigung zur Prostitution handelt, haben wir nur zu sagen, daß die Gesellschaft der Frau unaufhörlich beweist, daß sie ihre »soziale Arbeit« als einen Dreck einschätzt, durch die Art, wie sie sie entlohnt und wie schwer sie sie vergibt. Das einzige, wodurch eine jugendliche Frauensperson sofort Brot erlangen kann, wenn sie hungert und kein Kapital hat, etwas zu unternehmen, ist die Prostitutin. Die logische Folge müßte eine gesellschaftliche Fürsorge für die Prostitution sein, die offenbar ein Bedürfnis ist. Daß die Prostitution sozial gefährdetes und sinkendes Frauenmaterial anzieht, wie das Licht die Motten, hat nicht darin seinen Grund, daß sie sich besser bezahlt macht als ein anderer wirtschaftlicher Kräfteeinsatz, noch daß sie weniger Arbeit und Anstrengung erfordert, sondern hauptsächlich in dem Umstand, daß man das aus ihr gewonnene Geld augenblicklich haben kann, daß die Frauen diesen Verdienst eben sofort bekommen, wenn sie in Mangel geraten, während sie jeden anderen Erwerb erst auf umständlichen und kostspieligen Wegen suchen müssen und längst verhungert sein können, ehe sich nur der kleinste Erfolg ihrer Anstrengungen zeigt. Die Nachfrage ist es, die den sofortigen Verdienst ermöglicht, die positive Nachfrage nachdieser Leistung der Frau. Und es ist logisch unabänderlich, daß wo eine Nachfrage da ist, es auch nicht an Angebot fehlt. Das grausig Unerhörte unserer Wirtschaftsordnung liegt ja eben darin, daß es ihr eben so ganz und gar an jenen bewußten »Unfallstationen« mangelt. Der einzelne Mensch ist vollkommen auf sich verwiesen. Versagen seine Kräfte auch nur drei Tage lang, so öffnet sich gleich der Abgrund zu seinen Füßen, und ehe die Hand wieder raffen und schaffen kann, ist sein Fuß schon eingesunken, weil für den Entkräfteten keine Stütze, kein Halt da ist, weil keine Vorkehrungen da sind, Genesung erlittener Wunden, Heilung empfangener Schäden ruhig abzuwarten. Von privater Hilfe kann nicht zureichend das kommen, was durch soziale Vorkehrungen gewährleistet sein müßte, damit Menschen nicht sofort untergehen müssen, wenn eine Störung sie in ihrem Existenzkampf lahmt. Dieser Mangel an gesellschaftlicher Vorsorge für wirtschaftlich Gefährdete treibt der Prostitution Tausende von Opfern zu.

---

3. Die »melancholische Travestie«

Ihre Opfer – Ihre Gefahren – Die dreifache Korruption: die des Mannes, des Opfers und des sozialen Bewußtseins – Der Abgrund zwischen »Tag- und Nachtbewußtsein« – Die Schwächung der Sexualimpulse – Die Rache der mißhandelten Natur – Das Leiden des Mannes an der Travestie.

Das Gräßliche dieser »melancholischen Travestie« ist: ein Wesen lebt ausschließlich dieser Sache, es hat als einen »spezialisierten Beruf«, den Geschlechtsakt! Diese Travestie ist aus der Monomanie der Kultur entstanden, die darin besteht, daß sie, wie überall, so auch in der Sexualbestimmung der Frauen Extreme aufrichtet. Die einen sollen gebären ins Grenzenlose, die anderen sollen entbehren ins Grenzenlose, und die dritten sollen gewähren ins Grenzenlose. Und man hat Wesen, die Menschenantlitz, Frauenantlitz tragen, hergenommen und hat sie zu lebenden Latrinen gemacht, zu einem »Reservoir«, in das die aufgespeicherte Libido des Mannes sich ergoß. Und diese Frauen sollen leben vom »Wohlgefallen« ungezählter Männer, ausgeliefert sind sie mit ihrer Existenz der Gunst derer, die sie zu bedienen haben. Wenn nichts anderes, diese Tatsache allein mußte eine Bewegung erzeugen, eine Bewegung des seiner Natur nach eigentlich ruhigen, passiven Prinzipes, eine Bewegung der Frauen, eine Frauenbewegung. Die Hetäre, die Amazone und die Emanzipierte, diese drei Frauentypen waren zu allen Zeiten im geheimnisvollsten engsten Zusammenhang. Auf diesen Zusammenhang werden wir noch an anderer Stelle zu sprechen kommen.

Das Gräßliche am Beruf der Dirne ist der Verlust ihrer menschlich besonderen Persönlichkeit.

Diese Enteignung erstreckt sich vor allem auf das, was an ihrem Geschlecht der Gattung gebührt; sie ist die immer Unfruchtbare, die unfruchtbar Gewollte, und die Energien ihres Fortpflanzungsapparates sind einem gräßlichen »Dienst« hingeopfert. Und das Schaurige an diesem Dienst ist eben seine Fruchtlosigkeit, die Überflüssigkeit aller Ausgaben, aller Energienleistungen, dieses Moment, welches im Bewußtsein aller Völker als ein so tragisches Verhängnis empfunden wurde, daß der Mythos es zur Höllenstrafe erschuf. Die Tartarosdienste des Aufreißens und Wiederzuschüttens von Gruben, des Hinaufwälzens schwerer Blöcke über einen Berg, die dann von da wieder hinunterrollen, des Wasserschöpfens in ein rinnendes Faß, welches nimmer voll werden kann, wurden als die wahren Strafen der Hölle, als die wahren Schrecken der Verdammnis empfunden und leben als solche in den Höllensymbolen aller Völker. Verschwendete Energien, Kräfteverbrauch in Handlungen, die, der Natur ihrer Objekte nach, fruchtlos, resultatlos bleiben müssen, das ist die schwarze Verdammung, die die Seele des Menschen, sein Geistigstes, seinen immateriellsten Trieb treffen kann. Denn dieser Trieb will bei aller normalen Kreatur, daß aus einer Leistung etwas entstehe, etwas werde, etwas bleibe, und alle Kreatur hat diesen Trieb, etwas von sich abzulösen, irgendein Geschehen ihrerseits in Raum und Zeit hineinzusetzen, etwas zu hinterlassen, weiter zu geben. Die Dirne aber ist die Danaide, die zur fruchtlosen Vergeudung ihrer Energien Verdammte. Die Natur hat sich auch furchtbar gerächt und hat diese Vergeudung mit Krankheit geschlagen.

Die Korruption durch die Prostitution ist eine dreifache. Es ist die Korruption des Mannes, der sie benützt, die des Weibes, das ihr dient, und die des sozialen Bewußtseins, das sich mit dem Teufelskreis von Widersprüchen, in die es den ganzen Vorgang eingezwängt hat, abfindet. Von den gefährlichen psychischen Folgen, die das Doppelleben auf der Tag- und Nachtseite für den Mann bedeutet, der auf diese Art zwei Vorstellungsmassen beständig auseinanderzuhalten hat, haben wir schon in jenem Abschnitt, der das Wesen der doppelten Moral betrachtet, gesprochen. Der Abgrund zwischen den beiden Geschlechtern, zwischen Mann und Weib, die einander auf dieser Tagseite gegenüberstehen, wird immer größer, weil dieses unheimliche Andere, dem der Mann frönt, seine Seele verschüttet und verdunkelt und seinen Körper besonders an jener Grenze, wo er am deutlichsten mit der Seele verhängt ist – in der Erotik – schwächlich und widerstrebend gemacht hat, dem ungebrochenen Zweck der Natur gegenüber. Ganz abgesehen von den wirklichen Seuchen, von den Geschlechtskrankheiten, von der physiologischen Schwächung, ist an jene andere Schwäche, an diese sonderbare Verdunkelung der seelischen Impulse, an diese Trübung des erotischen Bewußtseins zu denken, welche es immer schwerer macht, daß Mann und Weib einander wirklich verstehen, einander wirklich genießen, ohne einander zu mißbrauchen. Man bedenke, welche Ungeheuerlichkeit in den Zentren des erotischen Erlebens beim Vorgang der Prostitution vor sich geht, einerlei ob diese Zentren nun im Gehirn zu suchen sind, wie die einen vermuten, oder im »nervösen Gewebe« und in den Blutgefäßen. An der Grenze zwischen körperlichem und seelischem Vorgang lebt und wirkt das Gefühl, welches das Individuum zu allen Taten führt, die die Gattung tragen. Und gerade dieses Gefühl, von dem alles abhängt, Individuum und Gattung, es wird grausam verbildet. »Der Akt der Prostitution«, so erklärt Godfray[40], »kann physiologisch vollständig sein, aber er ist es in keinem anderen Sinn. All die moralischen und intellektuellen Faktoren, die mit dem physischen Begehren zusammengehen, um eine vollkommene Anziehung der Geschlechter zu bilden, fehlen. All die höheren Elemente der Liebe, Bewunderung, Respekt, Ehre und selbstaufopfernde Hingabe, sind der Prostitution so fremd wie dem egoistischen Akt der Selbstbefriedigung. Der prinzipielle Wert für die Sittlichkeit liegt beim Geschlechtsakt mehr in jenen Folgeerscheinungen als in dem Akt selbst.« – Der Fluch trifft also nicht nur jene unseligen Geschöpfe, sondern auch ihre Mißbraucher. Vor allem aber auch das dritte, das, was uns alle umgibt, das Gewissen der Gesellschaft, das soziale Bewußtsein. Grausamkeit und Moralheuchelei, bösartiges Pharisäertum können hier aus reicher Quelle schöpfen. Die Dirne unterdrücken, sie mit einem unlösbaren Fluch in den Abgrund stoßen, »nachdem man sich von ihr Freude und Genuß erschlichen und erbettelt hat«[41], das ist der Vorgang, mit dem sich das öffentliche Gewissen »abfindet«. Um so mehr Hohn fordert die Ehre heraus, die auf der anderen Seite der begünstigten Schwester der Dirne, der gesicherten Ehefrau, erwiesen wird. Die Moral dreht sich in diesem Fall in einem Teufelskreis der Absurdität, rast wie ein toller Affe, der seinen Schwanz fangen will, um ihre eigene Achse. »Es ist nur zu bekannt, daß Männer oft zu Prostituierten gehen, um die Erregung zu befriedigen, in die sie durch die Liebkosungen ihrer Braut geraten sind. Da die seelische und physische Erregung unbefriedigter Zärtlichkeit bei Frauen oft nicht weniger stark ist als bei Männern, so wäre die Braut in diesem Falle gleichfalls berechtigt, Befriedigung bei einem anderen Mann zu suchen – und der Kreis ungesunder Absurditäten wäre so geschlossen«[42]. Die Braut also möchte ihn und sich befriedigen, darf es nicht und wird dafür geehrt. Die Dirne möchte ihn lieber nicht »befriedigen«, kann es eigentlich auch nicht, muß es aber und wird dafür mißachtet. Er selbst, der Mann, ersehnt die Befriedigung bei jener, verzichtet aber und sucht sie bei dieser, die er dafür bespeit. – Wie man sieht, wirbelt der Affe flott um sich selbst. Eine »Schutztruppe für ehrbare Bürgerstöchter«, so nennt Robert Hessen die Prostitution[43], und diese Schutztruppe selbst wird »denunziert, ausspioniert, verfolgt, abgefaßt, auf die Polizei geschleppt, kontrolliert, verrufen, gedemütigt, ohne Wohnungsrecht umhergestoßen, wucherischen Wirtinnen ausgeliefert, Zuhältern in die Arme getrieben«. Und von der Sittlichkeit, die dieses bewirkt, sagt derselbe Verfasser, »der Heiland würde vor ihr ausspeien«. Eine verlogene Moralheuchelei beherrscht in dieser Frage die öffentliche Meinung. Sehr richtig sagt Hessen, daß, anstatt den außerehelichen Verkehr unter den Gesichtswinkel einer aufgeklärten Hygiene zu nehmen, es der angesäuerten Moral gelungen ist, auch den Rest aller jener Geschlechtsformen, die nicht unter Dach und Fach der Ehe zu bringen sind, »näher an die Prostitution heranzurücken«. Und je höher diese Moral die gesicherte Gattin auf ihrem Tempelstuhl, auf dem sie sowieso schon ruht, erhebt, desto tiefer möchte sie jede andere Weiblichkeit, die der Kastrierung bei gesundem Leib widerstrebt, schleifen – bis hinein in jenen Abgrund, in den sie die ehemals heilige Zeremonie herabgestoßen hat. Aber die Natur rächt sich und spielt der alten Vettel, als welche sich diese offizielle Moralheuchelei präsentiert, einen Streich. Je weniger diese ehrbare Alte von dem »Sumpf« erfahren will, je mehr sie mit ethischen Flausen alles zudecken möchte, was von da zum Himmel stinkt, desto mehr müssen die ihren daran glauben. Und ich kann nichts Besseres tun, als hier die mannhaften Worte wiedergeben, die Robert Hessen für diesen Vorgang gefunden hat: »Die Syphilis, die in Ihren eigenen werten Familien die Zähne der Enkel schwärzt, ihnen weiche Knochen und harte Drüsen beschert, den Jünglingen schon die Haare nimmt, der Fluß, der die Wangen Ihrer verheirateten Töchter bleicht, ihren Gang müd und schleppend werden, sie über Seitenstechen klagen läßt, so daß sie kaum noch Treppen steigen können – beide stammen aus demselben großen Jauchebecken, dessen Säuberung Ihnen leider keine Freude macht.«

Auch der Mann leidet an dieser Travestie. Es liegt für den feinfühligen Mann viel Demütigung in der Benützung der Prostitution, die längst aufgehört hat, für ihn eine Freudenorgie zu bedeuten. Tiefe Depression, ja Verzweiflung folgen oftmals dieser Nötigung, die Travestie für das »Ding« selbst hinnehmen zu müssen. Wundervoll wurde dieses Problem in einer Novelle von Hugo Salus herausgearbeitet, die in den »Novellen des Lyrikers« enthalten ist. Es wird da ein junger Mensch geschildert, der in einer der Selbstvernichtung sehr nahen Stimmung in den Prager Gassen umherirrt in Erinnerung an die letzte Nacht, die sein erstes Erlebnis beim »Weibe« brachte. Indem er auf dem Platz steht, auf dem sich die alte Prager Aposteluhr befindet, und hinaufblickt, wie sie die Stunden schlägt und die Apostel herausmarschieren und der Totenschädel auf der Uhr seinen Rachen öffnet – fliegt eine Schwalbe in diesen Schädel, der klappt zu, und das Vögelchen ist drinnen gefangen. Nun macht der junge Fant den Umstand, ob das Leben ihn »wieder haben« solle, davon abhängig, ob in der nächsten Stunde, wenn der Rachen des Todes sich wieder öffnet, die Schwalbe wieder heil herausfliegen werde, und, da dies geschieht, preist er den lieben Gott als einen klugen Mann, denn wenn er nicht so klug wäre, dann hätte er einen Meineidigen mehr auf der Welt herumgehen. Trotz der heiteren Wendung in dieser Geschichte beweist sie doch, wie schwer auch der Mann daran trägt, keinen anderen Ausweg für sein natürliches Begehren zu haben, als die Prostitution, und, statt ein liebendes und geliebtes Geschöpf in die Arme schließen zu können, ein gedungenes Werkzeug zur Befriedigung übermächtiger Impulse benützen zu müssen.

4. Der Geldpunkt

Grenze zwischen Prostitution und »freier Liebe« – Die Erhaltung des Weibes durch den Mann weder unnatürlich noch unsozial – Die gänzliche Regellosigkeit der Geldfrage im »freien Verhältnis« – Die Haltung von Franzosen, Amerikanern, Deutschen gegenüber dieser Frage – Deutscher »Idealismus« – Ersatz für Erhaltung der Frau durch den Mann nur durch eine die Frau versorgende Wirtschaftsordnung – Die metaphysische Idee der »Vergütung« der weiblichen Hingabe – Die Frau als die durch die Liebe biologisch, wirtschaftlich und moralisch Gefährdete.

Die Grenzen zwischen Prostitution und freier Liebe gelten vielfach für »verschwommen«, und zwar ist es der Geldpunkt, aus dem diese Verschwommenheit angeblich stamme, und der die Deutlichkeit eines erotischen Verhältnisses so weit zu trüben imstande sei, daß es leicht als Prostitution angesehen werden könne. So wird vielfach die Definition akzeptiert, daß, wenn ein Mädchen von einem Manne, dem es sich in Liebe hingegeben hat, auch materielle Hilfe annimmt, ein Tatsachenbestand vorliege, der als Prostitution aufzufassen sei. Ich halte diese Auffassung für falsch und unnatürlich und heuchlerisch. Weil sie aber mit vielfachen Variationen häufig anzutreffen ist, halte ich ein ausdrückliches Eingehen auf das, was man den Geldpunkt in der Liebe nennt, geboten, und gerade hier an dieser Stelle, wo von Prostitution die Rede ist.

Wer soll denn das Mädchen oder die Frau erhalten als der Mann, mit dem sie lebt? In Erkenntnis der Notwendigkeit der Erhaltung der Frau durch den Mann, der Gefährdung, die die Gattung läuft, wenn das Weib sich und die Nachkommenschaft selbst erhalten soll, hat die Gesellschaft das Institut der Ehe geschaffen. Die Kritiker freier Bündnisse scheinen aber zu glauben, diese müßten sich von der legitimen Ehe dadurch unterscheiden, daß sie deren vernünftigste Konsequenz, die Erhaltung von Frau und Kind durch den Mann, verleugnen. Wird diese vernünftige Konsequenz auch im freien Liebesbündnis gezogen, so handelt es sich ihnen um »verschwommene Prostitution«. Aber nicht der Umstand, daß sich das Weib von dem Mann, mit dem es lebt, erhalten läßt, sondern der Umstand, daß es mit vielen Männern, ohne jede persönliche Beziehung, rein gewerbsmäßig (oder vielmehr unrein gewerbsmäßig) sexuell verkehrt, bildet das Kriterium der Prostitution. Aus diesem Gewerbe, aus diesem Betrieb allein, kommen auch jene Folgeerscheinungen der Prostitution, die die Hauptursache ihrer moralischen Verfemung sind, die Geschlechtsseuchen. Ein weiteres Kriterium der Prostitution ist ferner, daß beiderseits keine Liebe, keine Sympathie beim Geschlechtsakt vorhanden ist, sondern beiderseits nichts als ein Handel vorliegt. Der eine Partner gibt Geld, der andere bietet seinen Körper zur Benützung. Das ist Prostitution. Wenn aber die Frau im freien Liebesbündnis sich vom Manne erhalten oder unterstützen läßt, so ist darin weder ein unnatürlicher noch ein unsozialer und daher auch kein unmoralischer Vorgang zu erblicken. Muß sie denn mit Geld geboren sein, oder die Fähigkeit und Möglichkeit haben, es durch Arbeit zu verdienen? besonders, da doch noch so wenig qualifizierte Arbeitsgebiete der Frau erschlossen sind, und Frauenarbeit heutzutage, wenigstens in den breiten Schichten, noch nicht viel mehr bedeutet als irgendeine schwere, dabei unqualifizierte Fron, bei deren Ausübung die ganze Weiblichkeit einer Frau zerrieben wird. Eines der Hauptargumente gegen die Konkurrenz der Frau als sozial Arbeitende ist ja auch immer, es sei nicht ihr »Beruf«, auf diese Art für ihr Dasein zu leisten. Ihr Beruf sei das Leben mit dem Mann, so sei es von der Natur gewollt und nicht anders. Wenn wir auch dem Standpunkt fern stehen, in dem erotischen Leben des Weibes samt allen Konsequenzen, die die Liebe für sie mit sich bringt, einen »Beruf« zu sehen, der sie aussperren dürfte von irgendeinem Gebiet, auf dem sie sich zu betätigen strebt, so ist es doch vollkommen richtig, daß das erotische Leben der Frau, selbst ohne die Konsequenzen der Mutterschaft, immer einen höheren Kräfteeinsatz bedeutet als umgekehrt das Leben des Mannes mit der Frau. Durch den höheren Einsatz an

Gemütskräften, vor allem aber auch an äußerlichen Leistungen bringt es das Leben mit dem Manne mit sich, daß die Frau ein gut Teil ihrer Zeit und ihrer Energie daran wenden muß, sich selbst anziehend und begehrenswert zu erhalten. Christian von Ehrenfels äußert sich zu dieser Frage auf die folgende Art: »Die Frauenbewegung von heute ist so weit gediehen, wirtschaftliche Befreiung nicht nur für die geschlechtslose Frau, sondern auch für die Mutter und ihre Kinder zu verlangen. Sie wird noch einen Schritt weiter gehen und einsehen müssen, daß nicht nur die Mutterschaft, sondern auch die Leistung der Frau, welche sie als Geliebte des Mannes, als Bestallerin des Hauses und Walterin des ästhetischen Schmuckes im Leben ausübt, zu den unentbehrlichen, spezifisch weiblichen Funktionen gehören, in deren Ausübung auch die wirtschaftlich befreite Frau vom Manne doch unterstützt werden muß.« Wenn ich auch ausdrücklich betone, daß die Frau, wenn sie diese Hilfe nicht nötig hat, besser dran ist, als wenn sie sie braucht, und daß sie, wenn irgend möglich, diese Unterstützung vermeiden soll, so ist es doch richtig, vollkommen richtig, daß eine abgerackerte, vom gemeinen Sklavenfrondienst des Lebens zermürbte Frau nicht Geliebte sein kann, wenigstens nicht in dem erlösenden Sinne dieses Wortes. Nur die geschonte Frau, die Zeit, Kraft und natürlich die Fähigkeit besitzt, die Kultur ihrer geistigen und physischen Person und ihres Milieus nicht zu vernachlässigen, kann Geliebte sein. Daher die größere wirtschaftliche Kraft des Mannes ihr und sich zu dieser Möglichkeit verhelfen muß, wenn ihre Lage das erfordert.

Einer der größten Schäden der Sexualbeziehungen außerhalb von Ehe und Prostitution besteht darin, daß diese materielle Seite der Gemeinschaft gänzlich in der Luft hängt. Die Auffassung, daß die Frau, die bessere Frau, durch materielle Hilfe des Mannes »beleidigt« werde, ist ja besonders in Deutschland landläufig, und in diesem Punkt wurde der Frau ein besonderes Schamgefühl angezüchtet. Der Beweis, daß es ein angezüchtetes Gefühl ist und nicht etwa wahrer Pudeur der Seele, die vor der Antastung fremden Eigentums zurückbebt, der Beweis, daß es sich um eine Morallüge mehr handelt, liegt darin, daß, sowie »er« mit »ihr« vor den Altar oder zum Standesamt getreten ist, sie nicht die geringste Scheu mehr vor seinem Gelde hat, ja, es ganz ohne Scham von ihm fordert. Die Erhaltung der Ehefrau wird denn auch als etwas Selbstverständliches angesehen, ihre Rechte auf den Säckel des Mannes sind nur durch dessen eigenen Umfang begrenzt, während der Geldpunkt der Geliebten gegenüber immer als eine »peinliche Sache« empfunden wird. Zwischen Eheleuten wird auch diese Geldfrage vollkommen deutlich klargelegt, während sie zwischen Liebesleuten zumeist in Wolken gehüllt erscheint. Dieses gänzliche Ignorieren dieser vom Leben nicht wegzudenkenden Frage hat aber auch außer den unnatürlichen wirtschaftlichen Verwicklungen, die daraus entstehen können, wenn die erotisch in Anspruch genommene Frau im materiellen Daseinskampf vollkommen auf sich selbst gestellt ist, bedenkliche psychologische Folgen auf den Bestand des Verhältnisses selbst. Die große Gefahr für das freie Liebesverhältnis, in welchem der Mann der Frau gegenüber gar keine materiellen Verpflichtungen hat, liegt gerade in der Suggestion dieser Unabhängigkeit auf das Liebesempfinden des Mannes. Das Gefühl der Unverbundenheit erstreckt sich auch auf die Gemütsvorgänge. Es heißt, die ganze Beziehung auf erotische Stimmungen stellen, wenn gar keine wirtschaftliche Gemeinschaft existiert. Auch wird dem suggestiblen Gemüt des Mannes eine Frau um so wertvoller, je mehr er in sie »investiert«, wie wir ja schon an anderer Stelle konstatiert haben. Und wenn auch das Ritterlichkeitsgefühl des Mannes in Fragen, wo es sich um Liebe, losgelöst von allen sozialen Momenten, handelt, wenig verläßlich ist, so hat er doch noch eine andere Ritterlichkeit bewahrt, die eigentlich viel seltener versagt als jene erste: in dem Augenblick, wo ein Mann, ein besserer Mann, weiß, daß die Existenz einer Frau auch wirtschaftlich auf ihm ruht, behandelt er sie weit schonender und rücksichtsvoller, als wenn sie nur erotisch mit ihm verbunden ist. Er läßt sie um so weniger leicht im Stich, je mehr er für sie zu sorgen hat, um so schneller, desto unabhängiger sie von ihm ist. Das Verantwortungsgefühl des Mannes der Frau gegenüber ist bei weitem größer, wenn er sie erhält, als wenn sie sich ihm schenkt ohne jeden materiellen Anspruch. Hier kommt auch wieder die asketische Stimme zu Wort. Ist sie ihm ein bloßer »Genuß«, so ist die Beziehung aus dieser asketischen Tendenz heraus viel gefährdeter, als wenn sie ihm auch eine Art Pflicht bedeutet, ein moralisches Agens, das den besseren Mann tatsächlich viel fester bindet als das bloße Genußmoment. Schlaue Spekulantinnen wissen das und pochen daher nicht selten auf dieses wirtschaftliche Moment, um den Mann zu halten. Daher die sonderbare Erscheinung, daß »ausgehaltene« Frauen, auch solche von bedenklichster Sorte, auch durchaus minderwertige, in puncto der Treue und Anhänglichkeit und Beständigkeit ihrer Liebhaber fast immer besser daran sind als die Frauen, die in der Liebe vom Manne keine materielle Hilfe dulden. Diese letzteren werden, das lehrt die alltäglichste Erfahrung, viel schneller verlassen als jene anderen.

Durch die in Ländern deutscher Kultur dieser Frage gegenüber bestehenden Voraussetzungen würden aber edle Frauen tatsächlich heute lieber Mangel leiden, als vom Manne ihrer Liebe Hilfe annehmen. Dieser Stand der Dinge ist aber ein durchaus unrichtiger. Ein Eingreifen von seiten des Mannes in die materielle Situation der Frau, – nur wenn diese prekär ist, ich kann das nicht genug betonen – ist auch schon deswegen notwendig, weil durch jede erotische Gemeinschaft für die Frau auch der Wunsch nach besserem Milieu, guter Kleidung, allen Mitteln, die zur Pflege der weiblichen Persönlichkeit gehören, und, vor allem, nach Zeit, Bedürfnis wird, sowie der Mann in das Leben der Frau tritt. Und traurig, wenn es nicht so wäre – wenn ästhetische Forderungen überhaupt nicht mehr erhoben würden. Sollte die wirtschaftliche Zwangslage es so weit bringen, daß die Frau, wie der Mann heute schon, »keine Zeit« mehr hat zu einer Liebesstunde, dann sind wir am Ende mit aller Kultur der Schönheit. Die Unterstützung der Frau durch den Mann zur Ermöglichung dieser Kultur ist daher – immer nur, wenn die Beziehung innig genug und von jener Intimität ist, die erst die längere Dauer eines Verhältnisses mit sich bringt, und solange es sich um Geldausgaben handelt, die den Verhältnissen des Mannes entsprechen, und natürlich nur dann, wenn die Frau seine Hilfe überhaupt braucht – nur recht und billig und durchaus natürlich.

Der Franzose hat in diesem Punkte nie eine andere Auffassung gehabt als die, daß die materielle Lage der Frau in einer intimen Beziehung eine Angelegenheit sei, die den Mann angehe; zumindest so weit, daß er darum zu wissen begehrt. Dem Deutschen geht es wider den »Idealismus«, wenn in die Liebe sich Geldfragen mischen.

Selbstverständlich ist jede »wirtschaftliche Hilfe« des Mannes überflüssig, wenn die Frau mehr oder ebensoviel hat als er, ja auch, wenn sie weniger hat, aber genügend für ihre Person. Warum sollte sie dann von ihm etwas annehmen, warum seine Unterstützung wünschen! Aber in den Ländern des deutschen »Idealismus« ist zu beobachten, daß die »Achtung« des Mannes vor der Frau in diesem Punkt alle Grenzen des guten Geschmacks übersteigt. Er »achtet« sie so hoch, daß, wenn ein deutsches Liebespaar der bürgerlichen Gesellschaft zusammen ausgeht, er sie nicht selten sogar die Hälfte des Käses bezahlen lassen wird, den sie mit ihm zusammen verspeist. Und sollte sie – etwa aus experimentellem Interesse – einmal ihren Käseanteil nicht bezahlen, so wäre die schöne Illusion von der »Geliebten« für ihn zerstört und die Käsekonsumentin zweifelsohne zur »Dirne« geworden. –

Der Simplizissimus brachte einmal einen melancholisch-grotesken Witz. Ein deutsches Paar sitzt in einem Gasthaus und er sagt: »Die Wurscht hab’ ich gezahlt, das Bier hab’ ich gezahlt – die Konsequenzen kannst selber ziehen!« O furor teutonicus!

Diese Beispiele beweisen, daß die »melancholische Travestie«, die die Prostitution schon an und für sich ist, immer noch – travestiert werden kann, und daß auch die Travestie der Travestie der Melancholie nicht entbehrt.

Die Übernahme gewisser Auslagen, die sich beim Zusammensein von Mann und Frau ergeben, hat aber noch – jenseits aller rationalistischen Gründe – einen den Beteiligten halb unbewußten ästhetischen Grund. Das Operieren mit Geld ist »an sich« ein Vorgang, den der ritterliche Mann der Frau gern abnimmt. Sie soll nicht, in seiner Gegenwart, mit Geld klirren. Er will ihr, wenn weiter nichts, die Manipulation damit ersparen. Die Vorstellung der Mühe, die mit der Idee des Geldes verbunden ist, soll, in diesem Augenblick, in Verbindung mit der Person der Frau, nicht aufkommen, will der Mann ihre Gegenwart recht genießen. – So erkläre ich mir wenigstens die absolute Auflehnung, die der romanische und angelsächsische Mann der Gesellschaft durchgehends gegen die »zahlende« Frau hat.

Aus diesem Moment kommt vielleicht auch die Mißachtung der Geldfrage, die oftmals in einem Liebesverhältnis beide Teile haben, die Neigung zur Unbedenklichkeit dem Gelde gegenüber, die oft ganz sparsame Menschen in erotischen Verhältnissen überkommt. »Die Liebe mag nicht fasten, sie schätzt, was gut und teuer.«

Trotz dieser Auflehnung gegen die »zahlende« Frau darf, meiner Ansicht nach, die Frau dort, wo die wirtschaftliche Situation eines Mannes nicht günstig ist, von ihrem Standpunkt, für sich selbst materiell einzustehen, nicht abgehen. Die unbefangenste Kameradschaftlichkeit muß in diesem Fall gewahrt werden. In wirtschaftlich bedrückten Schichten fiele ja oft jede Möglichkeit der Geselligkeit zwischen Männern und Frauen fort, wenn dieser Standpunkt nicht gewahrt würde.

Die wesentlichste Ursache, durch welche dem Mann entwicklungsgeschichtlich die Erhaltung des Weibes zugewiesen wurde, diese Ursache, aus der auch eine doppelte Moral und die Eheinstitution entstanden, ist ja natürlich in der Notwendigkeit eines Schutzes der Brut und der Frau, als Hüterin der Brut, zu suchen. Solange die Gattung, die Gesellschaft selbst nicht diesen Schutz der Generation und ihrer Trägerin übernimmt, so lange sind auch diese künstlichen Schutzwälle der Frau – hinter denen nur leider, wie wir gesehen haben, die Möglichkeit der freien Auslese und damit der Höherentwicklung der Art gefesselt liegt, während das Elend, das aus der gewaltsamen Unterbindung gesunder sexueller Kräfte erwächst, hinter diesen Schutzmauern sein Lager aufgeschlagen hat – notwendig. So lange ist es auch notwendig, daß der materielle Schutz der Frau durch den Mann eine moralische Forderung bleibe, der sich zu unterwerfen für ihn Ehrensache ist, falls sie seiner bedarf, natürlich, und falls ihn zu leisten in den Kräften des Mannes steht.

Nur wenn jedem erwachsenen Mädchen ein Beruf, der es in seiner Frauenfunktion nicht schädigt, jeder Schwangeren und Mutter Erhaltung für sich und ihre Kinder gesichert ist, wird die Erhaltung der Frau vom Manne hinfällig werden. Solange das nicht der Fall ist, ist die Frau durch die Liebe gefährdet – das ist eine Tatsache, die nun einmal feststeht – sie ist durch sie biologisch, seelisch und sozial gefährdet, besonders die unselbständige, irgendwie abhängige Frau. Darum ist, solange nicht die Gesellschaft als offizielle Beschützerin des Weibes sich erklärt, dieser Schutz von seiten des Mannes nötig, logisch und einzig möglich, soll die Frau und ihre Frucht nicht verderben. Und darum hat die Annahme dieses Schutzes mit Prostitution nichts gemein. In Ländern, in denen die ritterliche Überlieferung, wenn auch nur im schwachen Abklatsch der Galanterie, nicht ganz in Vergessenheit geraten ist, in Frankreich, insbesondere aber in Amerika, ist das eine Selbstverständlichkeit. Die deutsche Frau aber riskiert es, für eine Dirne gehalten zu werden, wenn sie von dem Manne, mit dem sie lebt, etwas »annimmt«.

Die moralische Verfemung dieses materiellen Momentes in der Liebe ist übel angebracht, denn in diesem Momente liegt nichts Unnatürliches oder Unsoziales (wie es der Vorgang der Prostitution ist). Unnatürlich und unsozial ist hingegen, daß Frauen ihre Schönheit und Jugend, die Anmut ihres Leibes und ihrer Seele ungenützt und keinem Menschen zur Freude brach liegen lassen sollen oder müssen. Aus diesen Qualitäten ihres Körpers und ihrer Seele stammt der natürlichste »Einsatz«, den sie im sozialen Leben zu leisten haben. Ein Einsatz an Leistung, an Energienentfaltung muß aber jeder leisten, der leben will.

Der Mann ist und bleibt der biologisch und wirtschaftlich Stärkere, aus dieser Tatsache sind alle juridischen Bestimmungen zu erklären, welche den Mann zur Alimentation, zur »Entschädigung« der Frau anhalten. Diese Vergütungsidee, die die Gesellschaft nie ganz verloren hat, hat aber auch etwas wie einen metaphysischen Hintergrund. Er »vergütet« ihr die Leiden, die er ihr gewöhnlich verursacht und die Gefahren, die um seinetwillen ihrem Herzen und ihrer ganzen physischen und psychischen Existenz bevorstehen können. Die schnellere Vergänglichkeit ihrer erotischen Schicksalsmöglichkeiten ist auch eines jener Momente, die hinter dieser Idee einer »Vergütung« stehen. Er »nützt sie ab«, indem er ihre Liebe nimmt und nicht nur in biologischem Sinne. Sie ist ihrer Natur nach die Gebrauchte, er der Gebrauchende, und soll das

Instrument durch diesen Vorgang nicht seiner Zertrümmerung zugeführt werden, so muß der, der es »gebraucht«, es selbst beschützen mit allen Mitteln, die sein Übergewicht, sein Überwert, seine Übermacht ihm in die Hand gibt. »Schwächer« ist die Frau als der Mann? Nein! Sie ist vielmehr, als Weltkraft betrachtet, ihm durchaus kongenial. Aber gefährdeter ist das Gefäß dieser Kraft; gefährdeter das weibliche Prinzip als das männliche. Und sowie der Mann an die Frau rührt, sowie die »magdliche Blume« ihr verblüht, setzen alle die Gefahren, die in ihrem Geschlechte liegen, für sie ein.

Darum wird immer und unter allen Reformen, solange nicht, wie gesagt, generative Vorsorge für das Weib getroffen ist, an dem Standpunkt der Erhaltung oder Stützung der Frau, die es nötig hat, durch den Mann festgehalten werden müssen, wenn die Dinge natürlich zugehen sollen. Freilich soll alles geschehen, auf daß sie nicht in jene schmachvolle Abhängigkeit gerate, in der sie heute zum größten Teil ist. Das Fundament ihrer Existenz soll der Frau, unabhängig von ihren Erlebnissen mit dem Mann, gesichert sein, soll nicht der ganze »Marktwert« der Geschlechter verfälscht und damit der natürliche Werbekampf verkehrt werden. Die Zukunft wird eine Kombination zu finden wissen, durch welche dieses Fundament der Existenz der Frau durch angemessene hochgewertete soziale Frauenarbeit einerseits, durch vollkommenen Mutterschutz und durch Entlohnung für das Geschäft der Aufzucht der Generation andererseits gewährleistet sein wird. Solange die Frau aber als Erwerbende dem Manne nicht gleich steht und ihre ganze Weiblichkeit einsetzen und schädigen muß, um nur ein Existenzminimum aus ihrer sozialen Arbeit herauszuschlagen, solange keine durchgreifende Versicherung für alle Vorgänge der Fortpflanzung besteht, so lange muß der Mann die Frau, mit der er lebt, wenn sie selbst existenzlos ist, ererhalten. Erst wenn sie ihm als Erwerbende völlig gleich steht und durch den Erwerb an ihrer weiblichen Persönlichkeit nichts einbüßt, weil dieser Erwerb ein ihrer Kraft gemäßer ist, erst wenn sie als Schwangere versorgt und versichert ist, wird die Erhaltung des Weibes durch den Mann überflüssig sein. So lange aber ist jede andere Auffassung als die, daß der Mann, der wirtschaftlich Stärkere, der biologisch weniger Gefährdete, der psychisch Robustere, die Frau, deren Liebe er bezitzt, auch wirtschaftlich schützt, wenn es nottut, widernatürlich.

Aber wieso kommt es, daß die Frauen, trotz all dieser zwingenden Argumente, mehr und mehr auf diesen Schutz, ja auf jede, sei es auch die geringste materielle Hilfeleistung von seiten des Mannes verzichten? Dieser Vorgang ist nichts anderes als eine unnatürliche Reaktion mehr auf andere unnatürliche Voraussetzungen unseres Sexuallebens. Durch die gewalttätige Absperrung vom Geschlechtsleben, durch den unerbittlichen Verweis auf Ehe oder Prostitution oder grausame Öde hat man Würde und Freiheit der Frauen, ihr Gefühl dafür auch in diesem Punkte – getroffen. »Er« kommt zu ihr in ihre Einsamkeit, bringt Licht in ihre Stube, hilft ihr durch ein paar frohe Stunden die Last ihres verödeten Daseins tragen – und sie sollte noch überdies etwas von ihm »verlangen?« Die Frage des Anspruchs auf Schutz, den die Frau unter natürlichen Verhältnissen – bis hinunter ins höhere Tierreich – erhebt und erheben soll, sowie die Willfährigkeit der Männer zu diesem Schutz, hängt ab von dem naturgemäßen gesunden Zustand der Verhältnisse, die die sexuellen Vorgänge umgeben. In Epochen, in denen eine Überzahl an Weiblichkeit »zu Markte« gebracht wird, wie in der unserigen, in Zeiten, in denen auf dem Jahrmarkte der Geschlechter der Mann alle Möglichkeiten hat und das Weib so gut wie gar keine, sinkt auch der Anspruch der Frauenliebe auf Beschützung von seiten des Mannes mehr und mehr dahin.

Weit entfernt, diesen Anspruch den Vorgängen der Prostitution zuzurechnen, müssen wir ihn vielmehr, gleichviel ob in oder außer der Ehe, als in der Natur der Geschlechter tief begründet und überdies von der sozialen Gefährdung als doppelt geboten anerkennen. Wo immer das Phänomen des Verzichtes auf diesen Anspruch – bei gleichzeitiger Bedürftigkeit danach – auftritt, handelt es sich um eine unnatürliche Zwangslage der eingekreisten Königin im Schach, – der in ihrem Aushungerungszustand in ihrer Würde geschwächten Weiblichkeit.

5. Zur »Reform« der Prostitution

Die Lüge der »platonischen« Bekämpfung der Prostitution – Der angebliche Ersatz der Prostitution durch Ethik, Vegetarianismus, Drucksorten, Zander-Gymnastik und Familienleben – Entbehrlichmachung der Prostitution – Ein denkbarer Weg – Noch einmal das »Spiel der Martier« – Noch einmal »erotische Freundschaft« – Der offizielle Flirt der englischen Gesellschaft, ein Anfang – Der Reformator als Mittler zwischen den Schmerzen der Gegenwart und dem Stern des Ideals.

Daß auch für die Vorgänge der Prostitution eine Reform, welche ihren Vorgängen einen menschenwürdigeren Verlauf sichert, nicht unmöglich sei, können wir teils aus der Vergangenheit schließen, welche ja zeitweilig eine heilige und hochkultivierte Prostitution kannte, teils aus Formen der Prostitution, wie sie auch in der Gegenwart bei manchen Völkern bestehen. So schildert Robert Hessen die Prostitution in Japan[44] als ein »zweckmäßig hygienisch eingerichtetes Institut zur Gesunderhaltung eines kräftigen Volkes, das die Vorzüge der Askese vor der Ästhetik nicht einsieht, weil es niemals durch die kränkelnd idealisierende Vorstellung von der ›Abtötung des Fleisches‹ aufgeregt und um alle Freude an der Natur gebracht worden war«. Auf Grund freier Kontrakte vermieten sich in Japan junge Mädchen den Freudenhäusern, ohne deswegen zum »Abschaum der Menschheit«, ohne aus dem Rahmen der Gesellschaft herausgedrängt zu werden. Durch die Verhinderung ihrer Ausplünderung von seiten der Inhaber der Freudenhäuser gelangen sie schon nach wenigen Jahren in den Besitz von Vermögen, so daß es ihnen schon nach verhältnismäßig kurzer Zeit – und dies ist der springende Punkt! – möglich ist, sich zurückzuziehen, worauf sie gewöhnlich heiraten, »da kein sozialer Makel ihnen anhaftet«. Die Mädchen bleiben also nicht ihr Leben lang bei diesem »Dienst«, auch dürfen sie in keiner Weise auf die viehische Art in Anspruch genommen werden, wie bei uns zulande. Während also bei uns die Dirne unbedingt vertieren muß und ihr Herausfall aus dem Rahmen der Gesellschaft dadurch fast selbstverständlich wird, ist dies in Japan ganz und gar nicht der Fall. Die Geisha verliert nicht ihre Frische, nicht ihre geistige Persönlichkeit, denn sie ist nicht »überbürdet«, nicht bis zum Blödsinn ausgenützt. Die europäische Dirne erzielt, auch wenn sie nicht kaserniert ist, keine nennenswerten Einnahmen, trotz der hohen Preise, die sie unter Umständen erhält. Denn durch die heuchlerische Verbietung der Prostitution liegt sie in Erpresserhänden, und alles, was sie errackert, wird ihr von der Wirtin oder dem Zuhälter abgenommen. Das heuchlerische Lügenspiel des »offiziellen« Verbietens der Prostitution und des »geheimen« Duldens auf der anderen Seite hat die gräßlichen Bestimmungen gegen »Kuppelei« zur Folge, und diese Bestimmungen wieder schaffen das Heer von Ausbeutern, denen das arme junge Weibmaterial, das zur Prostitution kommt, zum Opfer fällt. Die japanische Prostituierte kann nicht so ausgebeutet werden, denn niemand vergeht sich um ihretwillen gegen gefährliche Gesetzesparagraphen. Auch ist dieser Mädchen eine große Anzahl da, und sie brauchen sich nicht zu »überarbeiten«, finden dabei doch ein besseres Auskommen als die europäischen Prostituierten, da sie bedeutend »billiger« sein können, weil das Zuhältertum und das Kupplertum ihnen nicht auf den Schultern lasten. »Sie haben Zeit für Putz, Flirt (!), Gesang und Tanz und zwitschern aneinander gereiht auf ihren Balkonen, wie Schwälbchen, die auf einem Telegraphendraht sitzen. Alles hat Stil, Grazie, nichts Gemeines, Aufdringliches verletzt den Geschmack. Die Hauptstraße von Yoschivara in ihrer feenhaften Farbenglut bildet allabendlich die Hauptanziehung für Einheimische und Fremde«[45]. Außerdem sind Freudenhäuser in Japan, wie Hessen sehr richtig hervorhebt, Teehäuser, d.h. es fehlen die Bacchusopfer und ihre Wirkungen auf die Brunst der Männer.

Auch der Pariser Grisette wird ein schärfer ausgeprägtes Gefühl für Menschenwürde nachgesagt. Michels[46] berichtet von ihr: »Die im höchsten Grade widerliche ›Liebesspezies‹ in drei

Tempi, jener Matrosentypus der Sinnesliebe, wie er in Deutschland noch so häufig anzutreffen sein soll: Anrede – Fortschleppen – Geschlechtsakt, gilt der Pariserin – immer die allerunterste Schicht der Venuspriesterinnen abgerechnet – als gemein. Nie würde sie mit einem unbekannten Mann, mit dem sie nicht vorher in kameradschaftliche Berührung geraten, von dem sie nicht vorher auf die eine oder die andere Weise erfahren, wes Geistes Kind er sei, was er treibe usw., zusammengehen. Sie verlangt gebieterisch die préambules der Liebe, die Möglichkeit einer bis zu einem gewissen Grade gehenden körperlichen Sympathie, seelischen Anpassung. Häufig bemißt sie, auch Reichen gegenüber, nach diesem Grade auch die Höhe ihres Kaufpreises.« Auch leben diese Pariser Dirnchen nicht so ausschließlich wie die deutschen in sexuellen Verhältnissen mit Männern. »Es gibt viele Pariser Mädchen, die scharf unterscheiden zwischen den Herren, mit denen sie geschlechtlich zu verkehren gezwungen sind, und den Freunden, den ›copains‹, zumeist Studenten, mit denen sie gesellig verkehren, in einem Restaurant zu Mittag speisen, Karten spielen, im Louxembourg spazieren gehen, auch Ausflüge machen, mit denen sie aber nur ›als Freunde‹ leben. Von diesen verlangen sie nichts als Kameradschaftlichkeit, und diese zahlen sie auch mit der gleichen Münze zurück. Der Verkehr zwischen beiden steht auf dem Fuße gänzlicher gesellschaftlicher Gleichberechtigung, völlig außerhalb des métiers der Mädchen, und diese beanspruchen und erhalten ohne weiteres, daß man ihnen mit der Achtung, die man vollwertig Gleichgestellten gegenüber besitzt, entgegenkommt.« Auch von dem amant de coeur, den diese Mädchen gewöhnlich haben, wird uns berichtet, und zwar legen sie bei solchen Beziehungen nicht selten ihren Stolz darein – sie platonisch zu erhalten. Eine Prostituierte erzählt von ihrem Verhältnis zu ihrem Herzensfreund, einem Artillerieoffizier, mit dem sie ein platonisches Verhältnis verbindet: »Er hat das, was kein anderer von mir so leicht haben kann – meine Keuschheit.«

Was Amerika betrifft, so erfahren wir von der Existenz der sogenannten assignation houses. In diesen Häusern können Pärchen, die sich da treffen, zusammenkommen, ohne irgendwie ausgeplündert zu werden, weder durch Trinkzwang, noch durch übermäßige Miete. Außerdem sind die Zimmer dieser Häuser durchaus hygienisch eingerichtet. Dieses fortwährende Verleugnen der Notwendigkeit hygienischer Vorkehrungen dem freien Geschlechtsleben gegenüber ist die gefährlichste Folge der pharisäischen Gesinnung unserer Gesellschaft. »Kindisch, dreckig und pharisäisch« nennt Robert Hessen dieses ganze System, demzufolge das illegitime Geschlechtsleben mit »Ethik anstatt mit Sublimat« behandelt wird. – Es ist in der Tat eine unfaßbare Vogelstraußpolitik, die da getrieben wird, notwendiges Geschehen wird mit harter Faust in schmutzige und finstere Winkel gedrückt, in denen erst seine gefährlichen Folgen gesät werden. Man drückt die Augen zu, wo man sie weit aufreißen sollte, man übt Druck und Gewalt aus, wo sorgsamste Pflege notwendig wäre. Die Lüge der pharisäischen Bekämpfung, mit welcher der Prostitution – anstatt mit nüchternsten hygienischen Tendenzen – begegnet wird, beherrscht unsere Kultur und zeitigt so schmähliche Folgen.

Am deutlichsten wird diese offizielle Lüge, die einer dem anderen weismacht – das wahre Bedürfnis hehlend – an den »Vorschlägen«, deren Ausführung dazu dienen soll, die Prostitution zu umgehen. Die sonderbarsten »Wege des Heils« werden da empfohlen. Der eine sieht in der Abkehr von Fleischnahrung, der andere gar in der besonderen Heilkraft des Hirsebreies, der dritte in der Vermeidung von Alkohol zureichende Möglichkeiten zum Geschlechtsverzicht. Daß man gegen den Alkohol auftritt, daß man sportliche Betätigung mehr und mehr anstrebt und scharfgewürzte Kost vermeidet, sind gewiß lobenswerte Bestrebungen, aber weder durch diese Reformen in der Lebensweise, noch durch Zandergymnastik des Unterleibes, noch durch Anschluß an ein fremdes »Familienleben«, noch durch ethische Drucksorten wird dieser Geschlechtsverzicht wirklich erzielt werden. Die Prostitution ist heute ein Bedürfnis, daher wird sie weder durch Moraltraktate, noch durch Polizeimaßregeln verschwinden, denn eine Institution, die einem Bedürfnis entsprach, ist noch niemals verschwunden. Nicht darum kann es sich handeln, es »abzuschaffen«, sondern nur darum, es entbehrlich zu machen. Das wollen ja auch schließlich die oben angedeuteten, von uns ironisierten Vorschläge. Der Grund, warum wir sie ironisieren, liegt darin, daß sie ein Ding ersetzen wollen durch ein gänzlich anderes, daß sie für ein vitales Bedürfnis Surrogate aufstellen, die mit dem Wesen und der Natur des Bedürfnisses nicht das geringste zu schaffen haben. Aber es ist sonderbar, wie selbst radikale Schriftsteller, die zu dem Thema das Wort nehmen, sich immer wieder »drücken«, wenn es zum entscheidenden Punkt kommt, zur entscheidenden Wendung des Themas: zur Resolution, die aus der Bloßlegung der gegebenen Zustände unerbittlich zu ziehen ist. Sie ziehen diese Resolution nicht, sie empfehlen sich mit einer etwas jähen Verbeugung, murmeln schnell noch ein paar Phrasen von »Forderungen der Ethik« und »sozialer Hygiene«, »menschlicher Gesinnung«, »Vertiefung der Beziehungen der Geschlechter« in den Bart, und weg sind sie. Hier aber müßte es heißen: stehe still, stehe Rede! Hast du das Wesen des Dinges zu besehen, zu untersuchen die Kühnheit gehabt, so drücke dich nicht, wo es gilt, die Folgerungen zu ziehen. Und weißt du keinen Weg, die Schäden des Dinges zu mildern, so hättest du dir die ganze Untersuchung ersparen können!

Der Ursprung der Prostitution war, wie wir erfahren haben, kein schmählicher. Sowohl in dem Zeremoniell der religiösen als der kultivierten Prostitution, wie sie begünstigte Zeiten ermöglichten, kam der Gedanke zum Ausdruck, daß es sich um eine freundliche Hingabe handle, die es ermöglichte, daß Menschen ein paar Stunden voraussetzungslos und unbeschwert von erdrückenden Verpflichtungen miteinander in Schönheit verbrachten. – Und der Kult, der mit den Frauen, die sich dem Manne auf diese Art hingaben, zu gewissen Zeiten getrieben wurde, ist sehr begreiflich. Denn es ist besonders für den Mann ein großes Glück und eine große Befreiung, Heiterkeit, Schönheit, erotische Lust durchkosten zu dürfen, ohne daß ihm Forderungen weitgehendster sozialer Natur als Bleigewichte an die Sinne gebunden werden (freilich ist dabei an den gesunden, den normalen Mann gedacht, der überhaupt noch imstande ist, heitere erotische Vorgänge zu genießen). Mit der christlichen Verachtung der Lust tritt an Stelle der freien freudigen Freundin, die die Hetäre gewesen war, die schmierige Dirne auf den Plan. – Denn der erotische Trieb blieb durch alle Zeiten, ihn zu befriedigen galt aber als schmachvoll, und die sich dazu »hergaben«, verfielen der Ächtung. Daher nur die niedrigsten weiblichen Schichten diese Ächtung auf sich nahmen, das ganze Niveau des »Freudenmädchens« – (was für ein wunderbarer transzendenter Gedanke liegt doch hinter diesem Wort verborgen!) – gedrückt wurde, während die anderen Frauen Begierdelosigkeit logen. Die sexuelle Lüge wurde Ehrensache. Der Moraleffekt war, daß die Schönheit und Freudigkeit, die Gehobenheit der Stimmung, die das sexuelle Erlebnis bei gutem Gewissen mit sich bringt, und die der Quell aller Arbeitselastizität ist, schwand und, mit der nazarenischen Auffassung dieser Vorgänge, die Gemeinheit an ihre Stelle trat. An diesem Wendepunkt in der Sexualgeschichte der Menschheit wurde der Grundstein zu dem Tempel der Lüge gelegt, dessen stärkster Pfeiler die doppelte Moral ist. Das Zwischenglied zwischen den beiden Moralwelten des Mannes und der »anständigen« Frau ist die Dirne. Die doppelte Moral ruht auf der Schildbürgeridee, als ob die Moral des einen Geschlechts ohne dieselbe Moral des anderen Geschlechts überhaupt durchführbar wäre. Da der Mann die Freiheiten, die ihm seine Geschlechtsmoral gestattete, allein nicht durchführen konnte, so mußte diese Moral die Dirne als Zwischenglied zwischen den Mann und die Gesellschaft einschieben. Sie hat ein Wesen, das Menschenantlitz trägt, dazu benutzt, systematisch und berufsmäßig »Reservoir« zu sein – gemietete Auffängerin der natürlichen Begier des Mannes, die des natürlichen Ziels – im Schoße der geliebten Frau – entbehrt. Durch diese Moral wurde aber nicht nur das Weib (innerhalb und außerhalb der Gesellschaft) an der Wurzel seines Geschlechtes gefährdet, nein, auch der Mann selbst wurde durch diese Schiebung der Dinge mit dem Fluche der Dürre und des Ekels geschlagen. Denn der Lapsus, der der verlorenen Idee zugrunde lag, mußte seine einzelnen Teile so zusammenschließen, daß aus ihnen ein Verlies auch für den Mann wurde: nur einem Geschlecht die Freiheit auf erotische Hingabe zuzugestehen, heißt in Wahrheit, sie keinem Geschlecht gewähren. Denn der Mann findet, wenn die Frau durch freie Hingabe gefährdet ist – eben keine Frau, die sich ihm in Freiheit und dabei mit jener Heiterkeit, die das allein seligmachende Begleitmoment der Geschlechtsvorgänge ist, hingeben kann, sondern nur jenes »Zwischenglied«, jenes Instrument, das sein Menschenantlitz wie eine erborgte Maske trägt, die Dirne.

Auch hier ist vielleicht etwas wie eine Reform denkbar. Das Bedürfnis nach Sexualgenuß ohne weitläufige Präliminarien und weitgehende Konsequenzen wird nie schwinden. Die Forderung der Sinne ist so gebieterisch wie der Hunger nach Nahrung, und beim normalen Mann ebenso wie bei der normalen Frau. Nur solange die Frau die »Gebrauchte« ist, ist sie auch meist die Mißbrauchte und so lange ist jede Möglichkeit der Freude für sie bei erotischen Vorgängen ausgeschlossen.

Das Wesen aller Reform besteht darin, daß man in einen neuen Zustand das Gute hineinträgt, das dem alten zu eigen war, das Üble und Schmutzige des alten Zustandes aber entfernt. Was ist nun das Gute, das die Prostitution heute dem Manne bietet? Es ist die Erleichterung von sexueller Bedrängnis auf unverbindliche Art. Es ist die Möglichkeit schnellen Kontaktes mit dem anderen Geschlecht, welcher auf eine Art gewonnen werden kann, die nicht den Umsturz der ganzen sozialen Existenz eines Menschen bedingt und dessen Zustandekommen nicht von tausend Schwierigkeiten abhängt, wie etwa die Ehe. Das üble dieses Vorganges liegt vor allem in der Defamierung des Weibes, welches als »Gebrauchte« zum Opfer wird, der Gefahr der Verseuchung (hervorgerufen durch mangelhaftes Interesse jenes Opfers, ihre Mißbraucher davor zu bewahren) und der moralischen Depravierung von Mann, Weib und sozialem Bewußtsein.

Resolution: Ersteres – das Gute – muß bleiben ohne letzteres – das Üble – wenn von einer Reform des freien Geschlechtslebens die Rede sein soll. Dies ist aber nur möglich, wenn dieses freie Geschlechtsleben, welches, wie wir gesehen haben, viel des Befreienden bietet, aufhört, ein »Erwerb« einer bestimmten Frauenschicht zu sein und eine gesellschaftliche Einrichtung wird wie jede andere, die der Erholung dient. Diese Einrichtung kann daher nicht durch eine Schicht Frauen, die davon »lebt« (und daran stirbt) repräsentiert werden, sie ist kein »spezialisierter Beruf«, sondern ihr Publikum bilden – alle Männer und alle Frauen, die vereinsamt leben. Statt käuflicher Prostitution – freiwillige Hingabe freier Menschen untereinander.

Freilich müssen, damit dies möglich werde, nicht nur gewisse soziale Voraussetzungen erfüllt sein, sondern vor allem die Gehirnvoraussetzungen dazu bestehen. Solange das geringste Odium diesem Vorgang der freiwilligen Hingabe der Frauen, zwecks Ermöglichung unbeschwerter erotischer Erlebnisse, anhaftet, solange ihnen im geringsten soziale Schädigung daraus erwachsen kann, so lange ist dieses Geschehen ausgeschlossen. Aber wenn diese Voraussetzungen erfüllt sind, wenn die Gehirne so weit reformiert sind, einen derartigen Zustand als hohen Vorteil gegenüber dem käuflichen Geschlechtsleben zu empfinden, dann würde manche gute Folge nicht ausbleiben. Vor allem würde die ganze Kaste der Prostitution überflüssig oder doch sehr vermindert werden, und nur wenn sie überflüssig ist, in des Wortes engster Bedeutung, kann sie schwinden. Der Geschlechtsvorgang würde nicht mehr Mann und Weib in den Sumpf der Erniedrigung ziehen, wie es heute in der Prostitution geschieht. Wenn es einen menschenwürdigen Ausweg für die Bedrängnis der Sinne, die kein Ehrlicher leugnen kann, geben würde, würde auch so manche übereilte legitime Verbindung, die jetzt aus sexueller Not geschlossen wird, nicht stattfinden. Die Geschlechtsseuchen dürften an Ausbreitung verlieren, wenn beide Partner ein Interesse an der Aufrechterhaltung ihrer Gesundheit haben.

Und die psychologischen Voraussetzungen dieses Vorgangs? Wir haben schon im zweiten Kapitel dieses Buches, in dem wir von den Formen und Folgen der Umgehung der Ehe sprachen, das Wort »erotische Freundschaft« ausgesprochen. Wir haben im fünften Kapitel das Wort und den Begriff des »Liebesspiels« gegeben. Auf diesen beiden psychologischen Möglichkeiten würden auch jene Vorgänge zu basieren haben, durch welche die Prostitution überflüssig gemacht werden könnte. Wem das »Spiel« ein zu geringer psychischer Einsatz bei den Vorgängen der Liebe scheint, der bedenke, was heute bei den Vorgängen der Prostitution vor sich geht! Er bedenke dies und vergleiche es mit dem, was wir von dem Liebesspiel der Martier gehört haben und was uns für die Menschheit so heilsam erschiene, da nun einmal ein Geschlechtsverzicht von ihr nicht zu verlangen ist. Man vergleiche die Momente der Anmut der Freiwilligkeit der Hingabe, losgelöst von allen Geldinteressen[47], mit dem gräßlichen »Geschäft«, das der Geschlechtsakt in der Prostitution für Mann und Weib bedeutet. Und man wird, wenn man ehrlich prüft und frei ist von Moralheuchelei und sexueller Lüge, keinen Grund auffinden können, warum dieser entlastende Ausweg einer reifen Kulturmenschheit nicht gegönnt sein sollte. Anstatt ein schmählicher Handel, anstatt Ankauf oder »Miete« eines Körpers zwecks viehischer Benützung, tritt die freiwillige Hingabe aus Freundschaft, Herzlichkeit, Sympathie. Und die Grenzen dieser Gefühle der Liebe gegenüber sind ja keine starren, so daß ein Hinaufschwellen bis zu hohen Gefühlen bei beiderseitiger freiwilliger Hingabe wohl möglich erscheint.

Daß die volle Beherrschung der Sexualhygiene und des Präventivverkehrs Voraussetzungen bilden, ist selbstverständlich. Aber alle Sozialreformer und Hygieniker fordern die bewußten Vorkehrungen gegenüber den Folgen der Liebe einschränkungslos und einstimmig heute schon und in jedem Geschlechtsverhältnis, auch in der Ehe. Und nicht nur die schmähliche äußere Folge der Prostitution, auch die inneren Qualen des erzwungenen Zölibates von Menschen, deren Ekel vor der Prostitution zu groß ist, würde durch eine solche Möglichkeit behoben. Wir haben auch die ethische Folge betrachtet, die die Übung des »Liebesspiels« auf kultivierte Menschen haben muß. Wir haben gehört, daß eine höhere Art von Altruismus aus diesem »Spiel« erwachsen kann, weil auf die fremde Persönlichkeit, der man sich nicht durch fraglose Harmonie, nur durch Sympathie verbunden fühlt, und mit der man sich zum freundlichen Genusse einer voraussetzungslosen Stunde verbindet, Bedacht genommen werden muß. »Das ›Spiel‹, von Edlen gehandhabt, wird zum Erzieher zur Güte, Nachsicht und Demut.«

Endlich ist die Haltung der Frauen dieser Möglichkeit gegenüber zu untersuchen. Daß die geschlechtliche Not der Frauen eine ebenso große und eine größere ist als die der Männer, wissen wir. Daß es undenkbar ist, daß sie eine etwa entstehende »männliche Prostitution« jemals benützen würden – wir rechnen mit normalen Frauen, d.h. weder mit frigiden noch mit sexuell defekten oder messalinischen – ist ebenfalls sicher. Ein Wesen, das sein Geschlecht prostituiert, mag als Weib, als Dirne noch irgendwie annehmbar erscheinen, weil es möglicherweise von seiner Schwäche so weit gebracht wurde; als Mann erregt es einem normalen Menschen Ekel und Grauen und ist wieder nur für die Dirne, in Gestalt des Zuhälters, denkbar. Die Benützung einer männlichen Prostitution wäre also, auch wenn das sexuelle Elend der Frauen noch höher steigt, von seiten normaler Frauen unmöglich.

Nicht unmöglich aber ist es, daß sich gesunde, normale und gut veranlagte Frauen einem Freund, den sie sich frei erwählen, wie er sie wählt, ohne weitere, beiden erwachsende Verbindlichkeiten erotisch hingeben. Der ganze Rattenkönig der doppelten Moral würde durch die Simplizität dieses Vorganges endlich einmal auf den Kopf geschlagen. Die doppelte Moral läßt nur ein einseitiges Bedürfnis gelten, zwecks dessen Befriedigung die andere Seite, die weibliche, in Schmach und Jammer gestürzt werden muß. Die Anerkennung des zweiseitigen Bedürfnisses, wie es tatsächlich besteht, macht eine zweifache Moralwertung hinfällig, erleichtert beide Teile und stürzt niemanden in Schmach und Not. Aber es ist, wohlgemerkt, eben die Anerkennung, die offizielle, lügenbefreite Anerkennung dieses Bedürfnisses, um die es sich handelt. Denn freies erotisches Leben haben wir ja heute schon, aber es ist verknüpft mit Lug und Trug und Mißbrauch, weil es hinter den Rücken der Gesellschaft gedrängt wird. Gerade weil den Frauen die erlaubte Möglichkeit eines Ausweges in geschlechtlicher Bedrängnis fehlt, taumeln sie in alle möglichen gefahrvollen Abenteuer, deren eines, nicht zum geringsten gefahrvolles, unter Umständen eine Ehe sein kann. Die erotischen Verhältnisse außerhalb der Ehe, welche Frauen und Männer heute schon knüpfen, sind nicht das, was hier gemeint ist. Heute ist die Frau in so einem Verhältnis vollkommen dem betreffenden Manne ausgeliefert, äußerlich dadurch tausendmal bedrohter, innerlich tausendfach abhängiger als in der Ehe. Und wie diese Verhältnisse abzulaufen pflegen, haben wir im zweiten Kapitel dieses Buches geschildert. Auch besteht eben die Voraussetzung der rein erotischen Erlebnismöglichkeit, ohne die »große Liebe« einerseits oder der Gefahr der Verachtung andererseits, heute nicht für sie. Nur durch Anerkennung dieser rein erotischen Erlebnismöglichkeit, unabhängig vom sozialen Bündnisse der beiden Partner und losgelöst von allen Schrecken drohender Schande und nur durch eine hochkultivierte Art, diese Möglichkeit zur Entfaltung zu bringen, wäre nach und nach ein Zustand erotischer Befreiung zu schaffen, der beide Geschlechter von hemmenden sexuellen Spannungen erlöst, ihnen alle Freiheit läßt und die Prostitution entbehrlich macht. Nicht das wilde erotische Verhältnis, das heute hinter dem Rücken der Gesellschaft sein Wesen treibt, von äußerer Ächtung und inneren Katastrophen bedroht ist, kann von der Notwendigkeit der Prostitution befreien. Nur das reformierte, freie erotische Verhältnis ist dazu imstande. Weder seinem inneren Gehalt, noch seinen äußeren Formen nach dürfte es die leiseste Ähnlichkeit mit den Vorgängen der Prostitution besitzen. Auf die brutale Form, in der heute in der Prostitution der Geschlechtsakt geübt wird (die »Liebe in drei Tempi«) müßte selbstverständlich verzichtet werden. Wir sind weit entfernt davon, zu glauben, daß feinfühlige Frauen jemals, ohne daß sich eine persönliche Beziehung entspinnt, am Sexualakt Befriedigung finden könnten. Es handelt sich nur darum, eine offizielle Voraussetzung zu schaffen dafür, daß die Möglichkeit solcher erotischer Erlebnisse überhaupt bestehen kann. Es ist nicht ausgeschlossen, daß durch diese Möglichkeit und unter dieser offiziellen Voraussetzung Menschen sich gerade noch anders als erotisch – etwa nur in geistiger Zärtlichkeit – finden und verbinden würden. Alle Möglichkeiten tiefer gehender Beziehungen eines Paares wären damit angebahnt, rein gesellschaftliche und rein kameradschaftliche Beziehungen könnten sich entwickeln und dürften, dann erst – wenn auch die erotische Erfüllung nicht ausgeschlossen erscheint und der Anspruch darauf niemanden beleidigt und schädigt – wirklich ein Surrogat für das sexuelle Erlebnis selbst bieten, das sie heute, wo es verfemt ist, nicht bieten; auch der richtige Dauergenosse, dem man sich nicht im »Spiel«, sondern im Ernst und für immer hingibt, könnte durch solche Möglichkeiten vertraulichen Kontaktes eher gefunden werden als heute.

Freiere sexuelle Erlebnismöglichkeiten scheinen für die Frau fast besonders nötig, damit ihre Auslieferung an die erotischen Launen des Mannes aufgehoben werde. Sie verdirbt an Gesundheit, Geist und Gemüt, wenn es ihm beliebt, »Spannungen« in ihr anzuhäufen, ohne sie zu lösen, wie er sehr gut kann, da er sich Auslösung holen kann, wo er mag, sie aber angewiesen ist auf ihn allein. Darum das entwürdigende Sich-Klammern und Hängen der Frau an den betreffenden Mann, selbst wenn sie wer weiß wieviel Schlimmes durch ihn erfährt. Denn er bedeutet für sie die einzige oder doch schwer zu ersetzende Möglichkeit der Erlösung aus sexueller Vereinsamung, die betreffende Frau aber für ihn nur eine Möglichkeit von vielen. Die Freiheit der Frau in diesem Punkt würde ihr ein gut Teil der im verkehrten Werbekampf verlorenen Würde wiedergeben, sie würde in ihrer Haltung dem Manne gegenüber ruhiger und darum in ihrer Persönlichkeit gesicherter werden. Selbstverständlich ist eine freiwillige erotische Hingabe nur von seiten selbständiger, vollkommen reifer, innerlich gesicherter Frauen denkbar und wünschenswert. Die vollkommene Voraussetzungslosigkeit auch in bezug auf die heute üblichen inneren und äußeren »Forderungen« der Liebe wäre Bedingung, und bei der Abzüchtung der sexuellen Lüge, in der heute die Frauen großgezogen werden, und bei unzerstört bleibender sozialer Konjunktur sehr gut denkbar, und die Frauen ihrer durchaus fähig. Man würde nichts voneinander erwarten, geschweige denn fordern, als was die freieste Sympathie freiwillig gibt. Man würde lernen, sein Herz dabei in der Hand zu behalten, wenigstens insoweit, daß es dem anderen wohl Glück zu spenden, aber ihn niemals zu belästigen vermöchte, wie heute so häufig der Fall, wo nach dem ersten Kuß gleich das ganze kompakte Herz dem anderen aufgedrängt wird, einerlei ob er danach verlangt oder nicht. Und man würde lernen, eine höhere Art von Keuschheit zu üben: nämlich – dieses sein Herz und sein ganzes Ich nur »hinzugeben«, wenn der Ernst begehrt wird – der letzte, heiligste Ernst, der als Möglichkeit hinter jedem »Spiel« der Liebe steht und vor dem auch die Martier gern und willig kapitulieren. Nur um des höchsten Ernstes willen dürfte der hohe Einsatz der vollkommenen Persönlichkeit, den heute jeder lüsterne Fant und jede verliebte Halbjungfrau zu begehren wagen, gefordert und würde er gegeben werden. Im »Spiel« aber würde nur die Anmut und Güte, deren die gutgeartete Individualität fähig ist, wenn sie sympathisch empfindet – nur die heiterste und darum für den anderen erlösendste Seite der eigenen Natur hingegeben. Man würde vielleicht durch solches »Spiel« von der verhängnisvollen Ichsucht abzukommen lernen, die sich heute in jedem erotischen Verhältnis, angefangen von der verstohlensten Liebelei bis zum breitspurigen Besitzgefühl der Legitimität, sofort ausbreitet und beide Partner sofort mit einem Heer von Forderungen einander gegenüberstehen macht. Dieser schamlose Einbruch in die andere Person würde durch das kultivierte Liebesspiel vielleicht aufgehoben und als das barbarische Rudiment – wahrscheinlich auch von »affenähnlichen Ahnen« ererbt – erkannt werden, das es in Wahrheit ist. So würde durch das so »leicht« aussehende »Spiel« der Altruismus der beteiligten Personen geschult und dadurch auch ein Erfolg ethischer Natur gesichert werden.

Wir sind weit entfernt, zur Anwendung solcher reformierter Liebesformen etwa zu »raten«, solange, wie gesagt, die reformierte Voraussetzung in den Gehirnen nicht besteht, die einzig und allein geeignet ist, jedem derartigen Verhältnis einen gesicherten Boden zu verschaffen. Und gerade die Frau muß sich vielmehr, unter den unveränderten Gehirnverhältnissen heute, entschließen, eher die Resignation und das Zölibat zu akzeptieren, als Gefahr zu laufen, ihre Selbstachtung zu verlieren durch Konflikte mit der Umwelt. Hier wird, das sei ausdrücklich betont, nicht pro domo gesprochen, sondern pro futuro.

Die Möglichkeiten freien erotischen Verkehrs, der die Prostitution überflüssig machen soll, bedürfen geradeso wie alle anderen Reformen unserer Sexualordnung der vollkommensten, offensten gesellschaftlichen Akkreditierung. Nicht wieder »hinter dem Rücken«, nicht wieder in Schmutz, Heimlichkeit, Erpresserhänden und »Sünde« taugen sie etwas. Nein. Diese Möglichkeiten bedürfen der Anerkennung als gesellschaftlich notwendige und einzig menschenwürdige Form des freien Geschlechtsverkehrs, der, darüber sind alle Ehrlichen einig, für die, denen eine glückliche Dauergemeinschaft versagt bleibt, unentbehrlich ist. Sie bedürfen, von seiten der sie Übenden, der höchsten Kulturusancen, auf denen sie zu basieren haben.

Im »Flirt« der englischen Nation liegt schon so etwas wie eine Ahnung dieser Möglichkeiten und Notwendigkeiten. Der Flirt – das ist der gesellschaftliche Verkehr jugendlicher Menschen sozusagen mit unterlegten »erotischen Möglichkeiten« – genießt die vollkommene gesellschaftliche Anerkennung und wird in allen Schichten der Gebildeten geübt. Seine letzten Konsequenzen liegen zwar noch unter dem Schleier der Heimlichkeit, seiner »Idee« nach ist er aber mit dem, was wir unter Liebesspiel und erotischer Freundschaft verstehen, identisch.

Die Forderung vollkommener Ausschaltung des materiellen Momentes, welches wir beim Liebesspiel zur Bedingung machen, soll es die Prostitution in ihrem Wesen vernichten und überflüssig machen, ist kein Widerspruch zu unseren im vorigen Abschnitt über den Geldpunkt geäußerten Anschauungen. Denn die Verknüpfung der ökonomischen Interessen eines Paares hat nur dann Berechtigung, wenn es sich um eine Dauergemeinschaft handelt.

Unsere »Ordnungen«, Gesetze und Moralen rechnen mit lauter Extremen: mit lauter Idealen und eudämonistischen Höhepunkten auf der einen, mit dem ödesten Nichts, dem vollkommensten Verzicht auf der anderen Seite. Die menschliche Natur, ihr Wesen und Bedürfen ist aber so »unbotmäßig«, mittendurch zu laufen zwischen diesen beiden Polen. Und jede Reform muß, wenn sie praktisch wirksam sein soll, mittelnd einsetzen. Sie muß mitteln zwischen dem Idol in reinster Gestalt, das auf einer Seite errichtet und nicht erreicht ist, und zwischen dem anarchischen Chaos, in dem die ungelösten Probleme und unerfüllten Bedürfnisse der Gesellschaft gestaltlos umhertreiben. Darum kann kein Reformvorschlag den Anspruch machen, den einheitlichen und geschlossenen Zustand des Glückes in sich zu bergen und ermöglichen zu wollen. Aber mitteln kann er, mitteln zwischen dem Glücksidol, das unerreicht und unerreichbar als Gestirn über der suchenden Menschheit strahlt, und der Wüste und Öde der Zustände, in denen ihr Streben Gestalt findet. Der ehrliche Brückenbauer, der Mittler und nichts anderes, das ist der Reformator – dem ein besonderes Elend seiner Zeit die Seele zernagt – für die Menschheit.

VII. Kapitel

Geschlechtsnot und Frauenbewegung

»Ich finde nur sonderbar, daß die Frauen neue Pflichten suchen...«

»Pflichten sind mit Rechten verbunden, schaffen Geld, Macht Ehren, und danach streben die Frauen...«

...»Und er begriff alles, als er in Kittys Herzen die Furcht vor der Altjungfernschaft und der Erniedrigung sah und gab alle seine Argumente auf.«

(Tolstoi, »Anna Karenina«)

1. Ursprung und Notwendigkeit der Frauenbewegung

Die Notwendigkeit sozialer Frauenarbeit in der Gegenwart – Schwierigkeit der Dotierung und damit der Ehe – Die Sprache der Statistik und was sie beweist – Versorgte und Unversorgte – Ehemöglichkeit des Mannes in den verschiedenen bürgerlichen Klassen – Die doppelte Nötigung auf Selbsterhaltung der Frau: um ihrer ökonomischen Existenz willen und um der Möglichkeit des sexuellen Bündnisses willen – Veränderung der Familienwirtschaft – Erweiterung der sozialen Pädagogik – Ablehnung der Zumutung der Ehelosigkeit der erwerbenden Frau – Das geistig entwickelte Weib als Gebärerin – Geschlechtliche Hörigkeit.

Was über den Ursprung der menschlichen Ehe bekannt ist, läßt erkennen, daß sie sich aus dem religiösen Hetärismus entwickelte. Ja in den vorhellenischen Zeiten wurde die eheliche Sexualverbindung als »Abweichung von den natürlichen Gesetzen des Stoffes«[48]) betrachtet und sogar die in diesen Verbindungen lebenden Frauen zu zeitweiligen religiös-hetärischen Übungen veranlaßt. Auf dem Wege der Abzweigung des demetrischen Prinzips, wie Bachofen die eheliche Form des Geschlechtslebens zum Unterschied von der »Sumpfvegetation des Hetärismus« nennt, – dem gemeinsamen Ursprungsweg mit diesem Hetärismus – finden wir als markantes, unübersehbares Merkmal – die Institution der Mitgift. Die Mitgift mußte ursprünglich durch Selbsterwerb des Mädchens durch Prostitution beschafft werden. Die »heilige Hetäre«, welche der frommen Gaben der Opferer recht viele beisammen hatte, gelangte am ehesten zur Erfüllung des »demetrischen« Prinzips, zur Stellung der Ehefrau – ein soziales Phänomen, das sich bis zum heutigen Tage in Japan erhalten hat. Die »Heiligkeit« der Ehe war daher in sehr nahem Zusammenhang mit der »Heiligkeit« ihrer Voraussetzung, der Prostitution. Als den Göttern gefälliges, von den Göttern gefordertes Tun ausgegeben, zum religiösen Ritus erhoben, gelang es auch, dieses Bedürfnis und seine Befriedigung zu »heiligen«. Mit der Bekämpfung des Hetärismus entfiel die moralische Möglichkeit zur Abschließung der Ehe auf Grund des durch die Prostitution erworbenen Vermögens, auch wurde es durch diese Bekämpfung nur noch selten und schwer erworben. Die Aussteuerung des Mädchens von seiten ihrer Familie wurde zur Notwendigkeit. Sollte die Tochter vor der Hetärenfron bewahrt bleiben, die ihr, wenn sie nicht heiratete, als einzige Existenzmöglichkeit verblieb, so mußte die Dos für sie von der Familie aufgebracht werden. Die Mißachtung der »indotata« ging sogar so weit, daß den Römern die indotierte eheliche Verbindung als schärfere, wildere Auflehnung gegen die herrschende »Ordnung« erschien, als das Konkubinat, welches als soziale Notwendigkeit betrachtet wurde und dessen Bestand in der Gesetzgebung vorgesehen war. Die indotierte eheliche Verbindung aber brachte Unordnung in alle bestehenden Verhältnisse, für sie waren keine Vorkehrungen getroffen, und sie stürzte die Beteiligten und ihre Nachkommen in eine lange Reihe von Mißlichkeiten.

Aus dieser Geschichte der Dos, die wir hier nur in knappen Zügen wiederholen, geht hervor, daß die Einsicht, der Mann könne die Frau, ihre und seine Nachkommenschaft und den dritten kostspieligen Gemeinschaftsfaktor der Ehe: das Haus – allein nicht erhalten, seit jeher im Völkerbewußtsein bestanden hat. Nicht immer deutlich und nicht immer eingestandenermaßen, aber immer als triebhafte Voraussetzung der auf Fortpflanzung und Aufzucht der Jungen berechneten Sexualverbindungen. Neben diesen beiden Formen der Mitgift – der durch Prostitution erworbenen und der von der Familie geleisteten – finden wir die Mitarbeit der Frau als eminent ökonomischen Faktor, mit dem zu allen Zeiten, von den Naturvölkern angefangen, gerechnet wurde – obwohl Jahrtausende vergehen mußten, ehe auch nur schüchtern ausgesprochen wurde, daß die Arbeit der Frau in Haus, Feld und Geschäft des Mannes als wirtschaftlich-soziale Leistung in Anschlag zu bringen sei. Gefordert wurde diese Leistung von der Frau immer, als ökonomischer Faktor anerkannt erst in unserer Zeit, und ihre materielle ziffernmäßige Bewertung ist der Zukunft vorbehalten. Die Zukunft wird die Gattenschaft, Mutterschaft und Hausfrauenschaft des Weibes ziffermäßig zu bewerten haben.

Die Gegenwart ist noch nicht so weit. Je mehr die dem Manne nötige materielle Aufhilfe durch die Dos versagte – weil der Vater immer seltener in die Lage kam, Vermögen für die Tochter zu erübrigen – je später der Mann selbst zu wirtschaftlicher Selbständigkeit gelangte, desto notwendiger wurde jene dritte Form einer Vermehrung des Familienvermögens durch die Frau. Jene dritte Möglichkeit der Selbsterhaltung der Frau, die einsetzen mußte, da auf die beiden ersten Möglichkeiten – Prostitution und Mitgift – im Rahmen der Sitte und der wirtschaftlichen Lage nicht mehr gezählt werden konnte, diese dritte Form des Familienzuschusses von seiten der Frau ist die Möglichkeit ihrer eigenen Erhaltung, durch bezahlte Frauenarbeit außerhalb des häuslichen Wirkungskreises.

Die Zahl der Familien, in denen von einer Dotierung der Tochter nicht mehr die Rede sein kann, wächst mehr und mehr. Die Mutterschaft als »Beruf« den Frauen aufzureden, ohne daß die Gesellschaft durch entsprechende Vorkehrungen ihnen diesen Beruf ermöglicht, heißt, nur mit jenen Frauen rechnen, denen der Mann ausgiebig Geld für sich, sie, die Kinder und das Heim nach Hause bringt. Wie viele aber sind das? Und es werden ihrer immer weniger. Auf die Verheiratung als Versorgung die Existenz einer Frau ausschließlich zu stellen, ist ein Unterfangen, das mehr und mehr als tragische Farce wirkt. Schon im Prinzip dieser Sitte liegt eine Art Herausforderung des Schicksals. Wie kann ich meine Zukunft auf einen »Beruf« stellen, dessen Erreichung nicht ausschließlich von mir abhängt, mir durch nichts garantiert ist? Die Erreichung der Tauglichkeit zu anderen Berufen ist zwar von Erfüllung gewisser Vorbedingungen abhängig, aber diese Erfüllung liegt doch immerhin in der Sphäre meines Willens und meiner Fähigkeiten, meine Macht dazu ist berechenbar. Gänzlich unberechenbar aber ist die Fähigkeit, das große Los zu gewinnen – und als solches muß die glückliche Ehe und Mutterschaft, die Versorgung durch den Mann – ohne schmähliche Kompromisse am Wesen der Liebe und daher an der Wurzel der Gattung – betrachtet werden.

Hören wir auf die Sprache der Statistik, so erfahren wir mit grausamer Deutlichkeit, mit wie wenig Berechtigung die Frau auf diesen Hafen der Versorgung rechnen darf. Die Zählung des Jahres 1895 ergab, daß knapp 67%, also über zwei Drittel der gesamten unverheirateten weiblichen Bevölkerung im ehemündigen Alter im Erwerb standen. Im eigentlichen Heiratsalter von zwanzig bis fünfzig Jahren sind in Deutschland mehr als die Hälfte der Frauen ledig. 57 1/2% sind bis zum dreißigsten Jahre auf eigene Versorgung angewiesen. Vom dreißigsten bis zum vierzigsten Jahre sind 77 1/4% allerdings durch die Ehe versorgt, nach zehn Jahren, also vom vierzigsten bis fünfzigsten Jahre, hat sich durch die Verdreifachung der Zahl der Witwen die Ziffer der Unversorgten um ein volles Viertel vermehrt. Vom fünfzigsten Jahre an ist die größere Hälfte der Frauen wieder auf sich selbst angewiesen. Und auch während der Jahre, in denen der größte Prozentsatz der Frauen verehelicht ist, während des dreißigsten und fünfzigsten Lebensjahres, ist ein hoher Prozentsatz, 23-25%, durch die Ehe nicht versorgt, sondern erwerbstätig. Marie Lichnewska teilt in einem Artikel »Die wirtschaftliche Reform der Ehe«[49] diese Ziffern aus einer statistischen Studie von Elisabeth Gnauck-Kühne mit. Sie berichtet weiter: »In der Berufsstatistik für das Deutsche Reich nach der Zählung vom 14. Juni 1895 teilt das Kaiserliche statistische Amt die Gesamtbevölkerung in Versorger und Versorgte und bestimmt die Begriffe dahin, daß zu ersteren alle diejenigen gehören, deren Erwerbstätigkeit sich mit nutzbringenden Erzeugnissen in die wirtschaftliche Produktion einfügt, sei es, daß sie in Gestalt materieller Güter oder in Form von Dienstleistungen im weitesten Sinne in die Erscheinung treten, während unter Versorgten die zu verstehen sind, deren Mittel zum Unterhalt durch die Arbeit der übrigen Bevölkerung beschafft, und die von dieser ernährt und erhalten werden. Zu diesen Versorgten gehören alle Ehefrauen, soweit sie nicht einen Hauptberuf selbständig erwerbstätig ausüben. Aus dieser Stellung aber mußten sich wichtige Folgeerscheinungen ergeben. Ein Mensch, der nie erwirbt, der nur konsumiert, löst sich heraus aus dem wirtschaftlichen Denken und Tun seiner Volksgenossen. Er verliert den Maßstab für wirtschaftliche Werte.« Aus der Spekulation auf die Mitgift kann man dem Manne keinen Vorwurf machen, denn »ob Richter oder Polizist, ob Offizier oder Unteroffizier, ob Lehrer oder Arzt oder Gewerbetreibender – der Mann sieht die härtesten Entbehrungen vor sich, wenn die Frau vermögenslos ist. Es ist eben eine wirtschaftliche Tatsache der neuen Zeit: Ein Mensch kann nicht vier oder fünf andere Menschen erhalten«[50].

In Korea heißt der ledige Mann nicht Mann, sondern »Jatau«, ein Wort, mit dem man heiratsuntaugliche Mädchen bezeichnet. Das Junggesellentum gilt bei wilden Naturvölkern als Schmach und bei vielen Kulturvölkern als soziale und religiöse Anomalie. Nur bei uns ist der unverehelichte Mann eine soziale Erscheinung, an der Anstoß zu nehmen, man verlernt hat. Spott und Satire trafen nur das unverheiratete Mädchen, sie war »Jatau«. In Wahrheit aber ist der Mann, der weib- und kind- und heimlos bleiben muß wegen wirtschaftlicher Not, das Produkt einer sozialen Mißbildung, deren Wirkungen bis an die Wurzel der Gattung greifen.

Die Frau wurde aus doppelten Gründen vor die Notwendigkeit der Selbsterhaltung gestellt: erstlich um ihre eigene Person zu erhalten, und dann, weil sie einen wirtschaftlichen Wert »einsetzen« muß, auf Grund dessen der Mann sich dazu bereit findet, mit ihr ein sexuelles Bündnis einzugehen und auch dessen Folgen mit ihr zu tragen. Daß diese Notwendigkeit Veränderungen in der Familienwirtschaft herbeiführen wird, scheint uns gewiß. Die »Zwergbetriebe mit ihrer Kraftverschwendung…die vollständige Rückständigkeit des Familienbetriebes«[51] dürften durch die Berufstätigkeit der Frau bald von Einrichtungen, die gesellschaftlichen Charakter tragen – ohne das Isolierungsbedürfnis der Familie zu beschränken – ersetzt werden. Zwei wichtige Momente, die bisher im Familienhaushalt nach Belieben verstümpert werden, dürften damit endlich auf ein gesellschaftlich kontrollierbares und höheres Niveau gesetzt werden: die Ernährungsfrage und die Pädagogik. In der Ernährungsfrage tappt man völlig im Dunkeln, und die einzelne Hausfrau am Kochtopfe konnte das Problem noch nicht lösen, so wenig wie der profitsuchende Gastwirt etwa ein Interesse daran hatte, es zu lösen. Erst wenn eine Gemeinschaft mit bewußten Absichten und nur das eine Interesse kennend: die Wohlfahrt derer, die sie vertritt – hinter dieser Frage steht, wird sie diesem Dilettantismus entrückt werden. Endlich die Pädagogik; – von der Säuglingspflege angefangen bis zur allgemeinen humanistischen Erziehung und zur beruflichen Fachbildung wird früher oder später die soziale Pädagogik die elterliche Tätigkeit ergänzen müssen. Es zeigt sich mehr und mehr, daß der einzelne privatim nicht all jene Faktoren zusammentragen kann, welche die beste Aufzucht des Kindes erfordert. So wird in den meisten Fällen unterlassen, was notwendig wäre, weil, es zu beschaffen, über die Kräfte des einzelnen geht. Es wimmelt in den Familien von mangelhaft und falsch erzogenen Kindern. Auch hier muß die Gemeinschaft eingreifen, denn auch ihr gehört das Kind. Gerade hier ist der Schnittpunkt zwischen persönlichen Rechten und denen der Gesellschaft. Dort, wo ein neues Schicksal in die Welt gesetzt wird, müssen sich die Rechte und Pflichten des einzelnen mit Rechten und Pflichten der Gemeinschaft verbinden. Durch dieses helfende Eingreifen wird der ökonomische Mißbrauch mit wertvollen Menschenkräften, besonders Frauenkräften, behoben. Es ist unökonomisch, wenn an 60 Herden 60 Hausfrauen das Mittagessen für je eine Familie bereiten, unökonomisch, wenn ein ganzes Menschenleben in dem unorganisierten systemlosen Betrieb der Aufzucht der Jungen aufgeht, unökonomisch, wenn, um diesen Betrieb nur mechanisch bewältigen zu können, der Frau jede Möglichkeit zur Stärkung ihrer Persönlichkeit, zur Vermehrung ihrer Kultur entzogen wird, und sie somit der besten Mittel, ihren Kindern etwas sein zu können, beraubt wird. Diese selben Erleichterungen in der Familienwirtschaft und in der Pädagogik, die man von einer sozialpolitisch reformierten Gesellschaft erwarten muß, machen auch die ungeheuerliche Forderung, die man einige Zeit lang der erwerbstätigen Frau tatsächlich zu stellen wagte: den Verzicht auf Mutterschaft – hinfällig.

Auch scheint es mir ein noch zu wenig beachteter Standpunkt, daß die ältere seßhaftere und erfahrenere Generation der jüngeren, welche in der Fortpflanzungstätigkeit steht und in sozialen Wettkämpfen begriffen ist, beim Aufziehen der Jungen naturgemäß behilflich sein soll, damit Kräfte, die in Bewegung bleiben sollen, nicht paralysiert werden. (Ein einziger hat das ausgesprochen – im Zusammenhang eines etwas krausen sexuellen Reformvorschlages – nämlich Schopenhauer im Entwurf seiner »Tetragamie«. Hier ist es die ältere Frau (und erste Geliebte eines Männerpaares!), welche der zweiten Geliebten (dieses selben Paares!) bei der Aufzucht der Kinder hilft.) Man kann resp. man sollte nicht mit der Fortpflanzung warten, bis der soziale Kampf entschieden ist. Man kann aber auch nicht gleichzeitig diesen Kampf kämpfen und sich dabei den tausend Handgriffen der Aufziehung der Jungen widmen. Darum ist die Hilfe durch die wirtschaftlich Ausgedienten und die ganz Jugendlichen noch nicht wirtschaftlich Eingespannten geboten. Aber ein Einwand gegenüber den Forderungen erweiterter Sozialpädagogik könnte lauten: soll nicht immer und unbedingt die Mutter selbst »erziehen«? Ist sie nicht immer und unbedingt die beste Erzieherin ihres Kindes? Nein, sie ist es nicht unbedingt. Und nicht nur die verwahrloste Frau ist es nicht – nein, es kann auch ausgezeichnete Frauen geben, die sich zum pädagogischen Wirken nicht eignen, andere wieder, die sich wohl zur geistigen und seelischen Leitung der Kinder, aber nicht zur besten Führung des materiellen Betriebes, den die Aufzucht erfordert, eignen. Der besorgte Rassenhygieniker wird nun vielleicht fordern, daß solche Frauen, denen dieser Betrieb nicht »liegt« – nicht zur Fortpflanzung gelangen, »ausgejätet« werden sollen. Warum aber? Sie können ausgezeichnete Eigenschaften zu vererben haben, und das ist die Hauptsache: was man den Kindern in den Keimzellen mitgibt. Daß die geistig selbständige und körperlich gut beschaffene Frau überhaupt dazu gelange, Kinder in die Welt zu setzen, ist wichtig, ob sie sie dann durchwegs selbst besorgt oder sich dabei fremder Hilfe oder sozial-pädagogischer Einrichtungen bedient, ist bedeutend weniger wichtig. Nicht wer die Windeln wäscht, die Schulaufgaben überhört und das Kind füttert, ist die Hauptsache für das Kind (vorausgesetzt natürlich, daß es von der Stellvertretung der Mutter richtig gefüttert, gelehrt und gewaschen wird), sondern wer es gezeugt und geboren hat, ist die Hauptsache. Darum muß es in der Richtungslinie der Frauenbewegung – gemeinsam mit der der Rassenhygiene – liegen, die Fortpflanzung der »tüchtigen« Frauen, der geistig und moralisch selbständigen, zu ermöglichen. Selbst wenn ihrem Kinde durch ihre soziale Tätigkeit ein Abbruch an ihren persönlichen Dienstleistungen geschieht (was durchaus nicht immer der Fall sein muß), ist es notwendig, daß gerade diese Frauen zur Mutterschaft gelangen. Daß die Kinder eine geschlossene, gestählte und gesunde Persönlichkeit ererben, ist für sie mehr wert, als daß die Mutter immer für sie »da« ist.

Das kultivierte, geistig hochentwickelte Weib als Gebärerin der Kinder des tüchtigen, vollwertigen Mannes – das ist ein bisher noch zu wenig beachteter Standpunkt. Im Gegenteil, unter den jetzigen Verhältnissen, wo diese »neuen« Frauen in den alten Status noch nicht recht einrangiert sind, werden sie, der Situation der Umwelt entsprechend, meistens wirklich ausgejätet, d.h. sie gelangen nicht zur Fortpflanzung; denn erstens sind sie meistens nicht gutdotierte Haustöchter, noch begeben sie sich, gleich diesen, blindlings der Wahlfreiheit, um nur zur Ehe zu gelangen. In Berufen stehend, sind sie nicht selten darauf angewiesen, ledig zu bleiben, verlieren oft Amt und Brot, wenn sie Frauen und Mütter werden. Alles das sind rassenhygienisch schädliche, antiselektorische Faktoren, denn die Fortpflanzung gerade dieser Frauen ist, sofern sie auch körperlich gesund sind, im Interesse der Hebung des gesamten geistigen Niveaus eines Volkes wünschenswert. Daß die hervorragende Bedeutung der väterlichen Geistigkeit allein nicht genügt, beweisen uns die Nachkommen großer Väter, die zumeist an geistiger Bedeutung und Lebenskraft weit hinter ihren Erzeugern zurückstehen. Es muß eben auch die mütterliche »Maschine« auf nur annähernd ähnlichem Niveau stehen als die väterliche Erbmasse. Bei Robert Müller[52] heißt es: »Es ist bekannt, daß die Nachkommen genialer Männer oft unbedeutend sind. Nun kann das offenbar auch darin seinen Grund haben, daß ihre Frauen in der Gehirnlage tief unter ihnen standen. Die geringe geistige Begabung der Söhne berühmter Männer wäre demnach als Rückschlag zu deuten.« Talent, Genie, Temperament hervorragender Menschen stammen, wie wir aus ihren Biographien wissen, zumeist von der Mutter.

Aber nicht nur die Gesellschaft, auch der einzelne Mann weiß mit diesen Frauen noch nichts »anzufangen«. Wenn er an das Fortpflanzungsgeschäft schreitet, sucht er vor allem die wohlausgestattete Haustochter der gutsituierten Familie; zur »Liebe« hat er die Prostitution und das »Verhältnis«; – was aber bedeuten jene »Neuen« – was ist es mit ihnen?

Die bisherige Kategorisierung der Frauen mußte durch die Frauenbewegung naturgemäß einige Erweiterungen erfahren. Bisher teilte die Gesellschaft ihr Frauenmaterial hauptsächlich in drei Gruppen: Fortpflanzerinnen (die nicht beruflich arbeiteten und versorgt waren), Arbeitende (die sich selbst versorgten und von der Fortpflanzung ausgeschlossen sein sollten) und Prostituierte. Allenfalls kamen noch Schmarotzerinnen hinzu, die weder arbeiteten, noch sich fortpflanzten und als »Angehörige« ein parasitäres Dasein im Schoße der Familie führten. Mit dieser Einteilung wird mit der Erscheinung der Frauenbewegung nach und nach gründlich aufgeräumt werden müssen. Der Hauptgedanke, der dieser Einteilung zugrunde liegt, ist schon wieder der der Errichtung von Extremen, die den geschlechtlichen Charakter, die geschlechtliche Funktion der Individuen im Auge haben. Unbekümmert um die individuelle Forderung und Nötigung wurden die gesellschaftlichen Funktionen um das Geschlecht herum gruppiert, wurde das Geschlecht auf der einen Seite zum alles erfüllenden »Beruf«, um auf der anderen Seite vollkommen entrafft zu werden. Und vom Bienenstaat unterschied sich diese Kategorisierung nur dadurch, daß der Königinnen zahlreiche waren, und daß es zwischen ihnen und den geschlechtslosen Arbeitsbienen noch als »Bindeglied« die Prostitution gab. Bewußt und unbewußt ging von Anfang an – selbst als es sich in der Frauenbewegung noch scheinbar nur um den Brotkampf handelte – durch die Frauenbewegung tief und geheimnisvoll eine Strömung, die man nicht gleich erkannte, und die viele heute noch nicht erkennen, und deren Zweck es ist, mit der Geschlechtskategorisierung innerhalb der Gesellschaft aufzuräumen: die Fortpflanzende zur Tätigkeit außerhalb der generellen Funktionen heranzuziehen, die Arbeitende ihr Teil an der Fortpflanzung haben zu lassen und die Prostituierte überflüssig zu machen, auch in ihr die Frau zu erlösen. Die Gesetze, nach welchen die Fortpflanzung sich heute vollzieht, haben wir im ersten Kapitel dieses Buches untersucht, und wir haben erfahren, daß eine natürliche Auslese, die die Besten erhält und die Minderen ausjätet, nicht am Werke ist. Weder die wohldotierte Haustochter noch das durch Unterernährung geschwächte und sich übermäßig vermehrende Proletariat, noch auch die endlich in späten Jahren zur Gründung des Hauses fähigen Männer repräsentieren das beste Material zur Fortpflanzung, die aber fast allein auf sie beschränkt bleibt. Angesichts dieser Tatsachen mußte sich die Frauenbewegung das Ziel stecken: jeder gesunden Frau die Mutterschaft zu ermöglichen. Die »sexuelle Not der Töchter«[53], denen man die soziale Arbeit als »Ersatz« zumutet, schreit zum Himmel. Es gibt aber keinerlei sexuelle, noch geistige, noch seelische Emanzipation – ohne wirtschaftliche Emanzipation. Die gute Folge auch des wirtschaftlichen Emanzipationszwanges gerade für diese Töchter lag wohl einigermaßen auch in der Ablenkung von der Erwartung eines Schicksals, das in so vielen Fällen nicht eintreffen wollte. Der verhängnisvolle Unverstand einer Erziehung, die auf ein nur vegetatives Dasein berechnet war, ist durch diese wirtschaftliche Nötigung einigermaßen behoben. Frauenarbeit erscheint heute – abgesehen von dem wirtschaftlichen Zwang der Frauen – tatsächlich schon deshalb notwendig, damit diese Töchter von ihrem sexuellen Elend – zum Teil abgelenkt werden. Wenn sich daher der Instinkt auch dagegen auflehnt, daß so viele blühende Frauen und Mädchen in Bureaux und Ämtern sitzen und auf der Schreibmaschine klappern, und man sie lieber als Mütter sehen würde, beschäftigt mit der Erziehung ihrer Kinder und der Vermehrung ihrer eigenen Kultur – als von der gemeinen Arbeit befreite Trägerinnen und Hüterinnen dieser Kultur und Vermittlerinnen der höchsten Werte der Zeit an die nächste Generation – so muß man sich doch sagen, daß dieses Schreiben und Klappern immer noch besser ist, als wenn diese Mädchen beschäftigungslos und in Hangen und Bangen nach dem Schicksal, das da kommen soll, kommen muß, wenn sie überhaupt existieren wollen – aber durchaus nicht kommen will, sich verzehren würden.

Auch ist in Buraux zu sitzen immerhin besser als Steine tragen, Kanäle ausräumen, in den Fabriken sich zuschanden arbeiten oder, um Hungerlohn – Stich, Stich, Stich – das schaurige Lied vom Hemde wahr machen, kurz, besser als die schwersten, gemeinsten, niedrigsten aufs elendeste bezahlten Arbeiten, zu denen man den Frauen seit jeher »Zutritt« gelassen hat, sind diese qualifizierteren, geistigeren Beschäftigungen, die die Frauen erstreben, immerhin. Ich behaupte sogar, es ist besser, auf diese Art durch einen menschenwürdigen Beruf für seine Existenz aufzukommen, als in schlechter Ehe irgendeinem fremden, wüsten Willen anheimgegeben zu sein; besser auch, als als alte Jungfer der »gebildeten Stände« herumzuvegetieren, besser, denn als indische Witwe verbrannt zu werden, besser, als im Bordell die »Helotendienste der Liebe« (Dohm) zu verrichten.

Ein Argument bei Betrachtung der Frauenarbeit, das ich bis heute noch nicht gehört hatte, habe ich letzthin in der »Wissenschaftlichen Emanzipation der Frau«[54] von Hedwig Dohm gefunden: »Wäre die verschiedenartige Körperbildung entscheidend für ihr Tun, so hätte die Natur uns wohl schon in der Tierwelt einen Fingerzeig gegeben. Die Löwin unterscheidet sich vom Löwen durch ihre Körperformen annähernd, wie das Weib vom Manne. Wer hat aber je gehört, daß der Löwe die Löwin füttert, daß Frau Tigerin sich vom Herrn Tiger ernähren läßt? Gleich wild und furchtbar jagen Löwe und Löwin, Tiger und Tigerin ihrer Beute nach, gleich unbarmherzig zerreißen sie ihr Opfer.«

(Und wer hat je beobachtet, daß im Tierreich die Arbeit, die die bessere Ernährung einbringt, dem Männchen, die die mindere bringt, dem Weibchen zufällt?)...Wenn das Weibchen brütet, resp. trägt oder mit der Aufzucht der Jungen beschäftigt ist, bringt allerdings das Männchen die Nahrung heran. Aber auch nur dann. Wenn es unbeschäftigt ist mit Fortpflanzungsangelegenheiten, bleibt kein Tierweibchen müßig im Nest, dann eilen beide Gatten dem Gewinn von Nahrung nach.

Frauenarbeit ist als Übergang, der aus dem sexuellen Elend herausführt zur sexuellen Befreiung des Weibes, die die Aufgabe der Zukunft und ihr eigenstes Interesse ist, notwendig. Und sie ist nicht nur eine »Ablenkung« von diesem bestehenden Elend, sondern auch schon eine Art Mittel und Weg zu jener noch nicht erreichten aber notwendigen Freiheit. Ein erster Versuch, ein Umweg vielleicht. Aber mit dem Geschlechtsbestreben, mit der Geschlechtsnot und dem Geschlechtswillen des Weibes und der Gesellschaft ist alle diese Frauenarbeit eng und tief verknüpft. Das wird heutigen Tages noch zu wenig begriffen, noch nicht deutlich genug erkannt. Vielleicht – zum Glück?

Eine Frauenbewegung war notwendig, nicht nur aus wirtschaftlichen Motiven, nicht nur als unbewußtes Mittel, Millionen »eliminierter« Frauen wieder zum natürlichen Anteil am Werke der Fortpflanzung gelangen zu lassen, sondern auch aus Gründen der seelischen Emanzipation. Jedes Geschöpf, dem ein Übermaß von Macht in die Hand gegeben ist, muß schlecht werden. Dieses Übermaß von Macht hatte durch die Verfälschung des Werbekampfes der Mann der Frau gegenüber, so daß sich die Geschlechter schließlich in unzüchtiger Verkehrung ihrer Absichten gegenüberstanden. Die Frau mußte, um aus dieser verkehrten Stellung herauszukommen, sich endlich ihre Persönlichkeit zu sichern suchen – unabhängig von ihren Erlebnissen mit dem Mann. Unter dem Zwange der Not und der unaufhörlichen tragischen Enttäuschungen und Ernüchterungen, die der Frau vom Manne bereitet wurden, »paßte sie sich an«, aus der Gefühlssphäre – welche tatsächlich das Zentrale ihrer Geistigkeit ist – herauszutreten in die Verstandessphäre. Ein notwendiger Anpassungsprozeß also, keine Neuerungslaune. Der Not gehorchend, nicht dem eigenen Triebe, beginnt sie, sich von der alles in ihr beherrschenden Macht des Liebeserlebnisses zu emanzipieren, nachdem sie dort, wo sie sich schrankenlos dem Erlebnis hingab, meist enttäuscht, verlassen, mißbraucht wurde. Nichts bringt gründlicher um die Persönlichkeit als die geschlechtliche Hörigkeit. Jede andere Hörigkeit ist dagegen ein Kinderspiel. Nicht nur um die wirtschaftliche Freiheit der Frau dreht sich die »Bewegung«. Vielmehr bedeutet jene Drehung nur soviel wie die Bahn eines Gestirns, das sich um ein anderes dreht, während dieses Gestirn selbst wieder um ein größeres kreist. Die größere, die zentralere »Sonne« der ganzen Bewegung und Drehung ist das befreite Geschlecht. Um dieses Zentrum herum dreht sich die ganze notwendige Bewegung, und die Sterne der wirtschaftlichen Freiheit, der politischen Emanzipation und wie sie alle heißen mögen, sind nur Nebensonnen.

Auch da wieder ist dasselbe Argument das Treibende, welches wir als den wesentlichen Motor einer neuen Moralwertung erkannten: die Notwendigkeit. Es geht nicht anders, und darum, weil es nicht anders geht, weil diese Bemühungen der Frauen aus dem Zwange der Situation

heraus geboren und, mit den eisernen Gesetzen der Logik, verhängt sind mit der sozialen Umwelt, darum liegt am Ende dieses Weges ein Sieg. Nicht die Kraft der Kämpfenden, nicht ihre
persönliche Macht ist es, welche die Widerstände überwinden wird und muß, sondern die Notwendigkeit, der sie selbst nur dienen.

2. Die Bekämpfung der Frauenbewegung

Mißverstehen der Nötigung zur Frauenbewegung – Ihre Funktion als Medikament, ihr historisch vorbedingter Ursprung und ihre eigentliche Gravitation der Zukunft gegenüber – Beurteilung von seiten des Rassentheoretikers – Von seiten der Ästheten – Die Massenhaften und die Einzelnen der Bewegung – Die vom Geschlecht und die fürsGeschlecht Emanzipierte – Antike Frauenbewegung, Hetärismus, Amazonentum – Verdrängung der alten Jungfer durch die Junggesellin – Die Mütterlichkeit produktiver Frauen – Zusammenhänge von weiblichem Erleben und künstlerischem Schaffen – Der Kampf um Frauenrechte: ein Mittel zur Erlangung von Weibesrechten.

Diese Widerstände stammen aus den verschiedensten Lagern. Mit jener Gegnerschaft, die auf seiten der Reaktion steht und im Interesse dieser Reaktion neue Entwicklungsmöglichkeiten niederzuhalten sucht, wollen wir uns natürlich hier nicht befassen. Ihre Haltung ist zu selbstverständlich, ist eine ebenso unabweisbare Tatsache, als wie ihr Gegenspiel eine Tatsache ist, und der bloße Bestand dieser Konstellation spricht für sich. Aber befremdlich ist das Unverstehen, das merkwürdigerweise gerade aus dem Lager der Intellektuellen dem Phänomen der Frauenbewegung gegenüber erwächst. Nicht nur, was sie als »Muß« bedeutet, wird unterschätzt, nicht nur ihre Funktion als Medikament in einem kranken Gesellschaftskörper, sondern auch ihre historischen Bedingungen, ihr Wesen als notwendige geschichtliche Form, als »dritte« Stufe in der Geschichte der Selbsterhaltung der Frau – und darum ihre Unvermeidlichkeit – werden verkannt. Noch weniger aber wird ihre Zukunft, ihre geheimste und letzte Gravitation, die im Geschlechte selbst wurzelt und auf Befreiung des Geschlechtes hinwirkt, verstanden. Da ist der Rassentheoretiker, der in dieser Bewegung ein »los vom Manne, los vom Kind und los von der Mutterschaft«[55] sieht. Eine solche Befürchtung heißt die Frauenbewegung zutiefst mißverstehen. Vielleicht war ein Unterklang davon zu Beginn der Bewegung da, aber auch nur in dem Sinne, daß es sich darum handelte, nicht lediglich den ganzen Bestand der Persönlichkeit auf ein Schicksal zu setzen, dessen Erfüllung schließlich nicht von einem selbst allein abhängt. Daß diese gänzliche Abhängigkeit des Weibes und seines Schicksals von dem, was der Mann mit ihr unternimmt, von jeder die Persönlichkeit hoch wertenden Instanz aus als ein Fluch empfunden wurde, der diese Persönlichkeit zerschmettern kann, zeigt uns schon die Dichtung. Der Mythos aller geschichtlichen Zeiten kennt das freie Weib in der Gestalt der Walküre und der Amazone, und Wotans Zorn weiß für die schuldig gewordene Walküre keinen anderen Fluch auszusinnen als diesen:

> »Die magdliche Blume
> verblüht der Maid;
> ein Gatte gewinnt
> ihre weibliche Gunst:
> dem herrischen Manne
> gehorcht sie fortan,
> am Herde sitzt sie und spinnt,
> aller Spottenden Spiel und Ziel.«

Und die Antwort:

> »Soll ich gehorchen
> dem herrschenden Manne –
> dem feigen Prahler

> gib mich nicht preis!
> nicht wertlos sei er,
> der mich gewinnt.«

Diese Antwort beweist, worum es sich dem freien Weibe handelt. Nicht von jedem feigen Prahler, der es »im Schlafe« (!) findet, hänge ihr Schicksal ab, ihr Sein oder Nichtsein. »Nicht wertlos sei er, der mich gewinnt!« – Nichts anderes will das Bemühen der Frau um Selbständigkeit. Nicht »los vom Manne«, sondern los vom elenden Manne, vom wertlosen Wicht, dem es angehören soll, nur weil er gerade des Weges daher kommt und weil es selbst – »im Schlafe« liegt.

> »Hierher auf den Berg
> banne ich dich;
> in wehrlosen Schlaf
> schließe ich dich;
> der Mann dann fange die Maid,
> der am Wege sie findet und weckt.«

Daß nicht jeder, der am Wege sie findet – in wehrlosem Schlafe verschlossen – sie mit sich nehmen könne, das allein will die Walküre, die Amazone, die bewußte wehrhafte Weiblichkeit. Sie will Herrin sein ihrer Gunst, sie will geschützt sein durch das Feuer ihrer Persönlichkeit, das dem schwachen Manne den Weg zu ihr verwehrt. Je freier das Weib in der Verfügung über sein Geschlecht wird, desto edlere Früchte trägt es als Mutter. Wenn es wieder »weihlicher Helden« bedarf, um die Gunst der Frauen zu erobern, wird die Menschheit jedenfalls bessere Früchte in ihren Rasseprozessen erzielen, als wenn das Weib durch seine unbeschirmte Lage gezwungen ist, jedem windigen Wicht – um im Stil der Wagnerschen Alliterationen zu bleiben – jedem feigen Prahler anzugehören.

Der Höhepunkt des Unverständnisses der Frauenbewegung gegenüber wird von der Seite jener Intellektuellen erreicht, welche wir als »Ästheten« in besonderer Gruppe erkennen. So sagt einer aus dieser Gruppe das Folgende[56]:

»Milliarden von Jahren hat der Mann gegen die feindliche Natur gekämpft. Sie liegt durch Dampf und Elektrizität, durch Demokratie und Gesetze gebändigt zu seinen Füßen. Es wäre an der Zeit, an eine neue Liebeskultur zu denken. Sehe das Weib zu, daß es die Größe des Augenblickes erfasse. Es kann sich und uns glücklicher machen, wenn es schön ist und begehrenswert, als wenn es Medizin studiert, auf russische Gouverneure schießt oder um Wahlrecht schreit.«

Gewiß ist es nicht der Natur jedes Weibes gemäß, sich in formalistische Studien zu versenken, zu schießen und zu schreien. Aber es gehorcht der Not, nicht dem eigenen Triebe, wenn es Betätigungen unternimmt, die ihm nicht bequem sind. Derselbe Autor gibt zu, daß der Werbekampf seit Jahrtausenden – seit der Mann Eigentum zu vergeben hat, auf dem Kopf steht, daß seitdem die Weibchen, anstatt die Männchen »sich schmücken, singen und Räder schlagen müssen«. Nachdem aber selbst diese Verkehrung der Werbung nichts half, nachdem trotz allen Singens, Schmückens und Räderschlagens das Weibchen trotzdem nicht mehr sicher darauf rechnen konnte, am Eigentum eines Mannes zu partizipieren, da dem Manne der Brotkampf selbst so scharf zusetzte, daß einerseits die Kraft seiner erotischen Impulse an und für sich geschwächt wurde, andererseits er nicht mehr – oder nicht zur richtigen Zeit – in der Lage war, allein das Weibchen und ihre Brut zu erhalten – mußte das Weibchen selbst Eigentum zu erwerben suchen und zu diesem Zwecke formalistisch studieren, schießen und schreien. So weit mußte es kommen, bis zur Wurzel des Baumes mußte das Übel nagend vordringen, zur Geschlechtskrise mußte es werden, auf daß man es endlich in seiner wahren ungeheuerlichen Natur erkenne. Dieses Übel aber ist das geschlechtliche Elend der Zeit; die zwangsweise Verkehrung des Werbekampfes, die verhinderte frei Auslese und die unterbundene Zuchtwahl. Diesem Übel gegenüber erstand die Frauenbewegung, wie ein Medikament gefunden wird, wenn schließlich die Not am größten ist. Gift gegen Gift – ein Medikament gegen ein unnatürliches Übel – eine Waffe zur Bekämpfung und zur möglichsten Abwendung des Geschlechtsboykotts, der über Millionen Frauen und Männer durch die Zwangslage, die unser auf dem Kapitalismus ruhendes Heiratssystem geschaffen hat, verhängt ist – und in letzter Linie ein Mittel zur ökonomischen Selbsterhaltung der Frau, da die Erhaltung durch den Mann aus kapitalistischen Ursachen versagte – das ist die Frauenbewegung, so ist sie zu verstehen.

Es geht nimmermehr an, die Erscheinungen der Frauenbewegung nur unter dem Gesichtswinkel des Ästheten zu beurteilen. Daß dem ästhetisch empfindsamen Menschen, der die Phänomene des Geschlechtsgegensatzes ungebrochen erhalten sehen möchte, vieles an der Frauenbewegung nicht gefällt, besonders dort, wo sie aufhört, Kulturgewinn für die Frauenseele (und damit für die Gattung) zu bedeuten und gemeinster, traurigster, zermürbendster Brotkampf wird, ist begreiflich. Aber nimmermehr darf diese Erscheinung, losgelöst aus ihren Zusammenhängen, mit der gegebenen Wirtschafts- und Sexualordnung zur Diskussion gestellt werden. Es geht nicht an, die harte Tatsächlichkeit »der« Dinge zu übersehen, so wenig wie es angeht, wenn man zu einem solchen Problem das Wort ergreifen will, die Idee »des« Dinges zu ignorieren. Nichts wert ist das eine ohne das andere, schafft nur Begriffsverwirrung und Mißverständnisse.

»Es wäre an der Zeit, an eine neue Liebeskultur zu denken. Sehe das Weib zu, daß es die Größe dieses Augenblicks erfasse.« Jawohl, es ist Zeit, allerhöchste Zeit sogar. Aber um in diesem Augenblick wirklich tätig einzugreifen, wie der Verfasser ja selbst vom Weibe verlangt, genügt es nicht, daß es »nur schön« sei und dazu Purzelbäume schlage. Das hat sie ja, um das Männchen anzulocken, zur »Liebeskultur«, seit Jahrtausenden getan, wie der Verfasser selbst zugibt. Da es ihr angesichts der wirtschaftlichen Not des Mannes und der Schwächung seiner Sexualimpulse (die die sexuelle Anarchie, die dem Manne von seiner Geschlechtsmoral erlaubt ist, auf dem Gewissen hat) nichts mehr nützt, um ihr die Versorgung zu sichern, da sie außerdem die Freiheit der Wahl mehr und mehr begehrt – was im Interesse der Früchte der Auslese nur zu begrüßen ist – muß sie außer Radschlagen und Schönsein noch eine andere Möglichkeit zur Erhaltung ihrer persönlichen Existenz, ihrer »physischen Integrität« (wie Popper-Lynkeus den elementaren Bestand der Person nennt[57]) in Händen haben. Ohne wirtschaftliche Befreiung gibt es eben auch keine Befreiung anderer Art. Und wird nicht auch – um die moralische Nötigung zur Bewegung der Frauen zu berühren – ein Mensch wirklich gemein, wenn er Purzelbäume schlagen muß – nicht um dadurch Liebe zu gewinnen – sondern um gefüttert zu werden? Daß es den Mann zwar glücklich macht, die Frau »nur schön« zu sehen, geben wir zu, aber daß es ihm möglich ist, dieses Glück aus der platonischen Sphäre der Betrachtung in die des wirklichen Besitzes zu heben, müssen wir unter den gegebenen Umständen bezweifeln. Das Weib soll »Sonne, nur Sonne« sein. Die Männer können aber die Mittel, sich diese Sonnen zu kaufen, nicht mehr aufbringen. Und nun gar all das Gestirn und Trabantentum, das um diese Sonnen kreist und zu ihnen gehört – wie soll der Mann dieses ganze Sternensystem (des Familienhaushaltes) allein bezahlen können! »Wer die Sonne in die Tasche steckt, verbrennt sich die Hose und beschmutzt die Sonne,« sagt Flaubert, allerdings in einem anderen Zusammenhang. Dieses Bild läßt sich aber sehr wohl auch auf unseren Fall anwenden.

Es ist ein merkwürdiges, nicht uninteressantes Phänomen, daß mit der fortschreitenden Dürftigkeit der männlichen erotischen Impulse der »Schrei« nach dem nichts als passiven Weibe, das sich begnügt, »Resonator des männlichen Strebens nach Vollkommenheit«[58] zu sein (ohne sich zu derartigem Streben selbst zu erkühnen), von jener Gruppe der Moderne, die wir als »Ästheten« kennen, immer häufiger laut wird. Der dekadente Mann, der Dégéneré, weiß mit dem aktiven Weibestyp von selbständiger Persönlichkeit – dessen höchste Erscheinungsform im Mythos von der Amazone, in der Gestalt Brünhilds repräsentiert ist – nichts anzufangen. Die Frauenbewegung erscheint ihm nur dazu da, aus den Frauen Vogelscheuchen zu machen. Sollte nicht hinter diesem Ästhetenschrei nicht so sehr verminderte Weiblichkeit als etwa ein Manko an Männlichkeit zu suchen sein? Mit der selbständigen aktiven Weiblichkeit »fertig zu werden«, ist eben schwieriger, fordert »tauglichere« Helden, als sie dem passiven Frauentyp gegenüber nötig sind. – Mir scheint, mir scheint, »ihm macht Brünhilde Müh!«...Nicht immer steht hinter diesen Angriffen der Ernst einer positiven Gesinnung. Es ist ein Unterschied zwischen Thesen, mit denen sich literarisch flunkern und solchen, mit denen sich leben läßt. Oft verbirgt sich hinter diesen Phrasen, auch wenn sie sich aus exakten Ausdrücken zusammensetzen, ein hohles Geflunker, dem man es anmerkt, daß es aus einer Irritation der Nerven stammt und nicht aus irgendeiner fest fundierten Gesinnung, die logisch unangreifbare Argumente zu bieten vermöchte. Auch von Frauenseite begegnet man dieser Art von antifeministischem Geflunker, auch von selbst »emanzipierten« Frauen kann man es vernehmen. Auf diese Frauen, die zum Teil recht wohlbekannte Namen tragen, hier näher einzugehen, scheint mir nicht nötig.

Ein Einwurf, der mir einer Beachtung wert scheint und der der Frauenbewegung des öfteren gemacht wird, ist dieser: sollten es nicht nur jene Schichten von Frauen sein, die mit ihrer Weiblichkeit irgendwie minderwertig sind – welche die Frauenbewegung notwendig haben? Sind die Frauen, die im Berufsleben verbleiben, nicht doch die generell geringeren – die weniger Begehrten?

Und wenn schon? Was würde das an der Notwendigkeit ändern, daß auch sie auf menschenwürdige Art versorgt werden? Sind sie weder zur Prostitution noch zur Ehe – den beiden Hauptformen, die ihrer »generellen Bestimmung« heute zur Verfügung stehen – tauglich, so müssen sie doch erst recht irgendwo unterkommen, »man müßte sie denn alle erwürgen«.

Aber ich glaube nicht, daß das eigentliche Wesen dieser »Bewegung« in dem Schicksal dieser Frauen – dieser im Brotkampf Exploitierten repräsentiert wird. Hier sehen die Ästheten schwach, und alle ihre Argumente gleiten ab. Hinter dieser Bewegung steht das mißhandelte Geschlecht, welches nach seinen Rechten schreit. Das kann man aber nimmermehr erkennen, wenn man in diese Schicht (der Exploitierten) schaut. Dazu muß man die »Einzel-Frauenbewegung« betrachten. Dieses Wort ist jüngst von einer Emanzipierten, die auch zu jener »Reaktion« gegen die Frauenbewegung gehört[59], deren Argumente im mageren Boden des Ästhetentums ihre etwas verworrenen Wurzelfasern ausbreiten, mit Glück gebraucht werden.

Wie jede soziale Reformation zeitigt auch die Frauenbewegung zwei verschiedene Arten von Trägerinnen, die die schärfsten Gegensätze repräsentieren. Wie der Sozialismus auf der einen Seite den Typus des Verzichtmenschen hervorbringt – so hat er auf der anderen Seite einen Lassalle hervorgebracht, dem das Bedürfnis nach allen Luxusgütern der Erde im Blute saß. Gerade deswegen aber mußte er Sozialist sein – ganz wie sein Gegensatz, der Bedürfnislose, der Mönch, es ist.

So hat die Frauenbewegung zwei Typen hervorgebracht, die als riesige Gegensätze gegen einander stehen und wirken: die vom Geschlecht Emanzipierte und die fürs Geschlecht Emanzipierte. So gegensätzlich diese Typen auch sind, so sehr bedingen sie einander, so unentbehrlich scheinen beide für die tiefste Idee dieser Bewegung. Erst wenn eine Bewegung in solchen Gegensätzen kulminiert, erst dann scheint sie tief verwurzelt mit den Gesetzen des historischen Geschehens.

Auf der einen Seite der Frauenbewegung sieht man jene Schar, die der Schrecken des ästhetisch und erotisch empfindenden Mannes ist, die die Emanzipation vom Geschlecht wenn nicht fordert, so doch zumeist akzeptiert und die »Arbeit« als vollgültiges Surrogat für das Geschlechtsleben anerkannt haben will! Auf der anderen Seite – das Weib, das als Repräsentantin der »Einzel-Frauenbewegung« gelten kann, weil die Befreiung der innersten Persönlichkeit der einzelnen Frau seine wichtigste Sache ist. Die Persönlichkeit des Einzelindividuums aber, zum Unterschied von der Klasse, wurzelt im Geschlecht. Diese Art »Emanzipierter«, die für dieses ihr Geschlecht emanzipiert sein will, ist es, in der das Geschlecht selbst verkörpert scheint. Auch sie bedarf der wirtschaftlichen Selbständigkeit gleich jener anderen. Denn ohne wirtschaftliche Freiheit gibt es weder eine innere noch sonst eine Freiheit.

Ein Zusammenhang zwischen geistigen Frauenbewegungen mit jenen Frauen, die in ihrem Geschlecht besonders stark empfanden, hat immer bestanden...»Wahrscheinlich ging jene Frauenbewegung, die wir aus den Dichtungen des Aristophanes dunkel erkennen, im vierten Jahrhundert von Hetären aus. Die zuverlässigsten Nachrichten, die wir über Aspasia besitzen, haben eine starke Ähnlichkeit mit dem Bilde, das Euripides und Aristophanes uns von der Frauenbewegung machen«[60]. Antike, historische und mythologische »Frauenbewegungen« finden wir immer in einem gewissen Zusammenhang mit dem Hetärismus – freilich dem hochentwickelten Hetärismus, der die ihm Dienende nicht als mißbrauchte Buhlerin, sondern als gefeierte Freundin der Männer erscheinen läßt. Dieser freie Hetärismus wieder ist mit dem Amazonentum in geheimnisvollem Zusammenhang. »Das Amazonentum steht mit dem Hetärismus in engster Verbindung. Diese beiden merkwürdigen Erscheinungen des weiblichen Lebens bedingen und erläutern sich gegenseitig«[61]. Aber es kommt der Augenblick, wo diese beiden hohen repräsentativen Typen, die, beide im Geschlechte wurzelnd, Frauenbewegungen erzeugen, sich voneinander lösen. Der Amazonentyp, als der der Frau, die ihre Existenz auf sich selbst stellt, auf ihre eigene Kraft, will sich verschenken, vielleicht vergeuden, aber niemals verkaufen in des Wortes eigentlicher Bedeutung, das heißt, seine Gunst um wirtschaftlicher Nötigungen willen preisgeben müssen, sei es mit oder ohne Ehe. »Der Hetärismus muß zum Amazonentum führen. Durch des Mannes Mißbrauch entwürdigt, fühlt das Weib zuerst die Sehnsucht nach einer gesicherten Stellung und nach einem reineren Dasein.« Rein aber ist ein Dasein nur, wenn es frei ist. In dieser Darstellung bedeutet die Amazone nichts anderes als die geschlechtsstolze Frau, die, um von keinerlei Geschlechtsfron wirtschaftlich abzuhängen, die käufliche Hetäre überwindet.

Die tiefen Motive des Amazonenmythos in den verschiedenen Sagenkreisen deuten auf ewig Typisches in den Vorgängen zwischen dem Mann und dem hochgearteten Weibe. Die Amazone zieht ins Feld, um sich den Geliebten zu »überwinden« (Penthesilea). Die Walküre liegt umwabert vom freislichen Feuer, das ein Feiger nie durchdringt. Und die Brünhild des alten Nibelungen-Textes knüpft den unechten Freier, der an sie heranzudringen wagt, in der Hochzeitsnacht an ihrem Gürtel auf! – Selbst bei den Chinesen finden wir Amazonensagen.

Wenn wir nun wieder zu unseren modernen Antifeministen zurückkommen, deren ästhetenhafte Auflehnung gegen die Frauenbewegung uns hier aufhält, so finden wir in ihren Streitrufen eine ganz merkwürdige blut-, fleisch- und knochenlose Verherrlichung gerade der »Hetäre«. Sie fordern vom Weibe, daß es »Hetäre« sei und sonst nichts, unbekümmert darum, ob denn die Hetäre heute ihre männlichen Partner fände. Die Zumutung, einer entwickelten weiblichen Persönlichkeit »Hetärentum« oder sonst irgendeine scharf abgegrenzte Form eines vorwiegend geschlechtlichen Daseins zuweisen zu wollen, ist so abgeschmackt, daß sie kaum einer Widerlegung bedarf. Sie ist so gedankenlos, so gesinnungslos, so wenig bedacht auf die wirklichen Zusammenhänge der Dinge und so geistlos wie etwa die Anpöbelung, die sich von seiten jener Ästheten an das bloße Wort »Reformkleid« anschließt. So wenig, wie der das »Reformkleid« verhöhnende Ästhet beachtet, daß noch niemals ein Maler und Plastiker das Ideal des weiblichen Körperzaubers anders als im »Reformkleid« – es sei denn nackt – dargestellt hat – nämlich im freifließenden, dem Körper anschmiegsamen Einheitskleid und nicht etwa in »Rock«, »Bluse« und Korsett – so wenig beachtet er, daß die -Frau, die sich heute darauf verlegt, »Hetäre«, »Kind-Weib« oder dergleichen zu sein, bald in Syphilis, Schwindsucht und Armut verfällt und zumeist als Toilettefrau endigt…

Es ist auch nicht recht zu erkennen, was diese Rufer im Streit eigentlich mit dem Weib anfangen wollen. Man hört zumeist nur das Negative, was das Weib nicht soll. Übereinstimmung findet man bei diesen »Rufern« oft in dem Punkt, daß sie das Weib nur als »Anregerin« geistig gelten lassen wollen, nicht als selbständige Intelligenz oder, wie sie es nennen, »zersetzt« vom Intellektualismus. »Natur« soll sie sein, »und als solche Harmonie«. Als solche stehe sie »als Anregerin und Resonator des männlichen Dranges zur Vollkommenheit neben dem Manne«[62].

Ist es notwendig, diesen Wunsch nach geistiger Passivität des Weibes psychologisch auszudeuten? Ist es notwendig, in die Motive dieser »Abwehr« hineinzuleuchten? Notwendig, zu sagen, wie unbequem dem Mann, wenn er engen Herzens und mittelmäßigen Geistes ist, eine selbständige weibliche Geistigkeit werden kann – besonders da ja auch diese aktive Geistigkeit zur Harmonie der Natur mit sich selbst und zu besserer Harmonie der Frau führen kann? – Es ist nicht notwendig. Wir wollen das Niveau dieser Untersuchung nicht durch Polemik gemeiner

Art drücken. Was die Frau »ist« und »soll«, nicht ist und nicht soll, weiß jeder dieser Literaten bis aufs Itipferl genau. Sonderbar nur, daß ihr jeder einen anderen Imperativ in die Ohren brüllt. Sollte es aber nicht auch ein wenig – Angst sein, die diesen Herren im Leibe sitzt, Angst vor der durchbildeten geistigen Weiblichkeit? Die Kritik der instruierten Frau an der männlichen Geistigkeit ist unter Umständen eine Attacke an die stärkste Leidenschaft des Mannes: an seine Eitelkeit. Ob er sie als Magd – wie der Barbar – oder als »Resonator« – wie der Ästhet – neben sich zu sehen wünscht – es läuft auf eins hinaus: sei überhaupt nichts, als was ich dir anweise zu sein. Und was er ihr jeweilig anwies zu sein, das lehrt die Geschichte, auf deren Blättern Aberglaube, Dummheit und Gewalttätigkeit wahre Orgien feiern.

Auch eine Problemstellung, die auf Vergleiche mit männlichen Genies hinausläuft, ist an und für sich korrupt. Nicht darum handelt es sich: kann die Frau ein Goethe, ein Beethoven sein usf., sondern darum, daß sie ihre ureigensten Möglichkeiten zur besten Entwicklung bringe. So wenig wie sich eine menschliche Varietät gewaltsam erzeugen läßt, wenn die Bedingungen ihrer Entstehung nicht von Natur aus da sind, so wenig läßt sie sich unterdrücken, fortschaffen, wenn sie da sind, wenn sie selbst einer Situation und Konstellation notwendig entsprang wie die Pallas dem Haupte des Zeus. Und solche »Varietäten« sind sowohl die geistig selbständigen, wie die geistig passiven Frauen. Beide können formenbildend, wertezeugend wirken, beide in ihrer Art schöpferisch sein, beide auch den Gefährten und die Umwelt »inspirieren«. Das Wesen des »Gehirnweibes« als Gegensatz zur Möglichkeit weiblicher »Harmonie in sich selbst« aufzufassen, ist eine positive Täuschung. Ninon war eigentlich ein »Gehirnweib«, trotzdem sie so schön war und so sehr Frau war – und es gibt sehr dumme Frauen, die unweiblich, unsinnlich und unschön auch noch dazu sind. »Gehirntiere sind auch Liebestiere im verfeinertsten Sinn«, heißt es bei Bölsche. Die Frauen der Romantiker, die der Enzyklopädisten, waren gleichzeitig die »Inspiratorinnen« und »Resonatoren« ihrer männlichen Gefährten – die vollkommensten, die die Männer jemals besessen haben – und wurden auch von diesen ihren Gefährten entsprechend eingeschätzt – und dabei durchaus selbständige, zumeist produktive Intellekte. Die Frauenemanzipation der Gegenwart hat allerdings auch höchst schauderhafte Typen hervorgebracht, das ist sicher. Das sind die, auf deren Natur wir bei der Betrachtung des vom Geschlecht emanzipierten Weibes hingewiesen haben. Und die Aversion der Männer gegen diese Typen ist sehr begreiflich. Aber diese Aversion darf nicht die Betrachtung des sozialen Phänomens dieser ganzen Bewegung in seiner Totalität – nicht das Verständnis der Zentralmotive, die dahinter stehen, und der tiefen Zusammenhänge dieser Motive mit der gegenwärtigen Sexual- und Wirtschaftsordnung – und der der Zukunft – gefährden. Auch liegt es auf der Hand, daß diese Art Frauen, die sich als Emanzipationsmegären so überaus unliebsam präsentieren, auch ohne »Beruf« und ohne »Bildung« nicht reizvoller sein würden. Und endlich: gibt es nicht noch ärgere weibliche Typen in jenen Schichten, die der Frauenbewegung fern stehen? Ist nicht die mißbrauchte und vertierte Dirne noch viel trauriger anzusehen? Ist nicht die stumpfsinnige Haustochter, die aufs Heiraten lauert und jeden Mann mit süßlichem Lächeln umkreist – ist nicht die den Mann be»sitzende«, auf ihre Rechte pochende Ehefrau noch widerlicher?

Und ist für den wirklich männlichen Geist ein höherer weiblicher Typus vorstellbar, als der des kultivierten »emanzipierten« Weibes, das dabei in hohem Grade sein Geschlecht repräsentiert?

Die Verehrung der weiblichen Geistigkeit strahlt hell durch die Renaissance. »Die Weiber mögen so verehrt und geliebt werden, als sie es verdienen, d.h. nur wenig und zuzeiten; versteht sich, wenn sie keine anderen als sinnliche Vorzüge besitzen, nämlich jene geistige Schönheit«[63].

Bei der Schreckhaftigkeit jener Ästheten vor geistig selbständiger Weiblichkeit muß ich wieder an den Roman von Laßwitz denken. Die Frauen der Martier sprechen die Sprache der höchsten Kultur, in der wissenschaftlich exaktesten Weise und mit philosophischer Tiefe führen sie die Unterhaltung. Die geistige Sprache dieser Frauen stört aber diese Männer, die Bewohner des Mars, nicht. Der auf den Mars verschlagene »Erdensohn« hat Mühe, die Ausdrucksweise dieser Frauen zu verstehen, der Tiefe ihres Gedankenganges zu folgen, und kann sich über den Kontrast zwischen der Anmut ihrer Erscheinung, der Güte ihres Wesens und ihrer scharfen

Gedankenpräzision nicht genug wundern. Bei aller geistigen Tiefe und Fülle, die diese Frauen und Männer vom Mars verbindet, gedeiht doch vortrefflich das »Liebesspiel« und auch der Liebesernst zwischen ihnen. Auch die Erdensöhne passen sich auf dem Mars diesem hohen Niveau an. Dem degenerierten Erdensohn von heute aber schwindet das bißchen erotischen Impulses, das er aufzubringen vermag, wenn geistige Vorstellungen, von Frauen ausgehend, sich in die bildhaft sinnlichen Eindrücke der Liebe mischen.

Die Suggestibilität des Mannes zeigt sich der Frauenfrage gegenüber so recht deutlich; wie sie da fast alle straucheln über allzu naheliegende Suggestionen – über die Vorstellung von Disharmonien mit dem Geschlecht, während sie die am meisten auf der Hand liegende Disharmonie – die, die aus der Unterdrückung irgendeiner menschlichen Strebung kommt – übersehen. Wie hat man hierzulande über den Massendemonstrationszug der englischen Frauen (1908), der ihrem Kampf um das Stimmrecht galt, gehöhnt. Wie hatte doch keiner dieser ästhetisierenden Lemuren – Halbnaturen – für den großartigen Gedanken Nerv und Ahnung, der eben in dem Massenhaften dieser Demonstration, an der sich die Frauen aller Klassen, von der kleinen Arbeiterin bis zur gefeierten Schauspielerin und Weltdame beteiligten, zum Ausdruck kam. Die nach Millionen zählende Hälfte der Bevölkerung, durch ihr Geschlecht verbunden, zog an diesem Tage durch die Stadt und – zeigte sich. Dieses Sichzeigen bedeutet: hier sind wir, hier in der Gesellschaft, die uns ihre Gesetze aufdrängt. Und da wir ihnen unterstehen, diesen Gesetzen, fordern wir Anteil an ihrer Gestaltung.

Stimmrecht und Reformkleid sind für den Ästheten dasselbe, was ein rotes Tuch für den Stier ist.

Das nüchternste, ödeste und gottverlassenste Bestreben der Frauen ist für diese Ästheten ihr Bemühen um Stimmrecht. Sie sehen darin den Gipfel der Entgeschlechtlichung. Sie erwägen aber keinen Augenblick, diese Zartbesaiteten, was das graue, öde, langweilige Stimmrecht in der Praxis bedeutet. Stimmrecht bedeutet Teilnahme an der Gesetzgebung. Von der Gesetzgebung aber hängt es ab – ob unsere Kinder gute oder schlechte Schulen besuchen, ob Krankenhäuser in genügender Zahl da sind, oder ob die Mutter mit dem sterbenden Kinde am Arm von einem zum anderen irren muß, ob wir durch Steuern erdrückt oder durch günstige soziale Organisationen gefördert werden, ob unsere Männer in heiratsfähigem Alter ein Einkommen haben oder sich rackern müssen, bis sie alt und grau werden, ehe sie Weib und Kind erhalten können – ob wir lieben dürfen, ohne mitsamt der Frucht unseres Leibes in Schande und Not zu sinken, ob wir auf der Straße niederkommen müssen, wenn wir arm sind, oder ob Vorkehrungen getroffen sind, die uns davor bewahren, ob Mutterschaft frei wird – durch hohen sozialen Schutz – oder nicht. Über das Stimmrecht geht also auch der Weg zum »Recht zu lieben«. Stimmrecht ist ein unentbehrliches Mittel zur Befreiung der Persönlichkeit, des Geschlechtes, der Klasse und der Gattung. Hinter dem weiblichen Kampf um Stimmrecht steht insbesondere das mißhandelte Geschlecht. Persönlichkeit und Klasse, Geschlecht und Gattung – sie sind durch Mann wie Weib vertreten, darum müssen auch im Gesetze Mann und Weib vertreten sein, soll das Gesetz wahren und gerechten Bedürfnissen dienen. »Für die politischen Rechte der Frauen gelten genau dieselben Argumente, deren Anerkennung man in bezug auf die politische Emanzipation der Besitzlosen, der Arbeiter und zuletzt der Neger erzwungen hat… Der Mangel des Stimmrechtes bedeutet für die Frau: du sollst kein Eigentum haben, keine Erziehung, kein Recht an den Kindern, dich darf der Mann, der Starke, züchtigen, dich stößt die Gesellschaft als Witwe mit deinen unversorgten Kindern hilflos wie Hagar in die Wüste des Elends. Du sollst nicht erwerben, spricht der Staat, solange die Männer die Konkurrenz der Frauen fürchten. Erwirb, spricht derselbe Staat von dem Augenblick an, wo er fürchten muß, daß ihm die unversorgte Witwe zur Last falle… Es mag paradox klingen und ist doch vollkommen wahr: die Arbeit der Frau wird deshalb schlechter bezahlt als die des Mannes, weil sie das Stimmrecht nicht hat… Ich frage jeden aufrichtigen Menschen: wären Gesetze, wie die über das Vermögensrecht der Frauen, über ihre Rechte an den Kindern, über Ehe, Scheidungen usw., denkbar in einem Lande, wo die Frauen das Stimmrecht ausübten?… Die Frauen haben Steuern zu zahlen wie die Männer, sie sind verantwortlich für Gesetze, an deren Beratung sie keinen Anteil haben; sie sind also den Gesetzen unterworfen, die andere gemacht. Das nennt man in allen Sprachen der Welt Tyrannei… Die Frau besitzt, wie der Sklave, alles, was man ihr aus Güte bewilligt«[64].

Unauflösliche Widersprüche dieser antifeministischen Rufer auch bezüglich dessen, was die »Emanzipierte« geschlechtlich will und soll. Will sie nichts, so sagen sie ihr nach, sie »empfindet ihr Geschlecht als Last, ihre Sexualität als Schimpf, die Erotik als Schmach und als animalischen Zwang«[65]. Will sie ihr Teil vom Leben auch in der Liebe, so ist sie voll »dreister Hetäreninstinkte«. Man findet aber merkwürdigerweise sowohl geschlechtliche Anästhesie als die Neigung zum »dreistesten« Hetärentum am meisten unter jenen Frauen, die der Frauenbewegung am fernsten stehen. Der »Mangel an weiblichem Sexualgenuß« – ein der medizinischen Terminologie entnommener Ausdruck – wird 40% der Ehegattinnen der Vernunftehen nachgesagt. Und die »dreisteste« Form des Hetärismus findet sich in der Prostitution. Mit beiden hat die Frauenbewegung nichts zu schaffen, bedeutet vielmehr die Auflehnung gegen beide.

Auch eine Lockerung der Beziehungen von Frau zu Frau wird der Frauenbewegung zugeschrieben. Ich finde gerade im Gegenteil, daß niemals die Möglichkeiten herzlichster Kameradschaft und tiefsten Verständnisses zwischen Weib und Weib in so hohem Grade bestanden haben, wie gerade heute. Steht doch heute der »Ehefrau« nicht mehr die »alte Jungfer« als trauriges Schreck- und Zerrbild ihrer eigenen Schicksalsmöglichkeit gegenüber. Die alte Jungfer hat vielmehr einer anderen »Spielart« weichen müssen. Das in seinem Geschlecht beleidigte, enttäuschte und in seiner ganzen Existenz aufs Trockene gesetzte, aufs ödeste Nichts verwiesene alte Mädchen mußte zur vergrämten und odiosen alten Jungfer werden. Es war »alt«, wenn es sich der Mitte der Zwanziger näherte und noch kein Mann angebissen hatte. Seit das Mädchen aber seine Existenz nicht mehr ausschließlich auf das Anbeißen eines Mannes stellt, seinem Dasein Fülle, Bewegung und Gravitation gegeben hat, indem es seine menschlichen Kräfte spielen ließ, seitdem ist es weder »alt« mit fünfundzwanzig Jahren – noch hat es nötig, »Jungfer« zu bleiben, wenn der Mann seiner Liebe ihm nicht die volle Versorgung zu bieten vermag. Die unverheiratete Frau bleibt also auf dem Plan, aber sie ist nicht mehr die alte Jungfer, sondern eben das weibliche Pendant zum Junggesellen: die Junggesellin. Und hier haben wir einen neuen sozialen Typus und keinen üblen. Und weit entfernt, daß die Beziehungen von Frau zu Frau sich lockern, sehen wir vielmehr nicht selten solche Junggesellinnen als wirtschaftliches Paar zusammen hausen. Zwei solcher Mädchen, die beide auf eigenen Füßen stehen, gründen oft ein Heim, als das Zentrum ihrer beiderseitigen Bestrebungen, schließen sich fest zusammen und nehmen nicht selten ein Kind an, wenn keine von beiden ein eigenes besitzt – ein Beweis für das ungeschwächte mütterliche Bedürfnis des Weibes. Wenn auch diese Gemeinschaft von Junggesellinnen weit davon entfernt ist, ein vollgültiges Surrogat für das Zusammenleben des Weibes mit dem Manne zu bieten, so ist sie doch noch tausendmal besser als der zwangsweise Verbleib eines erwachsenen Menschen in einem Familien-Milieu, das er vielleicht längst überwachsen hat. Besser auch als die grausame Atomisierung, die das unversorgte Mädchen außerhalb der Familie und der Ehe früher erwartete. Auch diesen Zusammenschluß selbständiger Frauen, auch diese Rettung ihrer Weiblichkeit aus dem Altjungferntum hat die Frauenbewegung ermöglicht.

Das folgende Gedicht fand ich, als mir zufällig ein illustriertes Blatt, das sonst nicht zu meiner Lektüre gehört, in die Hände kam:

Garçonwohnung

»Aus Bronzeleuchtern stilles Kerzenschimmern,
Auf schweren Rahmen goldigweiches Flimmern
Und Spiegelglanz in blanken Waffenstücken,
Die matte, stahlgraublaue Wände schmücken.

Hoch über Türen starke Hirschgeweihe.
Viel Frauenköpfe in gewählter Reihe,

Darüber sich vergessne Blumen neigen.
Teppich und Felle hüten tiefes Schweigen.

Leicht lehnt am Schreibtisch ein gebeugter Rücken,
Zwei schmale Füße ungeduldig rücken
Am tiefen Sessel aus rotbraunem Leder,

Auf lila Bogen kichert eine Feder.«

(Hans Herbert Ulrich)

Warum soll nicht auch die »Junggesellin« so zu denken sein? Warum soll nicht die Frau, die der Familiengemeinschaft widerstrebt, oder die richtige Gemeinschaft, die ihr das Opfer ihrer Freiheit wert scheint, nicht findet, in ihrer behaglichen Wohnung, erworben und erhalten durch ihr in Unabhängigkeit erworbenes Einkommen, hausen, als freie Gesellin, über sich selbst verfügend und ihres Lebens froh! An statt sich in den Familien verheirateter Verwandter bitteren Herzens als alte Jungfer herumzudrücken – »Tante« der Kinder, die andere geboren, froh, wenn ihr jemand ein altes Kleid schenkt – finden wir sie in einer vornehmen, ihr allein eigenen Häuslichkeit. Anstatt vergrämt zu altern, weil ohne Vergangenheit, die des Lebens wert war – bleibt sie jung und elastisch, solange sie eine Gegenwart hat. »Sie hat eine Vergangenheit« – das ist heute eine Schande für eine Frau. Sie hat keine Vergangenheit – welch ein monströses Schicksal!

»Hoch über Türen starke Hirschgeweihe,« – hoffentlich hat sie auf Edelhirsche und nicht auf Lapins gejagt – und Männerköpfe »in gewählter Reihe« – auch das, auch das! Und ohne sentimentale Belastung, in froher Ruhe und mit ungebrochener Persönlichkeit.

»Leicht lehnt am Schreibtisch ein gebeugter Rücken,
Zwei schmale Füße ungeduldig rücken
Am tiefen Sessel aus rotbraunem Leder,
Auf lila Bogen kichert eine Feder.«

So will ich die Junggesellin. Ihre Feder muß ja nicht gerade »kichern«, aber doch lächeln. Nur nicht stöhnen und ächzen soll sie. Das aber kann nur sein, wenn die, die sie führt, frei ist von jeder Geschlechtsfron, der aktiven sowohl, die darin besteht, sich gegen seine Neigung hingeben zu müssen, als auch der passiven des erzwungenen Liebesverzichtes.

Eine Problemstellung, der man öfter begegnet, ist die, ob denn die Produktivität des weiblichen Geistes nicht die »Erstickung« des spezifisch weiblichen Fühlens und Erlebens fordere, etwa wie ein Opfer, das eine strenge Göttin ihren Jüngern auferlegt. Hier kann sich natürlich jeder am verläßlichsten auf seine eigenen Erfahrungen berufen. Ich glaube nicht, daß die Verkümmerung der Möglichkeiten spezifisch weiblicher Erlebnisse die Produktivität steigert, sondern umgekehrt, daß die Frau nur durch dichteste Fülle weiblichen Erlebens auch zur stärksten Kraft ihrer persönlichsten und geistigsten »Stimme« gelangt. Immer und immer aber wird die Frage erhoben, ja durch Enqueten zu lösen gesucht, ob weibliches Erleben und geistige Arbeit sich vereinen lassen. Ich sage umgekehrt: ein Leben, das der geschlechtlichen Erfüllung entbehrt und Produktivität, lassen sich – wenigstens bei der gesunden, in ihrem Triebleben normal entwickelten Frau – nicht, oder nur unter großen Kämpfen vereinen, es sei denn, daß ein Leid besonderer Art sie hellseherisch macht. Gewöhnlich ist dieser Vorgang aber nicht. Denn woher soll ihr aus der Öde ihres weiblichen Schicksals die Kraft kommen, die zu jedem tätigen Werke gehört? Freilich bedeuten die physischen Veränderungen, die durch die Mutterschaft im weiblichen Organismus vorgehen, oft tiefgreifende Störungen der Produktivität. Aber diese Störungen sind nur temporäre Unterbrechungen. In der Zeit der Schwangerschaft und während der ersten Säuglingspflege wird die Frau ohne Zweifel den größten Teil ihrer Energien für ihre generelle Funktion verbrauchen; aber eine weise gesellschaftliche Ökonomie wird mit diesem Tribut, der zur Erhaltung der Gattung notwendig ist, rechnen und ihn ziffernmäßig bewerten.

Lang und weit ist die Kette der Lebensjahre einer Frau; vor und nach jeder Unterbrechung ihrer Tätigkeit durch die Mutterschaft hat sie reichlich Zeit zu sozialer Leistung. Und was man einmal sehr gut gekannt hat, das verlernt man auch nie mehr. Ist die Hauptinanspruchnahme, die die früheste Jugend des Kindes von der Mutter verlangt, vorüber, so wird sie, und vielleicht mit besseren Kräften, wieder nach der Tätigkeit greifen, die sie früher betrieb und sich wieder besinnen auf das, »was sonst sie gewesen« (wie Wotan zur entrechteten Walküre sagt). Es war bis vor kurzem noch modern, dem emanzipierten Weibe vorzuwerfen, es wolle keine Kinder, es wolle sich nur »ausleben«. Seit ein »Bund für Mutterschutz« aus der Frauenbewegung, die Tag für Tag deutlicher zur Mutterbewegung wird, hervorgegangen ist, ist die Nichtigkeit dieses Argumentes wohl zur Genüge erwiesen. Wohl aber ist die Behauptung, daß ein Wunsch nach Kinderlosigkeit bestehe, zwar nicht auf die geistige Frau – aber auf den geistigen Mann anzuwenden und zumeist zutreffend. Fast jeder Mann flüchtet vor der Idee der Vaterschaft, soferne sie ihm im geringsten Unebenheiten verursachen könnte. Nur wenn mit der ganzen Suggestion des »Familienlebens« gearbeitet wird, dann begeistert er sich für seine Rolle als »Papa«. Der bessere Mann wird zwar auch illegitime Kinder nachher lieben – »wenn sie da sind«, aber nur selten sie vorher »wollen«. Er flieht selbst die Liebe, wenn sie ihn mit der Vaterschaft zu »beschenken« droht. Nietzsche sagte in seiner Abhandlung über Askese[66]: »Ein verheirateter Philosoph gehört in die Komödie.« Buddha, als ihm die Geburt eines Sohnes gemeldet wurde, erging sich in der Klage: »Rahula[67] ist mir geboren, eine Fessel ist mir geschmiedet.«

Und von der Besiegung dieser Heirats- und Fortpflanzungsunwilligkeit des Mannes sollte bis vor kurzem das Schicksal einer Frau abhängen! Immer unwürdiger, immer unhaltbarer wurde ihre Stellung, immer mehr und mehr mußte sie durch sinnliche Überrumpelung oder Bestechung (durch Mitgift) den Mann für die Erfüllung ihres »Beruf es« – zu dem ja nun einmal zwei gehören – zu gewinnen suchen. Was Wunder, daß sie schließlich nach einem anderen Mittel suchte, um leben und bestehen zu können.

Daß die Mütterlichkeit ein Wesenselement der bedeutendsten produktiven Frauennaturen war, beweisen Gerhardt und Simon[68] an den Biographien von George Elliot, George Sand, Harriet Beecher-Stowe, Marceline Desbordes-Valmor, Elisabeth Barret-Browning, Mary Sommerville, Mary Wollstonekraft, Frau von Staël, Madame Roland und vielen anderen. Alle diese Frauen waren Mütter, zärtliche und aufopfernde Mütter und dabei groß, tief und ahnend in ihrer Produktivität. Nicht minder mütterlich empfinden oft geistige Frauen, denen die physische Mutterschaft durch irgendwelche Gründe und Schicksale versagt blieb. Ein Konflikt scheint mir, ich muß es wiederholen, nicht zwischen geistigem Schaffen und erfülltem Frauenleben, sondern zwischen ersterem und nicht erfülltem Frauenleben zu bestehen. Und eine ganz ehrliche Enquete müßte eigentlich dahin zielen, Frauen, denen die Erfüllung ihres weiblichen Schicksals versagt blieb, dahin zu bringen, mitzuteilen, inwieweit sich dies bei ihrer Produktivität bemerkbar mache. Durch Ehrlichkeit würde da so manches Geheimnis der Produktivität kund werden.

Was also ist und will die Frauenbewegung, da sie das, was ihre Angreifer zumeist in ihr sehen, weder ist noch will.

Die Frau will Anteil an »Geld, Macht, Ehren«, gewiß – und das aus erster Hand, nicht nur über den Umweg der Ehe; vor allem aber will sie freie Verfügung über die Gestaltung ihres Lebens, und diese Möglichkeit gibt ihr nur die wirtschaftliche Selbständigkeit. Die Frauen wollen teilnehmen an sozialer Arbeit um der Möglichkeiten materiellen, gesellschaftlichen und moralischen Weiterkommens willen, wie sie nur durch Tätigkeit in einem geeigneten Berufe zu erringen sind. Um überhaupt lebenswillig zu bleiben, muß ein Mensch irgendeine Zukunft haben – irgendein Hoffen, dessen Erfüllung von der eigenen Kraft und Leistungsfähigkeit abhängt. Das Schicksal der Frau war bis jetzt so gut wie ohne Zukunft, es sei denn die, die ihr durch ihre Kinder werden konnte. Ein Eigenschicksal zu haben – abgesehen von dem, das man als Glied der Gattung hat – ist aber jedes Menschen Recht.

Der Kampf um Frauenrechte ist in meinen Augen nur ein Weg, ein Mittel zur Erlangung von Weibesrechten, zur freien Selbstbestimmung der Frau, auch in der Mutterschaft und in der Liebe, ein Mittel, ihre Persönlichkeit zu erweitern, damit sie besser Mensch sei, und damit auch besser Frau sei. Und da es ohne wirtschaftliche Befreiung auch in ihren Beziehungen zum Manne für sie keinerlei Freiheiten gibt, bedarf sie dieser wirtschaftlichen Befreiung. Sie muß in der Geschlechtsauslese vollkommen frei werden, vollkommen unabhängig von wirtschaftlichen Nötigungen, um sowohl zur Vermehrung ihrer eigenen Glücksmöglichkeiten als zur Verbesserung der Früchte des Rasseprozesses, dessen Baum sie ist, ihr Teil beizutragen.

Das Geschlecht ist es, welches sich in der Frauenbewegung endlich auflehnt, und nichts als das Geschlecht. Das Geschlecht, welches auf den Aushungerungszustand gesetzt wurde und in die schmählichste Abhängigkeit von jedem Futterspender gebracht worden war, mußte zur Selbsthilfe schreiten. Seit der Frau die Möglichkeit der freien Wahl in ihrem Geschlechtsleben abgeschnitten war – durch die vollkommene Abhängigkeit von alledem, was der Mann außerhalb seines persönlichen Wertes an sie zu vergeben hatte – mußte sie diesen, seinen persönlichen Wert – an die letzte Stelle setzen, die bei der »Wahl« in Frage kam.

Die Frauenbewegung eröffnete ihr einige (nicht alle) Möglichkeiten, nicht abzuhängen von diesen Futterwerten, die der Mann an sie zu vergeben hatte, wieder einigermaßen Herrin der eigenen Situation zu werden. Hat der Mann sie »werben« lassen – warten, hangen und bangen, zappeln und radschlagen – weil ihre einzige Möglichkeit geschlechtlicher Erlösung zusammenfiel mit der Überwindung der zahllosen Schwierigkeiten der Ehe – nun wird sie ihn wieder »werben« lassen – wenn sie so weit ist.

Ein Racheakt also die Frauenbewegung? Nein, ein Erlösungsakt. Einer der Wege zur Erlösung des gefangenen, mißbrauchten Geschlechtslebens von Mann und Weib. Freilich nicht der letzte Weg zu diesem Ziel – nur der erste und der augenblicklich gangbarste.

Der letzte Weg trägt den Namen »Mutterschutz« und setzt an Stelle der Selbstbewegung der Frau die bewußte Initiative der Gesellschaft.

---

3. Die Berechtigung zum »tätigen Leben«

**Die Pflicht der »Monade« – Kunst und Geschlecht – Das Instinktwissen der
Frau und seine Anwendung im Beruf – Die Zweigeschlechtlichkeit aller
Dinge und darum entsprechende Beteiligung der Frau an dem Beruf – Die
Kunst der Frau als Reflex ihres Daseins – Die Berechtigung zum Worte.**

»Die Monade muß sich nur in rastloser Tätigkeit erhalten, wird ihr diese dann zur anderen Natur, so kann es ihr nicht an Beschäftigung fehlen.« So Goethe in seiner Kritik der Kantschen Moral. In diesem Imperativ, der der Monade gestellt ist, liegt das zwingendste Argument einer »Bewegung« der Frau. Die Tätigkeit – ausgiebige, den eigenen Anlagen angemessene Beschäftigung – ist nicht nur die Pflicht, ist auch das Recht jedweder Monade, also auch der Frau. Goethes Mystik hat zum Unterschied von der verlogenen Mystik der Modernen einen positiven pantheistischen Hintergrund. »Für Goethe hat die Tätigkeit an sich schon eine metaphysische, ja mystische Bedeutung«[69]. Die Tätigkeit der Frauen auch außerhalb ihres rein generellen Lebens, welches mehr einen Zustand denn ein Tun bedeutet, hat nicht nur materielle, sondern auch ideelle, platonische Berechtigung. Für welche Tätigkeit sich die Frauen an besten »eignen«, kann sich erst durch die Geschichte ihrer Bewegung deutlich herausstellen. In letzter Folge wird auch diese Entscheidung eine individuelle sein. So viel scheint schon jetzt wahrscheinlich, daß die Frauen an Differenziertheit und Feinheit des Empfindens, sozusagen an allgemeiner Kulturbegabung der Seele – den Männern überlegen, an fachlicher Tüchtigkeit ihnen untergeordnet sind. Diesen Anlagen entsprechend wird auch die Verteilung der Tätigkeitsgebiete erfolgen müssen. Zu jeder Art von Fachfron dürfte das Weib weniger befähigt sein als der Mann, hingegen dort, wo es gilt, zu sichten, zu sondern, mit Witterungen und Ahnungen irgendeinem Gesetz auf die Spur zu kommen, ist es ihm vielleicht sogar als Ergänzung notwendig. Das Gebiet, auf welchem die Wirksamkeit der Frauen aber für die Zukunft unentbehrlich scheint, ist die Reform der Gesetze, sowohl der juridischen als der sozialen und ethischen. Die Mannesmoral hat nicht ausgereicht. Die notwendige Reform der moralischen Werte bedarf der Mitarbeit der Frauen, da nur durch deren Mitteilung über Zustände, die nur sie erfahren konnten, Licht ins Dunkel kommt. Aus diesem Grunde schon ist das »Mitreden« der Frauen geboten und der Streit um die höhere Intellektualität ein durchaus müßiger.

In der Einseitigkeit der Urteilsfähigkeit des Mannes liegt vielleicht gerade seine Stärke. Die auf irgendeinem Gebiete »ganz großen« Männer waren die wenigst universell weisesten, vielmehr geradezu verbohrt in vielen ihrer Anschauungen (Bismarck, Napoleon, Nietzsche). Das begabte Weib hingegen ist vielleicht weniger auf einem Gebiete überragend groß, als es in seiner Gesamtvernunft synthetischer ist, umfassender, verknüpfender in seiner Konklusionskraft, mehr die Zusammenhänge der Dinge ahnend – also weiser. Gerade um dieser Gabe willen scheint es zum geistigen Ausgleich auf geistigen Gebieten neben dem Manne am Platze. Auch die Physiologie hat die Anlage des Weibes, solche Dinge richtig zu erfassen, die gerade vor aller Augen liegen, und die der Mann dennoch verkehrt zu sehen pflegt, zu erklären gesucht. Burdach hat gefunden, daß »Kopf und Gehirn der Frauen zwar etwas kleiner als beim Manne, aber im Verhältnis zum übrigen Körper größer und schwerer sei, daß das Gewicht der Schädelknochen sich beim Weibe wie 1: 6, beim Manne wie 1: 8 verhält. Der berühmte Cuvier aber hat nach dem Verhältnis der Gesichtsknochen zur Schädelhöhe die höhere oder niedere Stufe im Tierreich bestimmt; Sömmerling nimmt an, daß, wie der Mensch in dieser Hinsicht über den Tieren, so das Weib hier über dem Manne stehe. Das weibliche Gesicht ist in der Tat kleiner, die Schädelhöhle dagegen um so größer«[70].

Angesichts der Suggestibilität des Mannes, der man auf Schritt und Tritt und auf allen Gebieten des geistigen, seelischen und sinnlichen Lebens begegnet, fragt man sich, woher denn die Auffassung stamme, die gerade den Mann als den Vertreter »konsequenten logischen Denkens« hinstellt. Gerade die funktionelle Beschaffenheit seiner Geschlechtsnatur bringt es mit sich, daß er Suggestionen weitaus stärker zugänglich ist als das Weib, welches in der zuständlichen Beschaffenheit seiner Geschlechtsnatur – ruht – und von da aus ein viel festeres Zentrum gegen Suggestionseinflüsse darstellt als der Mann. Ist eine Frau überhaupt zum »Denken« beschaffen, dann denkt sie gewöhnlich mit resoluterer Konsequenz als der Mann, wenn auch er der formalistisch und erkenntnistheoretisch gewandtere Denker ist. In der Praxis der Erkenntnis scheint die Frau tüchtiger, reinlicher; insbesondere dort, wo es gilt. Widersprüche gegen die »reinste Vernunft« – gegen gesunde Instinkte – als solche zu erkennen, verkleidete Phrasen zu entlarven, Dissonanzen auf ihren gemeinsamen Grundakkord und auf ihre verbindende Dominante hin zur Harmonie führen, scheint die Frau verläßlicher als der von den »Funktionen« seiner Sexualität abhängige Mann. Und Nietzsche, der ein großer Widersprecher seiner selbst war, derselbe Nietzsche, der über die Frauen wie aus einer dumpfen Gespensterkammer seiner eigenen Seele heraus urteilte, sagt in der Mittagshelle seiner »Fröhlichen Wissenschaft«: »Eine tiefe, mächtige Altstimme zieht uns plötzlich den Vorhang vor Möglichkeiten auf, an die wir für gewöhnlich nicht glauben: wir glauben mit einem Male daran, daß es irgendwo in der Welt Frauen mit hohen, heldenhaften, königlichen Seelen geben könne, fähig und bereit zu grandiosen Entgegnungen, Entschließungen und Ausführungen, fähig und bereit zur Herrschaft über Männer, weil in ihnen das Beste vom Manne über das Geschlecht hinaus zum leibhaften Ideal geworden ist.«

Es war hohe Zeit, daß die Frau, die mit ihrer Natur jenen Vorgängen des Lebens, die im Unbewußten wurzeln, näher steht als der Mann, sich »anpaßte« – zu beobachten, zu stammeln, zu deuten. In jeder starken Weiblichkeit ist ein Teil von jenem Urmüttertum, das in der Sage aller Kulturvölker der Hüter der Weisheit war. Und immer wieder und wieder muß der Mann, um zu »erfahren«, hinuntersteigen zu den Müttern, zur Wala. Und was nun gar die besonderen Erlebnisse der Frau, die, die in ihrer eigenen Geschlechtssphäre wurzeln, betrifft, so ergibt es sich von selbst, daß nur sie jenen intimen Erlebnissen Sprache geben kann, daß nur sie hier Mitteilungen machen kann, die nicht auf Konstruktionen ruhen, die nicht erdachte Rechenexempel sind und die der Prüfung auf ihre Echtheit standhalten. So wird der Frau zu jedem Beruf, dem sie – gerade durch ihr Geschlecht und das nur ihrem Geschlecht eigene Instinktwissen – neue Seiten abgewinnen kann, der Zugang frei sein müssen. Mit diesen ihren Instinktahnungen ausgestattet, wird sie die Wesenheit eines Berufes in einer Art »erkennen«, die sich dem Manne naturgemäß verschließt. Da das Prinzip der Zweigeschlechtlichkeit durch die ganze Natur geht, vom Wurm bis zu den Gestirnen empor, so ist auch die Annahme, daß auch die Phänomene der Kultur ihrem Wesen nach zweigeschlechtlich sind, gestattet. Jedes Ding, jedes Geschehen, jede Einrichtung hat ihre männliche und ihre weibliche Seite. Und darum scheint die Frau in allen jenen Berufstätigkeiten, in denen es zu sichten und zu sondern gilt, nicht trotzdem, sondern gerade weil sie verschieden vom Manne reagiert, am Platze zu sein. Die Frau »weiß« mehr – nicht von dem, was geschieht und geschah, aber mehr von dem, was geschehen muß. Näher ist sie dem Dunkel, tiefer verhängt den »Gesetzen« als der Mann. Darum war es notwendig, daß die Frau das Wort nahm, nur von ihr konnte »erfahren« werden, was nur sie wissen konnte. Wie der Stumme am Tische des Solon plötzlich sprach und sprechen mußte, weil nur er sah, nur er mitteilen konnte, was sich begab – so die Frau. Und darum wird ihr Weg frei bleiben müssen. Dies darf nimmer verloren gehen. Zurückdrängung in ein bloß passiv generelles Leben, in den »bloßen« Zustand als Gefäß der Gattung ist nicht mehr denkbar.

Aber diese geheimnisvollen Kräfte – Körper- und Seelenkräfte der Frau – werden von einer bewußt bauenden Kultur nimmermehr in gemeiner Brotfron verbraucht werden dürfen. Ihre physische Existenz, eben als Gefäß der Gattung, wird unbedingt gesichert werden müssen. Und erst auf der Basis dieser Sicherung wird sie – im freien Spiel ihrer Kräfte – sozial wirken und walten. Sie wird dann nicht zu solchen Beschäftigungen gedrängt werden, die mit ihrer Natur nichts zu schaffen haben und nur unternehmen, was ihr, nach dem Goetheschen Wort, »auf die Nägel brennt«.

»Mütter des Volkes, Freundinnen der Männer« – als solche apostrophierten sich jüngst in einer Sendschrift an die Reichsduma die muselmännischen Frauen Bosniens. Das sollen auch die »Geliebten« sein.

Es gibt keine weiblichere, keine mehr geschlechtliche Frage, als die Frauenfrage, keine, die die Frauen mehr angeht und über die sie mehr zu sagen haben, als irgend jemand sonst darüber sagen kann. Um zu erfahren, was die Frauen wollen und brauchen, mußten nur sie selbst reden, endlich mußten sie den Mund auftun. »Wenn ein Mann über die Frauenfrage schreiben will,« so sagt Hedwig Dohm, die Denkerin und Kämpferin, auf die wir uns hier so vielfach berufen mußten – »so bedarf er einer tiefen und originellen Denkkraft, denn es gilt bei dieser Frage ein Seelen-Palimpsest zu entziffern, das von Jahrtausenden und von allen Völkern der Erde überschrieben worden ist. Es gilt zu entziffern die ursprüngliche Schrift des Palimpsestes – die Urschrift der Natur.«

In hohem Grade gehört zu jenen Betätigungen, die der Frau unter Umständen »auf die Nägel brennen«, ihre Beteiligung an der Kunst und an der Forschung, die sich ihr gerade durch ihr Geschlecht von besonderer Seite erschließen. Ist es ein Zufall, daß wiederholt Frauenbücher die rufendsten ihrer Epoche waren, und mit unerhörter Stoßkraft in die Zeit hineinfuhren? Und dieser unerhörten Wirkung gegenüber – die ins soziale und moralische Gewebe der Zeit hinübergriff und nicht etwa mit einem Saisonrummel zu verwechseln ist, ist jede »ästhetische« Analyse eine Lächerlichkeit. »Onkel Toms Hütte« von der Beecher-Stowe und »Die Waffen nieder« von Bertha von Suttner waren solche Rufe und Stöße zu ihrer Zeit. Aus »Onkel Toms Hütte« ging die Präsidentenwahl Lincolns und damit die Sklavenbefreiung – aus Bertha von Suttners »Ruf« die Friedensbewegung hervor.

Notwendigkeit aber wird die Kunst der Frau, wenn sie der Reflex ihres weiblichen Daseins wird. Es ist nicht wahr, daß es Männer waren, die als »Frauenkenner« die weibliche Seele in ihren tiefsten Tiefen darstellen. Was Tolstoi, Goethe, Ibsen gegeben haben, sind kolossale Typen, aber die Bilder realster Weiblichkeit, wie sie in vielspältiger Wirklichkeit täglich im Leben steht, konnten nur Frauen geben. In Bettinas, in Ninons, in Karoline Schellings Briefen ist mehr echte Frauenpsychologie als in sämtlichen Goetheschen Frauengestalten zusammen. Von der Not und dem Willen und der Sehnsucht und dem Kampfe ihres Geschlechtes konnten nur Frauen berichten. So erfuhr man aus ihrem Gestammel – heutigen Tages – von Mutternot, Mutterwillen, Mutterkampf.

Die Frau ist näher der Ursprünglichkeit der Dinge. Diese unmittelbare Fühlung mit der Natur der Dinge hat sie auch in die Kunst getragen; sie hat sie näher an die Natur herangerückt. Die mit Gesetzesparagraphen klappernde Zünftelei, wie man sie als »Manneskunst« und einzig »wahre« Kunst ausgeben will (siehe Scheffler), und von der die Frau »die Hand zu lassen« habe – die braucht sie auch nicht. Diese Art »Kunst« hat ihre höchste »Blüte« in dem Tabulaturensystem der Handwerkermeister erreicht, und vor einer Wiedergeburt des Beckmessertums, vor ödestem Formalismus in der Kunst – eine Gefahr, die, vom Ästhetentum ausgehend, in der Zeit liegt – bewahre uns Gott. Die Frau verzichtet auf die Glorie dieser »Kunst«. Sie will so »singen« – wie die Vögel zwitschern, wie der Bach rauscht, wie der Wind weht. So sang Freund Walter von der Vogelweide, so sang Johannes Wolfgang, so singt die Hexe Lorelei. Und nur in solchem Singen ist etwas wie ein Wiederklang von dem Geheimnis des Lebens. So aber kann freilich nur singen, wem Gesang gegeben, wem der Schnabel irgendwie nach »eigener Weis'« gewachsen ist. Ist er das aber, dann will er ihn auch auftun.

Solon wollte noch im Alter ein Lied der Sappho lernen, um fröhlicher sterben zu können. Herr Karl Scheffler freilich hätte ihr den Mund verboten und sie nur als »Resonator« seines »Strebens nach Vollkommenheit« gelten lassen.

Nur die in ihrem Geschlechte starke Frau wird Starkes mitzuteilen vermögen durch das Medium der Kunst und Forschung. Nur dann ist sie bis in die Fingerspitzen hinein voller Ahnungen, nur dann strömen ihr von überall her Fähigkeiten, Zusammenhänge zu erkennen, die oft kein

Verstand der Verständigen sieht. Nur dann ist sie Pythia, Kassandra, Diotima. Es ist kein Zufall, daß die Weissagenden der heiligen Orakel der Mythologien zumeist Frauen waren. In der alten deutschen. Göttersage sind die weiblichen Gottheiten die Vertreterinnen des Wissens, wie denn die Germanen in der Frau überhaupt die Repräsentantin des Wissens, des divinatorischen Blickes, der Einsicht in das Werden und Vergehen der Welt erblickt; man denke nur an die Bedeutung, die die Frau als Priesterin und Seherin bei ihnen hatte. Sie sind ja auch die Nornen, die Vertreterinnen, »ewigen Wissens«. So holt sich selbst Wotan das Wissen von der Zukunft des Göttergeschlechts bei der Erdgöttin Erda. Diese ist »die allwissende, urweltweise«, die Repräsentantin der Naturgesetze und der Weltordnung, sie und nicht der Göttervater hat Einblick in den Lauf alles Werdens und Vergehens«[71]. Die im Geschlecht und in der Ahnung starke Frau findet Ausdruck und Geste, um nie Gesagtes und immer Geahntes zum Bewußtsein zu bringen. Sie fühlt sich als Werkzeug eines unentrinnbaren Willens, dem sie dient, in welchem die Gottheit wohnt und durch welches sie spricht. Darum müssen alle Möglichkeiten, die die Erschließung der geheimnisreichen Persönlichkeit begünstigen, ihr freistehen. Denn auch diese Erschließung kann verhindert werden, aufgehalten werden am Wege. Die Inbrünstigen sind es, welche durch Kunst und Forschung sich mitteilen können und müssen. Die anderen, die Brunstlosen – arm sowohl an Gottes- wie an Liebesbrunst – sind auch in ihrem sozialen und künstlerischen Schaffen schwach, farblos, geschlechtslos und darum überflüssig.

Das inbrünstige Weib in Kunst und Forschung ist Trägerin und Deuterin der Ahnung. Zu ihr auch kommt – fragend – der Mann – wie er einst zum Orakel fuhr, wie er zur Wala niederstieg, wie er die Urmutter bezwang.

4. Die schädigenden Momente der Frauenbewegung

Die Berücksichtigung des weiblichen Energienverbrauchs in geschlechtlichen Leistungen eine Notwendigkeit – Berufsfreiheit ohne Berufszwang – Die schwerste Schädigung durch die niedrigen und schweren Berufe – Die Verschiedenheit weiblicher Leistungsfähigkeit – Arbeitstechnische hauswirtschaftliche Erleichterungen – Ausgebeutete Frauenkräfte – Der »Beruf« kein Surrogat für generelle Erfüllung – Die Umsetzung von Mutterkräften in Pferdekräfte – Der Ruf des Kapitäns beim Schiffsunglück: »zuerst die Frauen«, und sein nicht zu mißachtender Sinn – Die Frauenbewegung ein historisch notwendiger Umweg, ein Zwischenstadium zur Mutterbewegung.

Nicht das »tätige Leben«, nur das Muß des Broterwerbes schädigt oft das Weib in seinen spezifisch weiblichen Funktionen. Die Brotfron zermürbt. Aber es ist ja kein unentrinnbares wirtschaftliches Gesetz, daß Menschen über ihre Kraft arbeiten müssen. Es ist dies nur eine Folge unserer »Ordnung«, der kapitalistischen Wirtschaftsordnung, und mit einer Befreiung der wirtschaftlichen Werte vom Kapitalismus wird diese Erscheinung schwinden. Das Übermaß an Arbeit zermürbt auch den Mann, das normale Maß wird auch dem Weib nicht schaden, vorausgesetzt daß die Berücksichtigung des weiblichen Energieverbrauches durch geschlechtliche Leistungen bei jeder Berufstätigkeit der Frau gewährleistet ist. Wir wollen Berufsfreiheit für die Frau, aber ohne Berufszwang. Dies aber ist nur möglich, wenn die Mütterlichkeit ein von der Gesellschaft durch entsprechende Maßnahmen vorgesehener Zustand ist, wenn vorgesorgt ist für diesen Zweck, und nicht auf charitativem Wege, sondern durch vollgültige versicherungstechnische und sozialpolitische Institutionen. Gerade in jenen Berufen, um welche die Frauen neuerdings kämpfen, werden sie viel weniger geschädigt, als in denen, zu denen sie von alters her »Zutritt« haben. Denn diese neueren Berufe, die sich die Frau erschließen will, sind zumeist geistiger und qualifizierter Art, nähren ihren »Mann« besser, während die alten Berufe, in denen man sich nie gegen eine »Frauenbewegung« gesträubt hat, meist schwere physische, unqualifizierteste und ausgebeutetste Fronarbeit darstellen. In den Fabriken wird die Mutterkraft aufs schändlichste ruiniert. Hier wie an vielen anderen Punkten ist die Frauenfrage allgemeine soziale Frage. Nach und nach – langsam aber doch – beginnt die Gesellschaft der schrankenlosen Exploitierung des Individuums Grenzen zu ziehen durch gesetzliche Zwangsvorschriften. Denn sie sieht mehr und mehr ein, daß sie nur, indem sie das Individuum schützt und vor Schwächung bewahrt, die Generation rettet und die Entartung hemmt. Die Mutter, als besondere Trägerin der Generation, wird auch besonderen Schutzes bedürfen, womit nicht eine »Minderwertigkeit« ihrer sozialen Leistung gekennzeichnet ist, sondern nur ihre größere Gefährdung dabei. Was nützen »Stillstuben«, wie sie neuerdings mehr und mehr gesetzliche Vorschrift bei allen Industriebetrieben werden (ein tief bedeutsames Dokument einer noch nicht von allen Seiten deutlichen Tendenz der Gesellschaft, einzugreifen in die Aufzucht der Generation!), wenn das Blut und die Milch der Mutter durch Einatmung schädlicher Keime nicht mehr in gutem Zustand sind. Natürlich sind solche Einrichtungen immer noch besser, als daß der Säugling zu Hause bleibt und in der einsamen Wohnung wimmert und hungert, wie man mit unfaßbarem Gleichmut bis in unsere Tage hinein es geschehen läßt. Das Gesetz bestraft die Mutter (bis in unsere Tage!) wegen »Fahrlässigkeit«, wenn dem Kinde in ihrer Abwesenheit ein Unglück zustößt, während sie die Not aus ihrem Hause herausgezwungen hat. Diesem Konflikt gegenüber trieb man eine unglaubliche Vogelstraußpolitik, bis sich an den ungeheuerlichen Ziffern der Säuglingssterblichkeit (20% aller Lebendiggeborenen!), der Militäruntauglichkeit und an anderen Degenerationserscheinungen zeigte, daß diese Vogelstraußpolitik einer Rasse den Boden ihres eigenen Bestehens abgräbt. Endlich besann man sich: bis hierher und nicht weiter. Man wird noch weiter gehen müssen, von der bloßen Besinnung zur bewußten Initiative schreiten – zur Errichtung hoher Schutzmaßnahmen für Mutter und Kind.

Die Brotfron der Frau bedeutet eine Galeere der Seele, gegen die die richtige Galeere ein Labsal ist, weil deren Tätigkeit sich ja noch unter freiem Himmel abspielt und nur den Körper einspannt ins Joch. Die Anschmiedung der Frauen aber in Ämtern und Werkstätten und Fabriken, wo sie über ihre Kraft arbeiten müssen, zerbricht nicht nur den Körper, sondern auch die Seele. Die Frau wird schlechter bezahlt, muß dennoch nach jeder Arbeit greifen, und so wird sie Lohndrückerin, und der Unternehmer reibt sich schmunzelnd die Hände. Dabei wird sie doppelt geschunden, indem sie bei allem Kräfteeinsatz zumeist nicht so viel erwirbt, um selbständig existieren zu können und nicht selten – im Industriebetrieb zumeist – noch an die Prostitution den Rest ihrer Kräfte abgibt. Aber das sind keine Erscheinungen, die den Motiven der Frauenbewegung zugrunde liegen, sondern Begleiterscheinungen der kapitalistischen Wirtschaftsordnung, die auch dem arbeitenden Mann das Fell über die Ohren zieht, soweit sie nur kann; das sind Folgeerscheinungen einer unvollkommenen Kultur, die für die Mutterschaft des Weibes noch keinerlei gesellschaftliche Vorkehrungen getroffen hat, sondern die Lösung aller Konflikte, die sich aus ihr ergeben, den hilflosen Einzelnen überläßt. Folgeerscheinungen also eines noch nicht voll erwachten und darum noch nicht voll gerüsteten Rassebewußtseins.

Es gibt gewisse strapaziöse Arbeiten, die manche Frauen leisten können und manche nicht. So sehr zu verlangen ist, daß man keiner Frau keinerlei Arbeit, die sie leisten will und kann, verwehrt, ebenso ist eine universelle Forderung solcher sozialer Arbeit vom weiblichen Geschlecht »als solchem« verfehlt. Es heißt vielmehr, mit dem »Geschlecht als solchem« durch besondere Vorkehrungen rechnen.

Auch ist der Beruf nimmermehr ein »Surrogat« für ein voll erfülltes generelles Leben. Die Gesellschaft geht aber offenbar von der Voraussetzung aus, daß die Frauenarbeit auch diese sonderliche Mission zu erfüllen habe. In einer jüngst erlassenen Reformvorlage des preußischen Unterrichtsministeriums über Mädchenschulbildung war dieser Auffassung sogar ganz deutlich Ausdruck gegeben. »Anstatt Ehe müsse man den Mädchen Arbeit bieten«, hieß es da. Gegen dieses »anstatt« werden sich aber die Frauen bald energisch verwahren. Durchdie Arbeit zu erleichterter Ehe – respektive zu irgendeinem anderen Bündnis mit dem Mann, das Ersatz für die Ehe bietet – so muß die Parole von noch nicht ganz in ihrem Triebleben gebrochenen, jugendlichen Frauen lauten. Die Verbitterung eines jungen Mädchens, das in irgendeinem geisttötenden Erwerb steht und dabei ihre »Weibeskraft« gänzlich brachliegen lassen, ja vergraben muß, ist nicht zu beschreiben. Man muß sie kennen, man muß sie sehen, diese Mädchen, man muß sie fühlen, um zu wissen, wie sie an ihrem Schicksal schleppen, wenn das richtige »Weiberschicksal« ausbleibt. »Ich bin ein Weib und will ein Weiberschicksal«, so spricht die Schwester Elektras, und so spricht jedes gesunde Weib, einerlei ob es arbeitet oder nicht arbeitet.

Wenn die Frauenarbeit die Frau zum Zölibat »verpflichtet«, verdammt, ist sie fast wertlos. Ihr Hauptsinn ist der, Mittel zur erleichterten Ehe resp. zur erleichterten Mutterschaft zu sein. Und wenn man Frauenarbeit dazu benutzt, Mutterkräfte brachzulegen und sie umzuwandeln in Pferdekräfte (dieses Bild ist gestattet, da doch Pferdekräfte die Einheit sind, nach der der gewerbliche Kraftverbrauch bemessen wird), so ist man auf einem Irrweg. Auch darf die biologische temporäre Schwächung des Weibes, hervorgerufen durch den Entzug an Energien, den es als Geschlechtswesen zuzeiten erleidet, von der Frauenbewegung nicht übersehen werden. Man würde damit nicht nur positive materielle Schädigungen erzielen, sondern auch die tiefen geistigen Motive, welche auf dem Grunde der Seele der Gesellschaft ruhen und die Gewähr ihrer Kultur sind, ins Wanken bringen. Man mache sich klar, was es bedeutet, wenn bei einem Schiffsunglück der Donnerruf des Kapitäns erschallt: »Zuerst die Frauen!« Das Prinzip, das diesem Rufe zugrunde liegt, welches die »Schwäche« des Weibes beschützt und das leichter zerbrechliche Gefäß, welches um so kostbarer ist, weil es die Gattung trägt, vor allem »gerettet« haben will, ist das tiefste und wichtigste der Gesellschaftsseele, und dieses Prinzip darf nimmermehr gefährdet werden durch eine falsche Art von Gleichmacherei. Das wird die Frauenbewegung – sowohl wie die Rassenhygiene – im Wirbel der gemeinsamen Krise, in die sie durch die Geschlechtsnot geraten sind, nicht vergessen dürfen.

Ohne ausgiebigen Mutterschutz Kinder in die Welt zu setzen – ohne gesicherte gesetzliche oder private Verpflichtung des Mannes, Mutter und Kind zu ernähren, ohne Vermögen, bloß im Vertrauen auf die eigene Arbeit – ist ein Wagnis, bei dem die meisten Frauen erliegen werden. Eine unnatürliche wirtschaftliche Überbürdung eines einzelnen Wesens, das noch dazu von so ungeheuerlich schweren Vorgängen, wie sie die Mutterschaft mit sich bringt, in Anspruch genommen ist, bedeutet eine Zermalmung der Rassenkraft. Mutter und Kind müssen erhalten werden, die Mutter zumindest so lange, als sie durch das Kind in Anspruch genommen ist – sei es vom Mann, sei es von der Gesellschaft. Dennoch ist Frauenbewegung und Frauenarbeit berechtigt. Die Ablenkung der Frau von individueller Eigentätigkeit durch generelle Leistungen ist der zu vergleichen, die der Militärdienst im Leben des Mannes darstellt, der ihn ja auch seinem sonstigen Erwerb entzieht. Keinerlei »ethische Zauberformeln« werden über die Notwendigkeit, dieser Tatsache gegenüber Vorkehrungen zu treffen, hinwegführen, und durch jedes diesbezügliche Die-Augen-Zudrücken schneidet sich eine Nation in ihr eigen Fleisch. Ein Konflikt zwischen Beruf und Mutterschaft ist unvermeidlich, solange es nicht eine maßvolle Arbeitszeit für alle Menschen gibt, und nur, indem die Muttertätigkeit als Ergänzung des Berufes einer Frau angesehen und entsprechend bewertet wird, ist diesem Konflikt zu begegnen.

Daß jede einzelne Mutterschaft die Gesellschaft etwas angeht, beginnt man nach und nach einzusehen. Man beginnt, sich klar darüber zu werden, daß Sexualordnung und Rassenwohlfahrt in einem unzertrennlichen Zusammenhang stehen und daß, innerhalb unserer »Ordnung«, es vorwiegend die drei Sackgassen des sexuellen Elends, in die die Menschheit hineingehetzt ist – die Prostitution, das erzwungene Zölibat und die verfälschte Ehewahl – sind, welche die Früchte des Rasseprozesses systematisch verderben. Der weibliche Schoß muß wieder frei werden von allen jenen Nötigungen, die ihn der freien Zuchtwahl verschließen und ihn der verfälschten eröffnen. Im zweiten und dritten Buch dieser Arbeit werden wir uns mit den Tendenzen nach Mutterschutz, nach Mutterschaftskassen, nach Kindererziehungsrenten – Tendenzen, wie sie an den verschiedenen Punkten heute in der Zeit erstehen – zu befassen haben. In der simplen Tatsache, daß die Einführung einer Stillprämie für selbststillende Mütter – eine Forderung des Deutschen Bundes für Mutterschutz – im deutschen Reichstag zur Debatte steht, daß Stillstuben und gewisse sozial-pädagogische Einrichtungen obligatorisch werden sollen (war doch der erste dieser sozialpädagogischen »Eingriffe« der Gesellschaft der Schulzwang, gegen den sich die Eltern nicht wenig sträubten, weil sie sich in ihren unbeschränkten »Rechten« an das Kind verletzt fühlten!), in der Tatsache, daß der Entwurf einer obligatorischen und allgemeinen Reichsversicherung auf Mutterschaft[72] dem Reiche vorliegt, in diesen Tatsachen sind die Tendenzen einer kommenden Veränderung der Sexualordnung der Gesellschaft manifestiert, deren Wesen selbst dem Laienauge, das eine derartige Auffassung der Dinge für ein Phantom hält, nicht verborgen bleiben kann.

Die Frauenbewegung in ihrer heutigen Gestalt, die sich hauptsächlich um den Brotkampf dreht, ist ein historisch notwendiger Umweg zu etwas anderem, was dem ahnenden Sinn seit jeher als ihre innerste Gravitation vorschwebte. Die Frauenbewegung mußte entstehen, da die Frau nicht nur Gebärerin sein wollte und auch auf diese Tätigkeit, als Basis ihrer wirtschaftlichen Existenz, nicht immer Verlaß war. Daher das Ringen nach materieller Selbständigkeit. Hat sie die aber, so gilt der nächste Schritt – ihrer Forderung nach Gebärfreiheit, d.h. nach der Freiheit, nicht gebären zu müssen dem, der sie dafür aushält, sondern freiwillig Frucht tragen zu können dem, den sie, unabhängig von wirtschaftlichem Zwang, wählt. Die Frauenbewegung ist ein Zwischenstadium zur Mutterbewegung. Und der Weg zur Regenerierung der degenerierten Menschheit geht einzig durch diese Bewegung. Die Menschheit wird, um dem drohenden Verfall ihrer biologischen Kräfte zu entgehen, wieder zu jener Art von sozialer Gestaltung gelangen müssen, die das freie Spiel der Auslese – die unverfälschte Zuchtwahl – ermöglicht. Diese

Möglichkeit aber ist nur geboten, wenn als der natürliche Mittelpunkt aller gesellschaftlichen »Ordnungen« – der weibliche Schoß erkannt ist, und wenn er als solcher gleichzeitig geschützt und befreit ist. Freiheit ohne Schutz taugt nichts, und Schutz ohne Freiheit taugt auch nichts. Denn ist die Freiheit in aller Sache zu entbehren, so ist sie es doch nimmermehr in dieser: in der Sache des Geschlechtes. Die Entstehung des immer vollkommeneren Menschen ist nur durch die Wahlfreiheit des Geschlechtes gewährleistet. Der weibliche Schoß, einmal als Mittelpunkt des Rechtes und der Ordnung anerkannt, wird, es sei nochmals gesagt, zu gleicher Zeit befreit und beschützt werden müssen. Dann erst ist die Frauenbewegung am Ziel.

VIII. Kapitel

Sexualkrise und Rasse

»Du sollst den Gott der Erde mir gebären!
Prometheus soll von seinem Sitz erstehn,
Und dem Geschlecht der Welt verkündigen:

Hier ward ein Mensch, so hab' ich ihn gewollt!

(Kleist, »Penthesilea«)

1. Allgemeine Rassenprobleme

Definition des Lebens – Der Kampf ums Dasein – Nonselektorische Einflüsse – Gegensätze zwischen Rassen- und Individualhygiene – Die Vermehrung Minderwertiger und die Sterilisierung Tauglicher – Heiratsverbote für Gesunde, Heiratsfreiheit für Sieche – Die schädigenden Faktoren im Rasseprozeß.

Wir haben in diesem Buche von dem »Tauglich-Geborenen« gesprochen, dem allein berufenen Träger jener Fähigkeit zur Harmonie, durch welche einschneidende Lebenskonflikte zur Lösung gelangen und Kräfte, die zerstörend aufeinander stürmen, zu kongenialer Ergänzung geführt werden. Er allein bewältigt das Leben. Aber das Leben bringt ihn nicht hervor, wenn nicht begünstigende Momente für sein Entstehen gegeben sind, sei es, daß sie natürlich vorhanden sind oder künstlich geschaffen werden. Alles Lebendige ist verhängt mit seinen Ahnen. Die Erbmassen, die es von ihnen übernommen hat, sind bestimmend für alle Möglichkeiten seiner selbst.

Was für ein Vorgang ist es, den wir unter dem Begriff »Leben« begreifen? Dr. Alfred Plötz, der Begründer einer wissenschaftlichen Rassenhygiene, gibt die folgende Erklärung: »Das heute Lebendige stammt in direkter Kontinuität ab von dem vor Äonen Lebendigen, und so wird das künftig Lebendige sich in direktem Zusammenhange ergeben aus dem heutigen. Das Leben ist also eine Bewegung bestimmter Art von ungeheurer Dauer, gebunden an hochdifferenzierte Eiweißstoffe«. Unter dem eigentlich Lebendigen versteht dieser Biologe aber nicht das einzelne Individuum, sondern jenes »Erhaltungs- und Umwandlungsorgan einer durchdauernden Lebenseinheit oder die organische Zusammenfassung der aus ihr sprossenden und sie tragenden Individuen«. Dieses Erhaltungs- und Umwandlungsorgan des Lebendigen, mit bestimmten charakteristischen Eigenschaften, die auch den aus ihm sprossenden Individuen zu eigen sind, ist die Rasse. Sie ist, dem Individuum gegenüber, das Dauerhaftere. »Die sichere Lebensfortsetzung beruht nur auf der Vielheit«[73]. Der Kampf ums Dasein ist es, durch den die Tüchtigkeit der Individuen sowohl als der Rassen im allgemeinen mehr und mehr gestählt wird. Die hinaufzüchtende Wirkung des Kampfes ums Dasein wird aber in dem Augenblick in ihr Gegenteil verkehrt, in welchem durch nonselektorische Elimination – d.h. wahllosen Ausschluß aus dem Rasseprozeß durchübermächtige Einflüsse, von denen starke und schwache Individuen ohne Rücksicht auf ihre Tüchtigkeit gleichermaßen betroffen, geschädigt, sterilisiert und gänzlich vernichtet werden können – der Geburtenüberschuß gefährdet wird. Diese Gefährdung des Geburtenüberschusses kann von seiten einer Rasse gegenüber einer anderen stattfinden oder auch innerhalb einer Rasse zwischen deren verschiedenen Schichten. Durch nonselektorische Einflüsse – das Eingreifen einer force majeure, der gegenüber die menschliche »Tüchtigkeit« nicht mehr in Frage kommt – können Gruppen von Menschen geschädigt, vernichtet, in der Fortpflanzung herabgemindert und gänzlich sterilisiert werden. Ein nonselektorischer Faktor, der Taugliche mit Untauglichen gleicherweise ausjätet, ist zum Beispiel teilweise der moderne Krieg. Der moderne gegenüber dem ehemaligen, weil ehemals Mann gegen Mann, Faust gegen Faust stand, die tüchtigere Faust sich daher behaupten konnte; während, in dem heutigen Kriege, die berstende Granate, die sich entladende Kanone Tapfere und Feige, Starke und Schwache gleicherweise wegjätet. Nur in der obersten Führung des Krieges kommt noch persönliche Tüchtigkeit in Frage. Ja, der Krieg hat direkt eine kontraselektorische Wirkung, d.h. gerade die Wirkung, die stärksten Varianten auszujäten, indem ja nur die Gesunden und Tauglichen in den Krieg ziehen, die Schwachen und Untauglichen aber daheim bleiben, erhalten bleiben und sich fortpflanzen. Auch kommt es nach Kriegen und ähnlichen »männermordenden« Katastrophen zu einer Herabminderung der sexuellen Ansprüche von seiten der Frauen, die das Niveau des Rasseprozesses beträchtlich herunterdrücken. Denn nach Kriegen ist arge Not am Manne, und die Frauen dürfen nicht wählerisch sein, um überhaupt zur Fortpflanzung zu kommen. Dieses Moment war mit ein Hauptgrund der Entartung der Griechen und Römer, da die besten Elemente in der Schlacht fielen (nur die Freien durften überhaupt in den Krieg ziehen) und die Frauen daheim mit den zurückgebliebenen Kriegsuntüchtigen und dem eingewanderten Sklavenmaterial, welches nicht in den Krieg ziehen durfte, die Fortpflanzung besorgen mußten.

Die Rassenhygiene stellt insofern einen Gegensatz zur Individualhygiene dar, als diese zumeist einen Schutz der Schwachen und Kranken in sich schließt, jene hingegen den Unterbau für die Erhaltung und Begünstigung des guten hygienischen Zustandes jener »Vielheit«, die die Rasse ist, zu liefern hat und dabei nicht selten in Konflikt mit dem Prinzip der Protektion der Schwachen gerät. So hat die Rassenhygiene die Forderung nach Zeugungs- resp. Eheverboten für Trinker, Geisteskranke, chronische Verbrecher, Entartete, Syphilitiker in ihr offizielles Programm längst aufgenommen und verläßt sich nicht auf das »freie Walten« der sexuellen Auslese, welche, einer falschen Hoffnung zufolge, derartige Individuen angeblich von selbst übergehe. Wir können es jeden Tag sehen, daß, ebenso wie die besten Individuen, besonders unter den Frauen, wegen ihrer höheren Ansprüche an den Partner einerseits, als auch wegen der Schwierigkeit, die die psychische Bewältigung der höheren Persönlichkeit, welche der Liebe vorangehen muß, für den Partner bietet, andererseits – eliminiert, sterilisiert, ausgejätet, also aus dem Rasseprozeß rundweg ausgeschieden werden, weil keinerlei soziale Momente, die ihnen zur Fortpflanzung, auch außerhalb der für sie so schwierigen Ehe verhelfen könnten, vorhanden sind – wir können es jeden Tag sehen, sage ich, daß ganz ebenso wie diese Besten häufig ausgejätet, die minderwertigen, defektesten Individuen, besonders unter den Männern, reichlich Gelegenheit haben, sich fortzupflanzen und es auch tun.

Die Rassenhygiene scheut sich auch nicht, aus dieser Gesinnung, die die Zeugung eines Menschen nicht nur als eine private, sondern auch als eine Angelegenheit der Gesellschaft anerkennt – die ein Wort mitzusprechen haben soll, wo es sich um ihre Verschandelung und Untergrabung handelt – ihre Konsequenzen zu ziehen:

»Eheverbote sind rassenhygienisch allein da entbehrlich, wo beide zur Kinderzeugung ungeeignete Partner sich in Liebe verbinden wollen, vorausgesetzt, daß sie willens sind, durch Vorbeugung die entsprechenden Konsequenzen zu ziehen«[74]. (In einwandfreiem Deutsch soll der Satz wohl heißen: Eheverbote sind rassenhygienisch allein da entbehrlich, wo die beiden zur Kinderzeugung ungeeigneten Partner, die sich in Liebe verbinden wollen, willens sind, durch Vorbeugung der Möglichkeit einer Zeugung die entsprechenden Konsequenzen ihrer Untauglichkeit zu ziehen.) »In diesem Fall müßte auch, was ich schon früher betont, behördlicherseits dafür gesorgt werden, daß ein etwaiges, trotz aller Vorsicht erfolgtes »Unglück« zur Zufriedenheit der Betroffenen wieder gut gemacht werden dürfte. Das ist eine Konzession, welche die Rassenhygiene an die »Freiheit der Liebe«, an die »allerpersönlichsten und allerintimsten Angelegenheiten« wohl machen kann, wenn man erst einmal vorurteilsfrei über alle diese Dinge denkt«[75].

Die Abtreibung der Frucht effektiv Entarteter und solcher Siecher, deren Leiden erwiesenermaßen die Keimzellen und daher die Bildung des kommenden Menschen schwer schädigen – von seiten einer Gesellschaft, die eine wachsame rassenhygienische Instanz ihr eigen nennt, wird, mit Recht, gefordert. Leider sind wir von diesem Ziel der offiziellen Einsetzung einer solchen Instanz, gleichwie von jenem der bewußten Begünstigung der zur Fortpflanzung Tauglichen, noch durch Jahrzehnte entfernt.

Wir haben in unseren früheren Kapiteln die Unfähigkeit zur Liebe als Resultat eines unterbundenen Ausleseprozesses bezeichnet, haben gesehen, daß die Schwierigkeit der Gattenwahl sich aus demselben Grunde ergibt, daß die rassenbiologischen und -psychologischen Ursachen der Ehenot – die mit zur Sexualkrise führten – aus dieser selben Quelle stammen, aus dieser Verfälschung der Auslese, welche die Wahl des sympathischen Komplementes so sehr erschwert. Diese Verfälschung der Auslese ist aber wieder ihrerseits die Frucht dieser Krise. So sehen wir ein und dasselbe Ding als Grund und Folge zu gleicher Zeit – ein circulus vitiosus. Über die

Früchte dieser verfälschten Auslese stolpert die Entwicklung auf Schritt und Tritt. Die Tüchtigen haben einen übermenschlich schweren Stand gegen die Riesenanzahl hemmender Minderwertigkeiten. Alle künstlichen Erleichterungen des Daseins sind illusorisch, solange nicht die Voraussetzungen ihrer glatten Praxis in den Gehirnen der Menschen gegeben sind. Hinter allem, was auf Erden durch Willen geschieht, steht – der Mensch. Gehirne, die zu solchen Voraussetzungen fähig sind, Tauglich-Geborene in möglichst großer Zahl zu erzeugen, ist daher das wichtigste aller Kulturprobleme. Wenn man diese Tausende von mißbildeten Menschenexemplaren ansieht, wie soll man da an die »Allmacht der Liebe« glauben, die diese Paare in Freiheit ohne Gesetzeszwang aneinander fesseln könne? Hier – in dieser Mißbildung – liegt der Schwerpunkt des ganzen Sexualelends. Dieses Elend ist deshalb so groß, weil die meisten Menschen nichts sind als »bedauerliche Folgen einer Unterlassung« – wie es ein Wiener Satiriker genannt hat (Unterlassung von Präventivmaßregeln), Exemplare, die besser ungeboren geblieben wären, entstanden durch die Missetaten der Eltern und beladen mit all ihren Übeln. Dieses verbildete Menschenmaterial ist ja aber das Produkt des Systems unserer sexuellen Ordnung! Man mache die Auslese wirklich frei von allem Zwang, der sie verfälscht, und das ganze Material, das als Frucht solchen Prozesses das Licht der Welt erblickt, wird schon nach ein paar Generationen ein ganz anderes sein.

Das Elend der Beschaffenheit der »Varianten« kann ein Mensch am ehesten dann beobachten, wenn er zu irgendeiner erotischen Wahl schreiten will. Was ihm auf dem Wege der Realisierung dieser Absicht begegnet, geeignet, das lebhafteste erotische Temperament zu dämpfen, spottet aller Beschreibung. Ein Blick auf die Vorübergehenden bei einer Wanderung durch die Straßen genügt und sagt alles. Was den meisten dieser Menschen auf ihren degenerierten Stirnen geschrieben steht, was aus ihren trüben Augen leuchtet, resp. nicht leuchtet, was die ganze Zeichnung ihres Antlitzes, was ihre Reden, was ihre Haltung verraten, ist wenig geeignet, in irgendeinem Menschen, dem das Prinzip bewußter sexueller Auslese noch nicht eine »ganz überflüssige Sache« ist, die Überzeugung auszulösen, daß irgendeiner von diesen Begegnenden (und die Straße ist ja nur als ein Symbol dessen gemeint, was uns überhaupt im gesellschaftlichen Leben begegnet) »der Bogen ist, dessen Pfeile auf den Übermenschen zielen«. Ja, kaum auf den Normalmenschen. Und wenn etwa ein Weib an die »Wahl« in biologischem Sinne denkt, in dem Hauptsinne, mit dem an diese Wahl gedacht werden soll, das heißt im Hinblick auf die Frucht, die es von einem Manne empfangen will, wenn ein Weib also nach einem Manne Ausschau hält, von dem es Mutter werden möchte, dann kann es ähnlich sprechen wie Nietzsche: »Nie noch fand ich das Weib, von dem ich Kinder mochte, es sei denn dieses Weib, das ich liebe: denn ich liebe dich, o Ewigkeit!«...

Nie noch fand ich den Mann – kann solch eine Frau ähnlich sagen – von dem ich Kinder tragen möchte....

Und dabei sind wir hier im Zentrum der besten Kulturrasse! Aber wir sind, wie auch Plötz sagt, »mit Minderwertigen überladen«. Und was das schlimme ist – der Vererbung dieser Minderwertigkeit steht nichts, aber auch nicht das geringste entgegen. Daß die sexuelle Auslese die Minderwertigen nicht übergeht, haben wir schon gehört und haben erkannt, daß von natürlicher Zuchtwahl nicht die Rede sein kann, solange die Fortpflanzung an wirtschaftlichen und sozialen Kalkül gebunden ist. Von Gesellschafts wegen geschieht nichts gegen diese Überladung der Rasse mit Minderwertigkeiten. Dabei ist der Gesellschaft der Begriff von Heiratsverboten z.B. durchaus nicht fremd. Wir haben ja schon Heiratsverbote, aber – für Lehrerinnen, für eine Auslese von Frauen der besten Gehirnanlagen und Fähigkeiten! Die werden durch Heiratsverbote aus dem Rasseprozeß geschieden. Wir haben auch Heiratsverbote für junge kräftige Offiziere; soferne sie nicht eine Kaution erlegen können, werden auch sie ausgeschieden; wir haben, wenn nicht direkte Heiratsverbote, so doch die Heiratsunmöglichkeit von Millionen junger Männer, die nicht imstande sind, bei vollem Kräfteeinsatz und normaler Karriere eine Familie zu erhalten. Wir sehen, daß Männer in einem Alter, in dem sie nicht nur heirats- und zeugungsfähig, sondern geradezu zeugungspflichtig wären, da sie auf der Höhe ihrer biologischen Reife stehen, ein Einkommen beziehen, von dem sie eine Familie notorisch nicht erhalten können oder doch nicht, ohne deklassiert zu werden. Und nicht etwa Entgleiste, Verbummelte, sondern Männer in regelmäßiger Karriere, die oft einen hochqualifizierten Studiengang in den vorgeschriebenen Etappen zurückgelegt haben und mit ganzer Kraft in ihrem Berufe tätig sind. Es ist dies ein Zustand, den man eigentlich nur einem korrumpierten Verwaltungssystem zutrauen sollte, der aber in der ganzen Kulturwelt Tatsache ist. Wir haben gemäß der Unmöglichkeit der Eheschließung dieser sechs Millionen Junggesellen in Deutschland ca. acht Millionen Frauen, die von der Fortpflanzung eliminiert sind! Aber wir haben keine Heiratsverbote und keine besondere Erschwerung der Fortpflanzung für Sieche, Elende, Entartete. Syphilitiker dürfen ruhig auf andere Menschen das Gift ihres Leibes übertragen, Trinker können unentwegt ihr degeneriertes Keimplasma zur Befruchtung bringen. Im Königreich Sachsen allein gibt es laut der Statistik 35000 Alkoholiker mit 50000 Kindern!

Damit mehr Menschen ohne »Knax« geboren werden, muß die Geburt gesund gezeugter Kinder begünstigt, befördert werden, und als eine Angelegenheit der Gesellschaft, frei werden von der Privatangelegenheit, die die Ehe der beiden Eltern ist. Es gibt »Maßnahmen«, durch welche die Gesellschaft die Geburt solcher Gesundgezeugter sowohl begünstigen als auch erschweren kann, in Hülle und Fülle. Rüdin sagt an der früher erwähnten Stelle: »Der Reformen auf dem Gebiete der Rassenhygiene gibt es eine große Menge … nur eine wollen wir noch nennen, deren Inangriffnahme dringend not tut, die dem Reich ein dauerndes Fundament und ihren Schöpfern unsterblichen Ruhm sichern würde. Wir meinen eine Summe von Maßnahmen, welche dem Sinken der Geburtenrate Einhalt tun und gleichzeitig die Qualität der Nachkommenschaft erhalten und steigern würde.« Welches aber sind diese »Maßnahmen«, die eine Begünstigung der Fortpflanzungstauglichen bedeuten würden? Der Rassenhygieniker gibt an der angeführten Stelle keinen Bescheid, er wirft das Problem auf, ohne es zu erschöpfen. Stevenson berichtet, daß Karl IV. alle Findelkinder als adlig erklärte, damit der »Makel« ihrer Geburt auf eklatante Art fortgewischt sei. Das sind »Maßnahmen«, die für das Anwachsen der Geburtenrate sprechen, so wie die heutige Verfolgung der ledigen Mütter sie stets zum Sinken bringt, woran besonders das konventionelle Frankreich und das prüde Amerika werden glauben müssen.

Die wesentlichste Maßnahme, welche dem Sinken der Geburtenrate Einhalt tun und die Qualität der Nachkommen verbessern kann, ist, unseres Erachtens, die Befreiung des weiblichen Schoßes – und damit der männlichen Zeugungskraft in den besten Jahren – von allen Faktoren des – heute notwendigen – sozialen Kalküls, die Loslösung der Fortpflanzung vom offiziellen Heiratssystem, welches nicht selten nonselektorisch, ja kontraselektorisch wirksam ist – wie wir noch an späterer Stelle des genaueren dartun werden – und damit die wirkliche Auslese durchkreuzt. Die Ermöglichung auch der außerehelichen Fortpflanzung tüchtiger, gesunder, zur Liebe begehrter, in voller Jugendkraft stehender Menschen muß eine Forderung der Rassenhygiene werden. Diese Möglichkeit ist nur zu erzielen: erstens durch einen vollwertigen Mutterschutz, zweitens durch vollgewertete Berufsarbeit der Frau, die sie als Ergänzung ihrer mütterlichen Leistung betreibt und die sie vollständig unabhängig macht vom »Versorger«, so daß sie sich auch ohne diese Versorgung von seiten des Mannes – der Begattung überlassen darf. Drittens durch vollkommene moralische und gesellschaftliche Approbation jeder Mutterschaft, die die Rasse nicht schädigt. Viertens durch höchste hygienische und sozialpädagogische Maßnahmen gegenüber dem Kinde. Dies heißt, vielmehr hieße, rassenhygienisch in die Sexualkrise entwirrend eingreifen, den Menschen ihr natürliches Anrecht an ein vollerfülltes biologisches Schicksal und damit jenes natürliche Glücksgefühl wiedergeben, dessen Mangel selbst die stolzesten Naturen in ihrer Elastizität zerbricht, sie zu verkümmernden, entartenden Sonderlingen macht – es hieße der schamlosen Verkehrung des Werbekampfes mit ihren verhängnisvollen Folgen auf die Früchte dieses Kampfes Einhalt tun und normale Früchte des Rasseprozesses – befreit von einer verfälschten Auslese – erzielen.

Unter den schädigenden Faktoren des Rasseprozesses hat die Rassenhygiene einige spezielle besonders aufs Korn genommen. Sie weiß zum Beispiel, daß die Vergiftung mit Metallsalzen, wie sie in manchen Fabrikbetrieben sich ergibt, Geweberänderungen hervorruft, die auch auf die Keimzellen einwirken, sie weiß, daß Nerven- und Geisteskrankheiten die Energiegrößen in den Chromosomen dezimieren, und sie wünscht entsprechende Verbote. Insbesondere die nonselektorischen Faktoren – solche Schäden, denen keine Konstitutionskraft gewachsen ist – nimmt die Rassenhygiene, diese neue Wissenschaft, der leider noch keine offizielle Kanzel zur Verfügung steht, scharf unter Beobachtung.

Unter den den Rasseprozeß schädigenden Faktoren finden wir bei Plötz die folgenden angeführt:

1. Den Mangel einer gesetzlichen Beschränkung des Heiratsalters. Er will niemanden vor der vollen sexuellen Reife, das ist beim Mann nicht vor dem sechsundzwanzigsten, beim Weib nicht vor dem vierundzwanzigsten (?) Jahre das Recht der Fortpflanzung zugestanden wissen.

2. Mangel an Ausschließung Schwächlicher und Kranker von der Ehe, besonders »die Bemühung frommer Damen«, sogar Taubstumme und Blinde zu verheiraten.

3. Die Unbedachtsamkeit auf den eigenen körperlichen Zustand bei dem Akt der Zeugung, z.B. Zeugung im Rausch oder im leichten »Schwips«, Schwächung der Konstitution der Nachkommenschaft durch starkes Rauchen des Mannes, durch Schnüren der Frau usw.

4. Zu rasche Erzeugung mehrerer Kinder nacheinander, wodurch Mutter und Kinder schwer geschädigt werden. Nach dem sechsten Kind hat überhaupt, dem günstigen Rasseprozeß zufolge, keine Zeugung mehr stattzufinden. Gleichzeitig wird mitgeteilt, daß in Berlin, laut Statistik von 1891, die Kinder vom sechstgeborenen (einschließlich) aufwärts 1/6 aller Geburten ausmachen!

5. Mangel in der Kinderpflege, z.B. Ersatz der Muttermilch durch tierische Milch usw.

6. Gewaltsame Aufpäppelung schwacher Konstitutionen, ärztliche Hilfe bei »allerlei Kinderkrankheiten, die in vielen Fällen die Menschen um eine schwache Konstitution bereichern«. Hier können wir dem Verfasser nicht folgen. Zutiefst ist der Trieb aller höheren Kreatur, das von ihr Gezeugte zu erhalten, es durchzufüttern, auch wenn es schwächlich ist, als daß man den Eltern jemals zumuten könnte, schwache Kinder nicht zu erhalten zu suchen. Was einmal da ist im Leben, hat auch Anspruch auf Schutz. Nur wo es gilt, elende Anlagen durch Zeugung weiterzugeben, hat die Gesellschaft das Recht, ihr Veto einzulegen. Tut sie das, dann wird ihr auch die Pflege der Schwachen, solange sie leben, nicht viel Arbeit machen. Und auch da ist die Grenze nur sehr vorsichtig zu ziehen, denn schwächliche Eltern geben manchmal prachtvollen Kindern das Leben (Rückschlag auf stärkere Ahnen). Auch wäre es ein fast vermessenes Eingreifen in das Geheimnis der Natur, wollte man jede Schwächlichkeit gleich dem Taygetos überliefern, wie der Rassenhygieniker Lykurg mit Zwillingen, Kindern von Vätern über fünfzig und Schwächlich-Geborenen tat. Denn wer vermag zu sagen, was in solchen vermeintlich Minderwertig-Geborenen nicht steckt! Auch die Dioskuren waren ein Zwillingspaar, auch Goethe war ein schwächliches, elendes Neugeborenes, das man nur mit großer Mühe in den ersten Tagen am Leben erhalten konnte, auch Ernst Haeckel ist der Sohn eines Vaters von über fünfzig (allerdings stammt dieser Vater aus einer Familie von 90jährigen). Es wäre doch einigermaßen schade gewesen, diese Neugeborenen auf den Höhen des Taygetos auszusetzen.

7. Das Vererben von Vermögen resp. Produktionsmitteln, welches Minderwertigen den Sieg über armgeborene Höherwertige ermöglicht. Hier decken sich die Voraussetzungen und Schlußfolgerungen des Verfassers vollkommen mit denen des Sozialismus in bezug auf das Erbrecht, und wir folgen mit voller Zustimmung. »Jedes Individuum betritt (im Idealrasseprozeß) den ökonomischen Kampfplatz mit keiner anderen ungleichen Ausrüstung als seinen Fähigkeiten, im übrigen wird jedem ein gleicher Anteil an den gesellschaftlichen Produktionsmitteln gewährt...Unter solchen Umständen würde wohl manches Söhnchen reicher oder privilegierter Eltern einen schweren Stand haben. Wer sich dann in dem ökonomischen Kampf als zu schwach erweist und sich nicht erhalten kann, verfällt der Armut mit ihren ausjätenden Schrecken«[76]. – Ob man die Armut unter den heutigen Voraussetzungen als selektorischen Faktor zu betrachten habe, das heißt die Armen »zu identifizieren habe mit den im Kampf ums Dasein unterlegenen«, oder ob die Armut ein heutigen Tages noch nonselektorischer Faktor ist, das heißt, auch die Tüchtigen befällt und ausjätet, darüber sind die Forscher schon lange

im Streit. Bei der heutigen künstlichen Absperrung von den Gütern des Lebens, derzufolge ein Teil der Menschen sozusagen schon in Schulden und vor allem ohne Zugang zu Produktions- und Bildungsmitteln geboren wird – gleichwie bei der künstlichen Anhäufung dieser Güter auf der anderen Seite, scheint mir die Antwort nur durch Bejahung der letzteren Hypothese möglich. Als die Haupteigenschaften, die vor der ausjätenden Wirkung der Armut bewahren, zählt Plötz die folgenden auf: »...sie bestehen in einer guten Konstitutionskraft, vor allem gut entwickelter Intelligenz und Arbeitskraft, einigen moralischen Hemmungen, einem gewissen Verhältnis von Altruismus und Egoismus und last not least einer ziemlichen Fähigkeit zu lügen und zu heucheln... Was die Heuchelei anlangt, so weiß jeder, daß oft genug, abgesehen von den direkten Lügen aus Habgier, von den konventionellen Lügen bis zur groben Heuchelei, alles aufgewandt wird, um den Anschauungsabstand von den Mitmenschen nicht zu groß erscheinen zu lassen[77]. Sonst würde für einen Bewerber um wirtschaftliche Gunst die Gefahr zu groß, von einem anderen verdrängt zu werden, dessen zur Schau getragene Meinungen in dem Gehirn des Gunstverleihers nicht so viele Reibungen verursachen. Nebenbei gesagt, liegt hierin eine große und allgemeine Entwürdigung, in die das heutige kapitalistische System die übergroße Mehrzahl der Menschen hineinzwängt.« Die Armut also, soferne sie auf nonselektorischem Wege eliminierend wirkt, ist mit ein schädigender Faktor im Rasseprozeß, während die »Armutsausmerze« dort, wo sie das Resultat unbestandener Prüfung im Kampf ums Dasein darstellt – trotz normaler Hilfsmittel, die für das Individuum vorhanden sind und trotz des Mangels an vernichtenden Katastrophen – ein selektorischer Faktor wird.

8. Die künstliche Beschränkung der Kinderzahl Wohlhabender (aus Bequemlichkeit, Vergnügungssucht usw.) und die gleichzeitige unbeschränkte Vermehrung der Ärmsten (aus Mangel an Kenntnis und Besitz von Präventivmitteln); diese Übervermehrung der Ärmsten erhöht nicht den Geburtenüberschuß, da die Sterblichkeit in diesen Schichten mit der Übervermehrung um so höher anwächst.

9. Die Aufsaugung der Intelligenzen in großen Städten, wo sie »durch größere Sterblichkeit und nicht entsprechende Zunahme der Geburten« in sich zerrieben werden.

10. Volkskriege und Revolutionen.

11. Die Geburtenprävention. (Es ist wohl nur deren unrichtige Anwendung gemeint, denn unter Umständen kann diese Prävention für die Erhaltung der Rassenwohlfahrt nur dienlich sein.)

12. Die Pflege jener Krankheiten, die auf dem Boden einer anerzeugten Schwäche oder Anomalie erwachsen sind (Geisteskrankheiten, Schwindsucht usw.) resp. deren Vererbung.

13. Gewisse sozial-politische Schutzorganisationen. – Hier scheint mir eine Replik notwendig.

Wieso man eine »schädliche Aufhebung des Kampfes ums Dasein« in der Organisation von Kranken-, Alters-, Unfall-, Arbeitslosenversicherungen sehen kann, ist mir unerfindlich[78]. Treffen die Übel, gegen die sich diese Versicherungen richten, nur die Minderwertigen, die mit angeborener Schwäche Behafteten? Sowohl Krankheiten als Unfälle, sowohl Alter wie Arbeitslosigkeit (letztere wird besonders durch Krisen zu nonselektorischer Ausmerze) erreichen auch die Besten und Tüchtigsten. Auch diese Besten aber werden, wenn sie ehrlich sind und dabei arm geboren, kaum in der Lage sein, für alle diese Übel zureichend selbst vorzusorgen. Wenn der wirtschaftliche Wettkampf ein wirklich freiwaltender wäre, das heißt, alle mit demselben Anrecht an Bildungs- und Produktionsmitteln in ihn von Geburt aus hineingestellt würden, dann könnte man die, die unfähig sind, selbst gegen typische Übel vorzusorgen, für Minderwertige halten und ihre Ausmerzung vom rassenhygienischen Standpunkt aus befürworten. So wie die Dinge im kapitalistischen Staate aber liegen, bedeuten diese Hilfsorganisationen nicht Schutz der Minderwertigen, sondern im Gegenteil nicht selten Beschützung Tauglicher gegenüber den Übergriffen Begünstigter, die nicht immer die »Tüchtigsten« sind. Wir können daher solche soziale Schutzorganisationen nicht als Formen der Kontraselektion betrachten.

14. Alkoholismus wird als nonselektorischer Faktor erkannt, soweit er nicht nur sittlich geschwächte und belastete Personen dezimiert (in welchem Falle er, durchaus selektorisch, Min-

derwertige ausjätet) – sondern soweit er durch Trinksitten, durch Unkenntnis seiner weitgehenden Schädlichkeit auch die Kraft Normalveranlagter herabsetzt.

15. Allgemeiner Mangel und Unkenntnis der Maßregeln, durch welche die Erzeugung schlechter Devarianten verhütet würde. Als Hauptursache der steigenden Devarianten-Verschlechterung, also der Kontraselektion, wird der Kapitalismus erkannt.

2. Der Sexualkampf

Die Widerstände der Zeugung: Extralkampf, Sozialkampf, Sexualkampf – Der »Kampf um den tauglichen Gatten« – Verhinderung der echten, Begünstigung der falschen Zuchtwahl – Mutterschutz als Rassenhygiene.

»Der Zustand der Geschlechtszellen im Augenblick der Befruchtung«[79] ist für die Beschaffenheit des neuen Wesens von weittragender Bedeutung. Von viel größerer Bedeutung als alles, was mit dem Wesen nachher, wenn es geboren ist, geschieht, was das spätere Milieu ihm bietet. Der Vorgang der Zeugung also ist es, der selbst schon das wichtigste Schicksal für das dabei entstehende Wesen darstellt. Die Zeugung selbst aber kann nur nach erfolgreicher Besiegung verschiedener Widerstände zustande kommen. Ein solcher Widerstand ist der Extralkampf, das ist der Kampf der Individuen gegen alle Faktoren der äußeren Natur, welche sein Bestehen beeinträchtigen wollen; ferner der Sozialkampf, das ist der Kampf um Sein oder Nichtsein innerhalb der menschlichen Gesellschaft; endlich aber der wichtigste Kampf: der Sexualkampf, das ist, nach Darwin, »der Kampf um den tauglichen Gatten«. Seine Früchte stellen die sexuelle Auslese, die Produkte der geschlechtlichen Zuchtwahl dar. Sieghaft auf dem Plan bleibt hier, unter normalen Verhältnissen, gleich wie im Extral- und Sozialkampf, das Tüchtige, das Bestpassende – »the fittest«.

Die Ausjätung gewisser Individuen, das ist in diesem Falle die Eliminierung von der Fortpflanzung, wäre also, unter diesem Gesetz besehen, eine treffliche »Auslese«, geeignet, die für das irdische Dasein wertvollen Varianten durch ihren Nachwuchs in die Unendlichkeit hinüber zu retten, während die Untauglichen vom Schauplatz auf passive Art, das heißt durch Übergehung bei der Sexualwahl, fortgefegt würden. Nun haben wir aber gehört, daß es neben den selektorischen, das ist auslesenden Faktoren – die die Tüchtigsten durch Ausjätung der Untüchtigen auslesen – nonselektorische Faktoren gibt, das heißt übermächtige Schäden, von denen Tüchtige und Untüchtige gleichermaßen betroffen werden können, denen keine Konstitutionskraft gewachsen ist – Wirkungen, »die zu stark für die Regulationen durch persönliche Tüchtigkeit«[80], die nicht mehr »Reize« zu nennen sind, die für den Kampf ums Dasein schärfen (indem die Erhaltungskraft des Individuums an ihrer Bewältigung wächst), sondern die überhaupt nicht mehr »in die Regulationsbreite fallen« und höhere und niedere Organismen gleichermaßen vernichten können.

Aus unserer Untersuchung der Sexualkrise müssen wir die Folgen ziehen, daß, gleichwie im Extral- und im Sozialkampf, es auch im Geschlechtskampf solche nonselektorische, ja die Kontraselektion begünstigenden Momente gibt. Ebenso wie, wie wir erfahren haben, die Trinksitten eines Landes auch tüchtige Elemente mitdezimieren können, ebenso – nein, in viel höherem Grade, weil sie unter Umständen unentrinnbar sind – dezimieren die sexuellen Sitten, wie sie im Gesetz und in der moralischen Wertung einer Gesellschaft festgelegt und kaum zu umgehen sind – Tüchtige und Untüchtige, Edle und Unedle, schlechte und gute Varianten.

Hier ist der Punkt, wo sich der Stoff dieser Untersuchung mit dem der Rassenhygiene begegnet, deren grundlegende Erkenntnisse wir um dieser »Begegnung« an diesem Kreuzungspunkte willen als Hilfsdisziplin heranholen mußten.

Unsere sexuellen Sitten, das heißt die Gesetze moralischer wie legitimer Natur, nach denen in unserer Kulturwelt die Fortpflanzung der Menschen sich vollzieht, zeitigen (in ungleich höherem Maße als zum Beispiel Alkoholsitten) eine große Menge nonselektorischer, ja kontraselektorischer Wirkungen. Und, wie eine ökonomische Krise auf dem Wirtschaftsmarkt gute und schlechte Varianten gleichermaßen blindlings vernichtet, so vernichtet die sexuelle Krise – als welche unsere Sexualsitte wirkt – gute und schlechte Varianten biologisch – indem sie:

teils die Fortpflanzung verhindert, wo sie nicht verhindert werden sollte;

teils sie begünstigt, wo sie verhindert werden sollte (also direkte Kontraselektion);

teils durch Verderbnis der Keimzellen der Eltern zur Schädigung der erzeugten Devarianten führt (zum Beispiel durch den Zwang zu der als Vorstadium zur späten Ehe notwendigen Prostitution, durch zu späte Fortpflanzung des Mannes, durch zu häufige Geburten ein und derselben Frau, durch übermäßige wirtschaftliche, den Organismus schädigende Anspannung aller Kräfte des Mannes, um eine Heirat zu ermöglichen usw.).

Daß in dem normalenSexualsystem unserer Kulturwelt die Wurzel vielfacher Nonselektion, ja Kontraselektion zu suchen ist, ist, meines Wissens, von den Vertretern der rassenhygienischen Forschung noch nicht beachtet worden. Wenigstens fanden wir dieses Phänomen unter den oben angeführten nonselektorischen Faktoren, die Dr. Plötz geltend macht, nicht dargestellt und auch sonst nirgends angeführt.

Wie wirkt unser Heiratssystem, wie wirken seine unausweichlichen Folgen und Voraussetzungen – die Prostitution und das vielfache Zölibat – rassenhygienisch? Dies die Problemstellung.

Die Untersuchung dieser Wirkung hat bereits unsere früheren Kapitel gefüllt. Wir haben gesehen, daß der »Kampf um den tauglichen Gatten« zum allergrößten Teil seinen natürlichen Gesetzen, die auf Anziehung und Wahlfreiheit und aus ihnen entspringender Auslese beruhen, überhaupt entrückt ist. Die größere Hälfte der Kulturmenschheit – die Frauen – hat diese Wahlfreiheit durch ihre wirtschaftliche Abhängigkeit sowie durch ihr sexuelles »Abgeschnittensein« von mehrfachen rechtlich und sittlich unangefochtenen Möglichkeiten der sexuellen Befriedigung überhaupt so gut wie gar nicht. Ohne Wahlfreiheit gibt es aber keine echte sexuelle Auslese. Auch beim Manne ist diese Freiheit bedeutend unterbunden durch Verquickung der Fortpflanzungsmöglichkeit mit materiellen Rücksichten. Er pflanzt sich zumeist nicht dort fort, wo der auslesende Wille der Natur ihn dazu treibt, sondern dort, wo die »Verhältnisse es gestatten«.

- 1. Die Fortpflanzung wird – durch unser offizielles Sexualsystem – verhindert, wo sie nicht verhindert werden sollte.

  - a) Jugendliche, starke, schöne Menschen »dürfen nicht«, wenn sie, wie gewöhnlich der Fall, zur Gründung eines Hausstandes nicht in der Lage sind.
  - b) Wenn sie der Ehe widerstreben, das heißt sich zwar fortpflanzen, aber nicht verheiraten wollen und können, gelangen sie schwer zur Fortpflanzung; zum Beispiel eine Frau findet schwer einen Mann, mit dem sie zwar ein gutgeartetes Kind zeugen könnte und möchte, den sie aber aus irgendwelchen Gründen nicht heiraten kann oder will. Beide Teile werden durch vielfache hindernde moralische und wirtschaftliche Schrecknisse – an dieser Zeugung verhindert.
  - c) Wenn Menschen schon verheiratet sind, finden sie zu anderweitiger Fortpflanzung nur unter großen Schwierigkeiten »Partner«. Bei Unfruchtbarkeit des einen ehelichen Genossen ist der andere auf diese Art mit sterilisiert. Ein klassisches Literaturbeispiel: Baumeister Solneß, der, mit einer lebenden Leiche vermählt, nicht auf jenen Turm gelangt, wo das Glück und die Schönheit wohnt, weil sein Gewissen, von einer gesellschaftlichen Institution gezüchtet, ihn nicht dahin gelangen läßt und er den Hals bricht auf dem Wege. Es ist nicht einzusehen, wenn man von der Modesache der Sitte, unter der wir heute stehen, absieht, warum ein Mann wie Solneß nicht mit Hilde Wangel Kinder zeugen soll und verdammt bleibt, sterilisiert zu sein, um seiner Ehehälfte willen, deren Geist in einer Gruft wohnt.

- 2. Die Fortpflanzung wird – durch unser offizielles Sexualsystem – begünstigt, wo sie verhindert werden sollte. (Kontraselektion.)

  - a) Ein verbrauchter Mann gelangt »endlich« zur Ehe und pflanzt sich fort.
  - b) Ein minderwertiges Weib gelangt durch Geld zur Heirat und pflanzt sich fort. (Vom Schaden der Fortpflanzung bei bestehenden entartenden Krankheiten oder Defekten, ein Schaden, der mit dem Mangel an Heiratsverboten und an erlaubter Fruchtabtreibung zusammenhängt, wollen wir hier ganz absehen, da die Rassenhygiene diese Anomalien längst in Evidenz genommen hat; wir haben uns hier mit den

Rasseschäden, die sich aus den normalen Sexualvorgängen der Gesellschaft ergeben, zu befassen.)

- c) Ein Paar, das zusammen immer nur miserablen Nachwuchs zeugt, ist immer wieder aufeinander zur Fortpflanzung angewiesen, anstatt daß der eine oder andere Partner mit besser »passenden« sexuellen Komplementen besseren Nachwuchs erzeugen könnte.

- d) Eine durch viele Geburten schon geschwächte Frau muß weiter gebären, dezimiert daher den Nachwuchs ihres kräftigen Mannes; oder ein biologisch minderwertiger Mann schwächt durch sein lebenslanges Monopol an ein gesundes Weib deren Kinder.

- e) (Ein Fall von gleichzeitiger Begünstigung der falschen und Verhinderung der echten Auslese, ausgehend von ein und derselben Person): Ein schönes junges Mädchen der unteren Stände gibt sich einem schönen kräftigen jungen Manne der oberen Stände hin, der ans Heiraten natürlich nicht denkt. Sie wird schwanger. Ach und weh ob dieser Sache, die freudigst begrüßt werden müßte bei entsprechender gesellschaftlicher Vorsorge. Das Kind der beiden schönen kräftigen jungen Leute, die die freie Auslese zueinander geführt hat, darf natürlich nicht zur Welt kommen, und wenn es geschieht, sind ihm elende Entwicklungsverhältnisse vorbereitet. Wenn derselbe Mann dann später mit einer wenig reizvollen, aber gut dotierten legitimen Gattin seine Kinder zeugt, nachdem er selbst seine Gesundheit jahrelang durch den Sumpf der Prostitution geschleift hat – freut sich die Gesellschaft und man gratuliert.

So weit die Möglichkeit rassenhygienischer Schäden in erster Linie, das heißt durch das Institut der Ehe als solches direkt bewirkt. In zweiter Linie, indirekt wirkend, haben wir die Schäden jener sexuellen Formen, die das Institut der Ehe ermöglichen und aus ihm folgen, anzusehen:

1. Die Prostitution.
Ihr Schaden für die Rasse: Verseuchung, Schwächung der Sexualimpulse und Ausschaltung des der Prostitution überlieferten Frauenmaterials aus dem Rasseprozeß, die Vernichtung oder die schweren Schädigungen des später in der Ehe erzeugten Nachwuchses, ev. vollkommene Unfruchtbarkeit; die Schwächung der Sexualimpulse führt zur Erschwerung der Gattenwahl überhaupt; die durch die Helotenfron des Geschlechtslebens erfolgende Ausjätung des weiblichen Materials verhindert die Vererbung oft sehr hervorragender körperlicher Eigenschaften, indem es zumeist hübsche Frauen sind, die sich zur Prostitution eignen. Da mehr die Not als angeborene Lasterhaftigkeit zu dieser Fron führt, kann von einer vorteilhaften Ausjätung lasterhafter Anlagen durch die Sterilisierung der Prostitutierten nicht die Rede sein.
2. Das erzwungene Zölibat von Millionen von fortpflanzungstauglichen Menschen. Millionen Menschen sind von der Fortpflanzung abgeschnitten, weil sie zur Ehe nicht gelangen. Daß es gerade die »Besten« sein sollten, die dazu gelangen, können wir bei der üblichen Verquickung der Ehe mit wirtschaftlichen Verhältnissen nicht annehmen. Auch die günstige Regelung dieser wirtschaftlichen Verhältnisse, das heißt die Tüchtigkeit, Geld zu erwerben, stellt nicht gerade ein Kriterium dar, durch welches die Edelsten auslesend herausgehoben würden. Der Mann zum Beispiel, der sein Leben einem hohen Werk der Zukunft widmet, wird am wenigsten geeignet sein, »Ernährer« und damit Familienvater zu sein. Die Tochter eines solchen Mannes wird, da mitgiftlos, leicht übergangen. In solchen Fällen ist also – da die Fortpflanzung solcher Individuen nicht unabhängig von ihrer Erwerbstüchtigkeit und ihrem materiellen Besitz ihnen ermöglicht ist – Kontraselektion am Werke. Ebenfalls da, wo es sich um wahlstolzere Individuen handelt, die höhere persönliche Ansprüche bei der Gattenwahl stellen. Es werden ihnen vielleicht Vorschläge zu Ehen gemacht, die sie ausschlagen müssen, weil die persönlichen Ansprüche an den Partner nicht befriedigt sind; dort, wo sie befriedigt sind, ist Ehe nicht möglich.

Daraus folgt – innerhalb des Rahmens der Sitte, das heißt, wenn er nicht gesprengt wird – ihre Elimination. Der Sitte gemäß – und mit ihr und ihren non- und kontraselektorischen Wirkungen haben wir uns hier zu befassen, nicht mit der Umgehung der Sitte, die sich der einzelne hie und da leistet – sind Unverheiratete zum Zölibat verdammt. Durch alle Voraussetzungen der Umwelt – wie wir sie in den vorigen Kapiteln zur Genüge kennen gelernt haben – wird ihnen das Zölibat, zumindest die Verhinderung der Zeugung, abgezwungen, und auf diese Art werden selbst sehr begehrte – daher von der natürlichen Zuchtwahl ausgelesene Individuen – aus dem Rasseprozeß gewalttätig geschieden.

Resolution: Unser offizielles Sexualsystem zeitigt Wirkungen, die »zu stark sind für die Regulation durch persönliche Tüchtigkeit,« die nicht mehr »Reize« zu nennen sind, die im »Kampf ums Dasein schärfend wirken« und dadurch »die allgemeine Konstitutionskraft heben«, die überhaupt nicht mehr »in die Regulationsbreite der Individuen fallen« – sondern die unter Umständen sogar geeignet sind, höhere Organismen zu vernichten, die Hervorbringung minderer zu begünstigen.

Dieses unser offizielles Sexualsystem zeitigt somit nonselektorische und kontraselektorische Wirkungen – ein Fazit, das die Rassenhygiene zu einem mit dem sexual-sozialen Reformationswerk verbündeten Faktor wird machen müssen.

Die sexuelle Krise, das heißt die Geschlechtsnot, die Schwierigkeit der passenden »Gattenwahl« ist ein kontraselektorisches Moment auch insoferne, daß dadurch die Menschen, besonders die Frauen, weniger und weniger in der Lage sind, sexuelle Zuchtwahl aus sittlichen und rassenhygienischen Gründen zu üben. Dieselbe Frau, die, wenn freies Werbespiel erlaubt und möglich wäre – das heißt ihr Sexualleben nicht auf die einzige Karte der Ehe gesetzt wäre, derart, daß sie in schwierige Konflikte gerät, wenn sie sich über diese ihr von der Gesellschaft einzig eingeräumte Form des Sexuallebens hinwegsetzen will – dieselbe Frau, die dann die Wahl hätte unter allen Männern, die sie begehren (und deren sind bei einer halbwegs hübschen Frau recht viele), und die sich daher dem »Tauglichsten« zur Befruchtung ausliefern würde – dieselbe Frau hat durch das künstliche Absperrungsystem, das die meisten Männer, die sie begehren, aus unzähligen Gründen für sie nicht in Frage kommen läßt, heute nicht selten eine sehr geschwächte Resistenz dem etwa Entarteten gegenüber, soferne er nur die Hauptbedingung der ihr einzig erlaubten Sexualmöglichkeit erfüllt, nämlich ihr die Ehe bietet. Dr. A. Plötz sagt[81]: »Gerade bei der schlimmsten Klasse, den mittelmäßigen Trinkern, muß eine Schärfung der freien sexuellen Zuchtwahl besonders seitens der Frauen hinzukommen. Die sittliche Anschauung der Frauen muß auch den mittelmäßigen Trinker schon verurteilen. Hierbei sollten die Frauen nicht warten, bis ihnen männliche Lehrer und Schriftsteller die Sache mundgerecht gemacht haben. Das könnte sehr lange dauern. Sondern sie sollten auch diese Gelegenheit benutzen, zu zeigen, daß die Frauenbewegung imstande ist, aus sich heraus hohe menschliche Werte zu schaffen.«

Auch das Mundgerechtmachen des Problems von seiten »männlicher Lehrer und Schriftsteller« wird wenig nützen, solange die Frauen zwar einige Frauenrechte durch die Frauenbewegung erringen, in Wahrheit aber noch kein Weibesrecht haben: das Recht auf die Möglichkeit freiester sexueller Auswahl, das heißt solange sie irgendwie durch sexuelle Wahl in Schande und Not geraten können. Hier ist der Hebel anzusetzen. Hängt die Regeneration einer Rasse – wie Dr. Plötz durch diesen Appell an die Frauen zu verstehen gibt – von einer freien sexuellen Zuchtwahl der Frauen, ausgehend von sittlichen Motiven, das sind die, welche den Nachwuchs zu fördern imstande sind – ab, dann muß das A und O aller Rassenhygiene lauten: Ermöglichung der absoluten Wahlfreiheit für das Weib durch höchsten gesellschaftlichen Schutz jeder Schwangerschaft und Mutterschaft, die durch Zeugung gesunder Menschen zustande kommt und Ermöglichung der Aufzucht der also erzeugten Varianten; Ermöglichung rechtzeitiger Fortpflanzung für den Mann in der Blüte und Vollkraft seiner besten Jahre, unverbraucht von übermäßiger wirtschaftlicher Fron und von der Debauche.

Es gibt Angelegenheiten, die man ruhig den Individuen überlassen kann, die sich durch deren eigenes Streben regulieren. Das sind die Angelegenheiten – die nur die Individuen angehen. Andere Angelegenheiten, die, über die Kompetenz der Individuen hinaus, die Gesellschaft in hohem Maße betreffen, muß die Gesellschaft selbst regulieren. Wie notwendig das Eingreifen der Gesellschaft den Individuen gegenüber ist, zeigen nicht nur die Gesetze des Arbeiterschutzes, sondern auch vor allem gewisse Sanitätsvorschriften bei infektiösen Epidemien, Vorschriften an öffentlichen Orten, die Verbreitung der Tuberkulose betreffend, neuerdings gewisse Verordnungen bezüglich der hygienischen Maßregeln in Friseurgeschäften, des Verkaufs von Nahrungsmitteln usw. Wo würden jemals freiwillig die Menschen solche sanitären Schutzmaßregeln und Beschränkungen errichten, woher wüßte denn auch der einzelne, was in jedem Falle zweckdienlich ist, wie würde er sich entschließen, es zu üben, wenn es mit seiner Bequemlichkeit und seinem Gewinn kollidiert?

So muß die Gesellschaft auch, wenn sie günstige biologisch-soziale Resultate mit ihrem Menschenmaterial erreichen will, Einrichtungen treffen, in denen nicht übermäßige Schädigungen nonselektorisch diese Resultate verhindern können. Sie muß mit hohem Bewußtsein Vorkehrungen treffen, denen zwar erst das freie Wirken der Individuen lebendigen Inhalt gibt, die aber die Individuen vor nonselektorischer Vernichtung resp. Sterilisierung bewahren. Rassenhygiene und Mutterschutz – der die Wahlfreiheit des Weibes ermöglicht – sind voneinander nicht zu trennen und beide Angelegenheiten der Gesellschaft. Die Sexualkrise, in die wir durch unser Heiratssystem, durch unsere Sexualmoral geraten sind, bringt nicht nur die einzelnen um ihr Lebensglück, sondern schwächt die Gesamtheit, jene Vielheit, die das »eigentlich Lebendige« darstellt – die Rasse.

Nicht von rassenhygienischer, wohl aber von sozialistischer und darwinistischer Seite ist die Notwendigkeit der Verbesserung der sexuellen Zuchtwahl, durch ihre Loslösung von wirtschaftlichen Bedrängnissen, die sie verschieben, vielfach ins Auge gefaßt worden. Auf einzelne Biologen und Soziologen, wie Galton, Stanley, Hegar, Allan usf. werden wir erst im zweiten Buch dieser Arbeit, bei Besprechung der Reformvorschläge, die zur Entwirrung der Sexualkrise von verschiedenen Seiten gemacht wurden, des näheren eingehen können. An dieser Stelle haben wir uns nur noch mit den Ausführungen des Forschers Alfred Russel Wallace, eines Sozialisten auf darwinistischer Grundlage, zu befassen. Er spricht direkt, gleich uns, das Wort von der notwendigen »Wahlfreiheit« der Frau aus[82]. Er wünscht »die auslesende Funktion in die Hände des weiblichen Geschlechts gelegt« (das männliche hat sie sowieso, da es doch nicht im Weib die Ernährerin zu suchen braucht). Er spricht vom »gebildeten Geist« und vom »reinen Gefühl« der Frauen – aber er spricht nicht von den Möglichkeiten, die ihnen zur Betätigung dieser gebildeten und reinen Gefühle im Sexualleben verhelfen sollen. Er basiert übrigens auf dem Heiratssystem, faßt die Krise daher am Schopf, aber nicht an der Wurzel.

Die Erwiderung von Plötz auf den Wallaceschen Vorschlag scheint mir noch mehr auf dem Heiratssystem zu basieren, das heißt mit der Möglichkeit der Verbesserung der sexuellen Zuchtwahl außerhalb dieses Systems noch weniger zu rechnen. P. fürchtet, die stärkere sexuelle Ausjätung, die bei vollkommener Wahlfreiheit vor sich ginge, würde »Schmerzen schaffen«, beklagt die, die dann alte Jungfern werden würden (und die von bisher?), den übergangenen Mann usw. Aber: diese Ausjäte wäre ja dann eine gerechte, da sie losgelöst von allen wirtschaftlichen und legitimen Zwangsmotiven und von sozialen Suggestionen stattfände. Wer nicht zur Fortpflanzung und Liebe gelangt, weil er nicht begehrt wird – nun, der ist eben nicht für seine Mitmenschen begehrenswert (was natürlich auch gegen die Mitmenschen sprechen kann). Immerhin ist dennoch wirkliche Auslese am Werk. Heute hingegen bleibt auch ein vielfach begehrtes Weib steril, weil die vielfachen Faktoren, die da alle klappen sollen, bevor an die riskante Sache geschritten werden kann, nicht zum Klappen gebracht werden können. Heute bleibt auch der »begehrte« Mann vielfach steril, wenn er nicht in der Lage ist, die erdrückenden Lasten des Familienhaushaltes, der Aufziehung der Kinder, kurz die Erhaltung einer ganzen Gruppe von Menschen auf sich zu nehmen und eine Mitgiftheirat sich ihm nicht bietet oder er sie verschmäht. Die Menschen also, die dann – bei Wegfall dieser Bleigewichte wirtschaftlicher, legitimer und suggestiver Naturen – ausgejätet würden, wären effektiv nicht sexuell begehrte Wesen, während solche Wesen heute durch nonselektorische Einflüsse von der Fortpflanzung abgeschnitten werden können.

---

3. Sozialismus und Selektionstheorie

Scheinbarer Widerstreit beider Weltanschauungen – Der sexuelle Sieg der gemeinen über die höhere Art – »Schutz der Schwachen« und »Kampf ums Dasein« – Die Plötzsche Lösung des Problems – Vorgeburtliche Verbesserung der Devarianten – Sexualreform und Rassenhygiene – Synthese antiker und christlicher Ideale.

Der Widerstreit zweier Weltanschauungen – des Sozialismus und der Selektionstheorie, das heißt des Prinzipes des »Schutzes der Schwachen« und des scheinbar gegensätzlichen des »Kampfes ums Dasein« mit seiner notwendigen Ausmerze ist das Grundmotiv des Plötzschen Werkes. In dem von ihm geprägten Begriff der Rassenhygiene findet er die Möglichkeit einer Synthese dieser so vielfach als gegensätzlich empfundenen Weltanschauungen. Den Grundgedanken der Voraussetzungen einer möglichen Rassenhygiene und somit die Plötzsche Lösung des Problems werden wir an späterer Stelle zu erörtern haben.

Unseres Erachtens liegt im Sozialismus kein Moment, das dem Kampf ums Dasein – der Erhebung des Tüchtigeren über den Untüchtigeren – den Boden abgräbt; denn der Sozialismus will nichts als gleiche Chancen beim Starten für alle – ohne jedoch die Erreichung verschiedener Ziele je nach verschiedenen Kräften zu unterbinden, es sei denn insofern, als er räuberische Ausplünderung des einen durch den anderen unmöglich macht. Eine wirklich wirtschaftliche Auslese der Besten kann sich ja überhaupt erst ergeben, wenn diese gleichen Bedingungen beim »Starten« – wie wir das wettrennende Auslaufen wohl nennen dürfen – gegeben sind. Unter gleichen Vorbedingungen, das heißt bei gleichem Anrecht auf Ausbildung und Produktionsmittel, zeigt sich ja erst, wer wirklich der Tüchtigere ist, während es heute, wo die einen von Hause aus wohlausgestattet, die anderen mit Ketten an Hand und Fuß den sozialen Rennplatz betreten, schlechterdings unmöglich ist, den »Tüchtigen« herauszufinden und weder der wirtschaftliche noch der sexuelle Kampf echte Resultate ergibt. Plötz führt an: »Wir sind bereits mitten im Fahrwasser, nicht nur des privaten, sondern auch des staatlichen Schutzes der wirtschaftlich Schwachen und der Schwachen überhaupt. Kranken-, Unfall- und Altersversicherung, Schutz der Arbeiter gegenüber übermäßiger Arbeitszeit und gegen mancherlei sonstige Beeinträchtigungen durch die Arbeitgeber, das sind heutzutage gesicherte Errungenschaften in vielen Kulturländern.« Und er sieht in solchen Schutzorganisationen eine Hemmung der »hauptsächlichsten ausmerzenden Faktoren«. Ich kann in solchen Schutzorganisationen keine den Kampf ums Dasein aufhebenden, die Auslese der Besten verhindernden Momente sehen. Denn werden die »Tüchtigen« als solche besser kenntlich, wenn die Arbeiter grenzenlos exploitiert werden? Ist nicht diese zermalmende Exploitierung ein nonselektorischer, unter Umständen kontraselektorischer Faktor, das heißt ein solcher, der geeignet ist, die Zahl der starken Konvarianten zu vermindern, indem dieses Übermaß von Anstrengung und Untermaß von Erhaltungsmitteln auch die starken Konstitutionen zermürbt und die Nachkommen dadurch schon im Keim ruiniert? Ein solcher »Kampf« bedeutet nicht mehr, daß das Tüchtige sich durchsetzt, sondern daß auch das Tüchtige mehr und mehr elend gemacht wird und diese künstlich verelendeten Varianten sich zwar nach dem Gesetz der »Anpassung« irgendwie am Kampfplatz erhalten, aber in raßlich immer schlechterer Verfassung »fortwursteln«. Die Zahl der Jämmerlichen nimmt zu, nicht ab, je weniger die »Ausmerze« durch Schutzorganisationen »gehemmt« wird. Oder glaubt man, daß die seit Generationen mehr und mehr biologisch zerstörten schlesischen Weber eine »Auslese« der »Tüchtigen« repräsentiere, bloß weil sie da sind und weiter leben, sich also »am Kampfplatz erhalten«? Sie sind da – aber wie sind sie da!

Es ist sehr die Frage, ob nicht dieses Prinzip der systematischen Verelendung durch unbegrenzte Ausbeutungsmöglichkeiten der irgendwie zur Macht Gelangten den anderen gegenüber – in der ganzen Menschheit seit Urzeiten gewirkt hat – verelendend gewirkt hat – ob nicht deswegen heute so viele seelische und körperliche Krüppelhaftigkeit herumläuft.

Die Bewohner der Pfahlbauten hatten zwar weniger »Kultur« als wir, waren aber sicher als Konstitutionen tüchtigere Kerle als die Heutigen.

Auch der holländische Sozialtheoretiker J. Rutgers steht auf einem ähnlichen Standpunkt, wie der unserige es ist. Er sagt: »Eine Milderung des Auslesekampfes kann also sehr wohl ein Gewinn für die Beteiligten, der Segen des Kampfes ums Dasein kann eine entsetzliche Täuschung sein. Man denke sich nur die Familien der Armen, die Tausende von Kindern, die buchstäblich und moralisch in verpesteter Atmosphäre aufwachsen. Fürwahr ein herrlicher Kampf ums Dasein, diese Hungerprobe mit ihrem Mangel an Licht und Luft, die alle bleichsüchtig und skrofulös macht... Welche Individuen erweisen sich nun schließlich als die am besten angepaßten ›the fittest‹, die nach Darwin in der Mehrheit der Fälle den Sieg davontragen und sich fortpflanzen werden? Denken wir uns einen der am häufigsten vorkommenden Fälle. Eine zu lange anhaltende Dürre im Frühling veranlaßte einen heftigen Kampf ums Dasein unter meinen Gartengewächsen, zuletzt kommt ein milder Regen; welche Pflanzen zeigen sich nun als Sieger im Kampf? Die feineren Samenpflanzen sind alle umgekommen, nur das Unkraut wächst üppig. So macht es die Natur, und so würde es immer gehen, wenn wir die Selektion der Natur überließen. Wenn wir die Rassenverbesserung einfach der Natur überließen, so züchtete sie nur wilde Pflanzen, wilde Tiere, wilde Menschen. Sie sind die den natürlichen Verhältnissen am besten Angepaßten.« Und er fordert energisch, daß die Gesellschaft auch die sexuelle Selektion mit Bewußtsein lenke. Als ein ganz neues Moment der menschlichen Auslese erkennt auch er »die Auslese durch die Mutter«.

Auch ein anderer Biologe, Dr. Walter Claassen, steht auf dem Standpunkt, daß die Produkte der Auslese, die sogenannten Sieghaften im Kampf ums Dasein, nicht immer mit den wirklich Edelsten, ja oft nicht einmal mit den Tüchtigsten zu identifizieren seien. In einem Artikel über »Entartung der Volksmassen«[83] führt er aus, daß Passivität heute gezüchtet würde, Aktivität hingegen ausgejätet. Das Würmerhafte pflanzt sich unendlich weiter, das Löwenhafte kommt auf diesem »Misthaufen Welt« nicht fort. Das Starke braucht eben mehr zu seinem Konsum als das Passive, Kleinliche, Erbärmliche. Dieses »hält aus«, jenes geht zugrunde, wenn es nicht seinem Organismus jene Menge physischer und seelischer Nahrung zuführen kann, die ein beschleunigter Stoffwechsel erfordert. Diese Tatsache beweist, daß es mit dem Gesetz von der Erhaltung des Tüchtigsten im Kampf ums Dasein faul bestellt ist, es sei denn, daß die Fähigkeit, sich herabzumindern, als tüchtig bezeichnet wird. Sie beweist ferner, daß das, was der Mensch vor der »Natur« voraus hat, nämlich die planmäßige Gestaltung bestimmter Zustände und Erscheinungen – also die »Kultur« – einsetzen müßte der Natur gegenüber und für eine systematische Erhaltung des gefährdeteren Aktiven gegenüber dem sich selbst erhaltenden Passiven, Sorge tragen müßte.

Die Beobachtung zeigt, daß auch der sexuelle »Sieg« zumeist dem Gemeinen gehört, daß dieses schon quantitativ dem Edleren überlegen ist, da es sich schnell und häufig und immer wieder paart und vermehrt, das Edlere aber, schon weil es seinesgleichen viel seltener und schwerer finden kann, meist einsam bleibt. Nicht das Tüchtigste und Beste, sondern das Gemeinste wird rapid gezüchtet, das Edle aber nicht selten künstlich ausgejätet. Die »Mammonsehe«, unter deren Zeichen wir stehen, arbeitet geradezu jeder hinaufpflanzenden Zuchtwahl entgegen. Man sagt, die heutige wirtschaftliche Ordnung sei die des freien. Wettbewerbes. Das individuell Tüchtigste habe also die stärkste Chance, vorwärts zu kommen. Das wäre so, als ob man Wesen, die mit Ketten an den Beinen oder in einem Käfig geboren werden, auffordern wollte, mit solchen, die mit unbeschwerten Gliedern draußen im freien Felde stehen, wettzulaufen. Wer heute ohne Kapital geboren wird, wird in Fesseln geboren, Kraft allein genügt nicht, es muß auch Stoff da sein, an dem sie sich betätigen kann. Daß dieser Stoff die Erde selbst ist, fängt man an, heute schon stärker zu ahnen als jemals früher. Gleichheit der umgebenden äußeren Verhältnisse für alle ist Bedingung der unverfälschten Entwicklung der individuellen Verschiedenheiten, ist Prämisse des Sieges der Tüchtigsten, des wahrhaften Wettbewerbs, des Sieges der Besten. Solidarische Vorkehrungen für das Gesamtleben der Individuen sind notwendig. Kein Mensch kann der Hilfe der Gesellschaft entraten, es kommen Augenblicke, wo selbst das edelste Haupt in den Staub sinkt, wenn nicht eine ermutigende Hand es hebt.

Bei Untersuchung des Problems dieses scheinbaren Konfliktes zwischen dem »Schutz der Schwachen« und dem »Kampf ums Dasein« kommt man so manchem Gesetz auf die Spur. Der »Schutz der Schwachen« ist unter Umständen nichts anderes als wieder eine Tüchtigkeitsprobe der – Gesellschaft. Wenn das verelendete Individuum gehoben wird, so ist es nicht nur der Organismus des einzelnen, der »geschützt« wird, sondern vor allem der der Gesamtheit. Die Gesellschaft, die ihre Verunglückten zu heilen, ihre Kranken zu pflegen, ihre Schwachen zu stützen vermag, beweist, daß sie Regenerationskräfte in sich trägt. Denn in dem Augenblick, in dem der einzelne elend wird, hört er sozial auf, eine abgeschlossene, selbständige Einheit zu sein und wird, mehr als je, Glied der Gemeinschaft, tritt als Person zurück und sinkt erschöpft in die Kette der Gattung. Es ist also deren Sieg – Tüchtigkeitssieg – wenn sie dieses Glied zur Genesung bringt. Vielleicht liegt gerade hier die Wurzel des dem Menschen im Grunde geheimnisvollen Triebes nach »gegenseitiger Hilfe«. Unzivilisierte Völker z.B. lassen ihre Siechen, Krüppel und Idioten ohne »Hilfe«, sie schleppen ihr Dasein auf offener Straße dahin, bis sie da verenden. Kann sich dadurch die »Auslese« freier und echter entwickeln? Sind diese Siechen nicht ein die Gesunden eminent gefährdender Faktor? Wenn man diese Siechen in entsprechenden Anstalten unterbringt und »pflegt« – »beschützt« man da nur sie? Beschützt nicht durch ihre Pflege die Gesellschaft vor allem sich? Und beweist sie nicht, wenn sie dies vermag, daß ihr großer Körper stark genug ist zu diesem Regenerationswerk, daher tüchtig und sich »durchsetzend« im Kampf ums Dasein?

Ich lege den Vertretern der Rassenhygiene, Darwinisten und Sozialisten, die nach einer Synthese dieser beiden Weltanschauungen suchen, diese Problemstellung hier vor.

Auch Plötz vertritt den Standpunkt, daß mit einer Milderung, ja Aufhebung des Kampfes ums Dasein zu rechnen sei, ohne eine Schädigung der Gattung befürchten zu müssen. Und zwar sei dies möglich, wenn: für jede Milderung des so notwendigen »Kampfes« um den Sieg der Tüchtigsten – durch sozialen und wirtschaftlichen Schutz der Schwachen – ein Äquivalent geboten wird durch Beherrschung der Variabilität durch (vorgeburtliche) Verbesserung der Devarianten.

Der Unterschied dieser und unserer Gesinnung liegt nur darin, daß wir diese Schutzorganisationen (dort, wo sie vor nonselektorischer Schädigung bewahren, wo sie nicht Schutz der Schwachen, sondern Schutz vor Schwächung darstellen, wie es ein Soziologe genannt hat[84]) selbst schon für ein solches Mittel zur Verbesserung der Devarianten halten und nicht für den Gegensatz davon, gegen den ein Palliativ geschaffen werden muß.

Aber der tiefe Grundgedanke des Plötzschen Systems ist der: diesen ganzen Kampf überhaupt von den Zellenstaaten – das ist die Person – abzuwälzen – auf einzelne Zellen, auf die Keimzellen – eben durch bewußte und systematische vorgeburtliche Verbesserung der erzeugten Devarianten. Einzelheiten dieses auf physiologischer Basis ruhenden Systems einer bewußten Zeugungshygiene sind in dem Plötzschen Hauptwerk enthalten. Nur so viel, daß er die »Verbreitung zeugungshygienischer Einsichten« verlangt und als A und O dieser Hygiene die »Praxis des präventiven Geschlechtsverkehrs« erkennt, »die erlaubt, den Zeitpunkt der Zeugung von den oft nun einmal unüberwindbaren sinnlichen Bedürfnissen des Augenblicks zu trennen und ihn auf den gewünschten Termin günstiger Bedingungen zu verlegen. Diese Praxis ist bereits heute so vorgeschritten, daß bei ärztlichem Ratschlage wohl nur sehr beschränkte Personen nicht in den Stand gesetzt werden könnten, sie auszuüben. Den Präventivverkehr als unmoralisch zu verwerfen, wie es noch manchmal geschieht, dürfte nur einer unheilvollen Kontraselektion Tür und Tor öffnen.« Da die Reformation des Sexualsystems der Gesellschaft, die unser Thema ist – ein beträchtliches Mittel zur Verbesserung der Devarianten – die den Kampf des Lebendigen ersetzen soll – »zur Erzeugung tüchtigerer Nachkommen« – darstellt, haben wir uns mit diesem Plötzschen Grundgedanken hier zu befassen. Es ist ein Gedanke, der in seiner scheinbaren Schlichtheit, die an das Ei des Kolumbus erinnert, eine Weltanschauung darstellt. Es ist dies die erste mir bekannte glückliche Synthese zwischen den »humanen Idealen« und jenen des aristokratischen Prinzips des Sieges der »Starken«, das auch das Prinzip des Kampfes ums Dasein ist, die vollkommene Verbindung jener ungeheuer entfernten Pole, die wir durch die Namen Christus und Tolstoi einerseits, Darwin und Nietzsche andererseits begreifen. Noch Nietzsche ist an der Unfähigkeit zu dieser Synthese gescheitert.

Von hier ausgehend, könnte auch der Psychohistoriker – ein noch nicht bestehender wissenschaftlicher Typ, dessen Entstehung sehr zu wünschen wäre – jene Synthese zu finden suchen, die die Zeit so notwendig hat: die, zwischen den antiken und christlichen Idealen. Rettung und Wiederbelebung der antiken Daseinsfreude – ohne die Gewissenlosigkeit, die über Leichen zum Genusse schreitet – und ihre Verschmelzung mit dem Ideal der Menschenliebe und der altruistischen Verantwortung, die erst Christus tief ins Völkerbewußtsein getragen hat. Diese Synthese wäre ins Psychologische und Philosophische übertragen, dasselbe, was die Synthese des Selektionsprinzipes mit dem des »Schutzes der Schwachen« physiologisch und soziologisch bedeutet; daher sie sich auf sie zu stützen und auf ihr aufzubauen hätte. Diese Synthese von antiken und christlichen Moralwerten, nach der das moderne Bewußtsein verschmachtet, kann, meines Erachtens, einzig aus einer geglückten Sexualreformation hervorgehen.

Das menschliche Geschlechtsleben erwartet seinen Luther (es kann auch eine Lutherin sein); um Mißverständnissen vorzubeugen, sei festgestellt, daß wir uns nicht für eine Lutherin halten und uns hier mit der bescheideneren Rolle des Vorläufers begnügen, etwa mit der des gebratenen Johannes Hus. Und am Ende geht es uns ebenso wie jenem, und wir haben dann zu sagen wie er – in Verdeutschung des tschechischen Namens Hus (das ist Hussa – Gans) sagte:

> »Heute braten sie eine Gans (!)
> Das bin ich, der arme Hans.«

Tut nichts. Wenn es uns nur auch gegönnt ist, zu prophezeien gleich ihm:

> »In hundert Jahren kommt ein Schwan,
> Den werden sie ungebraten lahn.«

Dann lassen wir uns gerne braten und usurpieren sogar froh und tapfer die Worte jenes Schwans – Martin Luthers – auch für unser bescheidenes Vorläufertum: Hier stehe ich, ich kann nicht anders, Gott helfe mir.

---

4. Zeugungsreformation

Die Entstehung und Erhaltung des schönen, tauglichen Menschen, der Grundgedanke aller Sexualreform – Der Kampf gegen die Ahnen – Das religiöse Bedürfnis der Menschheit – Die Ehrfurcht vor der Zeugung: die Religion der Zukunft.

»Des Mannes und Weibes Gemeinschaft nämlich ist die Erzeugung; das aber ist eine göttliche Sache, und dies ist eben in dem sterblichen lebenden Wesen das Unsterbliche«[85]... Eine volle Sexualgemeinschaft, die alles in uns befriedigt, ist das größte, aber auch das seltenste Glück, das Menschen erleben können. Da diese volle Lebens- und Seelengemeinschaft, um derentwillen alle materiellen und sozialen Vorteile, die eine andere Gemeinschaft mit sich bringen könnte, gern geopfert werden, aber nur selten ist – so ist schon die bloße Regung der Sympathie, wenn sie deutlich ist, überhaupt als ein Vorteil anzusehen in der Öde dieses Lebens, ein Lockmittel, ein frommer Betrug der Natur zwecks Hervorbringung neuer Exemplare. – »Eine anknüpfende und geburtshelfende Göttin also ist die Schönheit für die Erzeugung. Deshalb, wenn das Zeugungslustige dem Schönen naht, wird es heiter und von Schönheit durchströmt und erzeugt und befruchtet«[86]. Wenn in einer guten und willigen Stunde ein gesundes Kind gezeugt wurde, so ist das in einer vernünftig organisierten Gesellschaft nie ein »Malheur«, geschweige denn Schmach und Sünde, sondern immer nur ein Vorteil, wenn auch die Verbindung und Hinneigung derer, die es schaffen, sich als eine trügerische erwies und sie sich wieder trennen. Eine Frau sehne ich mich zu kennen, die durch mehrere Liebesverhältnisse ging, jedes aus edler Neigung geknüpft, die nach einer Probezeit, die der Erfahrung gewidmet sein soll, ob die Eigenschaften des Mannes im Verein mit ihren eigenen ihr zur Vererbung wünschenswert erscheinen, ein Kind empfängt und gebiert. Der Mann verläßt sie vielleicht nach kurzer Zeit und täuscht und trübt ihr Leben, und doch resigniert sie auch dann nicht, weder auf Liebe noch auf weitere Mutterschaft. Denn die Liebesfähigkeit des gesunden Herzens ist unendlich. Und vielleicht lohnt das Schicksal solch tiefste Treue – die zu sich selbst – und die Frau, die diese tiefste Treue übte, findet als reifer, bewußter Mensch den ihr Geborenen, ihr Erkorenen, zu dem sie so notwendig und unlöslich gehört wie er zu ihr. Aber nur eine andere Sexualordnung als die unsere kann ein solches Schicksal rehabilitieren.

Die Bedingungen, unter denen schöne Menschen werden und gedeihen und bestehen können, zu erforschen, ist die Hauptaufgabe eines vollerwachten Rassebewußtseins. »Einen Jungen zur Welt bringen, der auf rüstige Weise zwischen Erde und Himmel herumklettert«[87], dies muß das Ideal jeder Frau werden dürfen! Dieser Gedanke, dieser Grundgedanke aller sexuellen Reform, wird überall laut, wo man das Elend und die Krise unserer Situation fühlt. »Die Begünstigung der zu diesem Geschäfte (dem Zeugungsgeschäfte) Tauglichen sollte von Staat und Gesellschaft als eine Selbstverständlichkeit betrachtet werden«[88]. Daß man an der maßgebenden Stelle eine Zunahme der Geburtenrate nicht nur nicht fürchtet, sondern willkommen heißt, beweist der nationale Stolz, mit dem man auf die 63 Millionen der deutschen Bevölkerung gegenüber den 40 Millionen von 1870 – damals mit der französischen Bevölkerungsziffer gleich, die seitdem dieselbe blieb – hinweist und in diesem Plus einen Sieg in einem möglichen Krieg gewährleistet sieht – einen Sieg, den die deutschen Mütter gewonnen haben. Der Volkswirtschaftler freilich erhebt Einspruch gegen diese fortwährende Steigerung des Geburtenüberschusses. Aber gerade unter den Bedingungen eines offiziellen Mutterschutzes hätte es die Gesellschaft am ehesten in der Hand, ihre Geburtenrate nach Belieben zu regeln, – denn Mutterschutz bedeutet unter Umständen auch Empfängnisverhütung (auf das Wie dieser möglichen Regelung werden wir im zweiten Buche zurückkommen).

Der Umstand, der die sexuelle Auslese heute verhindert, liegt in der gegebenen Wirtschaftsordnung, die die Menschen voneinander abhängig macht, sie hineinschleudert in die Abhängigkeit vom Können und guten Wollen anderer; und zwar geht das durch alle Familienbeziehungen, das Kind ist abhängig von den Eltern, die Frau vom Manne, die Alten von den Kindern. Existenzen, die der Zukunft gehören, sind bedroht, wenn die Eltern verarmen oder arm waren, oder sie mit ihrer Hilfe im Stich ließen. Je höher die Art, lehrt ein naturwissenschaftliches Gesetz, desto länger ist das Junge hilfsbedürftig. Lassen es die Alten im Stich, so ist es verloren. Alles in so einer Familie ist auf zwei Augen gestellt, eine lange Zeit wenigstens bevor die Jungen erwerbsfähig sind, nirgends eine Sicherung. Kraft seiner Geburt aber müßte jedem Menschen gewährleistet sein: erstens seine physische Existenz – die Sicherung seiner »physischen Integrität«, zweitens die Ausbildung seiner hervorragendsten Anlagen zu einem Beruf, drittens die Vermittlung passender Arbeit, viertens Krankheits-, Invaliden- und Altersversicherung, fünftens, für die Frauen, Einreihung in den Beamtenstand als Mutter. (Bellamy geht noch weiter, indem er die gesellschaftliche Erhaltung der Frau nicht nur als Mutter, sondern als Geschlechtswesen überhaupt fordert.) Vollständige wirtschaftliche Unabhängigkeit aller Individuen voneinander würde der freien Zuchtwahl unverfälschten Spielraum und Verbindungen nur durch Sympathien der Blutsverwandtschaft sowohl als durch freie Auswahl entstehen lassen. Fast möchte man es Wahnsinn nennen, die Liebesleidenschaft zweier gesunder Menschen verglimmen zu lassen, ohne auf der Höhe der Begierde ein neues Leben daraus zu rufen. Ehen, in denen der Vorgang, der die Zeugung eines neuen Menschen bedeutet, meist gewohnheitsmäßig sich abspielt und diese Zeugung selbst oft nur durch ein »Malheur« herbeigeführt wird, sind als Institution der Fortpflanzung da, während die Kinder der Liebe, der Zuchtwahl hintertrieben werden, die besten Zeugungsjahre ungenutzt vergehen und erst in vorgerücktem Alter, in dem die Ehe heute dem Manne möglich ist, in die er meist in abgelebtem Zustand eintritt, nachdem er durch die Prostitution gegangen ist, an die Zeugung der Nachkommenschaft geschritten wird. Es ist im Interesse der Rasse, daß, wo Menschen in Liebe sich zueinander finden, die stark, gesund und tauglich sind, aus dieser Vereinigung Kinder entstehen. An einer diesem wunderbarsten Naturwillen feindseligen Moral scheitern die stolzesten Möglichkeiten der Höherpflanzung des Menschengeschlechtes. Was für Eliteexemplare hätte wohl der jugendliche Richard Wagner mit der ihm ebenbürtigen Mathilde, hätte ein Goethe in seinen jungen Jahren zeugen können! Aber anstatt daß solche auserwählten Paare zu dieser Zeugung gelangen, werden sie unfruchtbar auseinandergerissen, jahrzehntelang durch Öde und Wüste geschleift, bis der Mann in stark vorgerückten Jahren (wie gerade an dem Beispiel von Wagner und Goethe ersichtlich) zur Ehe und damit zur Zeugung gelangt, während der weibliche Teil, der geschaffen war, die kostbare Begierde dieser Helden aufzunehmen und zur Frucht zu entwickeln, überhaupt in einer unfreiwilligen Verbindung verbleibt. Wie gerade diese geistigen Helden auch als Fortpflanzer hätten wirken können, ist überhaupt nicht festzustellen, da sie, bis heute, fast niemals unter den richtigen Bedingungen zur Zeugung kamen, das heißt nicht in den richtigen Jahren und nicht mit dem richtigen, ebenbürtigen Weibe. Sehr mit Unrecht sagt Max Burckhardt in einer Rundfrage: »Die Geistigen einer Nation sollten nur geistige Kinder zeugen und es dem Volke überlassen, sich leiblich zu vermehren.« Das scheint mir ein Trugschluß, denn das wäre gleichbedeutend mit einer künstlichen Ausjätung der besten Gehirne und, nicht selten, der heroischen Instinkte. Burckhardt steht da auf dem Standpunkt, der in einem indischen Spruche sich kundgibt: »Wozu Nachkommenschaft dem, dessen Seele die Welt ist?« Die Antwort auf diese Frage könnte lauten: Wenn schon nicht um seiner selbst willen, dann doch um des Ganzen willen, auf daß sich diese stolze Weltseelenhaftigkeit – und nicht immer die Krämerseelenhaftigkeit – vererbe und verbreite. »Man könnte erzogene Kinder gebären, wenn die Eltern erzogen wären«, heißt es bei Goethe. Und noch deutlicher heißt es bei Shaw[89]:

»Die Menschheit wird keinen ernstlichen Fortschritt machen, bevor sie sich nicht ernstlich und wissenschaftlich die Aufgabe stellen wird, zuverlässiges Menschenmaterial zu schaffen, eine Rasse von Menschen heranzuziehen (zu züchten, hätte er besser sagen sollen), bei der die lebenspendenden Impulse vorherrschen.«

Die Frage, ob wir uns als im Zustand der Degeneration zu betrachten haben, wird vielfach umstritten. Ich glaube, sie ist weder mit ja noch mit nein rundweg zu beantworten. Es gibt gewiß neben einer unzweifelhaften Degeneration der Vielen eine Höher- und Höherentwicklung der Wenigen. Ganz gewiß gibt es einen »Fortschritt« der Menschheit. Aber in feiner, langsam ansteigender, fast möchte man sagen spiralartig gewundener Linie vollzieht sich diese Entwicklung nach oben, über unzählige, hemmende, rückziehende Momente hinweg. Diese hemmenden Momente zu mindern und jene, welche das Ansteigen der Linie begünstigen, zu mehren, ist der Sinn aller »Weltverbesserung«.

Die Natur kennt nur Folgen, nicht »Zwecke«, wie man ihr fälschlich unterschiebt. Der Mensch aber kennt bewußte Zwecke, er muß daher die Ursachen zu beherrschen suchen. Bei allen Lebenden geht ein großer Teil der Kraft an ein undankbares Geschäft verloren: an den Kampf gegen die Ahnen. »Man beginnt zu erkennen, daß die Zeugung eines neuen Wesens etwas sehr Verantwortungsvolles ist und daß zahlreiche Menschen den betreffenden Anforderungen durchaus nicht entsprechen. Wahrscheinlich werden künftige Geschlechter darüber staunen, daß es eine Zeit geben konnte, in der die wichtigste und in ihren Folgen weittragendste Verrichtung des Menschen gänzlich seiner persönlichen Laune und Begierde überlassen wurde.« Die Verwunderung der Banausen über solche Forderungen ist keine geringe. Und doch geht man noch weiter und fordert bewußt die Höherentwicklung der Rasse durch die zur Elternschaft am meisten geeigneten Menschen und sieht das erste und grundlegende Prinzip nicht in der Erhaltung, sondern in der Art der Kinder. »Die Zwangsehe muß als sexual-ethische Norm und als Basis der Generation beseitigt werden.« Das sind deutliche Worte eines Autors, dessen Namen uns leider entfallen ist, während das einzelne Blatt, aus dem wir diese Worte wiedergeben, vor uns liegt.

Was bedeutet das religiöse Bedürfnis der Menschheit? Es gibt ein Wort von Nietzsche, das als Antwort auf diese Frage gelten kann. »Er (der Mensch) braucht ein Ziel, und eher will er noch das Nichts wollen, als nicht wollen.« Dieses Ziel, dieses Willensziel aber kann immer nur eines sein, das in die Ewigkeit mündet. Mit nichts Geringerem kann sich die titanische Sehnsucht des Menschen zufrieden geben. Aus diesem höchsten Willenstrieb ist das Ringen des Menschen nach Moral zu verstehen als nach einer Instanz, die eine Hemmung des eigenen Willens dort bietet, wo er mit jenem Ewigkeitswillen in Widerstreit geraten könnte. Aus diesem Trieb heraus waren Religionen notwendig. Und, da alte Religionen fielen, alte Gesetzestafeln zertrümmert wurden, sah man nach neuen aus, sie zu ersetzen. Die einen sahen in der Kunst, andere wieder in der Wissenschaft einen Ersatz der Religion. Unseres Erachtens aber kann nur ein Moment, welches über das Augenblicksdasein des Individuums hinübergreift in die Ewigkeit und dabei mit dem Leben dieses Individuums selbst in tiefstem und engstem Zusammenhang ist, diese Sehnsucht stillen und ein neues religiöses Ziel weisen. Wo aber wäre ein Geschehen, das in so hohem Maße dieser Forderung entspricht – als die Tatsache der biologischen Weiterbeförderung der eigenen Wesenheit?

Die Ehrfurcht vor der Zeugung ist die Religion der Zukunft. Hier ist Heiligkeit, hier die Wurzel aller gedeihlichen Ethik und Moral. Hier auch die natürliche Hemmung des eigenen Willens (ein wesentliches Moment aller Religion). Und hier auch ist diese Hemmung tief verwurzelt mit dem eigensten Ichgefühl des Individuums: denn das Objekt, das durch diese Hemmung beschützt wird, ist die Fortsetzung des eigenen Ich. Nicht der beschränkten Lebensdauer des Individuums können Sittengesetze gelten, nur der unbeschränkten der Gattung. Hier ist die höchste Heiligkeit, hier die Grenze, die gebieterische Schranke, die der Freiheit des eigenen Ich zu setzen ist.

Damit dieses Gefühl ein durchgreifend religiöses werden könne, damit es in Moralen und »Gesetzestafeln« seine Stützung erhalte, muß das Wissen um diese Sache gepflegt werden. Denn der Gegenstand dieser »Sache« ist der Mensch selbst. Alles in der Welt, soweit es nicht Rohstoff der Natur ist, wird durch den Menschen. Er ist Träger, Werkzeug, Medium und Schöpfer in einer Gestalt. Wie dieser Träger, dieses Werkzeug, dieser Schöpfer daher beschaffen ist, ist die letzte, die tiefste und die wichtigste Angelegenheit dieser seiner Welt, soweit sie ihm dient. Von dem Stoff, aus dem er wird, hängt es ab, wie die Welt selbst wird. Ist er im Ursprung verstümpert, so wird auch sie mehr und mehr verdorben. Seine tiefste und letzte Weltliebe muß also auf dieser Liebe zur Erschaffung des schönen und tauglichen Menschen ruhen:

»Du sollst den Gott der Erde mir gebären!
Prometheus soll von seinem Sitz erstehn
Und dem Geschlecht der Welt verkündigen:
Hier ward ein Mensch, so hab' ich ihn gewollt!«

Dies werde der Wille jedes Mannes, ihm zu dienen, das Recht jedes Weibes. Dies die religiöse Inbrunst beider.

Das Wohl der Rasse und die »Ordnung« des Geschlechtslebens – das sind zwei Begriffe, die nicht voneinander zu trennen sind. Die Beschaffenheit der Rasse ist die direkte »Frucht« der jeweiligen sexuellen Gesellschaftssitten, das heißt der Sitten, nach welchen der Geschlechtsverkehr einer Gesellschaft gepflogen wird und innerhalb derer die Fortpflanzung stattfindet. Die fundamentale Basis aller möglichen Rassenhygiene ist daher die herrschende Sexualordnung einer Gesellschaft, und ihre Voraussetzungen bilden die auf sie bezüglichen moralischen Forderungen und wirtschaftlichen Nötigungen. Diese Sexualordnung selbst muß sich also die Forderungen der Rassenwohlfahrt zu eigen machen. Umgeht sie sie, so wird sie zur bloßen Formel sozialen Kalküls, anstatt der Träger der Höherentwicklung der Art zu sein.

Diesem Gedanken einer Höherentwicklung aber muß unsere Liebe gelten, all unser heißer inbrünstiger Kampf. Hier ist das Geheimnisvolle, das unsagbar Erhabene, das über unser Einzeldasein hinausgreift in die Ewigkeit. Hier der neue Altar, dem die tiefste Andacht, derer das menschliche Herz fähig ist, zu gelten hat. Hier die »Schönheit«, der die Liebe dienen muß. So heißt es auch in jenem unsterblichen »Gespräch« des Sokrates mit der Diotima:

»Denn die Liebe, o Sokrates, gilt gar nicht dem Schönen, wie du meinst. – Sondern wem denn? – Der Erzeugung und Ausgeburt im Schönen. – Wohl sprach ich. – Ganz gewiß, sagte sie. – Warum nun aber der Erzeugung? – Weil eben die Erzeugung das Ewige ist und das Unsterbliche.«

IX. Kapitel

»Sie (die Weltkörper) drehen sich um alles Mögliche, um sich selbst, der Mond um die Erde und mit dieser um die Sonne und mit dieser um die Zentralsonne und mit der wieder um eine noch höhere, schwerere Zentralsonne, und so weiter ohne Ende. Eine ziemlich verzwickte Bewegung. Nur die gerade Linie ist allgemein verhaßt. Mit dem Kreise fängt das Leben erst an. Dann folgen Ellipse, Parabel, Hyperbel.«

(Jul. Fern, »Astronomische Plauderei«)

1. Psychologie des Geschlechtskampfes

Das Kampfmoment der Geschlechtsbeziehung – »Die Oberhand behalten« – Wer leistet Gefolgschaft? – Das Dämonium des Mißverstehens – Der psychische Fetischismus des modernen Mannes – Sein Partialitätstrieb – Frivolität als Äquivalent für den gebrochenen Geschlechtstrieb – Geschlechtliche Ernüchterung eine Folgeerscheinung »zerebraler Versandung« – Der Knax ins Asketische – Nietzsche über Buddha – Die Erniedriger des Sinneslebens.

Von der Überlegung sagt Kleist, daß sie nach getaner Handlung besser am Platze sei als vorher, wo sie angetan wäre, die Kraft, die aus einem herrlichen Gefühl quillt, das zur Tat drängt, zu mindern, während die Überlegung nach abgetaner Handlung erkennen läßt, wie das Getane nächstens besser zu machen sei. – Ebenso ist's mit dem Liebeserleben. Den Gang der Beziehung vorher zu »durchschauen«, seine Gefühle dieser Voraussicht gemäß zu ändern oder gänzlich auszuschalten, ist schlechterdings unmöglich. Hingegen kann durch gemachte Erfahrungen eine Überlegung a posteriori, eine Erkenntnis früher unerkennbarer Gesetze herbeigeführt werden und die Disposition des handelnden Individuums für den nächsten Fall a priori ändern. Wie viele Herzen, so viele Arten zu lieben, und jedes einzelne Paar liefert andere Sexualerfahrungen. Das Kampfmoment in jeder Geschlechtsbeziehung wird natürlich um so schärfer, je subtiler die Individualitäten sind, je erregbarer die Leidenschaften. Der Sieg dieses Kampfes heißt, wie schon die kleine Hilde Wangel sagt: »Die Oberhand behalten«. Wer schneller die Kühle seines Blutes und die Macht seines Verstandes verliert oder doch verändert, ist der eher Besiegte. Aber diese Kühle und diese Verständigkeit zu verlieren, ist andererseits doch wieder der Zweck des ganzen Erlebens – und so wird die ganze Bewegung wahrlich immer hyperbolischer, wird immer mehr und mehr »eine ziemlich verzwickte Bewegung«, deren geheimnisvolles Rotieren in den seltsamsten Konstellationen und Figuren erfolgt – »nur die gerade Linie ist allgemein verhaßt«.

Für die Qualen und Kämpfe der Geschlechtsliebe Erklärungen zu finden, haben sich alle produktiven Geister bemüht. Nach Giordano Bruno[90] wäre das Wesen unglücklicher Liebe fast immer in einer Minderwertigkeit des geliebten Partners zu suchen, der durch seine Reaktion Unglück, statt Glück erzeugt. Auch ein anderer Mystiker, ein Bruder im Geiste des Giordano Bruno – Maeterlinck – schreibt die verfehlte Reaktion, das Gefühl der Unbefriedigung in der Liebe der Unvollkommenheit des Partners zu. Er sagt: »Wie unvollkommen auch einer sei, er kann doch der Liebe eines wundervollen Wesens genügen, aber das wunderbarste Wesen kann seiner Liebe nicht genügen, wenn er nicht ganz vollkommen ist.«

Liebe ist vor allem hohe Bewußtheit über das Wesen, dem sie gilt; der Liebende »fühlt«, weiß das andere Wesen oder glaubt es zu »wissen«, daher hat es noch nie einen Künstler gegeben ohne die Fähigkeit, tief zu lieben und zu leiden durch die Liebe. Das Furchtbare der Geschlechtsmächte hat in Mythos und Legende seinen Ausdruck gefunden. In allen Religionen mußte das Göttliche, das Unsterbliche stets vom Geiste empfangen sein, während das »phallisch Gezeugte« stets dem Tode unterworfen ist. Das letzte Problem dieses ganzen Kampfes aber heißt: wer leistet Gefolgschaft? Einer muß sie leisten, denn darauf beruht die Gemeinschaft. Es fragt sich, wer. Derselbe, der sie einer Person verweigert, leistet sie vielleicht gern und willig einer anderen. Das wahre Dämonium des Geschlechtes aber ist das ewige Mißverstehen der Geschlechter. Die grandiose Fabel von Penthesilea und Achill hat uns diesen Vorgang in den allerhöchsten Repräsentanten der Menschheit und der Mythe dargestellt. Aber wir brauchen gar nicht so hoch zu gehen. Dieses ganze ungeheuerliche, tief tragische und fast immer unvermeidliche Erlebnis stellt ein kleines Gedicht von Heine dar[91]: Ein Käfer wirbt um Fräulein Fliege und Fräulein Fliege weist ihn ab. Neckisch ist's gemeint, denn was sich liebt, das neckt sich. Der unglückliche Käfer versteht aber diese Neckerei nicht und »flog fort mit großem Grämen«. Unterdessen rüstet Fräulein Fliege, die ihre eigene Abweisung gänzlich ignoriert, weil sie ja im Innersten zu dieser Werbung ja sagte, zur Hochzeit. Geschmückt erwartet sie ihn. »Die Glocken läuten, bimbam, bimbam – wo bleibt mein lieber Bräutigam?«...

Auch zwischen den Menschen hängt der Ausgang des »Kampfes« von unberechenbaren Mächten ab, von Mächten der Umwelt sowohl, als von denen der eigenen Seele. Besonders des Mannes Seele ist es, die, mitten im lebhaftesten Begehren, sich gegen die Erfüllung dieses Begehrens noch sträubt. Selbst wenn er arg »verbrannt« ist, hofft er noch in einem letzten Winkel seiner Seele, das »Gleichgewicht« wiederherzustellen. Er hofft damit, »frei« bleiben zu können, und wird er unfrei, so ist das eigentlich gegen seinen tiefsten Grundwillen. Wie aber sollte – wie Shaw es nennt – die Frau zu ihren Wehen gelangen, bliebe er in diesem Kampfe »Sieger«?

Ob ein Paar zusammengehörte, entscheidet die Natur vor allem an seinen Früchten. Den Forschungen der Physiologen gemäß werden die besten Erfahrungen in bezug auf Nachkommenschaft dort gemacht, wo die Eltern weder allzu gleichartig, noch durch Inzucht geschwächt sind. Durch solche Kreuzungen wird die Lebenskraft des neuen Individuums erhöht, vermehrt. Und Lebenskraft, angeborene Tauglichkeit ist alles! Werden hingegen allzu verschiedene oder allzu gleichartige Varietäten gekreuzt, »so zeigen die Nachkommen...hauptsächlich vorelterliche Merkmale, während die auffallenden Charaktere der Eltern verloren gehen«[92]. Rückschläge auf überwundene, nicht mehr genügend angepaßte Varietäten sind da zu verzeichnen.

Gerade zu diesen beiden Extremen, sowohl zu der Paarung mit dem Allzuähnlichen, als zu der mit dem Allzuunähnlichen, zu diesen beiden Formen der Kreuzung, welche die Lebenskraft der Nachkommenschaft dezimieren, besteht heute, von seiten der Dekadenten, besondere Neigung. Die Verbindung mit dem Ergänzenden, die die biologisch günstigste ist, »langweilt« zumeist, übt einen zu geringen Reiz auf die abgestumpfte Sensualität der Heutigen aus. »Der moderne Mensch«, sagt Bourget[93] »ist ein Tier, das sich langweilt und eine Erregung, die sein Herz erzittern macht, kann er nicht teuer genug bezahlen.« Wäre nur er der Zahlende, so wäre gegen diese Neigung zu erotisch-biologischen Sensationen weiter nichts einzuwenden. Leider aber ist es die Rasse, die bezahlt, die Gattung. Aufregungen ohne rechten Zusammenhang bilden denn auch die beliebteste Form des heutigen Liebeslebens.

Der heutige Mann steht überdies noch unter dem Zeichen einer besonderen Abhängigkeit. Sie besteht, wie schon in einem früheren Kapitel angedeutet wurde, in einem merkwürdigen Fetischismus, dem fast jeder Mann untersteht. Fast jedes Mannes Liebeswilligkeit und -tauglichkeit ist abhängig von irgendeinem für die Umwelt ganz unberechenbaren Fetisch. Irgendeine ganz besondere »Nuance« muß da sein, um sein erotisches Empfinden zu erregen. Und zumeist handelt es sich nicht etwa um körperlichen Fetischismus (diese klinischen Fälle wollen wir hier nicht weiter erörtern), sondern um seelischen Fetischismus. Ein ganz bestimmter »Zug« zieht ihn an, eine bestimmte Eigenschaft, eine bestimmte Geste der Seele. Die sucht er und von deren Vorhandensein ist seine Sexualität – bis zur Verdunkelung der natürlichen Rasseinstinkte – abhängig. Mit Recht sagt Robert Müller: »Wenn die zum Fetisch gewordene Eigenschaft, sei es eine körperliche oder seelische, eine solche Macht über das Vorstellungsleben gewinnt, daß alle anderen Eigenschaften in den Hintergrund treten, so kann von geschlechtlicher Gesundheit nicht mehr die Rede sein.« Genau dieser Zustand ist heute der typische, zumeist auf seiten des Mannes. Fast jeder Mann ist besessen von seinem Fetisch, dermaßen, »daß alle anderen Eigenschaften in den Hintergrund treten.« Und die Frauen stehen vor diesem Phänomen, das sie immer wieder erfahren und erleben, fassungslos, ratlos. Sie wissen keine Deutung für den plötzlichen Zusammenbruch des Erlebnisses, für die Enttäuschung ihrer Erwartungen, denn die Frauen, deren Geschlechtsleben, verglichen mit dem des Mannes, ein seit Jahrtausenden geschontes, daher noch zum größten Teil gesundes ist, haben zumeist keine Ahnung davon, daß es sich um schwere Erkrankungen der männlichen Seele handelt, deren Folgen sie nur immer zu spüren bekommen, sowie sie in intimere Beziehungen mit dem Manne geraten. Die große Liebessehnsucht, die auch der Mann zumeist hat, findet ihre Erlösung nur durch den Fetisch; bietet sich der, so ist sein Genußvermögen hergestellt und damit auch eine grenzenlose Opferwilligkeit des Mannes nicht selten entfesselt. Alles, was er hat und ist, legt er dann der betreffenden Frau zu Füßen und wird ihr besinnungsloser Sklave. Sein kranker Geschlechtstrieb vermag es nicht, ein Weib von allgemein guten Eigenschaften des Körpers und der Seele zu lieben, sie in vollen Zügen zu genießen, sondern eine besondere Seite, deren Wert oder Unwert gar nicht in Frage kommt, ist für ihn das Entscheidende. Daher sind Wesen, die irgendeine besondere seelische oder körperliche Eigentümlichkeit stark ausgeprägt besitzen, heute im sexuellen Wettkampf im Vorteil, da sich immer jemand findet, der für diese Partialität, oder besser gesagt Spezialität, die sie repräsentieren, stark empfänglich ist, während biologisch und psychologisch vollständigere, ausgeglichenere, also komplettere Persönlichkeiten sich am ehesten isoliert finden. Wir glauben, mit dieser Beobachtung, die wir an Hunderten von Fällen (die wir zum Teil schriftlich aufgezeichnet haben), gemacht haben, einem bisher noch nicht erkannten, in der Gegenwart wirkenden Gesetz auf die Spur gekommen zu sein.

Als ein Äquivalent des ungebrochenen Geschlechtsbedürfnisses ist unschwer die Neigung zur Frivolität zu erkennen, das heißt die Neigung, dieses Große, Furchtbare, Ganze des Geschlechtserlebens, das man nicht mehr bewältigen kann, durch kleine Witze, Scherze und dergleichen zu zermürben und zu zerbröckeln. Die Triebkraft, die nicht mehr stark genug ist, sich in ungebrochenen sexuellem Willen zu dokumentieren, gibt den Rest ihrer Energien im Witz aus. Ähnlich sagt auch Dr. Heinrich Pudor: »Frivolität ist das folgerichtige Produkt und die Begleiterscheinung jener geschlechtlichen Ernüchterung, die sich auf zerebrale Versandung und Austrocknung zurückführen läßt.« Diese anmutige Blüte unserer Kultur ist wiederum ihrerseits die Frucht jener wenig auslesenden Kreuzungen, wie sie sich aus dem Heiratssystem ergeben, die die Schwächung der vitalen Impulse erklärlich machen. »In der Tat«, heißt es weiter bei Pudor, »können wir beobachten, daß Menschen, die zur Frivolität neigen, an Frische und Reichtum des Intellektes und des Gemütes ebensoviel zu wünschen übrig lassen wie an geschlechtlicher Empfänglichkeit und sinnlicher Kapazität.« Diese Frivolität ist aber noch die liebenswürdigere Begleiterscheinung jener »zerebralen Versandung«. Es gibt eine andere Folge dieser Krankheit, die nicht einmal die erheiternden und daher versöhnenden Erscheinungen der Frivolität aufweisen kann. Diese andere Folgeerscheinung jener »Versandung« ist der Knax ins Asketische, der geradezu Mode ist. In seiner Abhandlung über asketische Ideale zitiert Nietzsche den Buddha; »Eng bedrängt, dachte er bei sich, ist das Leben im Hause, eine Stätte der Unreinheit. Freiheit ist ein Verlassen des Hauses; – dieweil er also dachte, verließ er das Haus.« Nietzsche aber nennt die, die in die Wüste gehen, um »frei« zu sein, im Gegensatz zu starken Geistern – starke Esel, ja, er findet noch schönere Namen für diese Keuschheitsanbeter. Der eine davon lautet »verunglückte Schweine«. Damit dürfte er dem Wesen dieser Anbetung tatsächlich sehr nahe gekommen sein, denn um verunglücktes und verunreinigtes Triebleben dürfte es sich bei diesem Phänomen zumeist handeln. »Zwischen Keuschheit und Sinnlichkeit gibt es keinen notwendigen Gegensatz; jede gute Ehe, jede eigentliche Herzensliebschaft ist über diesen Gegensatz hinaus«[94]. Immer waren es Menschen von geschwächtem Geschlechtstrieb und abgestumpften Sinnen, die die Schönheit des Sinnenlebens erniedrigten. Bei entkräftenden und chronischen Krankheiten ist der Geschlechtstrieb herabgesetzt. Die Neurasthenie aber gehört mit zu den allgemeinsten Schwächezuständen, trifft daher auch die Energien der Keimdrüsen, von denen die geschlechtlichen Neigungen abhängen. Jeder Mensch mit lebhaftem Freiheitsdrang wird auch unwillkürlich von starkem oder doch normalem Zeugungsdrang erfüllt sein. Fleischliche und politische Emanzipation sind, nach Bachofen, Zwillingsbrüder. Die asketische Auflehnung, die zu einem lange währenden Kampf gegen die sich immerhin meldenden geschlechtlichen Triebe führt, scheint gegen die Instinkte der Rasse. Aus einem Aufsatz über die Traditionen in alten Adelsgeschlechtern erfahren wir, daß »das Weib mit der Befruchtung gleichsam überrascht, das heißt, die Kontrektationsperiode auf das geringst mögliche Maß verkürzt wurde«.

Die Ritter dieser alten Traditionen waren freilich in dem entscheidenden Punkte noch nicht »verunglückt!«

Ein anderes Phänomen, das die Beziehungen der Geschlechter wenig erquicklich erscheinen läßt, ist eine besondere Art von Geschlechtshaß. Nicht der allgemeine Liebeshaß, von dem in diesem Buche schon die Rede war, ist gemeint, sondern etwas wie eine mehr oder minder stille Wut und Auflehnung gegen das andere Geschlecht im allgemeinen. Besonders der Weiberhaß zählt zahlreiche Anhänger. Man nennt eine Frau mit Hohn männerfeindlich, wenn sie nicht die »Objektivität« so weit treibt, die Wahrheit zu verleugnen zugunsten des Mannes. Die Weiberfeindlichkeit des Mannes kommt in allen Sprachen, in allen Literaturen der Welt zum Ausdruck, ohne ihm Hohn einzutragen. Der des Weibes am wenigsten entraten kann, ist nicht selten der zutiefst am Weibe Leidende. Strindbergs Monomanie wirkt immer wieder tragisch, tragisch wie das Schicksal seines Adepten, des jungen Weininger, der die Abkehr vom Weibe und damit vom Geschlecht folgerichtig mit dem Tode von eigener Hand besiegelte. Das metaphysische Motiv dieses psychischen Phänomens des Weiberhasses, das heute in den Seelen vieler Männer Platz greift, liegt vielleicht in jener triebhaften Furcht des Mannes, der seine geistige Natur durch sinnliche Eindrücke bedroht fühlt. Daher dieser Geschlechtshaß, diese knirschende Auflehnung gerade jenem Typus Mann am nächsten liegt, der seiner geistigen Persönlichkeit, gegenüber den Eindrücken der sinnlichen Erlebnisse, am wenigsten mächtig ist – dessen Nervenkraft zur »Isolierung« (das Wort in dem Sinne gebraucht, in dem es in der Elektrizität verwendet wird) von Geistigem und Sinnlichem und Sinnlichem und Geistigem nicht ausreicht. Daß der Weiberhasser am meisten an seinem Schicksal leidet, geht aus Strindbergs Bekenntnisschriften hervor. Seine Monomanie erregt nicht mehr Auflehnung, sondern tiefes Mitleid, denn sie bedeutet tiefe Tragik. Ich kann nicht umhin, hier einen Passus, der von diesem schmerzlichen Verhängnis berichtet und dabei das tief Mystische dieser Vorgänge veranschaulicht, wiederzugeben. »Es gibt ein Weib, dessen Nähe ich nicht vertrage, das mir aber aus der Entfernung lieb ist. Wir schreiben uns Briefe, immer achtungsvoll und freundlich. Wenn wir uns eine Zeitlang nacheinander gesehnt haben und uns treffen müssen, geraten wir sofort in Streit, werden alltäglich und unsympathisch, trennen uns im Zorn. Wir lieben uns auf einer höheren Ebene, können aber nicht im selben Zimmer sein. Wir träumen von einem Wiedersehen, dematerialisiert, auf einer grünenden Insel, auf der nur zwei weilen dürfen, höchstens noch unser Kind. Ich erinnere mich einer halben Stunde, als wir drei wirklich Hand in Hand auf einer grünenden Insel am Meeresufer uns ergingen. Da hatte in den Eindruck, das sei der Himmel. Dann läutete die Mittagsglocke, und wir waren wieder auf der Erde, und gleich darauf in der Hölle.« Der Haß in Geschlechtsbeziehungen, besonders außerhalb des Rahmens der Ehe, deren suggestive Wirkungen wir ja schon gewürdigt haben, ist eine so häufige Erscheinung, daß die Vermutung nahe liegt, daß Verhältnisse, die sich dauernd glücklich und fröhlich erhalten und dennoch nicht in eine Ehe münden, tatsächlich platonisch geblieben sind. Hat eine Frau die Widerstandskraft, der sexuellen Werbung eines sie liebenden Mannes zu widerstehen und ihm dabei doch zu zeigen, daß sie ihm gut ist, so bleibt er ihr erhalten und das Verhältnis ist gerettet. Es muß sich aber mit einem gesunden Menschenmaterial doch wohl auch ein Glück ergeben können, das nicht auf asketischem Märtyrertum aufgebaut ist.

Angesichts dieser aufs äußerste »verzwickten Bewegung«, die die Gestirne Mann und Weib um einander vollführen, dieser vielen Parabeln, Hyperbeln, Ellipsen, die sich aus dem Geschlechtsleben der modernen Menschen ergeben, fragt man sich manchmal, ob nicht äußerste Primitivität besser wäre als alle diese Wirrungen und Irrungen? ob nicht die Eskimos, bei denen das Mädchen bei der Geburt, oder die Buschmänner, bei denen die Kinder im Mutterleibe verlobt werden – die Klügeren sind? Ein Mann, ein Weib, – als Genus behandelt, nicht als Spezies – ist's nicht »vernünftiger« angesichts dieser Unzulänglichkeit menschlicher Selbstbestimmung, dieser mehr und mehr zunehmenden Unfähigkeit zum Glück?!

---

2. Geschlechtspsychologie des Mannes

Das »Kind im Mann« – Seine Suggestibilität, seine Besitzgier und seine Zerstörungslust – »Lebemänner« – Das »werbende« Weib und sein notwendiger Fall – Der Brünhildmythos ein Symbol des Schicksals des stolzen, einsamen Weibes – »Ein Feuer umbrennt ihren Saal« – Die kalte Frau, die »kluge« Frau – Die Folgen der Züchtung der Frigiden auf Familie und Rasse – »Mörder Mann« – Große Liebhaber – Bismarck, Wagner – Goethe und das Weib – Grillparzer, ein früherer Kierkegaard – »Vergiß die Peitsche nicht« – Der Megären-Amazonen-Furientyp sieghaft – »Rede, Liebling, rede!« – Der Verführer – »Da erkannte Adam sein Weib« – Der moderne Dekadent als Liebhaber, Gatte und Erzeuger.

In der Literatur der männlichen Schriftsteller ist das Weib, besonders in der Liebe, nicht selten »das ungereimteste, unlogischste, undenkbarste und sich jeder Voraussetzung von vornherein entziehende Wesen«[95]. Und doch ist nach der Erfahrung, die das tägliche Leben liefert, der Mann weit öfter als die Frau der Urheber von Leiden, Enttäuschungen, Ungeheuerlichkeiten in der Liebe. »Das Kind im Manne zu erkennen«, hat Nietzsche dem Weibe empfohlen. Der auffallendste Zug, den er tatsächlich mit dem Kinde gemeinsam hat, ist der, daß auf beide am allerbesten mittels Suggestionen zu wirken ist. Auch etwas von der kindlichen Gier ist im Manne, von der Gier nach dem Besitz, solange er erstrebt wird, und von dem Ungestüm, diesen Besitz zu zertrümmern, wegzuwerfen, wenn er nicht mehr behagt. Ganz besonders gefährlich wirkt auf das Gemüt des Mannes die wirkliche, restlose Gemütshingabe der Frau, und es wäre den Frauen in dieser Beziehung zu empfehlen, das unabweisliche Bedürfnis danach, wenn es sich durchaus Luft machen will, künstlich und gewaltsam auf andere Objekte zu dirigieren, also etwa in der Freundschaft, in der Menschenliebe, ja in der Tierliebe, wenn es sein muß, diesem Bedürfnis Luft zu machen, eher an Katz und Hund die Zärtlichkeiten »auszulassen«, als sie unbeschränkt an die gefährliche Adresse eines Mannes zu wenden. Auch schriftlich sei der Frau etwas Ähnliches empfohlen. Leidenschaftliche Liebesbriefe sind, wenn nicht unterdrückbar, im letzten Moment schnell an eine Freundin zu postieren – denn dort richten sie kein Unheil an. Derselbe Mann, der dem hingebenderen und stolzeren Typus der Geliebten gegenüber nicht selten als Mißbraucher auftritt, wird der Sklave irgendeines wohlfeilen »Verhältnisses«. Dieses Verhältnis wird ihn viel besser zu »halten« und zu dirigieren wissen als die Geliebte der höheren Sphäre. Raoul Auernheimer schildert in seinen »Lebemännern« eine ganze Reihe solcher Verhältnisse, die alle mit dem Sieg der betreffenden Weiblichkeiten über die sogenannten Lebemänner endigen. Wenn er das Verhältnis verlassen will, gibt es erst Androhungen, daß sie sich »was antut«, Szenen, Jammer aller Art, und schließlich traktiert sie ihn mit Ohrfeigen. In der einen Hand die Vitriolflasche drohend geschwungen, gebraucht sie die andere zu saftigen Maulschellen, bis die Beziehung glücklich in den ehelichen Hafen bugsiert ist. Es ist eben ein merkwürdiges, nicht zu übersehendes Phänomen, daß der Mann die äußerliche (ökonomische und soziale) Inanspruchnahme weit besser verträgt als die innere. In dem Moment, wo eine Frau ihr inneres Schicksal auf einen Mann stellt, ihre ganze Lebensmöglichkeit auf seinem Herzen ruhen läßt, muß es fast zum Sturz kommen, denn diesem Gewicht ist kaum ein Mann gewachsen. Sowie sie auch nur ein einziges Mal die Begehrende, Werbende ist, hat sie verloren. Wenn er hundertmal um seinetwillen zu ihr ging – geschieht es auch nur ein einziges Mal um ihretwillen, so vergißt er ihr das nicht mehr, sie ist dann ihm gegenüber mit einer untilgbaren Schuld beladen. Es scheint in diesem Phänomen ein beinahe metaphysischer Zwang zum Ausdruck zu kommen, denn es ist nicht Böswilligkeit, es ist irgendeine force majeure, welche das Gefühl des Mannes versagen läßt, sowie die Sehnsucht und Forderung des Weibes seine eigene überwächst. Nur der stärkste Trieb seiner Natur – der nach Entladung seiner sexuellen Spannungen – macht ihn zeitweise vom Weibe abhängig, und je mehr das erotische Bedürfen und Vermögen des Mannes schwindet, je mehr die Liebesunfähigkeit, unter deren Zeichen die heutigen Menschen stehen, sich vermehrt, desto schärfer wird die Entfremdung zwischen den Geschlechtern werden, desto kritischer die »Krise«. Am ehesten wird der Mann immer noch der Ehefrau, als der sozialen und offiziellen Genossin und notwendigen Gehilfin in der Administration seines Lebens bedürfen; in dieser Funktion hat das Weib noch die stärkste Lebensaussicht; gleich nach ihr rangiert, als Notwendigkeit für den Mann, die Prostituierte. Immer überflüssiger aber wird die Geliebte – die »Dame« des Herzens, die der »Ritter« einst anbetete, deren Farbe er trug und in deren Dienste er Heldentaten vollbrachte.

Man spricht immer von weiblicher Hingabe, aber eigentlich erfolgt eine Hingabe nicht von Seite der Frau, sondern von der des Mannes: denn er ist der, der biologisch hingibt, weil ausgibt, sie die, die empfängt. Vielleicht daher auch diese triebhafte Angst des Mannes vor der Liebe, diese plötzliche Flucht oftmals, wenn er dem Ziel seiner Begierde am nächsten ist. »In der Liebe ist der einzige Sieg die Flucht«, so sprach einer, der das Fürchten sonst nicht gelernt, Napoleon. Die Memme im Mann, die ihn nicht schnell genug davontreiben kann, wenn er die Gefahr der Liebe wittert, ist vielleicht ein unbewußter biologischer Trieb, eben diese Furcht vor Hingabe, die ja für ihn Ausgabe ist, während das Weib durch diesen selben Akt sich bereichert – emp-fängt. Diese Liebesangst hat sich aber unter den Modernen bis ins Hypertrophe ausgewachsen. Es ist förmlich eine Epidemie an »Liebesverdrossenheit«, besser gesagt an Gefühlsimpotenz, ausgebrochen. Die »Furcht« vor dem Weibe ist groß, die Begier danach aber ist geblieben. Das wirklich bräutliche Weib aber, wie die Mythe es in der Sage von der Amazone gestaltete, die von freislichem Feuer umwabert auf einsamem Felsensitz haust, bleibt ohne Erlöser. Denn der mit dieser »Furcht« Geschlagene – er gewinnt sich niemals diese »Braut«. – Denn »ein Feuer umbrennt ihren Saal«, und das Feuer durchdringt »ein Feiger nie«. Er aber, er bebt, er zittert ja, »im Feuer zu finden die Braut«. Wie vermöchte ein solcher zu sprechen: »Brünhild, ein Freier kam – den dein Feuer nicht geschreckt!« Nichts schreckt ihn ja so sehr als gerade dieses Feuer. Kühl und matt, geheimnisvoll drapiert, »dämonisch« passiv – so ist für jenen die »Braut«. Nimmer wie Brünhild – denn »Brünhilde lebt, Brünhilde lacht«. Nimmer vermag er zu sagen: »Lachend muß ich dich lieben!«...

> »O kindlicher Held!
> O herrlicher Knabe!
> Du hehrster Taten
> Töriger Hort,« – wo bleibst du, wo bist du, wo wohnst du?! – Nicht in dieser Zeit.

Ein Königreich für einen Menschen ohne pathologischen Knax, ohne Verlies seiner Seele, in das man plötzlich hineinplumpst – einen Menschen, mit dem man sich heiter, sicher, natür-lich bewegen kann, ohne sich peinlichen Überraschungen auszusetzen. Wie wenig der moderne Mann zum größten Teil eine heitere, sichere und unbefangene Hingabe vertragen kann, zeigen eine Menge beliebter Sentenzen.

»Über das air beim Weibe: Die reizvollen Airs, die die Schönheit bilden, sind: das blasierte, das gelangweilte, das windbeutelhafte, das schamlose, das frostige, das hochnasige, das herri-sche, das willensstarke, das bösartige, das kranke, das katzige, das kindische, die Mischung von Nonchalance und Bosheit.« (Baudelaire.)

»Eine Frau, die uns (die Männer) nicht liebt und uns durch Eifersucht der Sinne festhält, führt uns, wohin sie will.« (Bourget.)

»Wer von einem Paar am geringsten verliebt ist, beherrscht stets den andern. Kluge Frauen fangen gleich damit an, durch Kälte zu reizen.« (Keben, »Adam gegen Eva«.)

»Nicht mit dem, was die Frauen geben, sondern mit dem, was sie versagen, fesseln die Frauen die Männer an sich.«

Was beweisen solche Thesen? Sie beweisen eine jämmerliche Suggestibilität des männlichen Gemütes, das mit Verlogenheit behandelt werden will, und die Tatsachen, welchen diese Sentenzen entspringen, führen zu der Schlußfolgerung, daß es die wenigst edlen weiblichen Typen sind, die Kokotten einerseits, und die von Natur aus »Kalten«, die Frigiden, denen das Versagen Natur ist, andererseits, die diese Sorte Mann »fesseln«. Das Bedenkliche ist nur, daß dadurch dieser Typus Frau vielfach zur Fortpflanzung gelangt, während der andere, viel gesündere Frauentyp, der der lebhaft aus sich herausgehenden, heiter sinnlichen und dabei wahrhaften Frau, meist nur vorübergehend anzieht, ohne diese Art, oder besser gesagt Abart, Mann, die heute die überwiegende ist, zu »fesseln«, und daher künstlich ausgejätet wird. Freilich bleibt die dauernde Befriedigung diesem erotisch kalten Typus Weib gegenüber aus, und gerade der Mann, der sich durch diese Kälte »gefesselt« fühlte, kehrt später, als Ehemann, zum Bordell zurück. Einer deutschen Statistik zufolge liefern die Ehemänner, nicht die Ledigen, das Hauptkontingent der Bordellbesucher. Daher ist eine direkte Folge jener Anziehung, die die frigide oder aus Berechnung »kalte« Frau auf den degenerierten Mann ausübt, die Gefahr der Infizierung der Familie mit Geschlechtskrankheiten, die sich dieser selbe Mann, in der Ehe unbefriedigt, im Bordell geholt hat.

»Die wirklich moderne und neue Kunst, zu lieben, wird die Kunst des Bruches heißen«, so der Franzose Bourget als Epigone Ovids. Wir haben zu diesem edlen Bekenntnis hinzuzufügen: dann wird die grande amoureuse die sein, die sich zum großen, befreienden Hohngelächter aufschwingt über diese Farce, die immer wieder von Hochstaplern und Gauklern des Geschlechts aufgeführt wird und die sie mit dem Namen Liebe travestierend zu belegen wagen.

Fast möchte man angesichts dieser Abgründe in der Seele des modernen Dekadenten meinen, daß die Hauptmomente, auf die es dem gesunden, tüchtigen Weibe bei der sexuellen Wahl vor allem ankommen soll, diese sind: 1. daß der betreffende Mann tüchtig im Lebenskampf, 2. daß er biologisch von guter Art und 3. daß er verläßlichen, umgänglichen, sozialen Charakters sei, vor allem aber darauf, daß er der Frau ein gesundes, starkes, liebefähiges Herz zu bieten habe. Alles andere, – als da sind geistige Besonderheiten, seelische Finessen usw., führt, wie wir ja täglich sehen, nur zu gefährlichen Komplikationen. Ja – wenn diese Feinheiten des Geistes und der Seele da sind, außer diesen Grundeigenschaften, auf welche das Weib vor allem sein Schicksal stellen soll, dann freilich sind sie festlich zu begrüßen – »dann Halleluja, dann ist Sonntag«. Aber dieser Sonntag scheint heutigen Tages irgendwo in einem Schaltjahr zu stecken, das nur alle hundert Jahre einmal wiederkommt.

Es folge noch als Illustration zu diesen Ausführungen das Bekenntnis eines Mannes, das uns von dem Vorwurf, als ob man nur weiblicherseits die Beschaffenheit des modernen Mannes so erkennen würde, wie wir sie hier zu erkennen gezwungen waren, entlastet.

Mörder Mann
von Hermann Brunold

Der Maienzauber lähmte heute nacht
mich tief mit einem todesschweren Traum...
Ein Weib war mein, so gut und heldengroß
und schön... aus edler Mütter reicher Zucht;
ihr Blick war Segen,... Berggebet ihr Wort,
gleich einer Flamme zog sie ihren Weg...
Mit allen Mühen seiner Seele war
der beste Mann sie nicht zu werben wert – –

Und dieses Weib war mein. – Nach reichem Tag
ruht' sie an meiner Seite sonder Arg. –

Ich war so schlecht, und eine rohe Wut,
Die böse Manneswut, kam über mich,

die alte mörderische Manneswut:
ich würgte ihre reine Seele tot – –

und meine Hände duften nun nach ihr...
so wie vom edlen Sandelholz die Axt,

die mörderische, duftet alle Zeit –

und meine Hände duften nun nach ihr...

Es hat große Liebhaber gegeben, herrliche Helden der Liebe, aber selten sind sie, selten wie jener Sonntag in jenem legendären Schaltjahr. Ein solcher Liebhaber war Bismarck, war Richard Wagner, der bis in die letzten tiefsten Tiefen das Weib sich zu eigen machte und mit der tiefsten Treue seinen kostbaren Besitz festhielt, war Lenau und vor allem Goethe. Eine der flachsten Literaturlügen ist die, der es beliebt, Goethe als einen Don Juan zu schildern, der von Weib zu Weib eilte. Goethe hat im Gegenteil immer tief, immer treu und zumeist schmerzlich, ja unglücklich geliebt. Das einzige Weib, das er eigentlich »verlassen« hat, war Friederike, und von der zwang ihn unerbittlich sein Schicksal fort, seine Bestimmung, in die Welt zu ziehen. Mit tiefster Inbrunst liebte er Lotte, und nur ihr Gebundensein an Albert zwang ihn zum Verzicht. Gleich ernst war seine Neigung für Lilli, die einen Bewerber von sichererem Amte, wie es der junge Goethe damals hatte, ihm vorzog. Mit erhabener Resignation und Treue hat er Charlotte geliebt. Ob er sie nun wirklich besessen hat oder nicht, macht diese Resignation nicht geringer, denn sie bestand darin, daß das geliebte Geschöpf mit einem anderen Manne, im Schoße einer anderen Familie lebte und ihm nur einen geringen Bruchteil ihrer Person zuteil werden lassen konnte. Nicht durch seinen »Abfall« kam er von Charlotte weg, sondern mit vollem Bewußtsein seiner »Krankheit« – wie er es selbst nannte – »freilich eine Krankheit, von der ich nicht genesen will« – floh er nach Italien. Durch langen, bewußten Kampf gegen das Elend dieser nicht voll erfüllten Liebe machte er sich von ihr frei, seine Sehnsucht suchte neues Glück und fand es in Christiane. Sie war eigentlich die erste Frau, die Goethe glücklich liebte, das heißt, die er ganz besitzen konnte und wollte, bisher hatte er aussichtslos und unglücklich geliebt. Er zauderte auch nicht, sie zu nehmen und festzuhalten mit allen Mitteln, sich und sie auf das innigste zu verbinden, und seine Liebe und Treue zu ihr dauerte bis zu ihrem Tode. Diese Legende von Goethe als Don Juan ist aus jener Krämeransicht entstanden, die wir hier schon einmal als solche benannt haben, vielmehr aus dem Heuchlertum, welches vorgibt, daß, wenn in eines Menschen langem Leben, mehrere geliebte Namen aufklingen, solch ein Mensch ein leichter Schmetterling sein müsse, der von Blume zu Blume »taumele«. Auf diese krämerhafte Heuchelei wollen wir hier nicht noch einmal eingehen. Goethe wollte auch nicht enden wie sein Werther, er wollte leben bleiben und sich entwickeln, trotz unglücklichen Liebens. Daher sein Herz immer wieder mit voller und junger Kraft nach einer Glücksmöglichkeit, wie sie nur die Liebe bietet, hinstrebte. In jedem dieser Verhältnisse war er von unversieglicher Gemütskraft, und er ist der tiefste und wunderbarste Liebhaber, den die Geschichte kennt. »Er ging durch die Frauen, die sein Herz bewegten, wie die Sonne durch die Sternbilder des Tierkreises geht«[96]. Und angesichts einer solchen Erscheinung müssen wir mit ihm sagen:

»Es schweigt das Wehen banger Erdgefühle,
Zum Wolkenbette wandelt sich die Gruft,
Besänftiget wird jede Lebenswelle,
Der Tag wird lieblich und die Nacht wird helle.«

Welch anderes Bild bietet doch das Liebesleben Grillparzers. Hier haben wir schon die aufreibenden, sich selbst und andere quälenden Geschlechtskämpfe des Dekadenten. Sein Tagebuchblatt vom Mai 1826 erinnert geradezu an das »Tagebuch eines Verführers« von Kierkegaard. »Am Ende war es doch mein grillenhaft beobachteter Vorsatz, das Mädchen[97] nicht zu genießen, was mich in diesen kläglichen Zustand versetzt hat... so kämpfte ich mich ab gegen die sonst

immerwährende Aufregung, und der schwüle Odem, der aus meinem Wesen auf die Unschulds-
volle hinüberging, setzte auch sie unbewußt in Bewegung und brachte endlich alle Wirkungen
unbefriedigter Geschlechtsliebe hervor. Sie ward argwöhnisch, heftig, zänkisch sogar, und so
ward dieses Verhältnis auch in seinem geistigen Bestandteile gestört, der es so fabelhaft schön
gemacht hatte.« Es ist dies das Bekenntnis eines Don Juans »aus Grille«. So wie es einen Don
Juan aus diesem selbstquälerischen Motiv geben kann – eben so den andern, der der geborene Wüstling ist und der nach einem Ausspruch von Shaw »nicht interessanter ist als der Ma-
trose, der in jedem Hafen ein Weib hat«. In dem Aufsatz eines Zoologen (Dr. W. Hammer)
wird mitgeteilt, daß sich auch unter den Tieren »Entjungferer« befinden, »die sich von einer
nicht mehr unschuldigen Gattin mit Gleichgültigkeit oder Verachtung abwenden«. Dann gibt
es einen Typus, der zu einem scheinbar wilden Leben gelangt – aus tiefster Sehnsucht nach
voller Erfüllung und durch immer wieder erlittene Verluste dessen, was er liebt. So mancher
Mensch, Mann sowohl als Weib, würde gar nichts sehnlicher wünschen, als friedlich in einem
bestehenden Verhältnis zu verbleiben, wenn nur die Situation das zuließe. Solch ein Mensch
gelangt zu einem »wilden« Leben und weiß nicht wie, hat den Wunsch, Ziel und Mündung
zu finden, und versandet nicht selten in Erbärmlichkeiten. Über viele Menschen von heute
ist gerade dieses Fatum verhängt, die allgemeine Obdachlosigkeit der Seelen macht es immer
schwieriger, daß sie einander finden und, dem Sinne der Gattung gemäß, miteinander fertig
werden. Bemerkenswert ist, wieviel schwerer der Mann daran trägt, wenn zufällig einmal er es
ist, der Unglück – unverschuldetes Unglück – in der Liebe hat. Die Welt kann ihn nicht genug
bejammern, wenn sie davon erfährt. Ein vom Weibe enttäuschter Mann gilt als hochtragische
Erscheinung (man denke an Bürger), während man der Frau diesem Schicksal gegenüber offenbar eine größere Zähigkeit zumutet. Für die meisten Männer, die derartige Erlebnisse haben,
ist ein solches Schicksal dann auch gleich Grund genug, zu sinken. Sie werden Wahnsinnige,
Selbstmörder, Mörder, zumindest Alkoholiker – alles darum, weil sie von einem Weibe erlebten,
was Millionen Frauen immerzu von Männern erleben.

Es bleibt noch ein unheimliches und dunkles Kapitel, welches wir hier freilich nicht erschöpfen können, da wir uns hier mit klinischen Fällen prinzipiell nicht befassen wollen, es aber
streifen müssen, soweit es die besondere Schwierigkeit moderner Seelenkämpfe betrifft. Wir
meinen das Bestehen von Perversitäten und Perversionen, die in allen Klassen und Kreisen weit
verbreitet sind und die ein natürliches, befriedigendes Geschlechtsleben immer unmöglicher
machen. »Jede Perversität kann sowohl aus einem Überschuß als aus einem Fehlbetrag an geschlechtlicher Kraft hervorgehen« (Hirth). Ein Fehlbetrag, das ist es zumeist. Der moderne
Mann ist zu allermeist Masochist. Auf schwere pathologische Fälle wollen wir hier, wie gesagt,
nicht eingehen. Wir haben nur jenen merkwürdigen seelischen Masochismus im Auge, dem der
moderne Mann, gleich wie dem Fetischismus, so oft unterworfen ist. »Gehst du zum Weibe,
vergiß die Peitsche nicht«, heißt es bei Nietzsche. Aber umgekehrt, durchaus umgekehrt muß es
heißen: gehst du zum Manne, vergiß die Peitsche nicht. Nicht wenn ein Weib sich wenig liebe-
voll erweist, wenn es den Mann quält, tyrannisiert, ausbeutet, oder wenn es »kalt« ist, wird es
zumeist verlassen, auch nicht, wenn es ihn verrät. Wohl aber wird es unzählige Male verlassen,
weil es zu heiß, zu zärtlich, zu hingebend ist, ihn nicht verrät, sondern sich für ihn opfert. Der
gegenwärtige masochistische Trieb des heutigen Mannes hat vielleicht seinen letzten Grund in
der sozialen Konstellation des Überangebotes an Weiblichkeit.

Damals, als die Männer die Frauen zu rauben gezwungen waren, um sich ein Weib zu verschaffen, waren sie gewiß nicht Masochisten. Sie suchten ja Weiber zu bezwingen, zu erbeuten,
nicht aber, sich von ihnen erbeuten zu lassen. Heute, wo sie sich selbst als »Beute« fühlen, wo in
höllischer Verdrehung das Weib auf den Mann Jagd machen muß, um überhaupt zur legitimen
Befruchtung zu gelangen – will er wenigstens von der stolzesten und strengsten der Jägerinnen
bezwungen werden. Diese Konstellation zeitigt ganz direkt und unaufhaltsam eine Korruption
des eigentlichen Wesens der Weiblichkeit, indem die Frauen von dieser Art »Daseinskampf«
einfach zu einer Pose gezwungen sind, die der Idee von Weiblichkeit durchaus nicht entspricht.
Und während in der Literatur noch das Urideal von der Hingebung des Weibes gefeiert wird,

sehen wir in Wirklichkeit den Typus der herrischen Frau – von der Amazone bis zur Megäre –
triumphieren. Dieser Megären-Amazonentyp hat zahllose Abstufungen. Da ist vor allem die
»kalte Hetäre«, die schon durch ihre Unempfindlichkeit, ihre innerliche Unengagierbarkeit Herrin der Situation ist. Dann die sehr zarte, sehr passive, halb und halb frigide Weiblichkeit, die
durch ihren Mangel an erotischen Ansprüchen die des Mannes um so höher aufstachelt. Dann
die Mätresse, die ihn ausbeutet nach allen Regeln der Kunst. Das günstigste Schicksal dem
Manne gegenüber haben aber zumeist jene Frauen, in denen der Typus der Megäre mit dem
der Hetäre gemischt ist. Die richtige »Furie« bleibt sieghaft auf dem Plan. Unter einer Furie ist
aber nicht etwa an einen abschreckenden Typus Weib gedacht. Waren doch die Furien gleich
den Genien halbgöttliche Wesen. So wirkt auch das furiöse, das ist das zornige, gebieterische,
antreibende, anspruchsvolle und dabei leidenschaftlich aufregende Weib heute am stärksten auf
die ermatteten Sexualimpulse der Mannes. Es ist die strenge, sichere Herrin, die der Mann
heute mehr denn je im Weibe sucht. Sie muß sich möglichst als »Hammer« benehmen. Wenn
ihr diese Pose nicht entspricht, ist sie zumeist die Mißbrauchte. Erklärlich wird dieser Trieb
durch die Suggestion der Sicherheit, die man in der Nähe »strenger« Personen hat. Man traut
ihnen unwillkürlich zu, daß sie mit sich im klaren sind, daß sie wissen, was sie wollen, und
für manche Menschen ist dieses Gefühl identisch mit dem der Geborgenheit. Auch die familiär-energische Frau behagt dem Manne sehr. Es ist wie eine Rücksuggestion, die an die Mutter
gemahnt, an die Mutter, wie sie jeder wünschte, die streng ist und ihn doch leitet. Darum
hat die Frau zumeist verloren, sowie sie von Leidenschaft für den Mann erfaßt wird und die
Insignien der Regierung ihren Händen einen Augenblick entgleiten.

»Die gewährende Schönheit ist in der mythologischen Vorstellung eine Göttin, der man mit
Verehrung dankt. In der kapitalistischen Vorstellung eine Idiotin, der man mit Verachtung
dankt«[98].

Dieser Zwang zur Wahrung der »Herrschaft« kann aber auch in einem guten Sinne zum »Erzieher« werden, kann zur Stärkung der eigenen Persönlichkeit führen. Über der Liebe stehen
auch in der Liebe, ist das ganze Geheimnis der Macht dieser Herrschaft über eine andere Seele.
Eine grandiose Hingabe kann und soll nichtsdestoweniger da sein, aber der, der sie übt, darf
darüber nicht zum Bettler werden. Diese Vorstellung setzt eben einen großen Reichtum an
Selbstgefühl, an Persönlichkeit beim andern voraus. Diese Persönlichkeit kann auch ein scheinbar unbedeutender Mensch haben. Es ist die Unabhängigkeit des innersten persönlichen Kernes
einer Natur, eines Kernes, der auch in der Liebe nicht schmilzt, den man im geliebten Wesen
schätzt. Freilich ist diese Selbstbehauptung nicht zu verwechseln mit innerer Kälte, die die Fähigkeit zur Hingabe, zum zärtlichen Umfassen des anderen Seins nicht hat. Die Hingabe des
Geliebten an den Liebenden soll zu allem bereit sein, nur zu einem nicht: vor ihm als Bettler zu stehen. Alles geben, aber nichts sich vergeben und gar nichts »fordern« in dem Sinne,
daß man sich selbst abhängig macht von der Gewährung des anderen, sei die Devise. Es ist die
Sache dieses anderen, Geben mit Geben zu erwidern. Daher die Sieghaftigkeit der lächelnden,
die Machtlosigkeit der weinenden Liebe. Besonders gefährlich ist das »Schmelzen« des Weibes,
es macht den Mann fast gegen seinen Willen von ihm abwendig. Sein sexueller Organismus
verträgt diesen Zustand offenbar nicht. Er bedarf vielmehr eines »Reizes«, um aktiv zu bleiben.
Die Frau verträgt die Hingabe des Mannes weit eher; sie rührt sie nicht selten und erfüllt sie
mit zärtlichen Gefühlen; zumindest will sie immer seine Werbung spüren; das werbende Weib
aber hat verloren.

Nun werden aber durch die heutige sexuelle Heuchelei und Tyrannei Zwangslagen für die
Frau geschaffen, in denen ihr Persönlichkeitskern gewaltsam zertrümmert wird. Durch die vielen Faktoren, die ihre Wahlfreiheit begrenzen, mittels derer man die Auslese ihrerseits eingeengt
hat, macht man sie als Geschlechtswesen vollkommen von dem Mann, dem sie sich hingab,
abhängig. In tausend Formen der gegebenen sozialen und moralischen Konstellation ist ein Abschließungssystem wirksam, das die betreffende Frau auf Gnad und Ungnad dem Manne, dem
sie sich einmal hingegeben hat, ausliefert. In solcher dunklen Zwangssituation kann auch die
stolzeste Frau unfrei werden, kann auch sie durch die Liebe zwischen Tod und Wahnsinn ge-

bracht werden; auch der stolzesten kann es geschehen, sei es für eine Zeitlang, die überwunden wird, wenn günstige Lebensumstände eingreifen, sei es bis zum endgültigen Zusammenbruch, wenn die helfenden Genien fehlen.

Im Gegensatz zu der Herrin liebt der moderne Mann noch einen zweiten Typus sehr, und das ist die leidende Frau. Der Typus, der ihn rührt, beherrscht ihn fast ebenso stark als der, der ihn tyrannisiert. Nur zu dem heiteren, freien, gesunden, weder tyrannischen noch Mitleid erregenden Weibe findet er keine rechte Beziehung. Das Weib, das leidet, ja nicht selten direkt an körperlicher Schwächlichkeit leidet, wirkt nicht selten übermächtig anziehend. Nur an einer Sache darf sie nicht leiden: das ist an dem betreffenden Manne selber, denn das wäre so etwas wie ein Vorwurf, und den verträgt er nicht. »Mädchen, laß mich nie die Tränen sehen, die du um mich geweint«, so oder ähnlich heißt es in einem Gedicht von Jakobsen. Ein natürliches Verhältnis, wo beide Teile gütig und heiter gegen einander sind, ist immer seltener anzutreffen. Ein Geschöpf, das weder Schmerz zufügen, noch auch Peinigung erdulden will, ist dem modernen Manne geradezu problematisch. Die Idee, daß die Frau am besten mit dem Manne auskommt, die ihn eigentlich niemals ganz »voll«, das heißt nicht ganz ernst nimmt, liegt nahe. Vielleicht ist es das »Kind im Manne«, das immer mit suggestiven Mitteln, niemals auf direkte Art beeinflußt werden kann. Was bedeutet nicht ein Ausspruch wie der, den die Heldin in Shaws »Mensch und Übermensch« immer wieder dem Helden entgegensetzt: »Rede, Liebling, rede!« – Rede du, so viel du Lust hast, heißt es, rede dir wie ein Kind alles von der Seele, ernst nehme ich dich keinen Augenblick, und eben darum wirst du tun, was ich wünsche... Rede Liebling, rede!

Zu gewissen uralten Phänomenen in den Beziehungen der Geschlechter haben wir Heutigen jede Fühlung verloren, so zu dem Begriff der Verführung. Flaubert sagt: »Ich mache der Prostitution nur den einen Vorwurf, daß sie ein Mythos ist. Es gibt heutzutage so wenig große Buhlerinnen als Heilige.« Ich sage ähnlich: ich mache dem Verführer nur einen Vorwurf, den, daß er ein Mythos ist. Es gibt heutzutage keinen Verführer in dem verführerischen Sinne des Wortes. Es gibt wohl Hochstapler der Liebe nach wie vor, Abenteurer und Betrüger, die unter »falschen Vorspiegelungen« etwas herauslocken. Aber der Verführer, der werbende Verführer zur Freude, der es dem Weibe leicht macht, sich hinzugeben, der imstande ist, Stunden heraufzurufen, in denen Mann und Weib trunkenen Herzens ein Lebensfest feiern, er ist nicht von heute. Grämlich, mit gequältem Gewissen, unter endlosen theoretischen Debatten, bestimmt, den »Stand der Dinge« genau zu »präzisieren«, wird der Angriff auf ein Weib von den Heutigen gewöhnlich unternommen. Ist man dann endlich – nach vielfacher »Flucht« vor der »Gefahr«, – so weit, nun, so wird der »Fall« eben begangen. Der Lendemain bringt pünktlich den moralischen Kater, und nach einigen Wiederholungen des Falles ist man endlich wieder »Herr« seiner selbst, flieht den Hörselberg und geht »geläutert« und mit der gebührenden Verachtung des betreffenden Weibes dahin.

Die Kunst der Verführung wird erst die Zukunft wieder entstehen lassen, und eine bessere Verführung wird es sein müssen, als jene von einst war, die da sprach: »Reich mir die Hand, mein Leben, komm auf mein Schloß mit mir.« Keine Täuschungen auf der einen, keine Forderungen auf der anderen Seite und keine drohenden Übel als »Buße« der Tat für beide. Zärtliche Hingabe aneinander in einer festlichen Stimmung und ein frohes Sichniederlassen am Tisch des Lebens, den nur Mann und Weib füreinander bestellen können, das wird es sein. Und im frohen Werbespiel wird der Mann wieder »Verführer« sein können und dürfen. Er muß es sein, nicht das Weib, denn die Voraussetzungen der Schönheit und Freiheit des erotischen Vorganges deutlich zu machen, ist des Mannes Sache. Schon seiner physischen Natur nach ist er der Vorwärtsdringende, das Weib die Zögernde, selbst wenn es die Umarmung ersehnt. Es bebt, wie aus einem metaphysischen Instinkt, immer wieder vor der »Gefahr« zurück. Nicht so sehr vor der, die ihm selbst direkt erwachsen, als vielleicht vor der, die aus der Seele des Mannes nach dem Genusse kommen kann. Darum ist es an dem Manne, diese Bedenken zu zerstreuen, dieses Zögern zu überwinden, zu »verführen«, zu locken, zu werben, berückende Visionen heraufzuzaubern, bis die andere Seele aufstrahlt und zwei Flammen ineinander schlagen.

Das Phänomen, daß der Mann im heutigen Werbekampfe der Verfolgte ist, anstatt umgekehrt das Weibchen, hat ja einige zureichende Gründe. In der Tierwelt und auf der niedrigeren Stufe menschlicher Entwicklung ist eben das Weibchen allein durch den Vorgang der Begattung gefährdet. Darum flieht es diesen Vorgang instinktiv und muß erobert werden. In der Kulturwelt aber ist der Mann durch die Verbindung mit dem Weibe gefährdet, weil er durch diese Verbindung in hohem Maße in Anspruch genommen wird. Daher der Werbekampf sich verkehrt. Der Mann ist auch schwerer zum Kompromiß bereit als das Weib, weil das Weib genereller empfindet als er. Er empfindet immer das Höchstpersönliche der Geschlechtsvorgänge, die Frau geht nicht selten darin als Gattungswesen auf. Sein Anteil an diesem Vorgange ist Aktivität, daher vielleicht sein stärkeres Zögern, bevor er sich diesen Vorgängen überläßt, sofern ein Ernst für ihn dahinter steht. Sie ist das »Feld«, will unbedingt geackert und bepflanzt sein. Er aber ist der Ackerer und setzt seines Lebens Schweiß und Mühsal ein in diese Tat. Darum prüft er das Feld vielleicht eingehender, wählt bedenklicher, als das Feld ihn prüft und wählt. Dies die natürlichen Hemmungen männlicher Werbung innerhalb unserer Kultur. War der Mann vorzeiten der bedingungslos Begehrende, so hatte dies seinen Grund darin, daß er in die Beziehung mit dem Weibe noch nicht so viel einzusetzen hatte, wie der Mann heute einsetzt, und nicht nur an wirtschaftlichen, auch an seelischen Werten. Zur Unnatur aber kommt es erst, wenn der Kampf des Mannes um das »Feld« fast gänzlich aussetzt – weil die sozialen Beschwerden mit diesem Felde ihm zu groß werden – so daß taugliche, fruchtbare Erde ohne Aussaat bleibt.

Der Kampf der Geschlechter tobt schärfer als jemals und unter ganz besonderen Formen. Vielleicht ist dieses scheinbare Chaos nur ein Vorstadium einer neuen, noch unsichtbaren Einheitlichkeit, einer neuen, besseren Gestaltung der Dinge. Der Mann scheint heute in einem Zustand weitester und wildester Expansion. Das Weib, seiner Natur nach »Ordnerin«, muß er fürchten, weil er Unordnung, Chaos und Revolution heute vielleicht braucht. Vielleicht ist diese ganze ungeheuerliche Geschlechtskrise die Vorbereitung für ein neues Zeitalter von Heroismus? Dann wäre sie es wert, durchlebt und durchlitten zu werden.

»Es ist zu wünschen, daß das Glück eines Tages in dein Heim das mit allen Gaben des Herzens und des Verstandes begabte Weib einführt, das du zu bewundern Gelegenheit gehabt hast, als du die großen Heldinnen des Ruhmes, des Glückes und der Liebe an deinen Augen vorüberziehen ließest. Aber du wirst nichts davon merken, wenn du nicht gelernt hast, diese Gaben im wirklichen Leben zu erkennen und zu lieben«[99]. An diesem Zustand des Nichtmerkens scheitert aber nicht nur die Glücksmöglichkeit des Mannes, sondern auch die der Frau. Und jener Männer, die die Persönlichkeit gerade der höheren Frau nicht einmal zu ahnen, geschweige denn zu »erkennen« und damit zu genießen verstehen, ist eine große Zahl. »Da erkannte Adam sein Weib«, heißt es in der Heiligen Schrift. Erst indem er es »erkannte«, hatten sie sich gefunden zu wirklicher Gemeinschaft des Lebens. Zufällig stößt eine Epoche der Regeneration des einen Geschlechtes mit der einer deutlichen Degeneration des anderen zusammen. Das tragische Opfer sind diese sogenannten »neuen« Frauen, diese besonders taten- und wesensfrohen Weiblichkeiten, die heute in großer Zahl emporblühen und zu allermeist des richtigen Weggenossen entbehren. Die wahre, durchaus nicht eingebildete Tragödie dieser Frauen ist die, daß sie um hundert Jahre zu früh da sind. Schlafen sollten sie, wie Dornröschen, hundert Jahre lang, um von dem zu ihnen gehörigen Manne dann geweckt zu werden. Erst in einer Zeit, die den Mann von übermäßiger wirtschaftlicher Fron entlastet und ihm für die sexuelle Ausschweifung, auf die er heute angewiesen ist, einen edleren Ersatz geboten hat, wird der Genosse für diese Frauen zur Stelle sein. Die Tragik dieser Frauen liegt besonders darin, daß der Mann »alter Schule« für sie nicht in Frage kommt, nicht nur weil sie ihn nicht wollen, sondern auch weil sie ihm ein unlösbares Problem sind. Der Mann der »neuen Schule« aber, der, der ihnen in Frag- und Antwortspiel am nächsten stünde, weist zumeist schwere Degenerationsmerkmale auf, ist nicht selten körperlich belastet, in seinem Seelenleben zerspalten, dazu häufig sozial unfähig, als Gatte und Vater unverläßlich, ein schlechter Erzeuger, voll perverser Neigungen und hat überdies nicht den Hang zur beseelten Frau von starker, bewußter Geistigkeit, sondern zur »Hetäre«, respektive zu »Dämon« und »Sphinx«, die seine matte Sexualenergie am ehesten aufpeitschen. Ausnahmen gibt es, wie überall, auch hier. Vollmenschen und -männer, die weder zur alten noch zur neuen »Schule« zu zählen sind; aber die sind so selten gesät, daß sie nur für vereinzelte Glückliche in Betracht kommen. Und so muß so eine Frau, wenn sie liebebedürftigen Herzens, ursprünglichen Gemütes ist, zumeist darauf verzichten – zu singen, wie sie so gerne möchte: »Ich hatt' einen Kameraden, einen bessern findst du nicht«; vielmehr kann sie nach jedem neuen »Versuch«, der Vorsehung ein natürliches Schicksal abzugewinnen – nach jedem neuen Versuch, zu locken und zu lieben, wie es der jugendfrischen, heilen Seele entspricht – singen wie Held Siegfried, als durch sein Flötenspiel ein Ungeheuer herangelockt wurde: »Da hätte mein Lied mir was Liebes erblasen! Du wärst mir ein saubrer Gesell!«

»Alle kriegerischen Völker, bemerkt Aristoteles, gehorchten dem Weibe, und die Betrachtung späterer Weltalter lehrt das gleiche: der Gefahr trotzen, jegliches Abenteuer suchen und der Schönheit dienen, ist ungebrochener Jugendfülle stets vereinigte Tugend«[100]. Diese köstliche Tugend wieder üben zu können, ist die einzige Erlösung für Mann und Weib. Verhelfe ihnen ein neues heroisches Zeitalter zu ungebrochener Jugendfülle, die der Gefahr trotzt, jegliches Abenteuer sucht und – vor allem – der Schönheit dient. Nur durch die letzte Befreiung des Weibes, nur durch die befreite Mütterlichkeit ist an eine Wiedergeburt – in buchstäblichem Sinne – des Heroentums zu denken. Nur eine Schar fröhlicher, lachender Helden und Heldinnen wird dann wieder mit ungebrochener Lust in den Gefilden des Eros das uralte Spiel der Geschlechter so spielen, wie die Natur es gemeint. Dieses Geschlecht zu erzeugen, den Weg zu erkennen, der zu dieser Erzeugung führt, dazu verhelfe uns das Elend unserer Krise.

X. Kapitel

Das sexuelle Elend

»Opfer fallen hier, weder Lamm noch Stier,

Aber Menschenopfer unerhört.«

(Goethe)

1. Die Berechtigung zum Sexualleben

Das System der gegebenen Geschlechtsentraffung – Enthaltsamkeitsstörungen bei Tieren – Die Notwendigkeit der Nachkommenschaft ein Dogma alter Kulturvölker.

Der Buddhismus lehrt, daß Wollust und Unwissenheit die zwei großen Ursachen des Elends dieses Lebens sind. Ebenso könnte er aber lehren, die Tatsache, daß wir essen und trinken müssen, sei ein Grund mit unseres Elends. Die Vorstellung der Unreinheit der geschlechtlichen Beziehungen geht durch alle wilden Rassen und die Verfemung der Sinnlichkeit durch alle Religionen, die das Leben als eine Strafe betrachten. Buddhas Mutter hat keine anderen Söhne, und ihre Empfängnis ist durch übernatürliche Ursachen bedingt. Die unbefleckte Empfängnis der christlichen Mutter Gottes ist nur eine andere Erscheinungsform asiatischer, büßender Gottesmütter.

Diese beiden Erbübel, Wollust und Unwissenheit, mit denen wir geschlagen sind, sind von unserem Menschtum nicht wegzudenken. Und nicht nur der Körper bedarf der Befriedigung der aus ihnen entstehenden Begierden, sondern die Seele, die diesem Körper nun einmal so eng verbunden ist, daß man sie für eine Emanation seiner selbst halten kann. Wo zwischen diesen beiden, Körper und Seele, die Grenzen liegen, das können nur jene »Mystiker« sagen, die da genau »wissen«, was in den verschiedenen »Regionen« der Geisterwelt vorgeht, jene Fremdenführer im Nirwana; sie werden auch aufs Haar genau diese Grenzen kennen. Nicht aber wir andern. Wir können uns nur an die Erfahrungen halten, und nur die Äußerungen unserer Begierden und Nötigungen geben uns Kunde von ihrem Bestehen. Nicht, daß wir jene Begierde besitzen, macht uns so elend, sondern daß die Befriedigung unserer zwingendsten Bedürfnisse uns entrafft und erschwert wird. Wäre uns die Wollust nicht »bestimmt«, so hätte uns die »Gottheit« nicht mit jenen Organen versehen, die sie erzeugen. Ein Überschuß an geschlechtlichen Energien bringt nicht selten die wunderbarsten Erscheinungen der Sinnenwelt hervor. So sind die leuchtenden Farben mancher Tiere aus geschlechtlicher Energie entstanden, zu geschlechtlichen Zwecken. Wir können auch nicht behaupten, daß für hohes geistiges Schaffen sexuelle Entbehrung günstig sei, nämlich nicht für die Entstehung solcher Taten, die das Leben mit Leben bereichern. Die Halluzinationen der Wüstenheiligen sind allerdings das Produkt geschlechtlicher Abtötung, ohne daß sie indessen das Leben reicher und lebenswerter zu machen vermochten. Im Vollgefühl des erotischen Erlebens findet der Vogel seinen wunderbaren Balzgesang, und unter demselben Eindruck haben Künstler Visionen geschaut und die Kraft und das Feuer in sich gefunden, das sie zu deren Verdeutlichung befähigte. Ohne Schönheit gibt es für den Künstler keine Ansammlung von Lebensenergie, deren Überschuß die Kunst ist. Diese Ansammlung, Häufung von Lebensenergie muß daher allem Schaffen vorausgehen; und von aller Schönheit der Erde übertrifft keine das Erlebnis der Liebe.

Wir haben in den verschiedenen Kapiteln dieses Buches erkannt, daß ein komplettes System, von zahllosen Seiten wirksam, in der Sexualordnung unserer Kulturwelt in Aktion ist, bestimmt, das Geschlechtsleben der Menschen in Formen zu zwängen, die seinem natürlichsten Sinn widersprechen, und die Freiheit dieses Geschlechtslebens ihnen mehr und mehr zu entraffen. Bis ins Leben jedes einzelnen Individuums reicht diese Krise hinein, so haben wir im Vorwort gesagt und wiederholen es hier. Bei allen Fähigkeiten und Anlagen zu einem normalen erotisch-sexuellen Leben, beim besten Willen und bei den besten Fähigkeiten dazu bleiben Menschen, eben durch dieses System, welches in ihrer gesamten Umwelt wirkt, abgeschnitten, abgeschlossen von ihrem natürlichsten und zwingendsten Bedürfen, dem des Geschlechtes. Die Entraffung des Geschlechtes! Man kann nicht ausdenken, welche Ungeheuerlichkeit das bedeutet! Wenn man bedenkt, daß bei Tieren, wie Experimente bewiesen haben, selbst die Entfernung einzelner Teile des Herzens, der Lungen, der Leber, der Milz, des Magens, der Därme, der Nieren, selbst einzelner Teile der Testikeln nicht zum Aufgeben des Geschlechtsaktes führt – daß der Mensch aber im Vollbesitz aller dieser Organe, in vollkommener Gesundheit, bei vollkommen normaler körperlicher und seelischer Beschaffenheit dazu oftmals gezwungen ist, so dämmert es einem vielleicht auf, was das bedeutet. Selbst »Hysterie« der Tiere ist eine in der Wissenschaft bekannte Erscheinung, z.B. der Samenkoller der Rinder, der sich entwickelt, »wenn gesunde Tiere zu den gewöhnlichen Jahreszeiten brünstig werden und dabei nicht zur Mutterschaft gelangen;... die Krankheit hat dann zwei Formen, entweder Stillochsigkeit oder Brüllerkrankheit... Stuten werden häufig anhaltend rossig, wenn sie nicht befruchtet werden. Es kommt dann bei ihnen zu Zuckungen der Muskulatur, Krämpfen, Zähneknirschen, Herzklopfen. Im weiteren Verlauf tritt Verblödung (Dummkoller, Mutterkoller) ein... Zeitweilig verschwinden die Erscheinungen in einzelnen Fällen, wenn die Stuten gedeckt werden. Bei männlichen Tieren kommt es in solchen Fällen zur Erweichung des Lendenmarks und Epilepsie«[101]. Unter den Mitteln, die der Tierarzt anwendet, steht an erster Stelle »Gelegenheit zur natürlichen Befriedigung des Liebestriebes«, sodann kalte Waschungen und Bäder. Als besonderes Merkmal der Krankheit bei Rindern und Pferden gilt die Stetigkeit, d.i. das beharrliche Verweigern der durchaus nicht übermäßigen Arbeit. Gefangenen Tieren ihr Geschlechtsleben zu entraffen, geht uns schon gegen den Strich, und wir paaren sie im Käfig, damit sie nicht zugrunde gehen. Es den Menschen zu entraffen, muß noch viel unnatürlicher erscheinen. »Von der Wachstumsenergie der Keimdrüsen sind die geschlechtlichen Neigungen (Sexualtrieb zum anderen Geschlecht, Mutterliebe, Brüt- und Nährlust) bei Menschen wie bei den höheren Tieren abhängig«[102]. Die volle Ausbildung dieser Drüsen in bestimmtem Alter ist aber eine Tatsache, und die Folgen dieser Ausbildung auf den Gesamtorganismus sind ebenfalls Tatsachen. Eine »Ordnung«, die uns zwingt, diese Tatsachen zu mißachten oder die Befriedigung dieses von der Natur befohlenen Begehrens von unzähligen schwierigen Konstellationen abhängig zu machen, kann nicht die richtige sein. Wir haben in den verflossenen Kapiteln die vielfachen Gründe des sexuellen Elends im einzelnen kennen gelernt. Wir haben diese Gründe in tatsächliche (hartmechanische Verhinderungen), in geistig-moralische und in suggestive eingeteilt. Aber wir haben erkannt, daß das Urgesetz vom Kampf ums Dasein, vom Kampf der Tüchtigsten, von der Behauptung der besten Auslese im Geschlechtsleben nicht frei waltet, vielmehr unterbunden und in seinen Resultaten künstlich verschoben ist. Darwin spricht von einem Gesetz, welches die Voraussetzung des sexuellen Werbekampfes in der Natur bildet. Es ist dies »das Gesetz von dem Vorwiegen der Zeugungspotenzen und Zeugungstriebe gegenüber den verfügbaren Nährstellen in der Natur«. Ist etwa dieses Gesetz schuld an dem sexuellen Elend der menschlichen Kulturwelt? Nein. Denn wir sehen Zeugungspotenzen und Zeugungsermöglichung, mechanischer sowie seelischer Art, oft gerade da vorwiegen, wo der Zugang zu den »verfügbaren Nährstellen« der denkbar beschwerlichste ist, nämlich im Proletariat. Nicht auf dieses Urgesetz, welches die Kreatur angeblich abhält, sich zu vermehren und sich zu begatten, ist unser Elend zurückzuführen, sondern vor allem auf das Kunstprodukt der kapitalistischen Wirtschaftsordnung, die mittelbar alle die Konstellationen, die zu einer Entraffung des Geschlechtslebens fortpflanzungstauglicher Menschen führen und die Übervermehrung oft Untauglicher zur Folge haben, geschaffen hat. Die Früchte dieser Konstellation sind denn selbst wieder neue Motive ihres Weiterbestehens, wie wir an dem Beispiel der zunehmenden Mißbildung des Menschenmaterials gesehen haben, welches die Folge dieses unterbundenen Ausleseprozesses ist, gleichzeitig neue Ursache wird zur Erschwerung einer befriedigenden Geschlechtsauslese.

Und so sehen wir eine Situation für die Kulturmenschheit geschaffen, welche mit dem grausamen Zustand des »Krummschließens« zu vergleichen ist, einer Strafe, die in Österreich beim Militär in Anwendung kommt und in einer Verkettung der Gliedmaßen besteht, die die unglücklichen Personen jeder Freiheit beraubt. Tolstoi vergleicht in einem seiner Romane ein unglückliches und heimliches Liebesverhältnis mit dem Sitzen mit unterschlagenen Beinen, die zum Erdboden zucken.

Welche Ungeheuerlichkeit liegt in der Voraussetzung, daß ein Mensch dieses gewaltige Erlebnis, das die geschlechtliche Vereinigung bedeutet, in seinem Leben vielleicht überhaupt nicht kennen lernen soll! – Von dem südafrikanischen Stamm der Todas berichtet Marshall: »Es besteht keine unverehelichte Klasse bei ihnen, die mit ihren Liebschaften und Zänkereien die Gesellschaft stören würde.« Die glücklichen Wilden! Bei wilden und barbarischen Rassen gibt es überhaupt keine alten Jungfern und Hagestolze. Die Unerläßlichkeit der Verbindung eines Menschen mit einem Wesen des anderen Geschlechtes ist sowohl den Ur- und Naturvölkern als auch gewissen alten Kulturvölkern ein Dogma. Nur die Kultur der Weißen hat es fertig gebracht, dieses Urbedürfnis zu vergewaltigen. Schon der Ahnenkult dieser alten Kulturvölker zwingt den einzelnen gebieterisch, für Nachkommenschaft zu sorgen. Bei den alten Semiten wird der Heiratsunlustige als ein Schänder des Ebenbildes Gottes betrachtet und der zwanzigjährige Jüngling gerichtlich zur Verheiratung gezwungen. Die heutigen Hindus sehen den Hagestolz als einen Störer der Gesellschaft an, der außerhalb des Rahmens der Natur steht und bedauern die ruhelosen Geister der Jünglinge, »die gestorben sind, ohne Vater geworden zu sein...wie Leute mit ungeheuren Schulden, zu deren Bezahlung sie unfähig sind«. Kinderlosigkeit ist das größte Unglück, das einen Perser treffen kann. »Dem Kinderlosen bleibt die Brücke zum Paradies verschlossen, die erste Frage, die die Engel ihm stellen werden, wird die sein, ob er hienieden einen Vertreter hinterlassen hat, und sagt er nein, so lassen ihn die Engel gramerfüllt am Brückenzugang stehen.« Welche Urweisheit liegt doch in solchem religiösen »Aberglauben«! Diese Urweisheit steckt hinter so mancher Zeremonie, die als Ritus geübt wird und uns eine bloße Formalität deucht. Aber merkwürdig ist es doch, daß Inder wie Perser, Semiten wie Griechen und Chinesen sich die Tatsache, daß jeder, der stirbt, jemanden zu hinterlassen habe, der seinem Begräbnis beiwohnt und seinen Manen opfert, eine Sorge sein lassen. Dieser Totenkult war freilich nur eine Formalität, aber die Tatsache, die ihn ermöglichte, war die, daß man eben jemanden hinterlassen hatte, daß man nicht ins Grab gefahren war, ohne seine eigene Art weiter gegeben zu haben. Und in den Jasts der Parsi steht das große Wort geschrieben: »Die ärgste Missetat, die ein Tyrann begehen kann, ist die, Jungfrauen, die lange unfruchtbar waren, am Kindergebären zu verhindern.«

Wahrlich, es ist nichts Neues unter der Sonne, und es braucht auch nichts Neues zu sein. Unsere Mutterbewegung, unser heißer Schrei, der tausendstimmig aus so vielen Kehlen dringt, diese unsere neueste »Revolution«, diese Sehnsucht, die die Gesetzestafeln unserer bisherigen Sexualordnung zertrümmern will – sie braucht zu deren Ersatz gar keine neuen zu schmieden. In der Weisheit uralter Religionsbücher, im Geheimnis des Papyrus, auf den alten verschütteten Tafeln des Altertums ist es eingegraben, eingerissen mit ehernem Griffel, dieses unser Sehnen – unser uraltes, zu neuem Leben erwecktes Menschenrecht.

---

2. Die Ursachen des Elends

Der Kapitalismus als Wurzel des Übels – Die Entmannung durch den Kapitalismus – Die Ehe eine Institution für Bejahrte! – Die Gründe, warum zahllose Personen als sexuelle Komplemente nicht in Frage kommen – Das A und O des Elends: die verfälschte Auslese.

Wir haben als die Wurzel des Übels die kapitalistische Wirtschaftsordnung erkannt, die die Produktionsmittel in einige wenige Hände gibt, den Mann an der rechtzeitigen Ehe und Fortpflanzung verhindert, und, indem sie die Einkommensverhältnisse der bürgerlichen Stände auf ein Minimum der Selbsterhaltung einer Person drückt, zur Proletarisierung der Bedürfnisse zwingt, derart, daß bei aller den Individuen möglichen Arbeitsleistung gerade nur die Ausgaben der physischen Ernährung, Wohnung und Bekleidung gedeckt werden können; vielleicht unter besonders günstigen Umständen, nach vielen Opfern der Angehörigen, reicht es in den bürgerlichen Ständen auch zu einem bißchen Lektüre, Theater und ganz kurzem Sommerurlaub. Für das normale sexuelle Leben mit dem Weibe und die Aufziehung der Jungen reicht das Einkommen selbst noch des reiferen Mannes nicht. Der Kapitalismus entmannt also ganz einfach die Bürger seiner Gesellschaft. Ja, sogar ohne Ehe eine Frau auch nur so weit zu erhalten, als sie durch Schwangerschaft und Mutterschaft vom eigenen Erwerb abgehalten wird, reicht das Einkommen des jungen Mannes nicht, jedes fruchttragende Verhältnis mit dem vermögenslosen Weibe bleibt ihm verwehrt, oder es stürzt die Beteiligten in maßloses Elend. Der Kapitalismus gestattet dem jungen Manne nur, sich ab und zu ein paar Mark abzusparen und damit zur Dirne zu gehen, seinen gesunden, lebensfähigen Samen in deren künstlich sterilisierten Schoß zu ergießen. »Frauenarbeit« – das war der letzte verzweifelte Versuch, dem beiderseitigen Geschlechtselend zu begegnen. Der Kapitalismus aber konnte schmunzeln: nun arbeiteten zwei Kräfte für eine, und der Lohn spaltete sich hübsch von selbst in zwei Hälften, die zusammen kaum mehr ergaben als früher die Arbeit des Mannes allein, zumindest nicht gemessen an der fortwährenden Teuerung der Lebensverhältnisse. Frauenarbeit kann nun und nimmer die einzige Ermöglichung zur Mutterschaft sein, denn die Schwangere, die Gebärende, die Jüngstentbundene, die mit der Pflege des Säuglings Betraute kann nicht außerdem hinausstürzen in den dröhnenden Kampf um Brot. Wie kann man von der Frau, die mit zerrissenem Leibe in ihrem Blute liegt und unter Todesstöhnen einem neuen Leben zur Welt verhilft, noch verlangen, sie soll »verdienen«?! Nein, die Lösung liegt anderwärts, wenn auch die Arbeit der Frau eine Notwendigkeit ist, um ihr in jenen Zeiten, in denen sie von der Mutterschaft nicht in Anspruch genommen ist, zur Selbständigkeit zu verhelfen; ist sie es aber, dann muß ihre und die kostbare Existenz des Neuen, des Werdenden gesichert sein, und von höherer Instanz, als es die des Mannes ist, der sie in diesen Zustand brachte.

Das sexuelle Elend gerade der Jugend ist unermeßlich. Der junge Mensch, Mann wie Weib, der gesunde, normale, triebtüchtige junge Mensch kann nicht »warten«, bis ihm die »Verhältnisse« mit grauen Haaren sein Liebesleben gestatten. Er begehrt es inbrünstig, und die Liebe ist ihm die alles übertönende Melodie des Lebens. Die Jahre zwischen Zwanzig und Dreißig sind voll von leidenschaftlichem Begehren, und hier liegt durch die schlechten Vorbedingungen, die zu deren befriedigender Betätigung gegeben sind, das größte Elend. Den Geschlechtstrieb nicht befriedigen, heißt – ihn beständig rege erhalten. Ihn befriedigen, heißt – sich von der Beunruhigung durch ihn befreien. Es ist daher klar, daß Leute, die ein normal geregeltes sexuelles Leben führen, weniger geschlechtlich »erregt« sind als die, die aus irgendwelchen Gründen genötigt sind, diesen Trieb unbefriedigt zu lassen. Starke Taten geschehen nur aus starken Seelenzuständen. Die fortwährende Unterdrückung eines aufwühlenden Hungergefühles, sei es nun des Magens, der Seele, der Sinne oder des Blutes, macht schwach und elend. Barrikaden aller Art trennen junge Männer von jungen Weibern, Hemmnisse mechanischer, befehlerisch-ethischer und zwingend-suggestiver Art verhindern sie, sich zwecks Bereicherung ihres eigenen Lebens und Hervorbringung herrlicher Kinder der Jugend und der Kraft – einander zu nähern. Drakonischer, als man meinen sollte, wird in unserer Zeit, die, scheinbar, dem gesellschaftlichen Verkehr der Geschlechter freie Hand läßt, ein Absperrungssystem gehandhabt. Aus dieser Tendenz nach sexueller Isolierung der Menschen bis zu dem Zeitpunkt, wo die Verbindung offiziell-legitim sein kann, erwachsen jene abstrusen Einsamkeiten, denen Menschen mitten in der Großstadt oftmals ausgesetzt sind. Und nicht etwa Menschen, die in irgendeinem Winkel ein engherziges persönliches Dasein führen, nein, Leute, die mit voller Kraft an der kulturellen Gesamtarbeit der Zeit beteiligt sind, Leute, die, ihrem Tun nach, in Fühlung sein müßten mit der Umwelt, finden sich mitten in dem so belebt aussehenden Getriebe der Großstadt isoliert, vereinsamt, atomisiert, und besonders vom anderen Geschlecht, wie durch einen Wall, abgesperrt.

Diese Not hat natürlich instinktiv nach Mitteln der Abwehr gesucht, und wie jedes Bedürfnis zur Entwicklung neuer »Organe« führt, so auch dieses. Die moderne Zeitungsannonce, in welcher Menschen sexuelle Annäherung suchen, ist aus diesem Bedürfnis erwachsen. Wir sind weit entfernt davon, diese Erscheinung prüde oder gar höhnisch abzutun. Wir sehen vielmehr in diesem Prinzipe ein Mittel von stupender Einfachheit, von geradezu schlichtester Vernünftigkeit. Der Gedanke, der dahinter steht, ist der, daß das direkte Zugehen von Mensch zu Mensch ermöglicht sein soll, ohne alle die überflüssigen Umwege des gesellschaftlichen Suchens. Also eine durchaus ökonomische Erwägung, eine rationelle Kraft- und Zeitersparnis. Außerdem ist – diesem Prinzipe nach – das Menschenmaterial, das auf diese Art zusammenkommt, sozusagen ein gesiebtes, gesichtetes, da klipp und klar angezeigt wird, was jeder sucht und wünscht. Durch welche Menge überflüssiger Beziehungen muß man sich im gesellschaftlichen Betriebe durchessen, wie durch einen dicken Brei, bevor man auf irgend jemand stößt, mit dem man wirklich, sei es auch nur gesellschaftlich, zu verkehren beabsichtigt. Dieses an sich vernünftige Prinzip der öffentlichen Annonce, durch die besonders der Großstädter, um sich vor Isolierung zu retten, Beziehungen sucht, hat nur einen wunden Punkt, der es, vorderhand, in der Praxis ungenießbar macht. Das ist der – daß es nicht anerkannt ist, wenigstens nicht in den besseren Schichten, d.h. in den Ländern deutscher Kultur. In Frankreich z.B. ist dieser »nicht ungewöhnliche Weg« in allen Ständen offiziell in Benutzung. Dadurch, daß sich nur minderes gesellschaftliches Material zur Benutzung dieses Weges entschließt, bleibt es eben auf diese Schichten beschränkt. Sehr mit Unrecht, denn ich kann mir denken, daß, wenn es Sitte wäre, diese Annoncen nicht in der groben, vulgär generellen Form abzufassen, in denen sie gewöhnlich figurieren, nicht mit dummen und nichtssagenden Schlagwörtern, die von entsprechenden Personen gehandhabt werden, sondern in wirklich individueller und feiner Weise es auf diesem direktesten Wege möglich sein könnte, daß auch bessere Menschen, die zueinander passen, einander auch auf diese Art begegnen.

Das sexuelle Elend ist bedingt durch soziale Schwierigkeiten, durch den furchtbaren Mangel an Auswahl, die Erloschenheit der Triebe, die Verbildung der natürlichen Gefühle und Instinkte, durch hemmende Moralen resp. Suggestionen und, vor allem, durch die Verhäßlichung der physischen und psychischen Persönlichkeit, die die Auffindung eines befriedigenden Komplementes erschwert. Diese Verhäßlichung hat aber wieder in dem Mangel rassefördernder Voraussetzungen bei der Zeugung ihren Grund.

In welcher Form hat nun aber die Gesellschaft die sexuelle Sphäre verteilt? Wir finden: die Dirne, die in einer Nacht eine ganze Reihe von Männern zu »versorgen« hat; ihr gegenüber: das unverheiratete jugendliche Weib der »anständigen« Stände, das sich in wüstenhafter Einsamkeit isoliert findet. Zwischen beiden, abwechselnd im Tag- und Nachtverkehr, der Mann. Und jenseits von Gut und Böse, zusammengeschmiedet für »ewig«, auf breitem Pflichtlager – das Ehepaar.

Nicht eine dieser Formen des sexuellen Lebens resp. Nichtlebens entspricht dem wahren Bedürfnis der Menschen. Zölibat wie Prostitution sind Folgeerscheinungen eines Systems, welches auf einem Prinzip beruht, das seiner Natur nach allerdings ein vortreffliches ist, aber durch die Art seiner Anwendung die gegensätzlichen Wirkungen hervorbringt. Die Ehe ist durch die

Voraussetzungen, von denen ihr Zustandekommen abhängt, zur Helfershelferin ärgster Unnatur geworden, zur Ursache schädlicher Folgen. Heiraten heute junge Menschen, so schreit man: »Welch ein Wahnsinn, so junge Leute, das muß bald wieder auseinander gehen.« Ohne Heirat zusammen zu leben, frei, »probeweise«, wie der verpönte Ausdruck lautet, gestattet man ihnen auch nicht. Die Gesellschaft geht also durch ihre Institution von der Voraussetzung aus, daß junge Menschen überhaupt keine Geschlechts- und Liebesbedürfnisse haben – sondern nur Bejahrte! Und das schlimmste ist, daß das sexuelle Schicksal der Menschen (und damit das Schicksal der Rasse) nur auf diese einzige Karte gesetzt werden kann, und daß, wer in dieser Lotterie nicht richtig zieht, zur Öde verdammt ist.

Diese naturwidrigen Störungen, denen das Geschlechtsleben der Menschen fortwährend ausgesetzt ist, wirken natürlicherweise auch dahin, daß ihr Seelenleben, gerade indem es sich diesen Zuständen »anpaßt«, mehr und mehr verbildet wird. Auch jenseits aller materiellen Hemmnisse wird die »Gattenwahl« immer schwieriger. Selbst wenn die gleiche Zahl von Männern und Frauen da wäre und die Wirtschaftsverhältnisse besser lägen, würde ein großer Prozentsatz nicht heiraten, weil das eine Komplement, das für ihn bestimmt ist, ihm nicht begegnet. Die Gesellschaft ist überschwemmt von den Früchten verfehlter Kreuzungen, und die einzelnen verbrauchen ein gut Teil Energien in der Bewältigung der Mißhelligkeiten, die sich aus ihren unbefriedigenden Paarungen ergeben. Die schreckenerregenden Phänomene des Hasses, der Verachtung, der Verbildung, der Kränkung, der Schmach und des Verrates, der verblutenden Enttäuschung und der hohnlachenden Bitterkeit sind mit diesem verschobenen und verschrobenen Geschlechtsleben von heute verbunden. Tausend Gründe sind immer wieder da, die ein befriedigendes erotisches Leben verhindern. Übermäßig harte Tagesmühen und in Orgien durchjagte Nächte als Ersatz dafür schaffen ein Menschenmaterial, das für die reinen und ungebrochenen Vorgänge des Geschlechtes immer stumpfer und unfähiger wird. Fast jeder dieser Menschen weist einen anderen Schaden auf, der ihn als vollwertiges sexuelles Komplement nicht in Frage kommen läßt, der eine hat dies, der andere das, der dritte ist pervers, der vierte aus »philosophischen« Gründen ein Verächter, der fünfte hat kein Einkommen, der sechste sucht ein »Ideal«, dessen Beschaffenheit bis aufs I-Tüpfelchen feststeht, und die persönlichen Neigungen all dieser Menschen laufen in so krummen Linien, daß sie immer seltener sich harmonisch verschlingen können. Die sexuellen Psychopathien wachsen denn auch wie Pilze aus dem Boden und erschweren das Elend. Außerdem soll es nur ein ganz minimaler Bruchteil aller Männer sein, die nicht geschlechtskrank sind, oder es irgend einmal waren, und so eine Gefahr für die Frau und ihre Nachkommenschaft bilden. Alle diese Mißbildungen sind nicht irgend ein Urwille der Natur, denn sonst gäbe es auch nicht die wenigen hochwertigen Typen, an die sich die Sehnsucht immer anhalten soll – sondern nichts anderes als die Früchte eines Rassenprozesses, wie er durch die Ehe als einziger Basis der Fortpflanzung erzeugt wird. Diese Erkenntnis, daß die verfälschte »Auslese« Folge und zugleich Ursache der Krise ist, diese Erkenntnis, auf die wir in allen anderen Kapiteln dieses Buches, von den verschiedensten Seiten ausgehend, immer wieder stießen, wir müssen sie hier resumierend wiederholen, denn wir jagen ihr nicht auf deduktivem Wege nach – sie drängt sich uns auf, von welchem Punkte immer wir die »Krise« auch nur berühren. Die Mißbildung der Menschen ist das wahre A und O dieser Krise, ihr Grund und ihre Folge, zugleich ihre Quelle also und ihre Mündung. Hier muß darum auch das Reformwerk einsetzen – wollen wir jemals aus diesem Wirrsal heraus.

Außer der biologischen und seelischen Verbildung ist es auch noch ein Mangel an allgemeiner menschlicher Kulturhöhe, der die Menschen voneinander trennt und die Möglichkeit einer befriedigenden erotischen Wahl so sehr erschwert. Es müßte ein allgemeines Kulturniveau herzustellen sein, welches, ausgleichend im besten Sinne, zwischen verschiedenen Klassen, Charakteren und Temperamenten wirkt. Über fachliche und berufliche Signatur sollte dieses Kulturniveau, allen gangbar, hinausragen. Kultur brauchen wir, nicht nur in dem Sinne, daß die Körper sich diesem Begriff angepaßt haben, welcher Zustand heute als Kultur bezeichnet wird (man erschlägt einander z.B. nicht mehr, wenn man anderer Meinung ist, wozu viele Jahrtausende nötig waren), sondern daß die Seelen es tun. Kulturseelen brauchen wir, Kultur der Gedankeninhalte, die über das rein Berufliche das menschlich Universelle zu eigen haben sollen, Kultur der vernünftigen Anschauung und vor allem Kultur der Affekte. Hier überwuchert allerorten das Groteske, Mangelhafte und Unbeherrschte und verringert die Auslesemöglichkeit auf ein erschreckendes Minimum. Not und Tod der alten Tragödien und der meisten neueren beruht auf diesem Mangel an Affektkultur. Das Elend besteht für die höher differenzierten Menschen gerade darin, daß sie durch die Spaltungen der Gesinnungen, durch die Diffusion der Temperamente sich immer schwerer zueinander finden. Typen können sich eben eher vermählen als Individualitäten. Es ist hohe Zeit, daß ein allgemeines Europäertum, oder besser gesagt, Weltbürgertum wieder einen gemeinsamen Boden schafft, auf dem die Geschlechter einander begegnen können. Früher war die Sache insofern leichter, als wenigstens die Frauen die bekannten »leeren Kapseln« waren, die der Mann füllte mit dem, was er war. Heute aber hat die Kapsel ihren eigenen Inhalt, vermag daher den des männlichen Partners nicht bedingungslos zu bejahen, was dieser nur selten verträgt. Auch sieht sie – zu ihrem Unheil – deutlicher in ihn hinein, als sie es früher in der Blindheit, in der sie gehalten wurde, vermochte. Das erotische Elend der höheren, freisichtigen Frau ist daher doppelt groß. Sie kann nicht mehr, beim besten Willen nicht, in jedem Freier den herrlichsten von allen sehen, und mit weniger gibt sich die Eitelkeit des Mannes, die im Laufe der Jahrtausende zur Hypertrophie entartete, zumeist nicht zufrieden. Während im allgemeinen die Frau einer fremden Gesinnung gegenüber Respekt hat (sofern diese nicht gerade den feindseligsten Gegensatz zu dem, was sie heilig hält, bildet), fehlt dem Mann, der Frau gegenüber, zumeist nicht nur der Respekt, sondern sogar jede Toleranz für ihre Anschauungssphäre. Sowie er in ihr Dasein tritt, soll sie sofort und auf allen Linien seine Gesinnungen teilen, andernfalls reißt und rüttelt er unaufhörlich an ihrem geistigen Ich, wobei natürlich alles eher herauskommt als »Liebe« – eine Tragikomödie.

Insofern hätten die Antifeministen mit ihrer Behauptung, daß durch die weibliche Selbständigkeit »Zersplitterung« in die Familieneinheitlichkeit käme, recht behalten. Aber: auch durch die Sklaven- und Leibeigenenbefreiung kam »Zersplitterung« in die früher einheitlichen Gruppen von Beherrschern und Beherrschten. Diese Zersplitterung ist das Merkmal eines Übergangs, das Merkmal der Krise, in der wir stehen, und die Vorbereitung zu einer neuen, besseren Einheitlichkeit, in der Mann und Weib einander als vollwertige geistige Kräfte gegenüberstehen werden, weil der Mann es bis dahin gelernt haben wird, sich diesem neuen Verhältnis, welches der Persönlichkeit der Frau denselben Respekt zusichert, den er für sich selbst verlangt, anzupassen.

Das teure Lehrgeld für diese neue erotische Kultur bezahlen freilich wir Heutigen, insbesondere wir neuen Frauen. Denn der Mann hat immer noch genug Vertreterinnen des alten Ideals zur Verfügung, wenn er mit dem neuen Weibtyp nichts anzufangen weiß. Aber diese neuen Frauen können nicht zurück zum alten Familienverhältnis, das auf ihre bedingungslose geistige Subordination gegründet war, weil ja auf dessen Sprengung ihre ganze Entwicklungsmöglichkeit beruht. So haben wir unter den Erscheinungen des allgemeinen sexuellen Elends als besonderes Phänomen das sexuelle Elend der Frau im allgemeinen, der höheren Frau im besonderen, ins Auge zu fassen.

3. Das besondere Sexualelend der Frau

Die erotische Aushungerung und ihre Gefahren – Die erotische Entbehrung besonders der besseren Frau – Die »seltene« Frau – Anna Boje in »Hilligenlei« – »Fräulein Julia« – Krafft-Ebing über das Irresein bei ledigen Weibern – Der Verlust der ruhigen Zentralisation des Weibes durch sexuelles Darben – Die Gefahr der psychischen Diffusion – Die besondere tragische Einsamkeit der »neuen« Frauen – Maeterlincks »Lied« der weiblichen Resignation – Mutterrecht und Vaterrecht – Die Beherrschung der Geburtenrate durch direkte Liierung der Gesellschaft mit der Mutter – Das bewußte Werbespiel und seine erlösenden Folgen – Der Gram über das geknebelte Geschlechtsgefühl und seine zerstörenden Folgen.

Der »Mangel an Objektivität der Weiber«, den Schopenhauer so hervorhebt, ist in ihrer geschlechtlichen Unfreiheit begründet. Er, Schopenhauer, kann sich gar nicht hineindenken, wie sehr »objektiv«, d.h. von sich selbst befreit und fähig, sich den Dingen auf ihre Natur hin zuzuwenden, man sein kann, wenn man seine sexuellen Affekte ausgelebt hat, und wie abhängig, versklavt an andere und an sich selbst man wird, wenn diese beständig unterdrückt werden müssen. Erst die moderne sexuelle Pathologie hat erkannt, welchen Einfluß der gestörte Sexualaffekt auf das gesamte geistige und moralische Leben des Individuums ausübt.

Die erotische Entbehrung bringt die Frau in die verkehrtesten Situationen, in die bedenklichsten Gefahren. Eine Hauptgefahr besteht darin, daß sie durch diese Entbehrung der männlichen Attacke ganz besonders ausgeliefert ist, in einer Weise, wie es, wenn sie die volle Wahlfreiheit hätte, niemals möglich wäre. Dieser fortwährende schwere Druck, der auf ihrer Sexualsphäre liegt, trübt ihre Kritik, schwächt ihre Widerstandskraft, verdunkelt ihr Geistigstes. Nicht darin besteht ihre Abhängigkeit, daß der Mann der Wählende ist und nicht sie, sondern in den ungezählten Faktoren, welche das freie Werbespiel beiderseits verbieten und beschweren. Daß der Mann der Wählende ist und nicht die Frau, ist eines jener wenigen Phänomene, die nicht durch soziale Bildungen und Verbildungen entstanden, sondern ihr Gesetz in der Natur der Dinge haben. Der Mann kann sich zur Liebe nicht »wählen« lassen, da seine Fähigkeit dazu von gewissen Erscheinungen abhängt, die nur durch Begierde seinerseits in Aktion treten. Sie aber, die Frau, ist immer – zumindest physiologisch – »fähig« zur Liebe, zum Geschlechtsverkehr. Sie muß daher warten, bis sie Begierde erregt. Diese Begierde zu erregen, ist das tiefste und natürlichste Schicksal jeder Frau. »Lieber verwesen, als ein Weib sein und nicht begehrt«, bekennt selbst die stolzeste aller Frauen, die selbständigste, die Königin der Amazonen, Penthesilea. Wenn die Dinge normal zugehen, wird aber die Begierde des Mannes erregt, daher, ebenso normalerweise, auch die Werbung ihm zufällt, die Werbung um das Weib, auf daß es sich seiner Begierde überlasse. Das Phänomen des verkehrten Werbekampfes, wie es in unserer Kulturwelt auftritt, ist daher durchaus naturwidrig. Nicht zu werben, sondern zu sein, ist des Weibes Sache, unter natürlichen Bedingungen. Bei allen Naturvölkern, bei denen die Frauen sich mehr schmücken als die Männer, gilt dies, den Berichten der Naturforscher nach, als ein Zeichen, daß die Dinge in bezug auf die Werbung nicht so liegen, wie sie es natürlicherweise sollen. Dort, wo die Weiber am meisten geschmückt sind, nehmen sie in Wahrheit die untergeordnetste Stellung ein. Macdonald berichtet von einem Stamm des östlichen Zentralafrikas, wo die Frauen auffallend geschmückt einhergehen: »Eine Frau kniet nieder, wenn sie Gelegenheit hat, mit einem Manne zu sprechen.« Dasselbe wird von den Guianas berichtet, während dort, wo die Frauen Einfluß haben, sie ganz bedeutend weniger Anstrengungen machen, durch ihre äußere Aufmachung das Männchen zu umwerben. »In Melanesien, wo die Frauen als Sklaven behandelt werden, sind sie es, die sich tätowieren, während in Polynesien, wo ihre Stellung günstig ist, diese Schmückung hauptsächlich auf Männer beschränkt bleibt.« Die Pracht, die von unserer Damenwelt heute entfaltet wird – werden muß – gestattet daher einen Rückschluß auf ihre tragische Lage, den Männern gegenüber. Putz und Herrschaft stehen in umgekehrtem Verhältnis zueinander, je mehr Herrschaft, desto weniger Putz und umgekehrt.

Mehr und mehr wird die Frau, die in jenen Jahren, die dem Leben mit dem Manne gehören sollen, einsam ist, in ihrer physischen und geistigen Entfaltung herabgemindert, in ihrem Temperamentsausdruck gedämpft. Man beobachtet dieses Erlöschen der Energien nicht nur bei alternden Mädchen, sondern auch bei jungen verwitweten und geschiedenen Frauen, die, auch wenn ein erotisch erfülltes Leben ihnen früher beschieden war, dennoch mehr und mehr »reduziert« werden, wenn es jählings abschneidet.

»Wir Frauen sitzen immer und warten«, sagt Elisabeth von Heyking in ihrem Roman »Der Tag anderer«. Der heutigen Frau ist aber dieses Warten in unnatürlicher Weise schwer gemacht, denn der, den sie erwarten soll, hat nicht nur die Aufgabe, ihr die Brünne zu sprengen, er soll sie auch noch aus allen möglichen sozialen Banden erlösen. Er soll womöglich Held Siegfried sein und eine passende Partie auch noch dazu. Das geht meist über sein Vermögen. Man stelle sich einen Mann in so unmöglicher Lebenslage vor, eingepfercht in die Familie, die alle seine Lebensregungen überwacht, ohne selbständige Gravitation, ohne ein eigenes, nur aus ihm selbst kommendes Leitmotiv seines Lebens. Wie sehr würde er die »Objektivität« verlieren! Seine erotischen Absichten resp. ihre Verwirklichung hat der Mann in der eigenen Hand. Er sagt sich: ich werde heiraten, bis ich eine Existenz habe, so lange bediene ich mich der Prostitution oder kleiner Liebschaften. Was aber soll sich die Frau sagen? »Ich werde heiraten«, kann sie nicht sagen, denn es liegt nicht in ihrer Hand, wie es in der des Mannes liegt. Schon ziffermäßig ist, wie wir ja aus der Statistik erfahren haben, ein Überschuß von Millionen lediger Frauen notwendig, die, den Prinzipien der Monogamie gemäß, vom Geschlechtsleben abgeschnitten bleiben. Sie muß sich also sagen: Werde ich heiraten? In dieser Frageform liegt schon die ganze Bangigkeit und Abhängigkeit des weiblichen Geschlechtsschicksals, gegenüber der Sicherheit des männlichen. Werde ich heiraten – und wann, und wie, und wen? Und solange? Was soll sie anfangen »solange«, mit demselben Trieb in sich, der den Mann zur Benützung der Prostitution und kleiner Liebschaften führt?

Die erotische Entbehrung der besseren Frau ist heute außerhalb der Ehe schon deshalb fast unbehebbar, weil die pharisäische Auffassung der freien Hingabe dem Manne von heute seit Generationen vererbt und anerzogen ist und ihm daher tief im Blute sitzt. Kein edleres Weib wird einer Hingabe froh werden, wenn es weiß oder fühlt, daß der betreffende Mann es deswegen morgen verachtet oder geringer einschätzt als früher, oder es auch nur im mindesten bezweifelt. Jeder erotische Impuls verfliegt der Frau im selben Moment, wo sie eine »Stütze der Gesellschaft«, die sich einen »Seitensprung« vergönnt, in ihm vermutet. Einer solchen Eventualität gegenüber, die heute zumeist besteht, trägt sie lieber weiter ihre Einsamkeit. Nazarenisch-neurotische »Reue« einerseits, pharisäische Verachtung andererseits, das sind dem heutigen Manne zumeist die Begleiterscheinungen des Lendemains einer freien Liebesstunde. Sein Unvermögen, das Verhältnis in heiterer Schönheit durchzuführen, zwingt die bessere Frau zu »freiwilligem« Zölibat.

Ein großer Teil der Männer ist auch für die nicht verheiratete Frau so gut als nicht existierend, denn diese Männer haben schon von vornherein »Angst« vor Beziehungen, die entstehen könnten. Die Prostitution befriedigt ihr dringendstes sexuelles Bedürfen, welches sich so auf die rascheste, bequemste und »ungefährlichste« (!) Weise erledigen läßt. Die ungeheure Schar von Frauen, die dieser Zahl Männer ziffermäßig entspricht, lebt geschlechtslos oder ist auf kurze, wechselnde Verhältnisse angewiesen. Diese Konstellation hat denn auch einen ganz neuen Typus hervorgebracht, einen Typus so tragischer Art, daß wir zögern, ihn zu benennen. Ich möchte ihn die »seltene« Frau nennen, das ist eine Frau, die eigentlich keine »Frau« ist, wie die Ehefrau, d.h. in geregeltem, durch die Jahre der Zeugungsfähigkeit anhaltendem Geschlechtsverkehr lebt, auch keine alte Jungfer, die niemals Weib war, auch keine Prostituierte, deren

Geschlecht exploitiert wird, sondern eben die »seltene« Frau, ein Weib, das in den Jahrzehnten seiner Jugend einige kurzwährende Liebeserlebnisse hat. Dieser Typus Frau ist häufiger, als man meint, über ihm ruht die tiefste Tragik, denn solch eine Frau wurde begehrt und hat begehrt, ihre Resignation muß daher eine tiefe Störung ihres gesamten vitalen Systems bedeuten. Soviel mir bekannt, hat nur ein einziger Pathologe, der Wiener Arzt Professor Freud, die Störungen, die durch vereinzelte sexuelle Erlebnisse bei Menschen, die im allgemeinen abstinent zu leben gezwungen sind, in Evidenz genommen. Unter den Ursachen der »Angstneurose«, die wir später noch des genaueren darstellen werden, nennt Professor Freud auch diese. Die Abstinenz der Frauen hat tatsächlich einen Umfang, der weit größer ist, als man es sich gewöhnlich vorstellt. Es gibt kaum einen Mann, der eine solche Abstinenz ertragen würde, ohne darüber in schwere Perversionen zu geraten, etwa Onanist zu werden. Millionen Frauen aber leben vollkommen geschlechtslos und sind nur auf jene oben angedeuteten, kurzwährenden Geschlechtserlebnisse, die man mehr Geschlechtsreizungen nennen könnte, da sie die volle Auslösung der erregten Spannungen zumeist nicht bieten, angewiesen. Der Mann kann das gar nicht ausdenken! Noch weniger kann er die Zwiespältigkeit des Empfindens einer solchen Frau ermessen. Diese Zwiespältigkeit besteht in der gesunden, fordernden Begierde einerseits und in der notwendigen Abwehr andererseits, notwendig deshalb, weil die gemachten Erfahrungen zu einer Abwehr zwingen. Daß diese Spaltungen und Widersprüche zwischen dem Triebleben und den Vernunftentschließungen die psychische Einheit mehr und mehr gefährden, ist klar. Ein moderner großer Dichter hat dieses Phänomen in seiner ganzen unheimlichen Unnatur erkannt und gestaltet. Frenssen hat in seinem Roman »Hilligenlei« die tödliche Vereinsamung blühender, jugendlicher Weiblichkeit geschildert. Es scheint mir ein wunderbar tiefer Instinkt, der ihn dazu geführt hat, dieses Schicksal gerade an dem vollkommensten Weib seines Romans darzustellen. Anna Boje, herrlich an Leib und Seele, voll erblüht, geht in finsterer Nacht über die Heide und schluchzt in den Sturm, ruft Gott an, sie vom Leben zu befreien. Immer dunkler wird es in ihr, dunkler noch, als die Nacht selbst ist, schließlich schwelgt sie in der Vorstellung, begraben zu sein, tief drinnen zu liegen in der Heide, tief in der braunen, gebärenden Erde, damit dann doch »etwas aus ihr wachse«, vielleicht ein Strauch, vielleicht Heidekraut, vielleicht auch nur Unkraut, aber irgend etwas wird dann doch aus ihr herauswachsen. Ich wünschte, unsere ganze Zeit verstünde, was der Dichter da geschaut und gesagt hat. Das herrliche, jugendliche Weib, die berufene Geliebte und Gebärerin ist ihrer Geschlechtsbestimmung durch dunkle, übermächtige Gewalten entzogen, ihr jugendstarker Schoß darf nicht empfangen, nicht tragen, nicht gebären. Alles aber in ihr, jeder Blutstropfen schreit danach, daß »etwas aus ihr wachse«. Und so will sie lieber tot und begraben sein, Staub und Erde werden, damit sie dann dieses Schicksal erfülle. Er erzählt auch, dieser Dichter, wie dem Mädchen trotz seiner Einsamkeit vor allen diesen entarteten Wichten, die sie umgeben, graut. Wie sie jeden einzelnen ansieht auf die Möglichkeit hin, sich ihm zu ergeben, und wie sie sich vor Ekel schüttelt bei dem bloßen Gedanken. Wie sie sich schließlich dem verheirateten Mann für eine kurze, knapp bemessene Zeit, deren Ende sie bevorsieht, hingibt – also zur »seltenen« Frau wird – nur weil er eben noch am ehesten einem Manne gleich sieht. Daß die Zeit es niemals vergäße, was der Dichter da geschildert hat.

Das Überwiegen der sexuellen Frage in der Literatur, besonders in der Frauenliteratur hat viele mit »dégout« erfüllt, besonders die, die satt und sicher im Hafen sitzen. Das grausigste aber ist, daß diese Schilderungen wahr sind, daß sie dem Leben entsprechen, daß viele junge, liebestaugliche Frauen vereinsamt sind, sich verzehrend nach ein bißchen Licht und Liebe, nach einem natürlichen Schicksal. Die von der Gesellschaft ausgeübte Absperrung der erotischen Möglichkeiten betrügt sie darum, ihre Blüte bleibt ungenossen, ihr Schoß steril, und während der junge Mann, tief gedemütigt, bei der Prostituierten »Erleichterung« sucht, seine angehäufte Manneskraft in deren Schoß ergießt, nicht selten die Zähne zusammenbeißend, die Augen schließend, den Ekel nur mit großer Mühe niederhaltend, hier sich ausgibt, weil er kein Weib hat, sitzt dieses Weib mit sehnsüchtigem Herzen und gequältem Körper, der in seiner Blüte

verlangt, genossen zu werden, verbittert, vereinsamt, von Verödungsgefühlen dem Selbstmord
nahe gebracht und zehrt sich auf nach dem – was zur Prostituierten getragen wird. Noch ein
anderer hat in einer schaurigen Fabel dieses unwahrscheinliche Elend dargestellt. Strindberg
hat in seinem Einakter »Fräulein Julia« mit genialem Griff die Tragödie des verblühenden, von
erotischem Mißgeschick verfolgten (ein zurückgegangenes Verlöbnis wird unsagbar diskret erwähnt) und dadurch mit sexuellen Spannungen förmlich geladenen, noch jungfräulichen Mädchens dargestellt, das an den Lakaien gerät, an den Jean – warum? Weil er da ist. Der Zustand
eines Mädchens, bei dem das natürliche erotische Erlebnis ausbleibt, dessen Hoffnung darauf
mit fortschreitenden Jahren mehr und mehr sinkt, und dessen Widerwillen gegen diesen erzwungenen Zustand immer erdrückender anwächst, muß nach und nach zur Psychose werden,
zur tiefen Bedrückung des gesamten Organismus.

»Welche Entlastung erfolgt schon aus der prinzipiellen Anerkennung des moralischen Stand-
punktes, der die sexuellen Naturtriebe als Kraftquelle eines fröhlichen, die Entwicklung nach
aufwärts weisenden Kampfes gut heißt.« So Professor Ehrenfels. Er findet in der Begeisterung
eine blütenreiche Ausdrucksweise, wird zum Dichter, um die Wonnen der von ihm angestrebten
Polygamie zu preisen[103]. »Welche Fülle befreienden Phantasieaufschwunges erblüht schon dem
ärmsten polygamen Erlebnis, wenn es geheiligt und gehoben wird durch das Bewußtsein der
tätigen Teilhaberschaft an dem großen Werk der sexuellen Reform.« So ernst wir die Vorschläge
von Ehrenfels zu untersuchen beabsichtigen, so können wir uns doch nicht enthalten, hier zu
fragen: wer lacht da? Es fordert in der Tat Heiterkeit heraus, wenn ein Mann vorgibt, daß seinen
polygamen Erlebnissen so viel befreiender Phantasieaufschwung entblühe, lediglich durch das
»Bewußtsein« der tätigen (!) Teilhaberschaft an dem großen Werk der sexuellen Reform. Ja, ja,
was tut man nicht alles, um einem Reformgedanken so aktiv wie möglich zu dienen.

Wir begreifen diesen »Schrei des Mannes«, wann aber wird sich der Mann auch nur annähernd in die Lage der Frau hineindenken können, wann begreifen können die Vorstellungsmassen, die da in ihrem Unterbewußtsein geknebelt liegen und die Freiheit des Oberbewußtseins
wie Barrikaden versperren. Und wenn der gesunde junge Mann eingesteht, nicht nur der polygamen erotischen Erlebnisse, sondern sogar der Prostitution zu bedürfen, weil er alle acht
bis zehn Tage eine Entladung seiner sexuellen Energien braucht, wenn selbst die Gesellschaft
die Prostitution aus diesem Gesichtspunkt toleriert mit der Motivierung, daß Arbeits- und Lebenskräfte des Mannes von dieser notwendigen Entladung abhängen, – wie hat sie diese Frage
für die Frau gelöst? Sie hat eine Vorschrift gegeben des Inhalts, diese Frage existiere nicht für
sie, ohne den Schatten einer naturgemäßen Begründung. Ist der normale, gesunde Mann nach
zweiwöchentlicher Enthaltsamkeit von Beschwerden geplagt, die ihn arbeitsunfähig machen, so
stelle man sich die kräftige, gesunde Frau vor, die immer, oder doch jahrelang, ohne diese Auslösung ihrer sexuellen Spannungen dahinlebt, der reale und moralische Schwierigkeiten aller Art
den Weg zu primärer Äußerung ihres sexuellen Empfindens verrammeln. Die »Ehrbarkeit«, die
nicht nur die Erziehung übermittelt, sondern die uns durch viele Generationen angezüchtet ist,
macht auf diese Art zu Krüppeln. Wir haben weder den Mut noch die unbefangene Laune, noch
die geeigneten Partner, eine sinnliche Nötigung als solche anzuerkennen und ihr fröhlichen Gemütes freien Spielraum zu geben. Ohne die Verwicklungen und Gefahren der »großen Liebe«
gibt es für uns keine erotische Entladung. Die Folgen sind unaufhörliche Liebesverwicklungen,
die zumeist in Jammer enden, innere Beladenheit und Unfreiheit, die die Lebensmaschinerie
belasten, Beschwerung aller Sinne. Judentum und Christentum haben diese »ethischen« Gebir-
ge aufeinander getürmt, unter denen die menschliche Schönheit und Freiheit begraben liegt,
aus den Moralen sind wirtschaftliche »Ordnungen« entstanden, welche dem letzten Rest freier
Selbstbestimmung den Garaus gemacht haben. Die ungeheuerliche Überlegenheit des Mannes
über das Weib stammt aus seiner sexuellen Freiheit weit mehr, denn aus seinem wirtschaftlichen Übergewicht.

Die sexuelle Spannung kompliziert sich bei der Frau noch durch das Bedürfnis des weiblichen Organismus nicht nur nach erotischer Anregung, sondern nach Mutterschaft. Die gesunde junge Frau muß Mutter sein dürfen, sonst wird sie nervenkrank. Sie braucht nicht nur den

Geschlechtsakt, sondern die Schwangerschaft, die »Reinigung« durch die Geburt, die Entlastung durch das Stillen und den Affekt der Liebe zum Kind. Ich wehre mich gegen die vielen »ethischen« Begründungen, mit denen manche Frauenrechtlerinnen diese Forderung vorzutragen pflegen, gegen jene dicken, schweren Hüllen, in die sie die natürlichsten Ansprüche einnähen wie in Säcke, und welche sie in den Augen der Männer darum so oft lächerlich erscheinen lassen. Es ist an der Zeit, daß man der unverballhornten Wahrheit Spielraum gibt, ich berufe mich auf Naturwissenschaft und Naturrecht, auf Naturwillen und sozialen Willen, wie er durch die Gattung spricht, auf die deutliche Forderung unverdorbener Instinkte. Goethe sagte einmal, die Deutschen sollten das Wort »Gemüt« hundert Jahre nicht aussprechen. Ich meine die Frauenrechtlerinnen sollten die Worte »ethisch« und »seelisch« ein paar Jahrzehnte in Ruhe lassen, damit sie wieder Bedeutung bekämen.

Wenn ein Mann eine Kette unglücklicher Liebesverhältnisse zu durchleben gezwungen ist, wie z.B. Goethe, so kann er über solch ein Schicksal hinweg durch den Ausweg der – Nebenliebe, sagen wir, oder der Seitenliebe, der ihm gelassen ist. Hier macht sich die durch die seelische Erschütterung doppelt bedrängte physische Natur Luft. Der Frau fehlt dieser Ausweg, sie muß alles das, was gerade durch solche Erlebnisse am stärksten zu irgendeiner Entladung drängt – »abreagieren«, wie es Freud genannt hat – in sich anhäufen, und wenn es ihren Organismus zerreißt. Darum muß sie an solchen Erlebnissen gewöhnlich zugrunde gehen. Darum ist unsere Zeit so unheimlich überfüllt von weinenden, kämpfenden, tief unbefriedigten, ihres Lebens schwer überdrüssigen jungen Frauen.

Nach Krafft-Ebing treten die meisten Fälle von Irresein bei Frauen im Alter von fünfundzwanzig bis fünfunddreißig Jahren auf, wo »bei ledigen Weibern Liebes- und Lebenshoffnungen das Gemüt erregen, und, oft getäuscht, schwere geistige Wunden setzen, während« – so lautet der Schluß des Satzes – »bei geschlechtsfunktionierenden Frauen die schwächenden Einflüsse von Geburten, Laktationen zu Geltung gelangen«. Während wir aber die Schwächung durch normale Vorgänge wie Geburten, Laktationen als ausgesprochene Degenerationsmerkmale betrachten müssen, die durch vernünftige Individual- und Rassenhygiene zu beheben sind, muß das Gebrochenwerden bis zum Irresein durch gewaltsame geschlechtliche Entraffung im Alter, »wo bei ledigen Weibern Liebes- und Lebenshoffnungen das Gemüt erregen«, durch die Sterilisierung bei gesundem Leibe in den zur Geschlechtstätigkeit bestimmten Jahren als ein durchaus normaler Vorgang betrachtet werden, als unausweichliche Folge einer solchen ungeheuerlichen Vergewaltigung der Natur, daher hoffnungslos, unheilbar durch medizinische Hygiene, heilbar nur durch soziale Hygiene, d.h. Gesundung des kranken Gesellschaftskörpers, Ausscheidung siecher Moralgesetze und Ersatz jener Moralbestandteile unserer »Ordnung«, die da vermoulue geworden sind, durch gesunde.

Wie viele Frauen sich förmlich zu Tode frieren, kann man gar nicht ermessen. Sie erfrieren an der Leblosigkeit, Sinnlosigkeit ihres Daseins. Und welch leichte Beute ist das Weib dem Manne, der werbend in solcher Öde zu ihr tritt, wie ist sie ihm überliefert – weil es für sie keine, gar keine Möglichkeit gibt, sich irgendwo eine Stunde der Freude, irgendwo, wenn sie in Frost, Angst und Einsamkeit vergeht, wenn »das häßliche, zweideutige Geflügel, das leidige Gefolg der alten Nacht«, von dem im »Tasso« die Rede ist, ihr Haupt umflattert, Licht und Wärme zu holen. Eine direkte Folgeerscheinung dieses Elends ist daher die Entwürdigung der Frau. Sie verliert das, was ihr in der Erotik das eigentlich Gemäße ist – die ruhige Passivität und damit ihr eigentlichstes Wesen. Das geschlechtliche Darben macht die Frauen würdelos, ruhelos, nimmt ihnen Halt und Frieden, nimmt ihnen die ruhige Zentralisation in sich selbst, die das Wesen des an sich Weiblichen ist, macht sie zu seelischen Schmarotzern an anderen, die allem und jedem nachjagen, um ihre Öde zu betäuben, und die, wenn sie nicht zufällig in irgendeiner Lebensaufgabe Fixierung finden, sich immer mehr und mehr verlieren. In diesem Aushungerungszustand ist das gar nicht anders möglich, Scham, Würde, Vernunft können sich eben bei solcher Konstellation nicht behaupten, es sei denn, daß das Übel schon so weit fortgeschritten ist, daß eine direkte Ablehnung gegen jede erotische Möglichkeit an Stelle der früheren Sehnsucht danach tritt, ein Zustand, den der Arzt und Psychopath sehr gut kennt.

Wie die Situation heute ist, muß die temperamentvolle, von Natur hingebende Frau es lernen, aus ihrem Herzen künstlich eine Mördergrube zu machen. Im Zustand des sexuellen Darbens bekommt ihr Wesen – und wenn sie die reinste Seele hatte – entweder etwas Abweisend-Herbes oder etwas Buhlerisches jedem Manne gegenüber, der einigermaßen Eindruck auf sie macht. Und, im Gegensatz zu ihr – die befriedigte, glückliche Frau hat etwas Mütterliches, Gütiges, Demetrisch-Reines im Verkehr mit dem Manne.

In einem Vortrag sagte Lili Braun einmal: »Durch die Liebe kann man nicht fallen, sondern nur steigen.« Ach, wie sehr kann man durch die Liebe fallen, sinken, tiefer und tiefer gleiten. Freilich nicht in dem landläufigen Sinn ist dies gemeint. Nicht die sexuelle Hingabe macht den Fall aus, sondern die seelische Hörigkeit, in die die Frau zu geraten pflegt, ihre innere Versklavung, die sie mehr und mehr um die eigene Persönlichkeit bringt, bedeutet ihr »Fallen«. – Es gibt viele Männer, die des Kontaktes mit dem Weibe wenigstens insofern bedürfen, daß sie jeden Tag zumindest eine Frau sehen und sprechen müssen. Diese selben Männer haben nicht selten nicht das geringste Verständnis für dieselbe Nötigung beim Weibe. Die Einsamkeit der jungen Weiber schreit zum Himmel. Liebesbeziehungen außerhalb der Ehe werden, unter den gegebenen Bedingungen, zu bloßen Aventuren, die zumeist böse ausgehen. Und da die Ehe selbst immer schwieriger wird, am schwierigsten aber für die Feinergearteten, so ist die Situation trostlos. Die etwaigen »Ablenkungen« von diesem Elend durch Beruf, Beschäftigung mit Kunst und Wissenschaft, soziale Fürsorge, Naturgenuß usw. sind nur unvollständige. Wenn man die Frau auf diese Betätigungen als Ablenkung verweist, so ist das so, als wollte man sagen, wenn jemand atmet, braucht er nicht zu essen oder zu schlafen, oder weil er Stiefel hat, braucht er keinen Mantel. Diese Betätigungen sind viel zu positive Werte, um als »Ablenkungen« mißbraucht zu werden. Sie ersetzen nicht andere, ebenso notwendige Betätigungen, und je gesunder und vollkommener ein Organismus ist, desto notwendiger wird ihm natürliche Aktion in allen ihm bestimmten Zonen, daher auch in der der Sympathie, der Vertrautheit mit einem Wesen des anderen Geschlechtes. Das Unglück für die Frau liegt nur darin, daß sie von dieser Vertrautheit auch immer noch eine Menge anderer Dinge will und braucht als der Mann. Ein tiefer Naturinstinkt lehrt sie eben, den vielfachen Wechsel dieser Beziehungen fürchten. »Wer den ersten Knopf verfehlt, wird mit dem Zuknöpfen nicht fertig«, lautet ein Spruch von Goethe. Eine Frau, die einmal »Unglück« in der großen Sache, die das Liebeserlebnis für sie heute auch sozial und moralisch bedeutet, hatte, kommt nur schwer wieder ins richtige Geleise. Das eine Mißgeschick zieht neue, besondere Folgen der Vereinsamung, der Erschwerung der neuerlichen Wahl und dabei das um so zwingendere Bedürfnis nach neuer Gemeinschaft mit sich, daher sie, zumindest in den Jahren, in denen ja die natürliche Leidenschaft am stärksten ist, nur allzu leicht wieder in eine neue Beziehung gerät, die die wahrhaft »richtige« Gewähr für glücklichen und dauernden Bestand nicht bietet. Aber wollte sie auf diese ganz »richtige« Beziehung warten – sie käme vielleicht niemals überhaupt zu irgendeinem Erlebnis der Liebe, und die normale Frau wird eben ein solches Schicksal nicht ertragen, lieber sich in die Gefahren solcher Beziehungen stürzen, die, wenn sie auch nicht gesichert erscheinen, ihr doch ein Teil eines natürlichen Schicksals bieten. Solange die Frau nicht in ihrem Charakter gefestigt ist, sind solche Erlebnisse eine schwere Gefährdung für ihre Charakterbildung überhaupt. Sie gerät in die Gefahr einer psychischen Zersplitterung, Diffusion. Denn will der eine Mann die »Herrin« in ihr, so will der andere das in Hingabe zerschmelzende Weib; jener wünscht sie häuslich, dieser wünscht sie weltlich, dieser philosophisch-asketisch, jener üppig-hetärisch usf. Und das liebende und liebebedürftige Weib versucht immer wieder – d.h. solange ihr ihr eigenstes Wesen nicht deutlich und unverdrängbar geworden ist – eine neue »Anpassung«! Das ist ein Kapitel »Hörigkeit« von ganz besonderer Art. Das mögliche Elend der Frau auf erotischem Gebiete ist eben deshalb ein besonderes, weil ihr jede Möglichkeit momentaner Erleichterung aus qualvollster Einsamkeit fehlt. Unzählige junge Frauen haben öfters, als man annimmt, keinerlei, selbst keinerlei freundschaftlich vertraute Beziehungen mit dem anderen Geschlecht, Millionen Frauen sind vollkommen einsam. Vereinsamt sind sie in ihrem Liebes- und Zärtlichkeitsbedürfnis, in ihrem Bedürfnis zu empfangen und Frucht zu tragen. »Wenn tief im Schoße der Jungfrau, auf den Wink des kreisenden Mondes, sich eine winzige Zelle löst, um durch einen schmalen Gang in die heimliche Kammer hinabzusteigen, so harrt sie hier einige Tage, ob nicht ein kühner Eroberer von außen eindringe und ihr Dasein in neue Bahnen lenke. Und der kleinen Zelle zu Ehren bringt der stolze Körper des Mädchens blutige Opfer dar. Aber bald, wenn kein Eroberer erscheint, um sich der bräutlichen Zelle zu bemächtigen, läßt der Körper nach mit seiner nährenden Opferspeise, und die Lebenskraft der Zelle versiegt. Dringt nun vielleicht auch nachher im stürmischen Jubel eine wilde Schar kecker Eroberer in das heimliche Gemach, so geht es ihnen wie den Römern vor dem Raub der Sabinerinnen, so geht es ihnen wie so vielen Eroberervölkern, die ruhmlos untergingen, weil ihnen die Nachkommenschaft fehlte. Und wieder kreist der Mond. Und wieder reißt sich eine Eizelle los von dem Boden, auf dem sie gewachsen ist, und kommt in jenes Brautgemach, welches jedes Weib in seinem Innern trägt. Und wieder fließen blutige Opfer. Und wieder dringt kein Bräutigam in das Gemach, das anscheinend für ihn bereitet ist«[104].

Eine besondere Einsamkeit umgibt jene schon erwähnten »neuen« Frauen, denn der Mann, der für sie in Betracht kommt, ist heutigentags nur allzu vereinzelt da. Die Zahl dieser sehr feinen und ein sehr kultiviertes Eigenleben, welches keine unsauberen Kompromisse duldet, führenden Frauen wächst von Tag zu Tag, und sie entbehren des Genossen. Der geringe Mann scheitert am Wege zu ihnen, er durchdringt nicht das »Feuer« ihrer Persönlichkeit. Dieser höheren Frau kann auch nur das tiefe Erlebnis – besonders in Anbetracht des heute herrschenden geschwächten Liebesvermögens des Mannes und seiner unhellenischen Gesinnung – Befreiung bringen. Bleibt es aus, oder wird es ihr wieder genommen, so ist sie nicht nur ihrem Gemütsleid, sondern auch der sexuellen Entbehrung vollkommen preisgegeben, denn zu einem frivolen Erlebnis wagt sich, zur Ehre des Mannes sei es gesagt, kaum ein Mann an sie heran. Eine solche Frau wird immer ernst umworben, oder gar nicht. An sie tritt nicht so leicht ein Mann mit einem Wunsch, einem Begehren, einer Forderung heran, es sei denn, daß er ihr alles – die ungeteilte, restlose, dauernde Hingabe zu bieten hätte. Und da dieser ihr gemäße Typus Mann – der Mann, dessen liebesstarkes Herz eine tragefähige Brücke zu ihrer Persönlichkeit baut – ihr nur sehr selten überhaupt begegnet, und am allerseltensten unter Verhältnissen, die eine Dauerverbindung möglich erscheinen lassen, bleibt gerade diese Frau am ehesten einsam. Von den Kämpfen eines solchen Frauenherzens gibt uns Rahels Lebensgeschichte ein erschütterndes Bild. »Heiteren Geistes, traurigen Herzens« – so war sie nach ihren Enttäuschungen geworden. Die Gefahr der Vereinsamung gerade dieser höheren Frauen ist auch eine Gefahr für die Gesamtheit. Denn wenn diese »geistig hochmütigen Frauen ohne leibliche Nachkommenschaft sterben, ihre kraftvollen Individualitäten sich nicht fortpflanzen«[105], so ist das keinesfalls ein Vorteil für die Rasse. Die Erzieher und Lehrer der folgenden Epoche »haben dann fortgesetzt die Aufgabe, die dümmsten Schädel zu erhellen«. Und die Sehnsucht gerade solcher Frauen ist besonders stark, tief und strahlend. Solange in ihrer durch die Regsamkeit ihres Geistes verlängerten Jugendlichkeit in ihrer Seele alle Kräfte in Blüte stehen, so lange glaubt solch eine Frau auch instinktiv an ihren Stern, an den Stern, unter dem aus Zweien Eines wird, ein Einziges und Untrennbares. Aber es kommt ein Tag, wo sie ihre Sehnsucht traurigen Herzens entläßt und der Entschwindenden trüben Blickes nachsieht, müde von vergeblicher Pilgerfahrt. Ein Mann war es, der große Fläme Maeterlinck, der das Lied dieser Sehnsucht und dieser Resignation gefunden hat:

> »Schwestern, ich suchte dreißig Jahr:
> Wo mag er verborgen sein?
> Schwestern, ich pilgerte dreißig Jahr
> Und holte ihn doch nicht ein.
>
> Schwestern, ich pilgerte dreißig Jahr:
> Nun sind die Füße mir schwer.
> Schwestern, er war überall
> Und ist nirgends mehr.

Schwestern, trübe die Stunde rinnt:
Zieht mir vom Fuße die Schuh'.
Schwestern, auch der Abend sinkt,
Und meine Seele sucht Ruh'.

Schwestern, sechzehn Jahre alt,
Wandert weit von hier.
Schwestern, nehmt meinen Stab zum Halt
Geht und sucht gleich mir.«

Ist es denkbar, daß derartigem Elend jemals abzuhelfen ist? Ja. Denn wenn auch nicht zur
»richtigen« Dauerehe – zur Mutterschaft könnte in einem gesunden Sexualsystem jede gesunde,
begehrte Frau Gelegenheit haben. Wenn nicht die gespenstige Formel »er muß sie heiraten«,
oder »er ist verheiratet«, oder »er oder sie wollen sich anderweitig verheiraten« neben jedem
Liebesverhältnis stünde, hätte jede Frau, die heute, trotzdem sie Begehren erregt, vereinsamt
bleibt, noch hundertmal mehr Gelegenheit, begehrt und geliebt zu werden. Daß diese Möglichkeit frei werde, frei vor allem durch ökonomische Sicherung der durch die Mutterschaft am
Erwerb verhinderten oder darin unterbrochenen Frau, frei durch die gesellschaftliche Rehabilitierung auch der unehelichen Mutterschaft, eine Forderung, die vor allem der »Deutsche Bund
für Mutterschutz« stolz und kühn und ganz offiziell auf seine Flagge geschrieben hat, frei durch
die moralischen Voraussetzungen, mit denen beide Partner an das Verhältnis herangehen, frei
von den Bleigewichten an Sinnen und Seele, die heute in jedem Liebesverhältnis die Beteiligten
belasten, ist notwendig. Daß das »volle Glück« in einer Einheit von Mutter und Kind, ohne den
Vater des Kindes, zu finden sei, behaupten wir nicht. Aber dennoch scheint es ganz außer Frage, daß die Gesellschaft zu dieser Einheit als Basis ihrer Sexualordnung zurückkehren müssen
wird, daß, nach der kurzen Verirrung ins Vaterrecht, wieder das Matriarchat die natürliche Fa-
milieneinheit wird. Im zweiten Buch dieser Arbeit soll das Wesen des Matriarchats eingehend
untersucht werden, in einer Darlegung, aus welcher hervorgeht, wie erstaunlich kurz tatsächlich in der Geschichte der Menschheit die Geschichte des Vaterrechts ist, welch episodischen
Charakter diese Familienform, die auf keinem Naturwillen basiert, trägt. Bis in die Urzeiten
der weiblichen Prophetie hinein ragt die Institution des Mutterrechtes, in der die unlösliche
Zusammengehörigkeit von Mutter und Kind und die einzig sichere Familiengemeinschaft zum
Ausdruck kam, und die nichtsdestoweniger auch den Vater der Kinder der Familie – schon dadurch, daß sich Grundbesitz nur in weiblicher Linie vererbte – zumeist in monogamer Eheform
verband. – Aber selbst wenn der Vater fehlt, so ist ein solches Schicksal für die Frau tausendmal besser (immer unter der Voraussetzung, daß sie dadurch nicht in Not und gesellschaftliche
Verachtung gestoßen wird), als daß sie unter der Bürde des völligen Verzichtes als Liebes- und
Geschlechtswesen, die heute Millionen Frauen aufgeladen wird, dahinlebt. Ist ihre Befreiung
von diesem Verzicht eine anerkannte und gebilligte, so wird sie auch gar nicht in die Lage
kommen, derart zu vereinsamen, wenn selbst der eine Mann sie verläßt, wie heute. Hat ihr
Kind nicht den »natürlichen« Vater, so hat es im Freund der Mutter vielleicht einen besseren.
Auch wird der Mann gerade, wenn er sich frei fühlt, in dem Sinn, wie heute die unverheiratete
Frau frei ist, nämlich vogelfrei – einer natürlichen psychischen Suggestion folgend, das Recht
an seinem Kinde erobern wollen, und wahrscheinlich häufiger der Mutter ergeben bleiben als
heute, wo er sich durch jede derartige Beziehung sofort »eingefangen« fühlt. Daß eine Frau,
wenn der eine Mann sie im Stich läßt, oder auch, wenn sie über ihn hinauskommt – nicht auch
mit anderen Männern, zu denen sie im Laufe des Lebens in Liebesbeziehungen gerät, Kinder
haben soll – immer vorausgesetzt, daß es gesunde Kinder sind – dagegen läßt sich kein, aber
auch gar kein vernünftiger rassenbiologischer Grund auffinden. Im Gegenteil: eine viel intensi-
vere Auslese kann auf diese Art am Werke sein, als sie heute bei der einmaligen und einzigen
Bindung, die halb im Dunkeln abgeschlossen wird, am Werke ist. Inwieweit eine Gesellschaft
ihre Geburtenrate steigern will, wird sie national-ökonomisch und durch direkte Initiative der
Mutter gegenüber bestimmen müssen. Durch diese direkte Liierung mit der Mutter kommt der

Staat überhaupt das erstemal in die Lage, seine Geburtenrate planmäßig zu regeln, während er jetzt fortwährend allen möglichen Krisen, bald der Über-, bald der Unterbevölkerung ausgesetzt ist. Auch dürften innerhalb einer solchen anderen Sexualordnung durchaus nicht so sehr viel mehr Kinder geboren werden als heute, nur eben – und hier ist der springende Punkt – in anderer Verteilung, und gerade das ist wünschenwert. Weder würde sich der Erwerbsschwache noch der Kranke – bei offizieller Verbreitung der Kenntnisse des Präventivverkehrs und dem gesellschaftlichen Veto einer rassenschädlichen Vermehrung gegenüber – so überreich fortpflanzen, wie es heute gerade in diesen Schichten üblich ist, noch würde die Mitgifttochter ohne besondere Vorzüge, noch der degenerierte Mann zur Vermehrung gelangen; wenn der Mann keinen komplizierten »Hausstand«, das Weib keinen Ernährer braucht, würden mindere Individuen viel häufiger aus dem Rasseprozeß geschieden werden und dafür schöne, starke und begehrte Menschen zur Fortpflanzung gelangen. Nicht um vermehrte Paarung, sondern nur um andere Formen und Voraussetzungen der Paarung und andere Zusammenstellung der Paare handelt es sich.

Die Fortpflanzung muß frei werden von der Ummauerung durch die Ehe. Das hindert nicht, daß die Ehe selbst, als vielfach bevorzugte Form der Geschlechtsgemeinschaft, bestehen bleibt, nur als einzige Basis der Generation soll sie nicht ausschließliche Geltung behalten. Die Forderung dieser Legitimität muß entfallen, soll das Gesetz der freien Auslese wirklich wieder in Kraft treten und edle Früchte zeitigen. Durch die Opfer, mit denen die Bevorzugung dieser Legitimität erkauft wird und in Anbetracht der Früchte, die sie als Monopol der Fortpflanzung zeitigt, hat sie ihre Berechtigung zu solcher Bevorzugung und Monopolisierung nicht erwiesen. Die Millionen Opfer der Zölibatäre, der Prostitution und die Früchte einer gewaltsamen Unterbindung der Zuchtwahl lassen sie als zu teuer bezahlt erscheinen.

Ein wunderbares bewußtes Werbespiel würde dann endlich wieder nach normalen Gesetzen vor sich gehen. Jetzt wird nicht »geworben«. Man erheiratet, man erkauft heutzutage Geschlechtsgunst, man resigniert darauf oder man »verführt« dazu, mit dem bösesten Gewissen auf beiden Seiten. Aber eigentliche, feurig-frohe, deutliche und natürliche Werbung des Mannes um das Weib gibt es kaum. Die kann nur vorwalten, wenn niemandem schlimme Konsequenzen erwachsen, wenn beiden Teilen Freude wird durch Erhörung. Wir ersticken und verkümmern heutzutage in dieser absonderlichsten Dürre, mit der uns die Zuchtrute einer lügentollen »Moral« geschlagen hat.

Welch ein wunderbares Drängen nach Gunst und Minne könnte bei Anerkennung der Notwendigkeit auch des außerehelichen erotischen Verkehrs und der gesellschaftlichen Rehabilitierung seiner Übung wieder Spielraum finden, wieviel jetzt hoffnungslos daniederliegende und zertretene Lebensfreude würde sich aufrichten und neue Blüten treiben. Durch den erlaubten und ermöglichten erotischen Kontakt würde auch eine Fülle von seelischer Vertraulichkeit frei, dort, wo heute nur öde, leere, konventionelle Formeln den gesellschaftlichen Verkehr beherrschen und ihn zu einem Kontakte machen, der in Wahrheit niemanden erleichtert, sondern, im Gegenteil, Spannungen und Bedrückungen hervorruft. Wie frei und traulich werden Menschen miteinander, wenn auch nur ein einziges Mal ihre Lippen einander berührt haben. Wie blüht und sprießt es da hundertfältig zwischen ihnen, selbst wenn sie früher kaum Worte fanden, die Konversation fortzuschleppen. In wieviel höherem Grade wäre dieses seelische Füreinander-Erblühen der Fall, wenn das erotische Erleben mit völlig gutem Gewissen und in ungetrübter Heiterkeit geschehen könnte. Welche Fülle des Daseins! Wie würde man da auch für sein soziales Schaffen elastisch beflügelt, während jetzt durch das geknebelte Geschlechtsgefühl der Organismus manchmal kaum imstande ist, sich weiterzufristen. Wie kann ein Mensch, dem der tiefe Gram darüber, daß er jedes Bedürfnis nach Zärtlichkeit in sich ersticken muß, daß er aus seinem vielleicht reichen Herzen eine Mördergrube machen muß, daß er seine leibliche und seelische Blüte verwelken lassen muß, weder sich noch anderen zur Freude – an der Seele zehrt – wie kann solch ein Mensch die Pflichten und Lasten des Daseins elastisch tragen? Dieser tiefe Gram, der heute an Millionen Menschen zehrt, Männern und Frauen, dieser Gram des unbenützten Geschlechtes ist ein Hemmschuh im Kampf ums Dasein, eine Belastung, die nicht geeignet ist, zu immer höherer »Tauglichkeit« zu führen. Und was immer ich hier in diesem Buche sage an Dingen, die vielleicht so manchem Anstoß erregen – ich sage es im Namen dieses Grames von Millionen – im Namen eines Elends, das unsere Blüte bricht und uns hindert, Frucht zu tragen.

———————————

4. Die psychopathischen Folgen des sexuellen Elends

»Matt, elend und erschöpft« – Bewußtseinsspaltung – Ursachen der Hysterie – Die Forschungen von Breuer und Freud – Zersprengung der phychischen Einheit durch die Nötigung, Sexualaffekte »abzureagieren« – Die Sexualneurose.

Ich komme zu dem düstersten Punkt meiner Abhandlung: zu den Folgen, die das sexuelle Elend, die alle die Verschrobenheiten auf sexuellem Gebiete auf das Psycho-Physische der Menschen, auf ihre Gesundheit, auch da, wo sie ihr Seelenleben betrifft, hervorbringt. Die Entraffung des Liebeslebens führt ohne Zweifel zu einem Energienentzug, der sich in seinen Wirkungen äußert wie ein Manko an der notwendigen Elektrizität, die der Körper braucht, um seine Tatkraft zu behalten. Es ist kein Zufall, daß jene Heilmethoden, die sich nicht auf Heilung bestimmter Krankheiten beziehen, sondern für jene Menschen bestimmt sind, die sich »matt, elend und erschöpft« fühlen, sich des stärksten Zuspruches erfreuen. In früheren Zeiten waren, wie Ehrenfels bemerkt, »religiöse Extase, Orgien der Grausamkeit« besonders beliebte »sexuelle Entlastungsmittel«. Sehr scharfsinnig weist Ehrenfels nach, wie tiefer denn je heute der Spalt zwischen sexuellem Tages- und Nachtbewußtsein klafft, dadurch, daß die Toleranz der Polygamie gegenüber geringer, ihre Übung aber um so häufiger geworden ist, daher die »Auflehnung des unteren gegen das obere Bewußtsein, welche charakteristisch geworden ist für das geistige Gepräge unserer Zeit«. Das obere Bewußtsein ist das soziale und »sittliche« oder das Tagbewußtsein, das untere ein zumeist ausschweifend sexuelles. Dieses letztere zeitigt denn auch die »Lautgebung einer meist qualvoll geknebelten viehischen Persönlichkeit im Menschen«, in der Zote. Aber die schweren Folgen bestehen in jenen verhängnisvollen »Spaltungen des Bewußtseins«, welche das Grundphänomen der Hysterie bilden. Nach Breuer und Freud[106] ist die Hysterie die Folge eines »schweren Traumas«, der »mühevollen Unterdrückung eines Affektes«. An diesem schweren Trauma, an dieser mühevollen Unterdrückung eines von der Natur gegebenen Affektes, leidet aber der größere Teil der Kulturmenschheit, so daß die Forscher zu dem Ergebnis kommen, daß: »nicht eigens hierzu disponierende, krankhafte Veranlagung der Mehrzahl der Lebenden angenommen werden kann, sondern vielmehr schädliche Einflüsse aufzusuchen sind, denen wir alle unterliegen. Solche schädlichen Einflüsse nun sind in der durch die Sitte uns aufgenötigten gewaltsamen Unterdrückung der natürlichen Sexualtriebe gegeben.« So die Forscher, unzweideutig und klar. Des weiteren wird auseinandergesetzt, daß diese natürlichen Triebe so vielfach zum »Abreagieren« gezwungen werden, daß die »pychische Einheit zersprengt wird«. Die sexuelle Psychose ist denn auch die allgemein verbreitete pathologische Folge unseres sexuellen Elends.

Ausgehend von den Grundlagen, die die Spezialforscher festgelegt haben, können wir in der Beobachtung dieser Erscheinungen selbständig weiterschreiten. Hysterisch ist man, wie jeder erkennen kann, wenn er eine genügende Anzahl hysterischer Personen aufmerksam beobachtet, wenn man aufgehört hat eins zu sein, sich als eine einheitliche Persönlichkeit zu fühlen, und das Bewußtsein seiner selbst sich in zwei oder mehrere Teile, die miteinander in beständigem Konflikte liegen, spaltet. Nimmt dieser Konflikt zwischen diesen verschiedenen Teilen des eigenen Selbst einen unversöhnlichen Charakter an, so ergibt sich zum Schluß Wahnsinn. Diese Krise kündet sich an durch Grübeleien, Bezweifelungen seiner selbst und allen eigenen Tuns und Lassens, Reuegefühle und gewaltsame Änderungsversuche des eigenen Wesens, jähe Stimmungswechsel und schließlich die Gewohnheit, unter verzweifelten Gefühlen laut mit sich selbst zu sprechen. Schließlich hört man Entgegnungen von anderen Personen, an die man sich im Geiste – im verdunkelten Geiste – wendet, man führt heftige, leidenschaftliche und verzweiflungsvolle Debatten mit ihnen und sich. Ist man erst so weit, dann ist auch die maison de santé nicht mehr weit. – Jede fortgesetzte Verleugnung der eigentlichen Natur kann zu diesem Zustand führen, daher er nicht nur aus der geknebelten erotischen Natur stammen muß. Fortgesetzter Verkehr mit Menschen aus einer anderen geistigen Sphäre und »Anpassung« an sie, Unterdrückung und Verbergung der eigenen Art, Überbürdung mit irgendwelcher gleichgültigen und lästigen Arbeit, Überfüllung mit ungewünschten Eindrücken, die verhindern, daß jene, die sich entfalten wollen, überhaupt aus dem Unterbewußtsein heraus und zur Klärung gelangen, alles das kann diesen Zustand herbeiführen. Diese Verheerungen entstehen aber vor allem durch die gewalttätige Unterdrückung und Nichtbetätigung eines vollen Temperamentes, einer heißen, starken Energie. Dieses Temperament und diese Energie, diesen Lebenswillen zu haben, gilt aber, im Lichte der heuchlerischen Sitte, nahezu für unpassend; und daß man diesen Lebenswillen am Glanz der Augen, am Blühen der Lippen, an der Lebhaftigkeit des Sprechens merkt, macht verdächtig. Das Snobtum aus beiden Lagern, aus dem konventionell-reaktionären und dem ästhetisierend-modernen – kokettiert heutzutage mehr denn je mit müden Allüren, matten Tönen, herben Linien und »preziösen« Gesinnungen, die sich mit Vorliebe an irgendwelche vergangenen Stile lehnen, weil sie des eigenen Seins so sehr entbehren. Das Temperament, die reiche Fülle der Impulse zu dämpfen, ja zu verleugnen, erzwingt die Sitte und das Mißtrauen der Gesellschaft. Eine trübe Schläfrigkeit ist denn auch die häufigste gesellschaftliche Note, der man begegnet. Der Mensch aber, Mann oder Weib, der, reich an lebenbejahenden Impulsen, dennoch an ihrer Betätigung dauernd verhindert wird und immer wieder in sich hineinwürgt, was hinausströmen und sich mit Verwandtem vermählen möchte, erstickt schließlich nahezu an sich selbst, und die herrliche Gottesgabe des Temperamentes wird sein Verhängnis. Es ist keine Kleinigkeit, den Schlag seines Herzens durch Druck und Schraube, die an mittelalterliche Torturen gemahnen, zu verlangsamen, sein Blut künstlich abzukälten, daß man in diesem Frost zu erfrieren vermeint, Freiheit, Kraft und Frohsinn der innersten Stimme zu brechen. Zu alledem aber zwingt die krisenhafte Lage im Geschlechtsleben, in der wir uns befinden.

Neben der sexuellen Psychose haben wir ihre unheimliche Zwillingsschwester, die Neurose. Die Entstehung der Neurose ist eine ähnliche wie die der Psychose. »Nur wenn in unserem Inneren zwei Ströme um die Herrschaft ringen, nur wenn bewußtes und unbewußtes Fühlen einander befehden, nur wenn ein großer Teil unserer Energien zur Unterdrückung und Hemmung verschwendet werden muß, kann sich Neurose entwickeln«[107]. Von der Neurose hat Professor Freud in Wien als besonderen Symptomkomplex die Angstneurose, die zumeist als Herzneurose auftritt, abgetrennt. Sie entsteht am häufigsten aus den verschiedenen Formen der erzwungenen sexuellen Abstinenz oder aus unbefriedigenden erotischen Verhältnissen mit teilweiser oder vollkommener »sexueller Schonung«, durch welches sexuelle Spannungen angehäuft werden, ohne auf normale Art zur Abfuhr zu gelangen. Sexuelle Schonung!... »Schone meinen Busen nicht, schmiege dran dein Angesicht«, so singt die herrliche Malwa in Gorkis gleichnamiger Novelle. Ganz gewiß ist es eine tiefe Instinktweisheit, die den Dichter durch den Mund eines Mädchens aus dem Volke deren erotische Bereitwilligkeit durch die Worte ausdrücken läßt: Schone meinen Busen nicht...

Mit Professor Freuds grundlegenden Erkenntnissen über Neurosen, Psychosen und Psychoneurosen und ihrem Zusammenhang mit dem Geschlechtselend haben wir uns hier natürlich zu befassen. Die Frage, ob die heutige Menschheit »degeneriert« sei oder nicht, wird häufig umstritten, und man ereifert sich mit der Aufzählung von großen Maßen, Schädelumfängen usw. Ich glaube, es genügt, zu konstatieren, daß der größte Teil der Kulturmenschheit an diesen Seelenerkrankungen leidet, um diese Kulturmenschheit als degeneriert erscheinen zu lassen. Professor Freud führt aus, daß Neurosen und Psychosen sich notwendig einstellen müssen bei mangelnder sexueller Befriedigung, und zwar gerade bei ganz gesund veranlagten Individuen, die mit keiner psychopathischen Disposition etwa von Natur aus behaftet sein müssen. Die konsequente Verhinderung der Zeugung sowohl wie des Sexuallebens überhaupt macht die Menschen, Mann und Weib, krank; alle Gesellschaftskreise siechen an dieser abnormen Lebensweise. Gesunde potente Individuen werden von diesen Zuständen bei unnatürlicher Lebensweise befallen, während anästhetische frigide, also von Natur aus sexuell irgendwie defekte Individuen verschont bleiben. Nicht die krankhafte, sondern im Gegenteil die normale Disposition führt also bei unnatürlicher sexueller Entbehrung zur Erwerbung dieser Psychose. Freud spricht es direkt aus: »Die Angst ist überhaupt eine von ihrer Verwendung abgelenkte Libido«[108]. Alle verschiedenen Formen der Neurasthenie, der Hysterie, die Mischformen der Hystero-Neurasthenie und besonders die deutliche »Angst- und Zwangsneurose«, sie stammen zumeist aus schädlichen Arten des sexuellen Verkehrs, besonders aus »frustraner Erregung« ohne deren genügende Befriedigung, aus sexuellen Spannungen, die weder somatisch noch psychisch genügend gelöst werden, aus erzwungener vollständiger oder teilweiser Abstinenz, kurz aus sexueller Entbehrung aller Art bei gesundem (!!!) das heißt normal bedürftig veranlagtem Geschlechtsempfinden. »Sie allein (die sexuellen Momente) werden in keinem Fall von Neurasthenie vermißt, sie allein vermögen es, die Neurose ohne weitere Beihilfe zu erzeugen«. Das Wesentlichste der Freudschen Lehre scheint mir die klipp und klar abgegebene Erklärung, daß gerade von Haus aus gesunde, nicht etwa »krankhaft veranlagte« Individuen diesen Übeln verfallen. Zu diesem Resultat kommt der Nervenarzt sowohl wie der Zoologe, den wir an früherer Stelle zitierten und der das Auftreten von Hysterie und Psychose bei gesund veranlagten Tieren, die vom Geschlechtsleben ferngehalten werden, nachwies. Es ist doch auch klar und selbstverständlich, daß nur ein von Haus aus normaler Organismus auf widernatürliche Entziehungen und Beeinflussungen durch Erkrankung reagieren wird, während der von Haus aus abnorme unnatürliche Lebensbedingungen vielleicht gar nicht als solche empfindet. Frigide, anästhetische Frauen werden gewiß nicht durch Abstinenz oder durch ein perverses Geschlechtsleben psychisch erkranken, wie normale es unbedingt müssen. Gerade diese Tatsache, die hier durch die Forscher deutlich hervorgehoben wird, setzt die widerwärtige Heuchelei, welche von »krankhafter Sinnlichkeit« zu sprechen wagt, wo es sich um die allernormalsten menschlichen Geschlechtsbedürfnisse handelt, ins rechte Licht. »Krankhaft« ist, wie uns die Forschung beweist, ein Organismus, sei er männlichen oder weiblichen Geschlechts, nur dann, wenn er das Bedürfnis nach vollkommener Auslösung normaler geschlechtlicher Spannungen nichthat! So heißt es bei Freud ganz ausdrücklich: »Ich bemerke hier als wichtig für das Verständnis der Angstneurose, daß eine irgend bemerkenswerte Ausbildung derselben nur bei potent gebliebenen Männern und bei nicht anästhetischen Frauen zustande kommt. Bei Neurasthenikern, die durch Masturbation bereits schwere Schädigung ihrer Potenz erworben haben, fällt die Angstneurose im Falle der Abstinenz recht dürftig aus und beschränkt sich meist auf Hypochonderie und leichten chronischen Schwindel. Die Frauen sind ja in ihrer Mehrheit als potent zu nehmen; eine wirklich impotente, d.h. wirklich anästhetische Frau ist gleichfalls der Angstneurose wenig zugänglich und erträgt die angeführten Schädlichkeiten auffällig gut.« Und weiter: »Die reinsten Fälle von Angstneurose sind auch meist die ausgeprägtesten. Sie finden sich bei potenten jugendlichen Individuen, bei einheitlicher Ätiologie und nicht zu langem Bestande des Krankseins.« Ja selbst: » Wo man aber Grund hat, die Neurose für eine erworbene zu halten, da findet man bei sorgfältigem, dahin zielendem Examen als ätiologisch wirksame Momente eine Reihe von Schädlichkeiten und Einflüssen aus dem Sexualleben.« – Die Heilanstalten, angefangen vom harmlosen Privatsanatorium bis zur »Nebenabteilung« der Irrenanstalt, sind denn auch überfüllt mit solchen Leidenden, die kränker sind, als sie selbst wissen, bis sie an der Abnahme ihrer Leistungsfähigkeit und an schweren, peinvollen Gemütszuständen merken, daß etwas nicht in Ordnung ist. Da jede Art von Neurasthenie auf Stoffwechselstörungen beruht, von denen natürlich auch in hohem Grade die Keimzellen mitaffiziert werden, so vererben diese Leidenden, die zu Millionen in der Gesellschaft herumgehen, ihren elenden Körper- und Seelenzustand auch auf ihre Nachkommen. »Nach meiner Erfahrung ist es höchst wünschenswert, daß die ärztlichen Leiter solcher Anstalten sich genügend klarmachen, daß sie es nicht mit Opfern der Zivilisation oder der Heredität, sondern – sit venia verbo – mit Sexualitätskrüppeln zu tun haben«[109]. Und weiter: »Mit dem Momente der ›Überarbeitung‹, das die Ärzte so gern ihren Patienten als Ursache ihrer Neurose gelten lassen, wird übermäßig viel Mißbrauch getrieben. Es ist ganz richtig, daß jeder, der sich durch sexuelle Schädlichkeiten zur Neurasthenie disponiert hat, die intellektuelle Arbeit und die psychischen Mühen des Lebens schlecht verträgt, aber niemals wird jemand durch Arbeit oder durch Aufregung allein neurotisch. Geistige Arbeit ist eher ein Schutzmittel gegen neurasthenische Erkrankung; gerade die ausdauerndsten intellektuellen Arbeiter bleiben von der Neurasthenie verschont, und was die Neurastheniker als ›krankmachende Überarbeitung‹ anklagen, das verdient in der Regel weder der Qualität noch dem Ausmaße nach als ›geistige Arbeit‹ anerkannt zu werden. Die Ärzte werden sich wohl gewöhnen müssen, dem Beamten, der sich in seinem Bureau ›überangestrengt‹, oder der Hausfrau, der ihr Hauswesen zu schwer geworden ist, die Aufklärung zu geben, daß sie nicht erkrankt sind, weil sie versucht haben, ihre für ein zivilisiertes Hirn eigentlich leichten Pflichten zu erfüllen, sondern weil sie währenddessen ihr Sexualleben gröblich vernachlässigt und verdorben haben.«...

»Überdenkt man alle die feineren und gröberen Schädigungen, die von der angeblich immer mehr um sich greifenden Neurasthenie ausgehen, so erkennt man geradezu ein Volksinteresse darin, daß die Männer mit voller Potenz in den Sexualverkehr eintreten. In Sachen der Prophylaxis aber ist der einzelne ziemlich ohnmächtig. Die Gesamtheit muß ein Interesse an dem Gegenstand gewinnen und ihre Zustimmung zur Schöpfung von gemeingültigen Einrichtungen geben. Vorläufig sind wir von einem solchen Zustande, der Abhilfe versprechen würde, noch weit entfernt, und darum kann man mit Recht auch unsere Zivilisation für die Verbreitung der Neurasthenie verantwortlich machen. Es müßte sich vieles ändern... Vor allem aber muß in der öffentlichen Meinung Raum geschaffen werden für die Diskussion der Probleme des Sexuallebens; man muß von diesen reden können, ohne für einen Ruhestörer oder für einen Spekulanten auf niedrige Instinkte erklärt zu werden. Und somit verbliebe auch hier genügende Arbeit für ein nächstes Jahrhundert, in dem unsere Zivilisation es verstehen soll, sich mit den Ansprüchen unserer Sexualität zu vertragen.«

Ich habe hier mit dem Zitieren weiter ausholen müssen, als es sonst meine Gepflogenheit ist, aber es scheint mir unumgänglich nötig, die Forscher hier zu Wort kommen zu lassen, ziehen doch die Ergebnisse ihrer Forschungen die ärztlichen Resultate des Elends, das unser Stoff ist. Auch eine Frau möge hier zu Worte kommen. Adele Schreiber sagt in einem einschlägigen Artikel in der Zeitschrift »Mutterschutz«[110]: »Viele meinen, es genüge festzustellen, Enthaltsamkeit sei nicht gesundheitsschädlich; sie vergessen dabei, daß dies nicht entscheidend ist, sondern der Verbrauch von Seelen- und Körperenergie, von Denkkraft und Lebensfreude, der oftmals nötig wird, um das stärkste Verlangen der Natur niederzuhalten. Besonders wo starke seelische Momente dieses Verlangen zu einer Empfindung steigern, die sich in alle Lebensäußerungen mischt, genügt das Entsagenmüssen und -sollen, um aus einem schaffensfrohen einen lebensmüden Menschen, aus einem Himmelsstürmer einen welken, mißmutigen Schatten, aus einer lichtspendenden, sonnigen Natur ein verstimmtes trübseliges Menschenkind zu machen.« – »Daß die Freude das Blut verbessere«, soll von Ärzten vielfach nachgewiesen sein, überdies können wir das aus eigener Erfahrung beobachten, ebenso wie jener Zustand, den man als »bleiern« zu bezeichnen pflegt, als Folgeerscheinung des Entbehrens auftritt. Bleiern, schwer, träg, apathisch, mißmutig, weltverachtend, mit einem Wort schwer lebensüberdrüssig wird ein gesund veranlagter Mensch durch fortgesetzte Entbehrung genereller Notwendigkeiten. Nicht umsonst wendet die Sprache die Ausdrücke »niedergeschlagen, niedergedrückt« an, um den Zustand der allgemeinen Herabdrückung aller Energien und des Sich-Geschlagen-Fühlens zu kennzeichnen. Die deutlichsten Worte für die Nötigung sexueller Erfüllung und die Folgen der Verhinderung dieser Erfüllung hat der holländische Arzt und Rassentheoretiker I. Rutgers gefunden[111]. »Mit dem Herannahen der Pubertätsjahre, bei einigen schon bedeutend früher, wird die sexuelle Reizempfindung, der Drang, der Nervenreiz, die Gefäßspannung, als eine wollüstige Überraschung empfunden. Je mehr durch zufällige oder weniger zufällige äußere Veranlassungen dieser Reiz, der Drang sich steigert, desto mehr ist die jugendliche Person entzückt. Es ist ein Gefühl intensiven Lebens. Denn die Gefäßerweiterung, um nur dies eine Symptom im Auge zu behalten, befällt bekanntermaßen nicht nur beschränkte, lokale Gefäßbezirke, sondern das ganze Hautgefäßsystem wird in Mitleidenschaft gezogen; sogar das Antlitz strahlt im Morgenrot der Jugend... So wie die Keuschheit ethisch die Grundlage von Bescheidenheit, Humanität, Verfeinerung geworden ist, so war von jeher die Wollust der Trieb, der das Individuum außer sich führte; nicht wie beim barbarischen Krieg auf gewaltsame und für andere tödliche Weise, sondern auf freundliche und für andere lebenweckende Art. Alle ideale Hingebung, alle ritterlichen Tugenden entstammen diesem Triebe.« Die Definition der Wollust als des Triebes, der das Individuum »außer sich führt«, scheint mir besonders glücklich, denn außer sich sein, das will heißen – wörtlich – in Ekstase sein. Alle heroischen Taten aber werden aus der Ekstase geboren, aus der höchsten Anspannung der lebenbejahenden Impulse, die das Individuum »außer sich« führen, – aus dem Staub heraus, – in jene Regionen, in denen es sein immateriellstes Selbst als Feuer und Geist empfindet. Diesen Zustand aber führt im höchsten Grade das befriedigte Geschlechtsgefühl herbei, das Glück der normalen von der Natur gewollten Vereinigung der Liebe. »Das Glück der Begattung ist ja kein Wahn, keine Sünde, sondern ein physiologisches Bedürfnis. Ein Bedürfnis, nicht notwendig, um das Leben nicht zu verlieren, sondern notwendig, um alle Energie zur Entfaltung zu bringen. Es ist eben diese letzte Tatsache, die am meisten verkannt wird, und zwar aus Unkenntnis… Gerade an der Epoche des Lebens, wo für unsere fünf Sinne der Reiz der Neuigkeit allmählich zu erblassen anfängt, da stellt sich ein neues Organ ein, das sexuelle Leben, das alles neu belebt. Da gilt es eine neue Jugend, einen neuen Frühling. Welcher Impuls für das Herz, für die Respiration, für das Gefäßsystem!… Diese ganze Welt von ungestümen Reizen, diese Steigerung aller Lebensprozesse, tut mehr als alle Ergostate, Bäder und Massage. Und erst wenn auch dieses Feuer erloschen ist, tritt das Alter ein… Keinem Arzt kann es auch unbekannt sein, daß, wie alle deprimierenden Gemütsaffekte, so auch diejenigen deprimierenden Gemütsaffekte, die notwendig von einem allzulange innegehaltenen gezwungenen Zölibat hervorgerufen werden, ebensogut wie Hunger und Kälte, zu allen konstitutionellen Leiden, und endlich zu den chronischen Infektionskrankheiten prädisponieren. Und es gibt sogar keinen Laien, der nicht wüßte, wie sehr solche deprimierenden Gemütsaffekte regelrecht zu den schwersten Nervenkrankheiten führen können… Jedem Menschen in der Blüte der Jahre seinen bescheidenen Anteil an diesem physiologischen Gipfel des Lebens zu gewähren, ist die Aufgabe aller sexuellen Reform, eine Pflicht für alle hochgesinnten Persönlichkeiten, insbesondere für die Mitglieder des Bundes für Mutterschutz.«

So der Arzt und Philosoph Rutgers. Ein Wort des großen amerikanischen Apostels Walt Whitman beschließe die Reihe, die wir hier angeführt haben: »So du hundert Meter gehst ohne Liebe, gehst du in deinem eigenen Sterbehemd zu deinem eigenen Begräbnis.«…

5. Resolutionen

Erst das Wort, dann die Tat – Unser »Wort« ein Sammelwort für das Stöhnen von Millionen – Unser Elend – Reformvorschlänge – Mutterwille, Mutternot, Mutterschutz – Das erwachende Rassebewußtsein und der stolzere Geschlechtsanspruch der Individuen – Durch befreites Naturwollen, der Zivilisation einverleibt, Sturz der Schändungen und Travestien des Geschlechtslebens.

Durch die Voraussetzungen unserer Sexualordnung und die sich aus ihnen ergebenden Resultate werden eine ganze Menge Menschen, die durchaus zeugungsfähig, begehrenswert und begehrt sind, vom sexuellen Leben ausgeschlossen. Dies die Resolution, wie sie sich kurz und bündig aus unserer Untersuchung ergibt. Dieses Elend hat nicht nur verzweifelte Auflehnung hervorgerufen, es hat schließlich auch nach deutenden Worten gesucht.

Wenn wir auf eine sich vorbereitende andere Sexualordnung hier öfters hingewiesen haben, deren Wege und Ziele wir in den folgenden Büchern dieser Arbeit des genaueren darzutun haben werden, so ist dabei keineswegs an eine »Revolution« gedacht. In dieser Sache, in der Sache des Geschlechtes, kann es keine »Revolution« geben, und es bedarf auch keines vehementen Umschwunges. Wir denken an eine mögliche Veränderung der Voraussetzungen und Bedingungen des gesellschaftlich anerkannten Geschlechtslebens der Menschen nicht etwa in dem Sinn, daß eines Tages, oder besser gesagt eines Nachts um 12 Uhr, alle Glocken läuten werden und mit diesem Stundenschlag die »neue Sexualordnung« beginnt. Veränderte Wertungen ergeben sich aus veränderten Voraussetzungen. Diese Voraussetzungen sind aber schon im Entstehen begriffen. Wir sehen in dem erwachenden Rassegefühl, welches zu einem großen Verantwortungsgefühl der Gesellschaft gegenüber dem in ihr erzeugten Menschenmaterial sich auswachsen muß und wird, eine solche Voraussetzung. Dieses Rassegefühl wird in einer bewußten Rassenhygiene seinen Ausdruck finden, und deren zentralstes Reformbestreben muß dahin gehen, einen hohen gesellschaftlichen Mutterschutz durchzusetzen, einen Schutz, der der Mutter und dem Kinde gilt. Aber nicht nur diesen Schutz der schon gezeugten Kreatur wird die Rassenhygiene fordern müssen, sondern sie wird schon die vorgeburtliche Beschützung des gesunden Keimes verlangen. Sie wird daher alle Möglichkeiten, welche zur Erzeugung gesunder, starker, tüchtiger Menschen führen, begünstigen und alle die, durch welche minderwertige Erbmassen beständig weitergegeben werden in der unendlichen Reihe des Lebens, bekämpfen.

Die zweite Instanz einer möglichen Sexualreform ist die Frauenbewegung. Sie muß der Frau die sexuelle Wahlfreiheit erobern helfen, sie muß sie durchaus unabhängig machen, von der »Versorgung« durch den Mann, aber immer mit der Voraussetzung des Mutterschutzes, der die Frau von jedem Erwerbszwang entlastet in der Zeit, in der sie mit dem Werden des neuen Lebens und mit der Aufziehung der Kinder beschäftigt ist. Diesen Mutterschutz wird also teils die Gesellschaft auf versicherungstechnischem Wege übernehmen müssen, eine Reform, welche sich schon heute in überraschend zahlreichen Ansätzen bemerkbar macht. Auf der anderen Seite wird in erhöhtem Maße der Vater für die Erziehung auch seines unehelichen Kindes herangezogen werden müssen. Der dritte Faktor ist eine hohe sozial-pädagogische Fürsorge der Gesellschaft dem Kinde gegenüber, welche seine Erziehung vor Dilettantismus und Willkür der Privatwirtschaft sichert und gleichzeitig die Mutter entlastet. Der vierte Pfeiler, auf dem der Bau eines reformierten Sexuallebens ruht, ist die vollkommene moralische Anerkennung jeder gesunden Mutterschaft. Sind diese Vorbedingungen erfüllt, dann ist einer falschen Zuchtwahl der Boden abgegraben. Dann hat kein Weib nötig, sich einem minderwertigen »Versorger« zu ergeben, kein tüchtiger Mann braucht ein minderwertiges Weib in Kauf zu nehmen, keine Mutter, die ihr Kind in Gesundheit und in Liebe willig empfangen hat, braucht es zu töten oder im Keim zu vernichten, oder es in Not, Elend und Schmach zu wissen. Keine Empfängnis, die ein wertvolles neues Menschenleben verheißt, braucht verhütet, keine elende, in unzüchtiger Kalkulation empfangene Frucht braucht ausgetragen zu werden.

Wie alt der Gedanke ist, den wir hier »Wort« werden ließen, läßt sich nicht feststellen, in hundert versplitterten Stimmen klang er immer wieder auf, und es wird noch ein schönes Stück Zeit vergehen, ehe er »ein wirkliches Schwert wird und eine wirkliche Gewalt«. Genug, dieses Problem hat gelastet, und diese Last wurde als solche erkannt und hat Worte gefunden. Wir haben zusammenzufassen gesucht, was an Geschlechtsnot und an Geschlechtskrise in der Zeit gärt, und unser »Wort« ist daher nur ein Sammelwort für das Stöhnen von Millionen. – Unser Elend ist unermeßlich. Wir stehen da, geknebelt in unserem mächtigsten Bedürfnis, der Verdächtigung und Beschimpfung ausgesetzt, weil wir es haben (!), verhindert durch äußere und innere Gewalten, durch Mißstände in der Gesellschaft und in der Einzelperson, durch wirklichen Zwang und durch noch mächtigere Suggestionen, dieses Bedürfnis zu befriedigen.

Die Polemik dieses Buches hat sich nicht – dies sei nochmals ausdrücklich hervorgehoben – gegen den Bestand der Ehe gekehrt. Die Ehe mag ruhig als eine bevorzugte Form der Sexualgemeinschaft unter anderen – bestehen bleiben, bis in alle Zukunft. Wir haben ja im ersten und zweiten Kapitel ihre unschätzbaren Vorteile hervorgehoben und besonders in dem Moment des offiziell erklärten sozialen Zusammenschlusses eines Paares, sowie in dem der suggestiven Wirkung, die aus dieser Form der Gemeinschaft sich ergibt, hohe Werte erkannt. Die Ehe wird unter gewissen Bedingungen immer eine sehr erwünschte Form der Geschlechtsgemeinschaft bleiben. Gebundenheit liegt im Wesen erotischer Beziehungen, die auf ein dauerndes Glück abzielen, und wird und soll das Streben der Individuen bleiben. Aber erpreßt darf diese Gebundenheit nicht werden, und jene Menschen, die diesen Glückszustand der freiwilligen und lebenslänglichen Geschlechtsverbindung nicht erreichen, ihres Geschlechtslebens überhaupt zu berauben, sie bei gesundem Leibe zum Leben von Krüppeln zu verdammen, unter der Gefahr der Verfemung, wird wohl der Zukunft nicht mehr angängig erscheinen. Feste und dauernde Monogamie ist ein ausgezeichneter Zustand, weil er die Energien des Menschen für andere, außerhalb der Erotik liegende, hohe Aufgaben schont. Aber durch ein Zwangsgehege, das das Individuum in seiner Wahlfreiheit beschränkt, darf die monogame Einzigehe nicht herbeigeführt werden, und als erste Karte ist die richtige Monogamie wohl auch nicht im Lebensspiel zu ziehen. Wogegen wir uns hier wenden mußten, das ist eben die Monopolisierung dieser einen Form der Geschlechtsgemeinschaft, die sie zur einzigen rechtlich und gesellschaftlich anerkannten Basis der Fortpflanzung erhebt. Diese heuchlerische und drakonische Monopolisierung allein macht das System der herrschenden Sexualordnung heute zur Quelle der sexuellen Krise, zur Ursache des verkehrten Werbekampfes, der verfälschten Auslese und damit der Degeneration der Menschheit. Diese Monopolisierung allein bewirkt, daß, wie wir im Vorwort sagten, »jene Vorgänge, die ihrer Natur nach lebenerhaltend, lebenfördernd und hinaufzüchtend sind, heute nicht selten zu Mächten der Vernichtung, der Hemmung und der Rückbildung werden«.

Mann und Weib müssen gleicherweise frei werden, sich als soziale und erotische Kräfte zu entwickeln, auch bevor sie zum Abschluß einer legitimen Ehe schreiten, sie müssen das Recht haben, sich unter günstigen biologischen Bedingungen fortpflanzen zu dürfen – also dann, wenn sie auf der Höhe ihrer Zeugungskraft stehen und sich in freiester, durch kein soziales Kalkül beeinträchtigter Auslese gefunden haben – auch wenn sie den echten und bleibenden Weggenossen, den ihre Herzen ersehnen und mit dem sie sich vielleicht auch in legitimer Ehe verbinden wollen, noch nicht fanden. Dazu bedarf es der besonderen Beschützung des Weibes, sowohl durch materielle Vorsorge für jede Mutterschaft, als auch, und vor allem, durch die moralische Anerkennung jeder gesunden, die Rasse höher führenden Fruchtbarkeit. Dann erst werden die hohen Werte eines befreiten erotischen Lebens wirksam werden.

Wie wir vor einer Umänderung der wirtschaftlichen Basis der Gesellschaft stehen, so auch vor einer Veränderung der Formen des sexuellen Lebens. Die Zeit ist schwanger von Reformvorschlägen, die sich alle das Problem stellen, ein anderes System der Beziehungen der Geschlechter, als das gegenwärtig approbierte, ausfindig zu machen, da in der alten »Ordnung« zu viel Elend enthalten ist. Diese Reformvorschläge zu untersuchen, wird unsere Aufgabe in dem zweiten und dritten Buche dieser Arbeit sein, wo wir uns auch mit den krisenhaften Vorgängen, die aus dem neuen starken Mutterwillen des Weibes, aus der gegebenen Mutternot, aus dem mangelhaften Mutterrecht und aus dem sich stark und hoffnungsvoll vorbereitenden Mutterschutz ergeben, zu befassen haben werden, ebenso mit der Stellung der Gesellschaft dem Kinde gegenüber.

Reformversuche haben nur Sinn unter der Voraussetzung der Offizialität, denn das Schutzmoment jeder Sitte, jeder Moral liegt darin, daß sie ein Obligo ist. Die Bestie im Menschen wird nur durch eine ihm offiziell auferlegte Obligation bezwungen. Alte Obligationen – und gar auf dem gefährlichen Gebiet der Geschlechtsmoral – einzureißen, ohne neue an ihre Stelle zu setzen, würde ein verhängnisvolles Spiel mit menschlichen Existenzen zur Folge haben. Vereinzelte private »Verbesserungsversuche« bedeuten daher für die Allgemeinheit nichts – es sei denn, daß sie vielleicht die Stimmung der Allgemeinheit nach einer gewissen Richtung beeinflussen und neue Obligationen als notwendig erkennen lehren. Im allgemeinen werden Emanzipationen einzelner, die sich auf keine der Zeit angehörende Theorie zu stützen vermögen und neue Allgemeingültigkeiten weder anstreben noch vorbereiten, niemanden nutzen, zumeist sogar Schaden anrichten, und die sie Übenden werden obdachlos, schutzlos, ausgeliefert aller Willkür der Gesetzlosigkeit, zwischen zwei Moralwelten stehen.

Das Wesen neuer vollgültiger Obligationen, die dem Sexualgewissen – wie wir die Nötigung nach sexual-moralischen Instanzen eingangs nannten – der heutigen und der kommenden Menschheit besser entsprechen als die bisher bestehenden, zu erkennen, sie aus den vorhandenen Ansätzen zu deuten, ihre Wachstumsrichtung und ihre Entwicklungsfähigkeit zu prüfen, wird die Aufgabe der folgenden Bücher dieser Arbeit sein. Das Bild einer Sexualordnung der Zukunft, wie wir sie aus alle diesen Strebungen, die überall laut werden, zu erkennen glauben, wie sie aus dem wachgerufenen Rassebewußtsein einerseits und dem stolzeren Geschlechtsanspruch der Individuen andererseits sich ergeben muß, werden wir aufzurollen wagen und in seinen Hauptpunkten zu fixieren suchen.

Die Menschheit, einmal aufgerüttelt, wird um toter, formalistisch gewordener Werte willen, deren einstmals lebendiger Inhalt unwiderruflich dahin ist, nichts mehr wissen wollen von der bisherigen Unterbindung der freien Auslese, von Verkehrung des Werbekampfes und all ihren schmachvollen Folgeerscheinungen, nichts von erotischer Aushungerung, nichts von der gemeinen Mechanisierung der geschlechtlichen Vorgänge, wie sie unser Heiratssystem und seine »Kehrseite«, die Prostitution, bedingen. Die Zeugung gesunder, starker, schöner Menschen in freiester Auslese und nach Maßgabe der vorhandenen Brotstellen soll wieder, dem mächtigsten Wollen der Natur gemäß, die einzige goldene Parole des Geschlechtslebens werden. Und ist dieses geknebelte Naturwollen erst wieder frei, ist es dem Bereich des unbewußt wirkenden Elementaren entrückt und bewußter Kulturwille geworden, ist es der Zivilisation entsprechend eingefügt, das heißt in allen seinen Konsequenzen von ihr vorgesehen und beschützt – dann sinken die Schändungen und Travestien des Geschlechtslebens, unter deren Zeichen wir heute stehen, dahin. Dann schreitet Pan wieder über die Gefilde der Erde, dann ist das Himmelsmanna, die Liebe, wieder der armen Irdischen Speise. Dazu aber muß der Mittelpunkt dieses großen Naturwillens wieder frei werden, frei und doch beschützt zugleich, wie wir es schon einmal sagten – der weibliche Schoß – muß die Mutter mit dem Kinde wieder die große und wahrhaft heilige, weil natürliche zentrale Einheit aller gesellschaftlichen Gliederung werden.

In die düstersten und schmutzigsten Winkel wird heute jede geschlechtliche Regung, jedes erotische Erlebnis außerhalb der Ehe verwiesen. Die Folgen sind Geschlechtsseuchen, Hemmung der Höherentwicklung der Art durch verfehlte Zeugung, die erschreckende Überhandnahme aller nur erdenklichen Psychosen und Neurosen, Perversionen und moralische Korruptionen aller Art. Von drei Seiten wird der Mensch auf diese Art zerstört: er wird geschlechtskrank, nerven- und seelenkrank und moralisch krank.

Und darum müssen wir alle, die wir an dem Elend dieser Krise bewußt leiden, nach Maßgabe unserer Erkenntnis das tun, was jene Ibsensche Lona Hessel tut: auslüften diese dunklen, schmutzigen Winkel, wo immer wir auf sie stoßen.

Auslüften – das will auch dieses Buch. Und somit nehme es seinen Weg.

Anmerkung

Es ist mir bekannt, daß eine neuere philologische Deutung im »Eros«, anschließend gerade an Platons Gastmahl, nur den Gott der Knabenliebe sieht. Ich glaube mich von dieser Auslegung nicht bestimmen lassen zu müssen, auf die Begriffe Eros, Erotik, erotisch im Sinne des üblichen Sprachgebrauches, wonach diese Begriffe für die Vorgänge der Geschlechtsliebe im allgemeinen gesetzt werden, zu verzichten, da selbst der Philologe Nietzsche sie in diesem Sinne anwendet.

Fußnoten

1. »Die neue Ethik und ihre Gegner.« Die neue Generation, 4. Jahrg., Nr. 5.

2. Geijerstam.

3. Aus meinem Artikel »Ehe und Ehegesetze«, Zeitschrift für Mutterschutz, 3. Jahrg., Heft 8.

4. Goethe.

5. In der Zeitschrift »Geschlecht, und Charakter«.

6. Allerdings ist eine Sukzession monogamer Verhältnisse gemeint.

7. Isolde Kurz, »Die Frau in der italienischen Renaissance.«

8. Zit. bei Schurtz, mitgeteilt bei Havelock Ellis »Ursprung der Prostitution«.

9. Hedwig Dohm: »Die wissenschaftliche Emanzipation der Frau«, Berlin 1874.

10. Hedwig Dohm: »Die wissenschaftliche Emanzipation der Frau«, Berlin 1874.

11. Unterstreichung von der Verfasserin.

12. Maeterlinck: »Der doppelte Garten«. (Ein Frauenbildnis.) Verlag Eugen Diederichs, Jena.

13. Mitgeteilt bei Georg Hirth: »Wege der Liebe.«

14. Shaw, Vorrede zu »Mensch und Übermensch.«

15. Mitgeteilt von Dr. A. Saager in »Die neue Generation«, 4. Jahrg., Heft 8.

16. Ein echtes Weib. – Aufgeführt 1906 im Berliner Lyceumklub.

17. Agnes Harder: »Liebe«.

18. Band I, Sprüche.

19. Abbé Galliani.

20. Emerson.

21. Aus meinem Roman »Die Stimme«. Dr. Wedekind & Co., Berlin.

22. »Die Stimme«.

23. Robert Müller: »Sexual-Biologie«.

24. Siehe Anmerkung S. 416.

25. »Über die Erotik«, Zeitschrift »Die neue Generation«, 4. Jahrgang, Heft 2.

26. Anna Karenina.

27. Neue Rundschau.

28. Dora Lucia Frost.

29. Mit dem psychischen Fetischismus des modernen Mannes werden wir uns im Abschnitt »Zur Psychologie der Heutigen« noch eingehend zu befassen haben.

30. Freud: »Neurosenlehre«. – Unterstreichungen von der Verfasserin.

31. Alfred Kerr im »Tag«.

32.   Aglavaine und Selysette.

33.   »Der doppelte Garten«.

34.   »Die Fackel«, Jahrg. von 1907.

35.   Bachofen; »Das Mutterrecht«.

36.   »Ursprung und Entwicklung der Prostitution«.

37.   Dufour: »Die Prostitution«.

38.   Anna Pappritz: »Die Prostitution«.

39.   Hans Wegener: »Wir jungen Männer«.

40.   »Sciences of sex«.

41.   Zephat, in der Zeitschrift »Geschlecht und Gesellschaft«.

42.   Havelock Ellis.

43.   »Reinlichkeit oder Sittlichkeit?« Verlag Albert Langen.

44.   Zeitschrift »Die neue Generation«, Organ des »Bundes für Mutterschutz«, Jahrgang 1908.

45.   Hessen: »Japanische Prostitution«.

46.   Erotische Streifzüge, Zeitschrift »Die neue Generation«, 1908.

47.   Warum diese Forderung gestellt wird, soll noch erörtert werden.

48.   Bachofen: »Das Mutterrecht«.

49.   »Mutterschutz«, Jahrg. 1907.

50.   Lichnewska, ebenda.

51.   Lichnewska, ebenda.

52.   Sexualbiologie, S. 329.

53.   Lili Braun im »Mutterschutz«, 1907.

54.   Berlin, 1874.

55.   Robert Hessen, »Neue Rundschau«, Juli 1908.

56.   Avincenna, Zeitschrift »März«, II. Jahrg., Heft 11.

57.   »Fundament eines neuen Staatsrechtes«. C. Reißner, Dresden.

58.   Karl Scheffler: »Die Frau und die Kunst.«

59.   Lucia Frost.

60.   J. Bruns: »Frauenemanzipation in Athen«.

61.   Bachofen.

62.   Karl Scheffler: »Die Frau und die Kunst«.

63.   Giordano Bruno: »Eroici furori«.

64.   Hedwig Dohm: »Der Frauen Natur und Recht«, Berlin 1876 und »Der Jesuitismus im Hausstande«, Berlin 1873.

65.   Karl Scheffler: »Die Frau und die Kunst«.

66. Genealogie der Moral.

67. Kleiner Dämon.

68. Mutterschaft und geistige Arbeit.

69. Georg Simmel: »Über Goethes und Kants moralische Weltanschauung.«

70. Zitiert bei Dohn: »Jesuitismus im Hausstande«, Berlin 1873.

71. »Der einäugige Wotan« von Dr. Max Strauß. (Zeitgeist)

72. Ausgearbeitet von Geheimrat Prof. Mayet.

73. Bremer Kongreßvortrag, 1903.

74. E. Rüdin, Arch. für Rassen- und Gesellschaftsbiologie, 4. Jahrg., Heft 1.

75. Meisel-Hess, Sexuelle Krise

76. »Die Tüchtigkeit unserer Rasse und der Schutz der Schwachen.« Berlin, S. Fischer, 1893.

77. Unterstreichung von der Verfasserin.

78. Allerdings will P. in dem skizzierten idealen Rassenprozeß »nur eine Utopie von einem einseitigen, durchaus nicht in allem berechtigten Standpunkt« geben.

79. Robert Müller: »Sexualbiologie«.

80. A. Plötz: »Die Tüchtigkeit unserer Rasse«.

81. Bremer Kongreßvortrag, 1903.

82. Siehe »Zukunft«, 7. Juli 1894, »Menschliche Auslese«, zit. bei Plötz.

83. Archiv f. Rassen- u. Gesellschaftsbiologie, 3. Band.

84. R. Goldscheid.

85. Platon: »Das Gastmahl«.

86. Platon: »Das Gastmahl«.

87. Kleist, Briefe.

88. Brönner: »Ehe und Entwicklungslehre«.

89. Wagnerbrevier.

90. »Eroici furori«.

91. »Die Launen der Verliebten«.

92. Robert Müller: »Sexualbiologie«.

93. »Psychologie der modernen Liebe«.

94. »Genealogie der Moral«.

95. Bourget: »Psychologie der modernen Liebe«.

96. Agnes Harder: »Liebe«.

97. Kathi Fröhlich.

98. Otto Neumann-Hofer im »Tag«.

99. Maeterlinck.

100. Bachofen.

101. Dr. W. Hammer: »Enthaltsamkeitsstörungen bei Haustieren«.

102. Robert Müller: »Sexualbiologie«.

103. Auf die Reformvorschläge, die Prof. Ehrenfels in der sexuellen Frage macht, werden wir, wie erwähnt, im zweiten Buch dieser Arbeit des näheren eingehen.

104. Dr. Alexander Koch-Hesse.

105. Ruth Brée.

106. Studien zur Hysterie.

107. Dr. Wilh. Staeckl.

108. »Die Sexualität in der Ätiologie der Neurosen«, Sammlung kleiner Schriften zur Neurosenlehre, Verlag Deuticke, Leipzig und Wien.

109. Freud: »Neurosenlehre« a.d. Jahren 1893/1906.

110. Jetzt erscheint diese Zeitschrift unter dem Titel »Die neue Generation«, herausgegeben von Dr. Helene Stöcker, Berlin.

111. »Die neue Generation«, früher »Mutterschutz«.